《长白山学术文库》
编委会

主　任　邴　正

副主任　于　强　胡维革

委　员（按姓氏笔画排序）

　　　　　王胜今　刘信君　孙正聿　吴振武

　　　　　宋冬林　张屹山　张晶昱　张福贵

　　　　　邵汉明　周光辉　郑文东　柳海民

　　　　　韩东育　蔡立东

长 白 山 学 术 文 库
The Academic Library of
Changbai Mountain

第一辑

哲学与主体自我意识

高清海 著

吉林人民出版社

出 品 人：常　宏
选题策划：吴文阁　赵　岩
统　　筹：李相梅　孟广霞
责任编辑：王一莉
装帧设计：尤　蕾

图书在版编目（CIP）数据

哲学与主体自我意识/高清海著. -- 长春：吉林人民出版社，2022.8

（长白山学术文库. 第一辑）

ISBN 978-7-206-18292-1

Ⅰ.①哲… Ⅱ.①高… Ⅲ.①马克思主义哲学—研究 Ⅳ.①B0-0

中国版本图书馆CIP数据核字(2021)第139870号

哲学与主体自我意识

ZHEXUE YU ZHUTI ZIWO YISHI

著　　者：高清海
出版发行：吉林人民出版社
（长春市人民大街7548号 邮政编码：130022）

咨询电话：0431-85378007

印　　刷：长春第二新华印刷有限责任公司
开　　本：710mm×1000mm　1/16
印　　张：29.5
字　　数：380千字
标准书号：ISBN 978-7-206-18292-1
版　　次：2022年8月第1版
印　　次：2022年8月第1次印刷
定　　价：115.80元

如发现印装质量问题，影响阅读，请与出版社联系调换。

与大师们学海重逢

2020年7月,雨后天凉、清风送爽的一天,我与其他专家学者应邀出席吉林人民出版社组织的座谈会,讨论编辑出版《长白山学术文库》事宜。短短一年后,《长白山学术文库》首批的书稿清样摆在案前:《哲学与主体自我意识》《中国奴隶社会史》《中国文学》等。这套书的作者包括高清海、金景芳、杨公骥等。承蒙错爱,吉林人民出版社总编辑吴文阁先生盛情邀请我,为《长白山学术文库》作序。寅夜秉笔,阅卷思人,心潮澎湃,思绪万千!

《长白山学术文库》的作者都是新中国成立70多年来吉林省人文社会科学研究的学术代表人物。他们在国内久负盛名,影响深远。高清海先生是国内首批博士生导师,首届国务院学位委员会学科评议组成员,我国著名哲学家,优秀的教育家。金景芳先生是吉林大学教授,国内首批博士生导师,国务院古籍整理出版规划小组顾问、著名历史学家、文献学家、易学大师、国学大师。杨公骥先生是东北师范大学教授,国内首批博士生导师,首届国务院学位委员会学科评议组成员。此外,其他作者也都是国内各领域知名学者、专家、大家。

首批书稿的作者分属新中国成立前后两代学人。金景芳、林志纯、杨公骥等先生出生于清末民初,在民国时代完成教育并开始学术研究,新中国成立后即成为吉林省中国古代思想史、世界史和文学研究的开拓者与代表性学者。邹化政、高清海等先生均生于民国,新中国成立后完成教育,改革开放后在全国产生学术影响,成为西方哲学史、马克思主义哲学等领域的开拓者或代表性专家学者。他们的学术轨迹,集中体现了吉林省人文社会科学从开拓开创、历经坎坷到繁荣发展的辉煌历程。

首批出版的这些著作,都是他们学术思想的代表作,研究领域涉及马克思主义理论、哲学、文学、历史学、经济学、地理学和民族学,研究视域从世界、中国到东北地方,研究对象从思想、历史到田野,充分展示了吉林学人博大的学术视野、精深的学术素养和脚踏实地的治学态度。高清海先生的《哲学与主体自我意识》,根据改革开放的时代变革,运用马克思主义哲学的精神,对哲学与人的主体自我意识的关系、内在逻辑与发展趋势、时代精神与思维方式变革进行了系统阐述,是国内研究哲学变革的开拓性与代表性著作。邹化政先生的《黑格尔哲学统观》,首次以人的存在和意识还原了绝对理念和绝对精神在黑格尔哲学中的本来含义,提出绝对理念作为黑格尔哲学的本体,是有关世界本质和规律的辩证法,是一个共相和精神活动性,其逻辑先在性就是黑格尔说明世界的原则,充分肯定了黑格尔的辩证法思想的深刻性。杨公骥先生的《中国文学》,运用马克思主义历史唯物主义和马克思主义文艺理论,研究了从中国原始社会到春秋战国时期的文学发展进程,探索了中国文学发生发展的规律和特点。

这些学者,或是我的授业恩师,或曾对我耳提面命,或曾学坛相会共同切磋,或久仰盛名与其传人为友。高清海先生是我的硕士生导师和博士生导师，我追随他求学治学凡26年。作为身边弟子，几近朝夕相处，情同父子。先生教诲，于今犹记："治学为人，其道一也！"从本科到研究生，一直聆听邹化政先生教授德国古典哲学。邹先生是山东海阳人，身材高大，头发蓬乱，不修边幅。他嗓音洪亮，一口浓浓的胶东话，把"人"读成"印"，把"黑格尔"读成"赫哥儿"。他讲课总是富有激情，讲到激动时，常常伴有板书，且十分用力，粉笔经常被折断。因其激动，难免字迹潦草，以至于难以分辨。放下粉笔，他又因激动，手臂不停地挥舞，以至于头上、襟前，挂满粉笔尘末，弄得灰头土脸。他是我所遇到的老师中，讲课最投入、最富激情的人。做学生时，曾听过金景芳先生的报告，金老治学严谨，记忆力超强，诸多古籍，如数家珍，信手拈来，一字不差。1997年金老九五寿辰时，我代表学校出席致贺。金老嗓音洪亮，高声宣布："我还要看到21世纪！"他真的看到了21世纪的来临。作为东北人，我对东北史感兴趣，拜读过张博泉先生的著作，并登门求教过。张博泉先生一口浓重的辽宁口音，"嫩江在通古斯语族读音就是青噻儿（色）的河"。受他的中华一体论启发，我从文化社会学的角度提出了文化复合论的理论。

　　我曾长期担任吉林省社会科学院院长和吉林省社会科学联合会党组书记，与田子馥、林志纯、孙中田、陈才、富育光诸先生多有交往。1987年，吉林省召开专家咨询会议，时任省长王忠禹出席，我作为青年学者代表亦出席。就在那次会上，陈才先生建议，根据有关边界条约，中国拥有图们江通海航行权，应以此为契机，推动图们江流域及东北亚国际合作开发。他的建议引起吉林省委、省政府和国务院的高度重视。这些学者中，只有杨公骥先生无缘谋面。大三暑假，我因发表过短篇小说，参加了长春市作家协会组织的青年作家创作班，在班上结识了东北师大中文系78级的青年女作家杨若木，还是我的中学师姐。从此，我们成为常有联系的好朋友。她是杨公骥先生的女儿，所以，我与杨公骥先生也算间接有缘吧！

星光璀璨，往事如烟。斯人虽去，雁过留声。这些学者的音容笑貌，历历在目。彼此交往，恍如昨日。为作此序，重温名著，如晤其人，百感交集！感谢吉林人民出版社在庆祝中国共产党成立100周年的喜庆之际，支持学术，承传经典，编辑出版《长白山学术文库》，延续吉林文脉，弘扬学术精神。吉林人文荟萃，还有更多的学术著作有待汇集，期待第二批、第三批，乃至更多的著作入库出版。希望把吉林当今在世的学者，在哲学和社会科学领域更年轻、更有建树的专家作品出版面世，更体现时代意义和特征。

吉人有文，鸿著成林。

2021年6月28日晨

高清海

哲学家、教育家。国内首批博士生导师,首届国务院学位委员会学科评议组成员。曾任吉林省社会科学联合会顾问、吉林大学哲学基础理论研究中心顾问、吉林大学首批哲学社会科学资深教授(一级教授)。先后出版了《论辩证唯物主义和历史唯物主义的关系》《辩证法的实质与核心》《剖析唯心主义》《马克思主义哲学基础》《哲学的憧憬》等著作,在学界产生了广泛影响,为繁荣和发展我国哲学事业做出了重大贡献。

目 录

第一章 哲学理论现状反思 …………………………………… 1
 一、反思与发展 …………………………………………… 1
 二、哲学本质反思 ………………………………………… 7
 三、理论现状反思 ………………………………………… 23
 四、改变理论现状与改革理论体系 ……………………… 32
 五、体系改革构想 ………………………………………… 60

第二章 哲学与主体的自我意识 ……………………………… 69
 一、哲学解决的究属世界何种矛盾 ……………………… 69
 二、哲学发展的三大圆圈 ………………………………… 83

第三章 哲学发展的内在逻辑和历史趋向 …………………… 96
 一、哲学发展的内在逻辑 ………………………………… 96
 二、哲学对象的历史演变 ………………………………… 116
 三、本体论、认识论、逻辑三者的对立和统一 ………… 127

第四章 哲学进一步发展的问题 ……………………………… 156
 一、哲学理论的革命性转变 ……………………………… 156
 二、哲学进一步发展的基点 ……………………………… 174

三、哲学观念的转变······189

第五章　课题专论······226
　　一、历史唯物论思考······226
　　二、哲学对象探究······277
　　三、辩证法理论溯本······310
　　四、矛盾理论探进······337
　　五、相关理论问题刍议······394
　　六、哲学发展问题我见······429

参考文献······451
后　　记······454

第一章 哲学理论现状反思

一、反思与发展

（一）哲学的自我反思

每当哲学濒临大发展之际，人们对于已被公认为正统的哲学观念，都要进行一番新的反思。这在哲学史上是具有规律性的现象，几乎无一例外。

哲学是一种知识体系，也是一种意识形态。毫无疑问，哲学的变化和发展主要是现实历史变化、发展的反映和表现。社会实践和科学认识是推动哲学观念发生变化的主要动力；用以丰富哲学理论的新的思想和内容，也主要是来自社会实践和科学认识。但是，现实发展提出的问题、发生的变革只有反映到哲学中来，转化为理论矛盾，并通过哲学自身的矛盾斗争，才能实现哲学理论的变革和发展。现实与理论的矛盾，总是通过不同理论的矛盾表现于哲学中的；哲学的发展也总是以揭露和克服原有理论矛盾的形式进行的。理论自身的矛盾是促使哲学必然发生变革的直接动力。这就是历史上每一次哲学的变革和发展都要对哲学自身进行批判地反思的内在根据。只有通过这种反思，找到问题症结所在，克服和解决存在的矛盾，哲学理论才能有所前进、并回答现实提出的课题。

以往哲学发展的这一规律，当然同样适用于马克思主义哲学的发展，尽管在表现形式上它们具有很不相同的特点。

当前，马克思主义哲学正处在大发展的转折时期。推进马克思主义哲学发展，是人们普遍的呼声，也是社会实践发展的迫切要求。

要推进哲学发展，就要研究时代出现了什么样的新特点，社会实践提出了哪些需要回答的新课题，科学取得了何种突破性的新成果。这些都需要进行专门的研究工作。这种研究对于发展哲学，如上所说，不仅是必要的，而且极为重要。可以确信，从理论上研究清楚这些问题，必定会大大丰富哲学的内容，使马克思主义哲学的理论能够更深刻地反映出现时代的精神，在推动现实发展中发挥出更大的作用。这一工作的意义是不言而喻的。但亦如上述，为了发展哲学理论，仅有这一个方面的工作还不够，必须同时进行另一个方面的工作，这就是对马克思主义哲学理论自身进行反思。这两个方面是统一的。只有这两个方面工作的结合，马克思主义哲学才能得到发展。然而，对前者人们注意得比较多，谈论得也比较多，至于后一个方面的工作，在我看来，并非有志于发展哲学的人都认识到了它的重要意义。

所谓对哲学自身进行反思，就是要对传统的哲学观念实行批判性的审查，对现有哲学理论在新的认识基础上进行再认识。对于马克思主义哲学来说，这就意味着要去重新思考如究竟什么是马克思主义哲学，它在理论性质、研究对象以及具体内容上与旧哲学应当有怎样的区别，它作为科学形态的哲学的实质是什么，以及究竟应当怎样去理解、把握它的基本观点和发挥它在现实发展中的功能等问题。在我国现在时代条件下，提出这样的问题，可以肯定地说，会有人感到十分惊奇和诧异。我们讲了这么多年的马克思主义哲学，用马克思主义哲学教育了一代又一代人，难道连什么是马克思主义哲学这个在无论哪一本教科书中都写得明明白白的问题还搞不清楚吗？按照我们已经习惯了的思维方式去思考，问题确是如此。

这些都是教科书反复讲过多次,正像人们通常说的那样,属于哲学入门的基础,大家都已熟知的哲学常识。但是,如果我们把马克思主义哲学看作可以而且需要进行研究的科学对象,如果我们认真地去回顾马克思主义哲学自身走过的道路及其所起的作用,如果我们深入地反省一下我们关于马克思主义哲学的观念,那么就会发现,正是在这些人们似乎早已熟知的问题中潜藏着许多矛盾,也正是这些为人所熟知而往往不再去深思的哲学观念,妨碍了马克思主义哲学的正常发展,使它在现实发展中难以发挥应有的作用。

哲学在历史发展中,随着时间的推移,它的理论都必然会"走样"。这不仅是因为,人们总是从自己的知识水平和特有的视角去观察、理解一种理论,就像培根在"假相"学说中所说的"洞穴假相""种族假相"那样;而且还因为,一种理论在不同的历史环境和实践对象中所具有的意义,也总是有很大差异的。所以理论在时间进程中的"走样"是不可避免的。"走样"并不全属坏事。理论总要不断地发展,发展就是一种走样,而且必须走样。这里存在的问题是,如果在走样中失去了原来理论所固有的精神和实质,这种走样就需要考虑了。这就不仅不是对已有理论的发展,恰恰是对它的背离。而这种情况,也是不能完全避免的。至于在演变中,形式压倒了内容,一种理论的精神、实质渐渐被淡化、被掩盖,以致被人们所遗忘、所误解、所曲解,那就更属常见之事。

(二)反思的根据和内容

马克思主义哲学从马克思、恩格斯创立算起,到现在已经100多年。在这将近一个半世纪中,社会历史发生了许多带有根本性质的变化。时代出现了许多新的特点,实践提出了许多新的问题,科学取得了许多新的突破性的成果。从国际共产主义运动说,它经过了一个曲折复杂、充满激烈斗争的发展历程,这种斗争表现在政治方面、经济方面,也表现在意识形态和哲学理论方面。多年以来,每一次重大的历史变化和社会斗争,都要反映到人们的观念、理论上来，哲学在这里总是首当其冲的。人们面临新的斗争形势，对马克思主义哲学都要重新裁制一番，提出一种适合于当时斗争需要的解释。所以，我们今天所理解的马克思主义哲学，应当说是百多年来历史发展和社会斗争的产物；我们头脑中关于马克思主义哲学的观念，应当说是历史斗争的折光反射出来的马克思主义哲学。它的走样是肯定无疑的。在走样中，它是进一步发挥了马克思主义哲学固有的精神，还是背离了马克思主义哲学固有的精神？这是很值得研究的。我们要进一步发展马克思主义哲学，应当以哪种理论为继续前进的基点，以马克思恩格斯在一个多世纪前所写的著作中的理论为基点，还是以我们在今天关于马克思主义哲学的观念为基点？这也是必须研究清楚的。

所谓对马克思主义哲学的反思，就是要在批判地审查我们关于马克思主义哲学的观念中，进一步深入地、准确地理解马克思主义哲学的实质，把握马克思主义哲学的精神，以便确立进一步发展这一理论的正确基点。

理论的作用在于指导实践发展，理论又经常落后于实践的发展。这是理论与实践之间由其本性所决定的固有矛盾。马克思主义哲学当然也不例外，它与实践也是经常处于这种矛盾的关系中的。近年来，人们普遍地感到，时代前进了、认知发展了，但马克思主义哲学的基本理论却无大变化，甚至是停滞不前的。哲学教科书一向被公认是表现马克思主义哲学基本理论内容的标准模式。哲学教科书的体系和内容自从形成以后，几十年一贯制，看不出有什么重大的变化。这就不能不引起人们对马克思主义哲学的"怀疑"，提出种种"责难"，发出哲学要改革、哲学要现代化的呼声。人们的这种不满不是没有根据的。它说明马克思主义哲学在我们手中已陷入与现实的矛盾之中，没有发挥出它所具有的指导现实发展的强大威力。问题究竟何在？马克思主义哲学是否已经过时，应当以一种新的理论去取代它？马克思主义哲学脱离现实的表现是什么，根源在哪里？怎样才能打破它的僵化状态，使它不仅跟上时代步伐，而且走在实践和科学的前面成为推动时代前进的强大动力？我们要推进马克思主义哲学发展，这些问题不解决是不可想象的。

所谓对马克思主义哲学的反思，就是要在批判地反省我们关于马克思主义哲学的观念中，发现它包含的理论矛盾，找出阻碍它发展的症结，恢复马克思主义哲学固有的生命活力，创造哲学发展所必要的理论条件。

哲学是一种体系性的学说，这是哲学这种理论的基本特点。哲学的这一特点同它具有的世界观性质有关。在过去，不论认识处于何种发展水平，当一个哲学家形成自己的特殊观点之后，总要把它推广到各个方面，使它成为覆盖一切知识领域的理论。由于历史条件的局限，每一个历史时期的科学都不可能穷尽知识的一切领域，总有它的空白区。哲学通常是依靠逻辑推论去填补这类空白区的。这一特点决定了哲学变化、发展的特有方式。在哲学史上，一种哲学观点否定另一种哲学观点，必须推翻以旧有观点为基础所建立的哲学体系，代之以建立在新的观点基础上的哲学体系。一种哲学在吸收另一哲学中的某一个观点或补充以实践和科学提出的新的思想内容时，也同样必须使它适于自己观点的要求、纳入自己的理论体系。马克思主义哲学同以往哲学在根本性质上不同，它彻底否定了那种追求永恒的绝对真理体系，以虚构的联系去填补尚未为人所认识的空白领域的做法。但它作为哲学理论，也不能不具有一切哲学理论共同具有的特点。

马克思主义哲学具有自己的观察世界、说明世界的观点和方法，这种观点和方法总体表现为一种思维方式，也可以说是一种新的思维逻辑。理论体系是已有内容的逻辑结构。思维的逻辑是稳定的，它的具体内容及其结构则是可变的。也就是说，具体内容及其结构的变化并不会影响到马克思主义哲学的性质，而思维的逻辑发生了根本变化，就会使马克思主义哲学不成其为马克思主义哲学。因此，马克思主义哲学也同一切其他派别的哲学一样，一方面，实践和科学的成果只有顺应它所固有的思维逻辑，才能纳入它的理论体系中来，成为它的内容的有机组成部分。从这一意义说，马克思主义哲学的丰富和发展，乃是它自己特有的思维方式的逻辑展开。另一方面，实践和科学的成果如果按照哲学固有的思维逻辑纳入哲学内容中来，它又不能不牵动原有的理论，影响到哲学整个内容的逻辑结构。从这一意义上说，马克思主义哲学的丰富和发展，同样表现为理论体系的不断变革。马克思主义哲学与旧哲学不同之处仅仅在于，它是自我更新的变化，而非由外力强制变革。我们通常说的马克思主义哲学不是封闭的体系而是"开放的体系"，就指这点而言。开放性并不意味着没有确定的体系，也不意味着在它的体系中预先已经留出了正好是未来科学能够加以填补的空白。因此，事情并不像有人设想的那样，只要吸收实践和科学取得的成果，把它们直接填充到已有内容的框架中去，就可以使马克思主义哲学发展了。填充法不能推进哲学理论的发展，这已为历史事实所证实。过去我们并非没有吸收科学的新成果，只是因为那种以实例形式填充到哲学教科书中来的大量科学成果，并不能使马克思主义哲学因此就更加充实和丰富。

所谓对马克思主义哲学的反思，从这一意义上说就是要理解和掌握马克思主义哲学发展的内在逻辑，按照它固有的思维方式去总结、概括实践和科学提出的最新成果、丰富马克思主义哲学内容、发展马克思主义哲学理论。

对哲学已有理论的反思，是哲学发展的基本前提，也是哲学发展的基本环节。反思本身也就是一种发展。

二、哲学本质反思

（一）实事求是通情达理的理论

马克思主义哲学的产生，是哲学发展史上一次革命性的变革。依我的理解，这一变革的实质是由于它的产生把哲学变成了具有科学性质的理论。就像牛顿把力学变成科学、拉瓦锡和道尔顿把化学变成科学、达尔文把生物学变成科学一样，马克思把哲学变成了科学。马克思主义哲学，就这一意义说，也就是科学形态的哲学。

哲学与科学属于两种不同的意识形式，它们各有不同的特点。哲学不仅是一种知识体系，同时又是一种意识形态。作为知识体系，它服从于人类认识发展的基本规律；作为意识形态，它又受社会基础与上层建筑发展规律的支配。在哲学理论中，既包含着人们对世界认识的成果，也包含着人们追求的理想、信念和意向。我把这点称作哲学的"双重性质"。据此，当我们说马克思主义哲学也就是科学形态的哲学，并把它与牛顿的力学、拉瓦锡和道尔顿的化学、达尔文的生物学相提并论时，这并不意味着就把哲学归并到"科学"形式一类，否认哲学具有自身特殊的性质，否认哲学具有的理想、信念和意向的内容。恩格斯和列宁在论述到马克思创立唯物史观的意义时都曾与达尔文的生物学相比较，这显然也只是从他们的学说在各自领域都具有革命性转折的意义上的一种比喻性说法。哲学的科学性，属于哲学自身两重性特点的科学性，它与实证科学的科学性有相同的特点，在内容上却是不同的。

马克思主义哲学是科学形态的哲学，这是相对于旧哲学的非科学性而言的。旧哲学的非科学性，表现在它的理论的对象、内容、性质、形式、功能以及科学基础等各个方面。马克思和恩格斯在创立他们的哲学理论时，对此曾做过深刻地分析和批判。以往的哲学从解答"宇宙之谜"开始，发展到试图对世界普遍联系的体系做出毫无遗漏的陈述。这不仅在那时科学尚不发达的条件下是一种空想，在今天科学已达到高度发展的条件下也是不可能做到的。因此，它就只能从头脑中去制造关于世界的模式。马克思主义哲学的产生就意味着那种超越实证科学的玄思哲学的终结。马克思把哲学变成了如同实证科学一样的立足于科学所揭示的现实联系基础上的理论，变成了不只是解释世界而且是改造世界的理论。恩格斯在谈到马克思主义哲学与旧哲学的根本区别时甚至使用了这样的提法，说："这已经根本不再是哲学，而只是世界观，它不应当在某种特殊的科学中，而应当在现实的科学中得到证实和表现出来。因此，哲学在这里被'扬弃'了，就是说，'既被克服又被保存'；按其形式来说是被克服了，按其现实的内容来说是被保存了。"①

马克思主义哲学作为科学形态的哲学所具有的性质和特点，同样表现在许多方面。从总体来说，我很喜欢用这样一个提法去表达，这就是：它是最讲实事求是，最为合理合情又通情达理，最富创造活力，最有论证性，因而也就是最令人信服的一种哲学理论。

这样说，绝不是一个武断之词，绝不是因为我们奉行马克思主义哲学，因而就对它使用溢美之词，像以往许多哲学家们常做的那样，马克思主义哲学的存在和发展这一事实本身就是一个证明。马克思、恩格斯创立的辩证唯物论哲学，最初不过只是许多思潮、学说中的一种。但不久，它就获得众多的拥护者、信奉者、追随者，成为唯一跨越国界、洲界，具有世界性的理论。它传播的广泛程度和速度，大概只有那几个极少数的世界宗教可以和它相媲美。关于这点，连那些由于立场观点不同因而坚决反对它的资产阶级学者们，也不能不钦佩它在短时期就取得的巨大成功，不得不承认它在思想史上异于寻常的重要地位，不能不重视它在思想理论以及社会历史领域所产生的深刻的和广泛的影响。这是靠什么得到的？没有别的，就是依靠理论本身的真理的力量、情理的力量。马克思那时是一个穷学者，一无权，二无势，三无钱，他所有的只是这一个武器，而这一武器

---

① 《马克思恩格斯全集》第20卷，151页，北京，人民出版社，1973。

恰恰是具有不可抗拒的最高威力的。

说马克思主义哲学是真理，是指它的基本观点经证实合于科学所揭示的客观规律，具有强有力的逻辑性，经受得住历史发展的检验。马克思主义哲学为我们认识规律、发现真理指出了正确的道路和方法。它是指导我们去认识规律的规律、发现真理的真理。这里我在真理性之后加上了"情理性"，是因为在我看来，哲学是真理与信念的统一体，它的任务不但要使我们的思想和行为做到合规律性，而且要做到合于情理性。人是有理想、愿望、欲求、情感的社会性动物。人的活动不能没有追求。追求表现着人作为实践主体、认识主体、价值主体的内在需要。人的活动只有不但合规律性，而且合于理想追求的情理性，才是真正有成效的。但只有那种符合历史进步趋向的理想、追求才是有利于提高主体的能力、发挥主体的作用的。哲学应当在这两个方面发挥作用，既指导人们如何使自己的思想、行为做到合于客体的规律性，又指导人们如何使自己的思想、行为合理地运用规律，做到合于主体不断发展的情理性。马克思主义哲学在这两个方面，都超越于一切其他哲学之上，真正做到了既"实事求是"，又"合理合情、通情达理"。我从多年的研究和思考中对这点深信不疑。我不能说对历史和现实存在过的主要哲学派别都进行过研究，就我接触到的范围而言，我确信没有哪一种哲学在这两个方面能够超过马克思主义哲学，比马克思主义哲学更富有论证性、更具有信服力。

这是就个人的认识和体会来说的，它当然还不足以作为充分的根据。进一步，也还需要从客观的方面作一点论证。

（二）历史和科学发展合乎逻辑的产物

科学形态的哲学必须建立在科学的基础之上，只有具备了充分科学基础条件的哲学才有可能成为科学形态的哲学。

从广泛意义上说，无论哪一种哲学，都不是哲学家仅凭头脑的玄想和一时的激情而创造出来的，它们都要依据并利用当时所能得到的尽量充分的科学材料。每一种哲学也都有支持它的相应的科学材料为基础，它就是凭借这些材料建立起来的理论体系。在这一意义上，哲学，不论哪种哲学，都是科学发展的产物。

这里暂且对同一类科学材料，从不同立场和方法可以做出不同的哲学结论这点不论。因为哲学发展的主流总是与科学认识所达到的水平、发展的状况相一致的。所以，我们可以说，科学发展的状况从根本上就决定了哲学可能具有的水平和状况。在科学本身尚处于低水平的状况下，哲学也不可能达到超越科学发展阶段很远的高水平。以往哲学的发展总是这样的：一个哲学派别为另一个哲学派别所推翻，后者又为更新的哲学派别所否定；每一个哲学家在他战胜先前哲学之后，在拥护者们的赞颂声中都自以为世上唯有自己才第一次发现了绝对真理，建立起了堪称科学的哲学体系；然而他们也终于免不了在科学发展中被后来者所否定的命运。这种情形恰好反映了科学不发达的状况。

科学处于怎样的发展水平，作为"最高智慧"的哲学也只能达到怎样的理论水平。当然，从这里也不能得出，科学昌明以后，不论哪种哲学都具有同样的科学性质的结论。这里还有一个哲学怎样对待科学成果、运用何种观点和方法去总结科学成就的问题。同时，不论科学怎样发达，总要存在知与不知的矛盾。哲学怎样反映和解决这一矛盾，由此也会形成性质完全不同的理论体系。不过从总体的思维水平来说，在科学发达条件下的哲学总是高于科学不发达条件下的理论，这点是确定的。

马克思主义以前的哲学所以不能达到完全科学的性质，一个主要原因就是由于科学认识水平低下。在实证科学自身尚未取得科学形态的条件下，以它为基础的哲学怎么可能具有科学的性质呢？

古代的哲学和科学，最初是结为一体从原始宗教和神话中作为它的对立物而诞生的。所谓作为原始宗教神话的对立物，就是指它代表了一种新的认识形式，即不同于幻想意识的理论思维形式的形成和出现。所以，哲学和科学的产生，可以看作是人类的第一次思想大解放，由于这一解放，人类才迈进文明社会的门槛。但从另一侧面去看，那时的所谓理论思维，不过是在经验直观基础上，借助于想象的一种理性认识方法，它的总的特征是"笼统直观"。在对事物的笼统直观中，哲学和科学自然不能区分开来，自然会结为一体。这种天然的结合表明，那时的科学知识尚不具有科学性质，而哲学当然也就不可能是建立在科学基础上的理论了。

经过中—近代，首先是关于自然的知识部门（其中首先是力学、天文学、数学等）从哲学中分离出来。同哲学分离，就意味着摆脱笼统直观的认识，进入了对事物具体分析的科学认识。这是人类认识的一大进步，也可以说是人类第二次思想大解放。通过这次思想解放，人类才有了严格意义上的科学理论。随着自然知识走上科学道路，在科学的帮助下哲学才能摆脱笼统直观的认识方式而走上科学发展的道路，所以比起古代，近代哲学已具有了更多科学的因素和成分。但直至18世纪，大部分科学部门仍然处于搜集和整理材料、为取得科学形态准备条件的阶段，其中有关社会的科学甚至还在襁褓之中，在这种条件下当然谈不到科学形态的哲学。所以，那时尽管许多哲学家打起了"科学"的招牌，以终极真理的发现者和完成者自居，这也只能看作他们的一种愿望或妄想，实际并不具有现实的基础。

科学未得到充分发展，哲学与科学的分工是不可能很明确的。在这种状况下，哲学特有的研究对象就不能显露出来被人们明确地意识到，哲学变成科学所需要的科学资料也不会很充分，哲学当然就不能形成具有真正科学性质的理论。而在科学的基础条件具备以后，哲学不仅有可能成为科学的理论，而且必然会成为这样的理论。这也是不以人的意志为转移的。因为只有科学形态的哲学，才能回答在各门科学充分发展之后所提出的理论思维中的问题，解决在认识发展以后出现于知识结构中的科学与哲学的矛盾。马克思主义哲学就是在这样的条件下应运而生的。

马克思主义哲学作为科学形态的哲学而出现，这并不是哪个天才人物的偶然创造。马克思主义哲学是在人类开始进入自觉地发挥自身主体的创造性，科学走向揭示自然、社会和思维深层联系的历史转折时期，哲学依照自身逻辑发展合乎规律的产物。例如，唯物史观在19世纪中叶的创立，就属于历史和科学条件的产物。恩格斯在论到这一问题时曾经说："如果说马克思发现了唯物史观，那么梯叶里、米涅、基佐以及1850年以前英国所有的历史编纂学家则表明，人们已经在这方面作过努力，而摩尔根对同一观点的发现表明，发现这一观点的时机已经成熟了，这一观点必定被发现。"①

（三）人类思想史精华的结晶

对于科学所提供的材料，可以从中总结出不同的哲学观点，形成不同的哲学理论。同样地，在具备了建立科学形态的哲学的科学条件下，也并不是所有的哲学家都能利用这一条件创造出科学形态的哲学来，否则，就不能说明与马克思处于同一时期的多种哲学学派，如费尔巴哈哲学、鲍威尔兄弟的哲学、施蒂纳哲学之间及其与马克思主义哲学在性质上的差别和对立了。

费尔巴哈生于1804年，1839年同黑格尔哲学分离，转向唯物主义立场，他的具有影响的哲学著作主要发表于1841—1845年这一期间，这正是马克思哲学观点形成的时期。费尔巴哈与马克思基本上属于同一时代的哲学家，对马克思起了巨大影响作用的那些历史和科学的条件，对于费尔巴哈也是同样存在的。但他们虽然同属于唯物主义哲学，马克思也受到过费尔巴哈思想的影响，而在哲学形态上却是根本不同的。这点说明，仅从历史和科学发展的条件上还不足以论证马克思主义哲学的科学性，这里必定还有起了重要作用的其他因素存在。

从费尔巴哈对现实社会斗争的态度、对科学发展的态度以及对黑格尔、康德哲学的态度，从他与马克思的态度的不同就可以看出，在这里主观条件对哲学理论的形成也是具有不容忽视的重要作用的。在客观条件具

---

① 《马克思恩格斯选集》第4卷，733页，北京，人民出版社，1995。

备的情况下，哲学家的立场、观点和方法甚至情感趋向、才能禀赋等条件就是决定性的因素了。

科学以追求真理为宗旨；从相对真理日益走向绝对真理是科学发展的基本形式。由于哲学具有双重性质，它不仅追求真理，同时也要追求某种理想，并且前者通常总是通过后者表现出来的；所以它的发展就必然充满剧烈冲突，并表现为派别交替、观点更迭的形式。在哲学发展中，如何严格依据历史的客观要求和科学所达到的成果，批判地对待以往的哲学理论，否定其已证明为错误的理论形式，继承和挽救它所包含的合于真理的内容，即能否摆脱哲学派别的偏见、运用科学的观点和方法对待已有的哲学成果，就成为至关重要的问题，这并不是所有的哲学家都能做得到的。要做到这一点，不仅需要具有严肃的科学态度、深邃的哲学素养，而且还要具有能够突破阶级利益的狭隘偏见、超越历史特定局限性的博大胸怀和远大眼光。人所共知，费尔巴哈只是局限于德国软弱资产阶级的立场、观点去对待现实斗争和哲学斗争的。早年他从这一阶级的要求出发推翻了唯心主义哲学的统治，为在德国争取感性自由的斗争奠立了唯物主义哲学基础，这是他的功绩。但是，在这之后，他就不再前进了。他对黑格尔采取了简单粗暴的态度和方法，就像列宁所形容的那样，在泼洗澡水时连小孩一同扔掉了。所以他的唯物主义哲学虽然产生于黑格尔之后，在根本内容上却与黑格尔之前的唯物主义理论无大差异。以神秘形式反映近代科学迅速前进的黑格尔辩证法思想，对于费尔巴哈来说是未曾存在过的；费尔巴哈对于他的时代的科学成果也没有予以必要的注意，更谈不上去研究、总结了。由于缺乏时代的深厚基础，他虽然很熟悉哲学的历史，但他从中并没有得出很多有益的思想。费尔巴哈哲学，正如他自己对哲学的认识那样，他认为哲学不过是现实生活的抽象表现，它只是以理论形式本能地表达出了他所代表的资产阶级的感性欲求和愿望。

比起费尔巴哈，马克思是具有博大胸怀、敏锐眼光的伟大思想家。他虽然批判了以往的全部哲学，但对人类思想所创造的那些优秀成果却一点也没有放过，而是都经过了仔细的批判审查，作为自己继续前进的起点、纳入自己体系中来了。如果说费尔巴哈在黑格尔唯心主义哲学的统治之后只是注重于如何恢复唯物主义的思想权威；那么，马克思则主要致力于如何从时代发展的基础上，通过黑格尔哲学和历史、科学获得的最新成果，去克服以往哲学的片面性，回答它们提出而未得到科学解答的问题，从而进一步推进唯物主义哲学的发展。

哲学一向争论不休的主观与客观的关系的问题，是有一个现实基础的。这一现实基础就是人作为主体所从事的改造客体的实践活动。主观与客观的矛盾是从这一基础上产生，也只有在这一基础上才能被人们全面地理解和把握。以往的哲学，不论它们的主张如何，作为人的认识活动，而且是认识中最高层次的活动，尽管它们并不自觉这一切问题都是从人改造客体的活动中产生并为发挥人在这种活动中的主体能力而服务的，它们在实际上都是对社会实践中所表现的主客体关系的探索。正是由于它们没有自觉地意识到这一点，所以也就只能对其中的某些个别环节做出片面的发挥，不可能达到全面的理解和把握，这是近代以来的哲学，无论唯心主义哲学或唯物主义哲学都具有片面性弊病的理论根源。只有在发现主客观统一的真实基础之后，把哲学的争论自觉地放在这一基础上去加以理解，才有可能克服先前哲学的片面性，建立起具有科学性的主客观统一的哲学学说。而一旦发现了主客观统一的真实基础，从这一基础去看待先前的哲学，那就可以了解到：以往不论怎样片面的理论，只要它反映了贯穿于实践活动中的某种真实的主客观联系的内容，它就是有意义的，在科学的哲学中就有它相应的地位。哲学不同观点在这一基础上的统一，也并不是各种片面理论的简单综合，相反地，它是按照主客观因素在实践活动中的固有联系的有机统一，因而这种统一也就恰恰是对它们的片面性的克服，这就是马克思主义哲学的贡献。它在思想史上发现了主客观矛盾和统一的真实根源，由此把先前哲学各种具有片面性的观点加以统一起来，从而建立起关于主观与客观、主体与客体相互关系的全面的和科学的理论的现实基础。正是在这一基础上,马克思主义哲学才有可能把辩证法与唯物论统一起来,创造出包括社会生活在内的完备彻底的唯物主义哲学。

马克思主义哲学是人类思想史精华的结晶,在它的体系中内在地统一了先前哲学的一切优秀成果。关于这一点,马克思和恩格斯在他们的著作中多次明确地肯定。在康德和黑格尔这些德国的伟大思想家被资产阶级学者当作"死狗"抛掷一边的时候,马克思和恩格斯站出来表态:"我公开承认我是这位大思想家的学生"[1],"我们德国社会主义者却以我们不仅继承了圣西门、傅立叶和欧文,而且继承了康德、费希特和黑格尔而感到骄傲"[2]。这些话绝非随便说出来的。

也正是从这一意义上,马克思主义哲学才是对先前一切哲学的彻底否定。因为汲取了以往哲学的精华,才能超越它们的水平,纠正它们的片面性,克服它们的局限性,从而彻底否定它们。近代唯物主义的创始人培根提出了一个很富辩证法内容的思想,他说:人们都以为古人年老,老年人最富经验,其实老年正应该是我们时代的属性,因为对于世界来说,古代恰恰是比较年轻的,今天才是更进步的时代。黑格尔在后来进一步发挥这一思想,从结果必然包含开端的发展观点提出:比起古人,我们是怎样成为我们的?他说这是因为我们有我们的历史,而古人却没有。这个话是说得很对也很好的。马克思主义哲学作为最晚出的理论,它所以优于先前的哲学,比如黑格尔哲学,就因为它把黑格尔哲学作为自己的历史内容而包括于自身,而黑格尔则没有这样的历史。

马克思主义哲学,如果从这一意义去理解它的本质,那就应当认为,它绝不是某种狭隘的宗派学说,某个人、某些人所特有或专有的哲学学说。它被称作"马克思主义哲学",这不过意味着:它是通过马克思的头脑,把人类所创造的思想精华作了最高的总结,并使它提高到了现代的发展水平。马克思主义哲学也就是辩证唯物主义理论,即现代的哲学理论,

---

[1] 《马克思恩格斯选集》第2卷,112页,北京,人民出版社,1995。
[2] 《马克思恩格斯选集》第3卷,692页,北京,人民出版社,1995。

具有了科学形态的哲学理论。进一步甚至还可以说，马克思主义哲学也就是提高到现代发展水平，克服了非科学性的黑格尔哲学、康德哲学、斯宾诺莎哲学、培根哲学、亚里士多德哲学、德谟克利特哲学、赫拉克利特哲学和泰勒斯哲学。这样说并没有降低马克思主义哲学的意义，恰恰相反，在我看来正是这一特点表现了马克思主义哲学高于以往一切哲学理论的伟大意义。这样去看也并没有抹杀哲学观点、哲学体系、哲学派别上的分歧和对立。这种分歧和对立过去存在，现在存在，将来也还会存在下去，虽然它在表现形式上肯定会有很大变化。问题在于，哲学观点、哲学体系、哲学派别的分歧和对立，从更深层的意义去看，不过是人类在追求真理和理想的认识活动及其过程中，必然具有的曲折形式的一种表现。通过不同哲学观点、哲学体系、哲学派别的对立和斗争，人类日益掌握更多的真理。真理认识的不断发展，这才是哲学历史发展的主流。马克思主义哲学就是这一发展主流在现时代的代表。马克思曾经把自己的哲学看作走向人类哲学的重要一步，预期将来的世界必然会成为哲学的世界，将来的哲学也会成为世界的哲学，依我的理解，就是表达的这样的意思。

（四）观察世界和改造世界的认识工具

哲学向来以"最高的智慧"自居，这确是表现了哲学占据的特殊地位和具有的特殊性质。

不论人类知识体系的内容和形式如何，这一体系总有层次的区分；不论知识体系如何划分层次，其中总要有一种理论是居于最高层次的理论，哲学就属于这样的理论。哲学作为最高的智慧，按知识的分工，它应当以回答一切认识中的最高原理为任务，这也是确定的。至于在认识中什么原理构成最高原理，成为一切智慧中应由最高智慧加以研究的课题，这却是要由具体的智慧来决定的。具体智慧的状况如何，最高智慧的状况也如何。人类所达到的知识的性质、水平，决定着最高智慧的性质和水平。这就是说，不论在哪个时代，都有它的最高原理和以此为内容的最高智慧；

但在不同时代，由于认识水平不同，由它所决定的最高原理的内容和最高智慧的性质却可以而且必然是各不相同的。

在知识尚不发达的时代，人们刚刚学会运用理性去认识事物的内在联系，有人能够对某些事物的原因做出理智的说明，那就是很了不起的事了。在这时，把寻求事物的普遍原因看作最高的智慧，乃是理所当然的。随着认识的提高和理性的胜利，人们能够说明的事物愈来愈多，在这时，人们不再满足于一般原因的说明，试图去揭破宇宙奥秘的谜底，寻求构成自然界事物的原始"砖块"，探索推动自然事物变化的终极"本体"，也是很自然的事，这就是古代和近代早期作为"最高智慧"的哲学所承担的任务。但在更进一步的发展中，随着认识日益提高，暴露出的矛盾也愈来愈多。人们逐渐发现，认识达到的结果不全以事物的状况为转移，而是同人们如何去把握事物的认识方式紧密相关的。对事物本性的理解，往往决定于人们对认识本性是如何理解的。在这样的条件下，人们开始把目光从客体转向主体，以解决主观和客观的关系问题为最高原理，这也是具有必然性的。近代后期就属于认识的这一转折时期，而马克思主义哲学则是这一转变的结果，也是这一转变的具体实现。

从哲学在今天所达到的发展水平回头去审查它所走过的道路，就会发现：虽然从哲学诞生之日起，人们就把哲学视为"最高的智慧"，但在很长的历史时期内，限于认识水平的低下，人们并没有把捉到这个最高智慧，也没有真正理解究竟什么才能够称得上是最高的智慧。从古代到近代，人们都把获得某种现成的真理知识看作最高智慧。它与具体智慧的区别只在于：具体智慧是关于具体事物的真理知识，最高智慧是能够回答一切问题的、关于事物始初本原或终极本性的真理知识。对最高智慧的这种理解，必然要以下面两点为它的前提：（1）承认万物有一个始初的本原和终极的本性；（2）承认人在某一天能够突然发现宇宙的这一奥秘。而这两点，实践和科学的发展日益证明，它既是违背事物固有的本性，也是违背人类认识的本质的。因为事物处于无限发展的过程中，人的认识也处于无限发展（只要人类存在下去）的过程中。要求人类在某一天通过某个天才人物创造的哲学体系去发现这样的绝对真理，是一种纯粹的妄想。它恰好证明了人对自身的认识本性以及一切自然事物的本性的无知，绝非什么最高的智慧。

但是一切旧哲学，虽然在表现程度上有差异，在本质上都是从这种妄想出发去建立它的理论体系的。这就决定了旧哲学的非科学性，使它们必然会把某种主观臆想的联系强加在客观事物身上；同时，又必然要把它们自身的体系看作永恒正义和终极真理的最后发现或完成。以往的哲学原理都具有某种教条性，远离实际，因而不但不能成为指导人们认识的科学方法，相反地对人的思维只能起一种束缚的作用，这是以往哲学由其知识水平的低下状况所决定的根本性质，就这一根本性质而言，可以说没有一种哲学能够例外。

马克思主义哲学从根本上突破了这一性质，结束了这一非科学的妄想。就马克思主义哲学的根本性质而言，它不再是提供什么终极真理知识的理论，既不是寻求一切存在背后的所谓隐秘本性或终极本体的理论，也不是妄想为世界建立统一体系、提供世界整体图景的理论。严格地说，马克思主义哲学根本不再是提供什么"知识"的理论（这不等于说在它里面不包括任何知识的内容），而只是帮助人们获得真理知识和崇高理想、信念的一种科学的认识方法。这一点，正是表现了哲学的科学性质。马克思和恩格斯从来都把他们的哲学称作伟大的认识工具，坚决反对把它当作现成的结论知识，即当作公式、教条、套语和万能的药方去用。他们对那些习惯于按照旧哲学的方式去理解、运用他们的理论的人，不得不一再向他们重申：我们的哲学不是教义，而是方法，它提供的不是现成的教条，而是进一步研究的出发点和供这种研究使用的方法。①

哲学性质的这种转变，并不是由人们的愿望所决定的。在这之前，并不是人们都甘愿把自己的哲学变成某种教条，也有试图突破这种局限的思

---

① 参见《马克思恩格斯全集》第89卷，408页，北京，人民出版社，1974。

想家。历史条件和认识条件如此，尽管人们对问题已有觉察，也不可能从根本上改变它。马克思主义哲学实现了这一转变，也主要不是由于主观愿望，而主要是由于具备了必要的历史条件和科学条件。只有在人们掌握了大量真理知识，积累了相当丰富的真理认识的经验，在这个条件下才能暴露出追求永恒正义和终极真理的荒谬性，推动人们去改变哲学作为最高智慧的理论性质；也只有在这个条件下，即在人们深入认识事物的内在本质并遇到大量主客观矛盾的条件下，才能提出深入研究认识方法的任务，才能具体认识这样的方法，把知识总汇的哲学变成认识方法的哲学。

哲学获得科学形态，同哲学转变为关于理论思维的观点和方法的理论，这两者是同一件事的两个不同方面，它们是紧密相连的。究其实质，什么样的理论才真正能够算得上"最高的智慧"呢？只有关于理论思维的观点和方法的科学。某一真理认识，不论它是关于怎样高级的事物的真理，只要它是关于一个确定对象的认识，它就是具有局限性的，难以算作最高的智慧。所谓最高的智慧只能是关于怎样才能获得真理认识和崇高理想的那种认识。因为，掌握了这样的理论，就等于掌握了能够制造打开一切智慧宝库之门的锁钥的方法。有了它，只要我们遵循人类认识的规律而合理地加以运用，就能获得任何真理。这就是马克思曾经一再申明过的，他的哲学不是结束了真理的认识，恰恰相反，而是开辟了真理认识的广阔前景和道路。

（五）赋有生命活力不断发展的开放性哲学

一种理论能否自觉地变革自身、勇于创新、不断以新的内容丰富自己，甚至在新的基础上改变原有理论形式，是它是否具有生命活力的主要表现，也是它是否具有科学性质的一个重要标志。

哲学是时代精神的精华。哲学的时代性，表明它有局限性，因而需要不断发展。马克思主义哲学不仅同样如此，而且尤其应当如此。马克思主义哲学作为科学形态的哲学，应当说，不断发展是这种理论固有的本性，也是它生命力的所在。马克思主义哲学的科学性质并不意味着它已是尽善尽美的绝对真理。事实恰恰相反。旧哲学奢望去发现可以用来解释一切问题的宇宙奥秘，并把自己的理论看作已达终极的绝对真理，正是这一点构成了它的最大的局限性，使旧哲学不能成为科学的理论，这是旧哲学的非科学性的局限性。马克思主义哲学克服了这种非科学性的局限性，由此才把哲学变成了科学理论。但是马克思主义哲学并不能摆脱科学所共同具有的局限性，马克思主义哲学同样要受到历史条件、认识水平等方面的限制，它不仅不可能完全回答哲学史上提出的那一切哲学争论的问题，完全说明时代所提出的那一切实践的和理论的课题，而且就是它已说明的问题，无论就其内容和形式而言，也由于条件的限制不可能是尽善尽美的。马克思和恩格斯对这点有很明确的认识。所以他们总是一再要求他们的学生和后继人，不要把他们创立的学说看成教义，用旧哲学家那种态度对待他们的理论，而应当以创造性的态度即科学的态度，不断推进这一理论的发展。

肯定马克思主义哲学有局限性，这是承认它必须不断发展的前提；但这并不足以表明马克思主义哲学所固有的发展本性。这种本性还在于它与实践的内在统一联系之中。

一切哲学都同实践具有某种联系，这是从哲学的本质来说的。但以往的哲学家都鄙视实践，把自己的理论说成是超实践的。他们的典型观点是认为，"哲学就是不实际"，醉心于实际就没有哲学、没有哲学的繁荣和发展了，这点表明了以往哲学赋予他们的理论的本质总是与哲学固有的本质相矛盾的。这种矛盾属于人为的矛盾，它不但不能成为推动理论发展的动力，恰恰构成了哲学发展的阻力。只有克服这种矛盾，打破人为的阻力，才能推动哲学向前发展；而这一矛盾的克服往往同否定旧的哲学体系紧密联系在一起，只有否定整个旧哲学代之以新的哲学才能实现哲学的发展，这就是旧哲学缺乏自我更新能力的主要根源。

在历史上，唯有马克思主义哲学自觉地以理论与实践的统一作为自己哲学的基本原则，并做到了把这一原则彻底贯彻到一切内容中去，我们所说的马克思主义哲学的生命活力，其基点就在这里。

理论与实践的统一，并不仅仅是对待理论及其与实践关系的一种态度和观点问题，而是表现着理论自身的性质和功能。马克思在《关于费尔巴哈的提纲》中提出一个著名的命题："哲学家们只是用不同的方式解释世界，而问题在于改变世界。"①这一命题既表现了马克思对哲学的一种观点，也反映了马克思主义哲学在性质和功能上与旧哲学的根本区别。

哲学是要解释世界的，马克思的话并不是说哲学家不应该去解释世界。解释世界可以有两个不同的出发点，一是面向过去或既成事实，一是面向世界的未来发展。由于立足点不同，解释世界的理论的性质也便不同。前者导向于保守性的说明，后者才能形成革命性的理论。以往的哲学，比如，近代以来的资产阶级哲学，是在资本主义经济关系已成为现存事实，出于为这种社会现实的必然性进行论证和辩护的需要而产生出来的。它论证了资本主义取代封建主义的合理性，对历史发展起了进步的作用。但是，为既存事实进行辩护，这并不一定非去认识和揭示历史运动的客观规律不可，只要提出某种根据对它做出合理的解释就足够了，哪怕所利用的是超现实的根据。所以在资产阶级哲学对现实的解释中，不论唯物主义或唯心主义，都包含许多人工虚构的内容。这点也决定了资产阶级哲学总是具有某种程度的保守性，这点在资产阶级取得政权，资本主义现实成为法律保护对象以后所形成的哲学中，就更加明显。

马克思的话也并不是说，以往的哲学家从未有过"改变世界"的愿望和主张。许多哲学家不仅主张变革世界，而且言辞激烈，情绪激昂。激进的青年黑格尔派哲学，就是一个典型代表。但是，关于改变世界也可以有两种不同的观点和方法，一是依靠哲学批判去改变世界的"影子"，一是通过现实斗争去改变人的社会存在条件。这两种观点和方法导致的是完全不同的后果。按照青年黑格尔派的观点，观念、思想和概念是人们的真正

---

① 《马克思恩格斯全集》第3卷，6页，北京，人民出版社，1960。

枷锁，正像"人们之所以溺死，是因为他们被关于重力的思想迷住了"的缘故一样，只要通过哲学批判从头脑中抛弃这个观念，即以人的意识代替现在的意识，就可以消除束缚人们的一切限制。这种改变世界的哲学，仅仅主张反对现存世界的词句，对现存世界本身连碰也没有碰到，他们所做的全部事情就是编造新的词句来解释现存世界。正是在这一意义上，马克思尖锐地指出："这种改变意识的要求，归根到底就是要求用另一种方式来解释现存的东西，也就是说，通过另外的解释来承认现存的东西。尽管青年黑格尔派思想家们满口讲的都是'震撼世界'的词句，而实际上他们是最大的保守分子。"[1]

这就是马克思所说"哲学家们只是用不同的方式解释世界，而问题在于改变世界"这句话的基本含义。

马克思主义哲学是立足现实面向未来的理论。它当然也要对现存世界做出解释。但它的主要任务不是解释现存世界，而是要改变现存世界，即不是为现存世界进行辩护，而是要推动现存世界向更高阶段发展。这样，在马克思主义哲学中科学性和革命性就达到了高度统一，革命性寓于科学性之中，科学性又以革命性为前提。

马克思主义哲学是批判的革命的理论，它的革命性集中地表现在它对待现实的批判态度上。马克思关于辩证法理论的本性有过一段十分精彩的说明，这段话实际也就是关于马克思主义哲学本性的说明。马克思指出："辩证法在对现存事物的肯定的理解中同时包含对现存事物的否定的理解，即对现存事物的必然灭亡的理解；辩证法对每一种既成的形式都是从不断的运动中，因而也是从它的暂时性方面去理解；辩证法不崇拜任何东西，按其本质来说，它是批判的和革命的。"[2]

上述就是我对马克思主义哲学本质的认识和理解。我深信马克思主义哲学的科学性，就是基于这些认识和理解的。

---

[1] 《马克思恩格斯全集》第3卷，22页，北京，人民出版社，1960。
[2] 《马克思恩格斯全集》第23卷，24页，北京，人民出版社，1972。

三、理论现状反思

（一）区分不同哲学观念和理论

马克思主义哲学按其本性来说应当如此，并不等于说，人们关于马克思主义哲学的观念、它在现实中的任何表现形态尽皆如此。今天我们所理解、掌握和运用的马克思主义哲学理论，是否完全发挥和体现了它的上述本性和特点呢？这正是值得思考和研究的问题。

这是属于如何去看待马克思主义哲学的理论现状的问题。谈到哲学理论的现状，如果我们不是采取回避问题的态度，那就不能不看到、也不能不承认，"马克思主义哲学"在人们心目中的威信大大下降了，它所固有的威力也大大减弱了。现在不像20世纪五六十年代，人们学哲学、用哲学有一股热潮。近些年来，在大学课堂里本来颇受欢迎的哲学课，有愈来愈遭冷遇的趋势。人们对现有理论普遍感到不满，觉得它思想陈旧、内容老化、枯燥、无用、缺乏论证性和说服力，有的人甚至这样来形容，说这种理论不学倒好，脑子里少一点框框，还容易做到实事求是，学了反而会束缚思维的创造性。哲学在社会上的境遇同样如此，学术刊物不少，发表的哲学论文也很多，但基本状况是：提出真正有新意的问题很少，有创见的论文就更不多见；即使这样的一点成果，也主要是在学术界内部"自行消受"，圈子外的人很少读它，这也可谓"自食其果"。

哲学这种冷落局面，显然是由多种原因造成的，有历史原因，也有社会原因。在历史上，多年全民学哲学的结果如何呢？并没有因此使人们的思想少犯片面性错误，在一个时期片面性反而愈来愈大，以致造成"形而上学猖獗，唯心主义泛滥"，出现了"十年动乱"。从社会原因来说，当今处于务实时代，在人们注重讲求实效的时候，自然会滋生某种轻视甚至忽视理论的倾向。有人把哲学视为"大话""空话"，提出"少谈点主义，多研究点问题"，就属此类，这些都会影响到哲学的境况。但这都属于客观的原因,除此之外,也应反思一下理论自身的状况。我们讲的这套哲学理论是否那样引人入胜、富于说服力,足以引起人们对它的重视?这是属于理论本身的原因。

我们不能只是一味责备人们对哲学不够重视、甚至不满。我们现在所讲述和宣传的哲学确实存在老化、僵化的问题。哲学的基本内容几十年一贯制、无大变化,严重脱离实际、落后于时代的发展。人们所关心的许多重大现实问题从哲学教材中得不到说明,科学取得的许多重大成果在哲学书籍中没有系统地总结和反映,这样的理论同现实对不上号,学了无大用处、也不知如何去用,自然引不起人们学习它的兴趣,更谈不到学习的热情了。

但这也并不意味着"马克思主义哲学已经过时",在今天不再适用,应当以新的哲学去取代它。那种认为"应该抛弃、清扫在人们头脑中根深蒂固的旧范畴、旧概念、来一个哲学启蒙运动"另起炉灶的主张,我并不赞成。我们的哲学没有随着实践的发展而发展,没有反映当今时代出现的新特点,这是事实,但这一事实并不能证明理论不行。如前所说,自觉地以理论与实践的统一为原则,不断创新、不断发展正是马克思主义哲学的本性,是它区别于以往哲学的根本特点,很明显,现在的僵化理论恰恰是由于违背了它的这一本性才出现的。从这一事实应该得出结论的不是马克思主义哲学不中用,而是在我们手里的哲学没有反映出马克思主义的精神和实质,甚至有违它的精神和实质,这就是我的基本认识。

我们关于马克思主义哲学的观念、概念同马克思主义哲学本身产生差距、甚至在某些方面相悖谬,这是毫不足怪的。在历史上,任何一种哲学学说在其演变过程中都有这种情况,如果把这种情况叫作走样的话,历史证明,走样是绝对的,不走样却是相对的。

(二)历史斗争折光反射出的哲学理论

前已说到,走样可以有两种情况。发展也是一种走样,这是推动理论继续前进的走样。走样还可能是扭曲了原来的理论，这里包括对理论实质公开地或隐蔽地阉割、篡改和歪曲，也包括出于维护某种理论因而使它僵化、丧失了原有理论的精神和实质的那种走样。我们现在的理论属于哪种情况？

今天我们所理解和掌握的马克思主义哲学理论，从始源意义说，它的内容主要来自马克思、恩格斯和列宁所写的经典性哲学著作，但它却是透过曲折、复杂的历史斗争的折光，从我们所处历史条件的变化，以及由此所决定变化了的观念中产生、形成的，这样形成的理论，只能主要代表我们对马克思主义哲学的理解和认识，不能同马克思和恩格斯所创立、而后为列宁所发展的理论画等号，这在我看来是理所当然的。这一理论的典型代表就是普遍通行的马克思主义哲学原理教科书。

许多年来，人们都是从哲学原理教科书来了解马克思主义哲学的，并且把教科书看作马克思主义哲学内容的标准模式。在各个社会主义国家，教科书的体系、内容都是基本一样、大同小异的，因为它们共同来源于苏联教科书的模式。在苏联，现在通行的教科书体系大约形成于20世纪30—50年代。这个体系既已形成，就很少再有变动。苏联虽然每隔几年都要出一个新版，其框架和格局却从来无变动。我国的教科书也是自苏联引进的。从20世纪60年代艾思奇主编的教本问世以来，一直沿袭至今，目前虽有几十种、上百种哲学原理教材，体系和内容并没有根本性的差异，所以，把教科书看作我们在今天所了解的马克思主义哲学的样本，是并不为过的。

影响教科书内容的历史因素有许多，在我看来，下面的因素具有重要的意义，它们直接决定了教科书中哲学理论的性质和面貌。

1．简单化、庸俗化倾向的影响

这种倾向是在群众普及哲学、哲学通俗化的过程中出现的。哲学的通俗化是必要的，因为要使广大群众掌握和运用哲学，就不能不把哲学理论通俗化，以便于他们理解。哲学的通俗化是一种要求更高的科学工作。

简单化、庸俗化的倾向主要表现在：它不是用哲学理论去提高群众的思维水平，而是相反地，通过把马克思主义哲学的科学命题降低到经验理论水平，把马克思主义哲学的科学概念还原为常识观念等方式，去迎合群众的认识水平。例如，讲"实践"，就简单化地归结为一个"干"字，"干就是实践"；解释什么是"认识"，无非就是"想一想"；说明"矛盾"就告诉听者只要懂得事物都有两点而非一点，这便是掌握了辩证法；如此等等。这样的理论当然是很容易懂的，可是学习这种不过是用了一个新名词去翻译已知观念的哲学会有什么用？这样的哲学"理论"不学也可以掌握何必还要费力去学它呢？难怪有人在学完辩证法的全部矛盾学说之后，编出一个口诀，认为掌握辩证法十分容易，只要记住"事物有矛盾，矛盾分两点，两点有主次，主次能转化，转化是革命"就够了。

哲学的简单化、庸俗化倾向在我国达到了令人难以想象的程度。20世纪60年代在报纸上曾经介绍并推广过某地向农民用石头讲哲学的经验，由此兴起了"石头哲学"热。怎样用石头讲哲学？

教者于讲桌上放置一块石头。

教者：请大家睁开眼睛仔细看看，这个石头存在不存在？有谁敢用脑袋去撞它？

听者：我们仔细看了，石头是存在的，我们承认不能拿脑袋去碰那块地方。

教者：好了，这就是唯物论，承认这点你们就已经是唯物论者。什么是唯心论？唯心论就是不承认石头存在，睁着眼睛硬往石头上去碰的理论。

教者把石头扔出门外。

教者：请大家睁开眼睛再看看，石头到哪里去了？

听者：石头被扔出门外了。

教者：对，这就叫运动，你们承认石头能运动，这就已成为辩证法者。什么是形而上学？形而上学就是不承认石头可以运动的一种理论。

当然这里我也把问题"简单化"了，实地讲起来会比上述对话更复杂些，不过，基本情况就是这样。据说，康生很赞赏这样讲哲学，曾说过"一块石头就敲开了哲学大门，有什么神秘的！"之类的话，事实恰恰相反。如果康生真的说过这样的话，那么我们今天就要说：正是这块石头堵住了通向哲学之门，葬送一代人（或许不止一代人）的哲学意识。在一个长时期，人们中间流行这样一种观念，认为：哲学一点不奥妙，不学也能掌握；唯心论、形而上学在我们身上不会有，那是属于外国的东西，因为外国人是资产阶级，古人才会有，因为他们是地主阶级。正是在这种观念的支配下，多年来我们犯了大量唯心论、形而上学错误而不自知，反而认为是在坚持辩证唯物论。

哲学理论的作用本来在于使人们的认识更加深化，即更复杂一点而不是更加简单化。如果说经验常识是一种直接性的认识，那么科学理论就是更加深刻的间接意识，而哲学则应属于反思意识，它的意义在于不仅使人们认识得更全面、更深刻，而且使人们懂得怎样才能避免片面性，达到全面的深刻的认识。简单化、庸俗化的结果，把辩证唯物主义科学理论混同于自发的素朴实在论，这就不但不能提高人们的思想水平，而且必然陷入唯心论和形而上学的片面性。

简单化、庸俗化的倾向不只是影响到群众的思想，也影响到哲学理论，而且它的主要危害是后者而非前者。直到今天，在我们的教科书里，对唯心论、形而上学的所谓"批判"还基本上停留在经验水平的直观认识上，对唯物论和辩证法的许多解释仍然只限于素朴实在论的理解状态。我们把马克思主义哲学降低到经验水平，就难怪人们学了以后感到启发性不大、用处也不大。

2．本体论化、实证化倾向的影响

关于哲学性质问题，即哲学属于本体论学问、认识论学问、人本学学问，还是其他什么性质的学问，历来就存在不同的认识。哲学在不同发展阶段，内容和性质也各不相同。开始阶段，人们笼统地把自然作为自己的研究对象，可以叫作自然哲学。以后从研究自然事物的本原、本性，产生了本体论哲学。随后人们发现，哲学家关于本体是什么的观点是同他们怎样去认识事物有关的，于是本体论哲学就让位于以认识论为主的哲学。在更后则出现了人本哲学，它试图通过"人"去解决主观与客观、认识与对象的矛盾。哲学发展到马克思的阶段，应当是一种什么样的理论？这在苏联从20世纪60年代起，人们的看法就是一直有分歧的，最近20年争论得更为激烈。一种观点认为哲学主要应属本体论，一种观点认为哲学主要应是认识论，还有一种观点认为哲学应为研究人的学说等。

从马克思主义哲学发展史来看，马克思和恩格斯强调它们的哲学是"世界观"，是认识工具，是思维方法。他们在阐述自己的哲学学说时从不使用"本体""本体论"的字样。在他们之后，普列汉诺夫把辩证唯物论主要理解成为本体论理论，列宁曾批评他把哲学变成"实例的总和"，没有注意到辩证法规律主要属于"认识的规律（以及客观世界的规律）"。列宁明确提出了辩证法"就是认识论"，逻辑、认识论和辩证法是"同一个东西"的思想，这代表了列宁对哲学性质的看法，这说明，在马克思主义哲学发展史上，关于哲学性质的认识也是经历了一个变化过程的。

列宁逝世后，德波林倾向于黑格尔哲学，特别是黑格尔的辩证法思想，他主张通过唯物地改造黑格尔辩证法的途径来制定唯物辩证法理论，突出地强调了哲学的逻辑和认识的功能。德波林的思想显然有片面性，但他也有许多同列宁一致的正确思想，特别是在哲学的一般性质问题上。20世纪30年代初在对德波林的批判中，全盘否定了他的思想，这就把哲学引向另一极端，使"本体论"思潮占了绝对上风。正是在这种情况下，形成了通行至今的教科书体系和内容。

目前的教科书，基本上贯彻的是本体论观点，按照哲学是本体论这一原则建构而成的。当然，在20世纪完全恢复已为哲学自身的发展所否定的十七八世纪的那种本体论，已无可能，贯彻于教科书中的本体论并不完全等同于近代哲学中的本体论，但在缺少主体性意识、只强调研究存在的本性和规律这点上，它们是一致的，所以我这里把它称作本体论化的倾向。

本体论化不符合马克思主义哲学的性质，从它去理解马克思主义哲学，必然要把哲学理论实证化，即把它变成正如列宁批评普列汉诺夫时所说的那种"实例的总和"式的州论，所以现代的本体论化倾向与实证化倾向是紧密结合在一起而存在的。

本体论化的一个重要后果，就是使哲学失去了主体性意识，失去了固有的理想性质，失去了理论思维方法的特点，变成与实证科学没有本质区别的单纯追求客观知识的理论。它的基本特征是完全脱离开人和人对客体的关系去研究存在和存在运动的规律。它研究人的认识活动、实践活动，也只是把它当作与自然对象同样的客体，从它的自然过程去研究它的本性和规律。这样，哲学便被解释成为与单纯研究存在规律的实证科学不再有性质上的区别，成为只有规律适用范围大小的量的区别的理论。哲学与其他各门科学的关系，被简单地归结为整体与局部的关系，区别只在于哲学以整个世界为对象，各门科学以世界的局部领域为对象。在研究方法和论述方法上，哲学也变成与实证科学一样，只要引用大量经验事实就算证明了哲学的基本原理；它们的区别也仅仅在于，哲学利用的经验事实不是从自己的实验室直接得来，而是从各门科学的书本中拿来的，这样的哲学，就变成了"原则加例证"，用列宁的话来说，就是从大量的事实材料中归纳出某种普遍性的原则和结论的理论。现在从苏联到我国的哲学教科书，都是这样论述哲学的：先提出一个论断（原则、结论，被称作马克思主义哲学的原理），然后就是从天上、地下、人间引用证实其正确性的大量实例。多年以来教科书的原理是不变的，更新的只是那些用来代替论证的实例。这样就把反映最高和最深本质层次的理论直观化、经验化，使它丧失了应有的理论思维方法的特征。苏联教科书在很长一段时期里关于世界的无限性问题都是这样论证的：今天科学已达到高度发展，能制造观察若干亿光年的高倍望远镜，仍然没有看到宇宙的边界，可见世界是无限的。这样的论证既不能证明物质世界的无限性，也不能驳倒宗教和唯心论关于世界有限性的论断。他们完全可以这样反证：边界恰好在这若干亿光年之外，你尚未达到。这种论证方法即使把望远镜再加上若干倍数的距离，问题仍会照样存在。进而就把马克思主义哲学公式化、教条化。人们从这种哲学里除了学到一堆现成的结论性知识，不再有别的；对这些现成的真理知识，除了当作公式向现实事物身上去套用外，也再无别的用途。

本体论化的另一个结果则是，在马克思主义哲学中又恢复了旧哲学关于哲学问题的许多早已被否定了的提法。例如，说马克思主义哲学探寻的同样是"世界的本原是什么""万物的构成和本性是什么""世界万物是怎样形成统一联系的体系的"等问题，而且似乎对它们已找到"科学"的答案。于此，不仅使马克思主义哲学与旧哲学在许多问题的界限上混淆不清，甚至使哲学理论倒退回去，要求马克思主义哲学也像旧哲学一样，去回答必须由全部科学和哲学在其无限发展过程中才能逐渐研究清楚的问题。

例如，有的教科书把马克思主义哲学的"物质"概念，讲成是回答"世界的本原是什么""万事万物归根到底究竟是个什么东西"这类问题的，而且认为它也确实做出了科学的回答，这是完全按照旧哲学的"本体论"观点来理解马克思主义哲学。初看问题似乎如此，仔细想来就会产生疑问。世界的本原是物质，万物归根到底是个物质东西。如果进一步去问，什么是物质？于是引出列宁关于物质的定义，答，"物质是标志客观实在的哲学范畴，这种客观实在是人感觉到的，它不依赖于我们的感觉而存在，为我们的感觉所复写、摄影、反映"。仔细分析这一定义，它不过是说，所谓物质就是作为认识的对象、构成认识的来源的客观实在东西，或者说就是非观念虚构的实实在在的存在。"因为物质的唯一'特性'就是：它是客观实在，它存在于我们的意识之外。"[①]问世界本原是什么，我们答以本原就是实实在在地有那么个东西，这能满足人们的要求吗？这

---

① 《列宁全集》第14卷，128、275页，北京，人民出版社，1957。

里并没有告诉人们它究竟是个什么样的东西。所以学术界有人就要修订列宁的物质定义，试图使它对类似上述问题给出具体的答案。这种观点主张，哲学中的物质概念不仅应指明它是客观实在，还应说明它是怎样一种客观实在，例如，它是实体和场的统一体，是整体和部分、有限和无限、时间和空间、运动和静止相互联系和相互转化的有规律的系统等。这样补充之后是否就对上述问题给出了满意的回答？即使把所有的哲学范畴和科学已使用的范畴都附加上去，依照这种认识方式，人们仍然不会完全满意。这里的问题在于，把哲学理解为纯粹本体论（至少在唯物论的基本观点这一范围）的理论，要求它提供类似实证科学一样的现成知识，本来就超出了哲学的性质所决定的能力范围。

（三）应当分别记入两本账

除这三种倾向以外，还有其他许多因素的影响。仅仅这三条，已足以表明我们通过教科书所理解的马克思主义哲学不可能完全保持它固有的精神和实质。第一条意味着哲学失去了科学性和生命活力，变成类似宗教的僵化教条；第二条意味着哲学丧失了哲学意识，退回到素朴实在论的本能意识；第三条则使哲学丧失了主体意识、理想性质，失去了认识方法功能，变成由抽象公式和原则组成的纯客观知识体系，所有这些，都恰恰是有悖于马克思主义哲学的基本精神和实质的。

所以在我看来，我们决不能把教科书的哲学，我们通过教科书所理解和掌握的哲学，也就是由于历史斗争的折光而扭曲了的那种马克思主义哲学，同马克思创立的马克思主义哲学完全画等号。我们应当有两本账，我们不能把人们对今天教科书哲学的那些不满意见记在马克思主义哲学的账下，马克思无法替他的后人负责。像上面谈到的那些直接与马克思的思想相悖谬的问题，马克思就无法负责、也不应该由他负责。这些问题应该记在我们后人的账下，由我们自己负责。

设立两本账十分必要。我们只有承认这两种理论的差别，才不致一听到人们对哲学的某种责难，就认为他是在反对马克思主义哲学；反过来，也不致由于发现了今天哲学理论存在这样和那样的问题，就认为马克思主义哲学无用、过时了。

对于这一点，在今天并不是人们都已有了清醒的认识。上述问题集中反映在哲学原理教科书中，而这个教科书不仅仍在通行，还被许多人奉为马克思主义哲学的标准模式，如果有谁超越这个"雷池"一步，便会被视为"离经叛道"。

四、改变理论现状与改革理论体系

（一）思想体系与理论体系

体系是内容的逻辑结构，属于理论的形式方面。每一种理论都有与其内容相适应的形式，都要表现为一定的体系并以体系的方式而存在。没有一种堪称严密性的理论是没有体系的，差别只在于有的体系具有逻辑一贯性，有的体系则或因内容或因形式而缺乏逻辑一贯性。

哲学作为世界观理论，更是如此。因为哲学对于人们所关注的一切事物，都要依据自己特有观点给出全面的贯通的解释。一种哲学观念代表观察事物的一种特殊思维方式，这种思维方式只有通过解释各种事物的体系才能存在并表现出来。就这一意义说，哲学就属于体系性的理论，以往的哲学家都非常注意构造体系。在哲学发展中，每一种新观点的形成，都意味着一个新体系的诞生；否定一种旧观点，也必然连带推翻整个旧的哲学体系，这是哲学的本性和特征。不少哲学家往往夸大这点，把构造体系甚至看得比观点本身更重要,并且一味追求创造包罗万象的终极真理体系,黑格尔就是一个典型。在像黑格尔这样的哲学体系里,尽管由于他是哲学史上少有的天才思想家,其中包含许多很有价值的思想,也必然会有许多造作的、虚构的内容。恩格斯曾经批判过黑格尔建立最终完成的绝对真理体系的妄想,指出:"黑格尔体系是哲学的最后的最完善的形式""黑格尔的体系作为体系来说,是一次巨大的流产,但也是这类流产中的最后一次"。[①]

黑格尔体系的流产,证明一切理论体系都只具有相对的意义,它仅仅是人类思维某一特定发展阶段的产物,不可能是最终完成的和尽善尽美的;但它并不表明创立理论体系是不必要的。关于这一点,恩格斯同样明确地讲过:"包罗万象的、最终完成的关于自然和历史的认识的体系,是和辩证思维的基本规律相矛盾的;但是这决不排斥,反而肯定,对整个外部世界的有系统的认识是可以一代一代地得到巨大进展的。"[②]

通常所讲的体系,可以有两种含义。一是指构成某一完整理论的各个思想间所固有的内在逻辑联系,这种联系表现着思想的统一性、制约性和连贯性;一是指一种学说借以表达的理论形式,这种理论形式通常是通过稳定范畴、原理之间的有机的和统一的联系而表现出来的。前者渗透在思想观点之中,是无形的逻辑,可以称作"思想体系";后者表现在人们对业已形成的思想的论述之中,是自觉地揭露出来的联系,所以属于有形的逻辑,可以称作"理论体系"或"理论形态"。每一种哲学都有它的内在逻辑,在通常情况下,都构成一个完整的思想体系,只有那些仅有片断思想尚未成形的哲学才不是如此。每一种哲学,如果要为人们所理解和掌握,也必须表现为一定的理论形态,即建构成为概念体系。但是,形成了一定的思想体系并不等于就有了与之相应的概念体系,从前者到后者还要经过专门的研究工作才能做到。

---

① 《马克思恩格斯全集》第20卷,26~27页,北京,人民出版社,1973。
② 《马克思恩格斯全集》第20卷,27~28页,北京,人民出版社,1973。

思想体系和理论体系的区分只是相对的,这两个词有时可以通用。从两者相区别的意义上说,可以看作内在逻辑与表达逻辑的关系、逻辑内容与逻辑形式的关系。它们在本质上是相适应的。内在逻辑决定表达逻辑,思想体系作为内容决定着理论形态、理论形式,但两者却不是直接同一的。内在逻辑直接表现着观点所具有的本质联系;理论体系作为表达逻辑,除表现这点外,还要受到哲学家的自我意识、可能利用的事实材料以及所报目的、意图的制约。所以,不仅同一哲学可以表现在不同理论形式之中,在内容和形式之间也可能出现某种不协调甚至矛盾的情况。

马克思主义是具有严整逻辑的思想体系;马克思主义哲学同样是具有严整逻辑的思想体系。这一思想体系表现于它对待自然、社会和思维各种重大问题基本观点之间的内在统一联系之中,也表现于以实践为基础而形成的辩证法和唯物论观点彻底统一的有机联系之中。作为赋有科学性的严整思想体系,正如列宁论述客观存在不依赖于人类的意识和社会存在不依赖于人类的社会意识两个命题之间的联系时所说的那样,它的主要的和基本的观点铸成了"一整块钢铁",从其中去掉任何一个基本前提都会离开客观真理,都会使它失去科学性。但是,它的思想体系的严整性并不意味着,最终解决了哲学中的各种问题,解释了世间的一切现象,已是最完善的理论。在这点上,马克思主义哲学恰恰与旧哲学相反。它只是把哲学中的各种问题奠立在一个真实的基础上,为解释世间各种现象提供了一个科学认识的观点和方法。这个基础不能动摇,方法也不能违背,至于如何具体解决哲学问题、解释世间现象,却要由后来人去完成;就连这一基础和方法本身也不是最终完成了的,同样要由后来人在运用它的过程中去不断地补充、丰富和完善。这后一方面,表现了体系的开放性。马克思主义哲学应当看作这两者的统一:它既是严整的思想体系,又是开放性的思想体系。

在我看来,马克思和恩格斯就正是以这样的态度对待他们自己创立的哲学的。他们并不是为创立哲学而创立哲学,他们创立哲学只是为了寻求一个能够理解现存世界的各种矛盾,能够解决这些矛盾,从而实现人类解放，首先是无产阶级解放的理想的认识工具。所以他们在形成了自己的哲学观点、找到这一精神武器之后，便立即把它用于分析历史、政治经济学、自然科学和工人阶级斗争的战略、策略方面，没有在构造理论体系方面花费更多工夫。他们没有去构造理论体系，并不是他们认为这一工作不必要或根本不想去做。他们要使哲学也为工人和广大群众所理解、所掌握，就必须通过具有内在联系的范畴和原理的形式去表述他们的思想。马克思在通信中就多次表示过这一想法，一旦腾出手来他就要撰写正面论述辩证法思想的著作。直到逝世，马克思也未能实现这一夙愿。这同马克思忙于完成《资本论》的科学著作直接有关，因为这部著作工程浩大，马克思逝世时也未能最后完成。同时，也由于撰写如马克思所说的奠立于唯物论基础上，能够取代黑格尔《逻辑学》位置的辩证法理论著作，也不是一件轻易的工作，它不仅需要足够的研究时间，也需要掌握大量科学的和思想的资料。这从恩格斯为撰写自然辩证法著作曾经花费十多年工夫去收集资料、积累思想的工作中，就可以了解。这部著作恩格斯也没有完成。

这个情况表明，马克思和恩格斯创立了崭新的哲学，并运用这一科学的世界观、认识论和方法论取得了人类思想史上许多伟大的科学成就；但他们并没有完成制定理论形态的工作，也未来得及充分揭示和阐发这一哲学所蕴含的极其深刻和丰富的内容，这些任务都留给了后人去完成。列宁在1914—1916年间，集中精力研究黑格尔的著作和有关辩证法的思想资料，写出了大量笔记，这就是大家都熟悉的《哲学笔记》。从列宁写出的札记、短文、提纲可以有把握地肯定，他是有过完成马克思、恩格斯未竟事业，撰写辩证法著作的计划的。包括在笔记中的《谈谈辩证法问题》和"辩证法的要素"十六条，可以看作为这一著作草拟的大纲，可惜的是列宁也未能完成这一计划。

（二）现有哲学体系的来源和基本特征

现在通行的教科书体系不是马克思和恩格斯制定的，也同列宁在《哲学笔记》中的提纲无关。如前所述，它是在苏联20世纪30年代以后由批判德波林而崭露头角的一批学者们制定的。

现在这个体系也经历了一个演变过程。最初，它主要是在马克思和恩格斯被认为思想成熟以后写成的几部论战性著作或札记（如《反杜林论》《自然辩证法》《路德维希·费尔巴哈与德国古典哲学的终结》等）和列宁的论战性著作（主要是《唯物主义与经验批判主义》）的基础上，同时吸收苏联学者的研究成果（也包括批判德波林哲学所形成的认识）编辑而成。那时尚没有定型的教科书格式，教科书和专著界线并不十分明显。它的定型是在20世纪40年代，即在斯大林的《论辩证唯物主义和历史唯物主义》（1938年9月，载《联共（布）党史简明教程》）发表之后。马克思早期写的著作在苏联出版较晚，《1844年经济学哲学手稿》1932年才刊于马克思恩格斯全集国际版，出版后很长时期也未引起人们足够的重视，对教科书的体系和内容可以说毫无影响。列宁的《哲学笔记》虽然在1930年就已出版，以后又多次以单行本重印，苏联学者也并不很重视，既无深刻的理解，也缺乏系统的研究，对教科书的影响也不大。在教科书体系定型时期，影响最大的是斯大林的这一著作。这部著作加上恩格斯的《反杜林论》和列宁的《唯物主义与经验批判主义》，就构成了教科书体系的框架和内容的基本依据。

斯大林的《论辩证唯物主义和历史唯物主义》原是《联共（布）党史简明教程》中的一节，即第四章第二节。作为党史简明教程的一节，显然它的任务并不是要去全面深入地阐述马克思主义哲学的全部内容，而只是作为马列主义政党从事一切活动的理论基础去阐明它的一些最基本的观点和原则。在党史教程中讲述哲学基础，也具有宣传和普及这种世界观的意义。在这部书里斯大林明确地把马克思主义哲学划分为辩证唯物主义与历史唯物主义两大部分，并且把它们并列起来，如该节标题所示。在马克思主义哲学发展史上，首次做了这样的安排。在此以前，历史唯物主义通常被看作历史观理论，马克思主义哲学则一般指辩证唯物主义。列宁在《唯物主义和经验批判主义》一书中就是这样明确论述的,那里的提法是"马克思主义的哲学是辩证唯物主义"。当时由于斯大林的地位和影响,加上苏联政治生活的不正常状态,人们从此就把"辩证唯物主义和历史唯物主义"看作表述马克思主义哲学内容结构的标准模式,进一步推广到哲学教科书中去,完全忽略了该书作为党史简明教程一节所具有的特殊形式。斯大林这本书作为哲学著作要求,显然具有严重的而非一般性的缺点。这本书不仅把辩证唯物主义与历史唯物主义并列起来,也把唯物主义与辩证法分解成为具有独立内容的两个不同组成部分,这样的安排和处理很难体现出马克思主义哲学与旧哲学在观点上的根本区别,这些缺点也一同带到哲学教科书的体系和内容中来了。

恩格斯的《反杜林论》一书(哲学篇)也是教科书体系的直接来源。在这部著作中,恩格斯分别论述了认识论问题、世界观问题、自然哲学问题、历史观问题、辩证法问题,每一问题或独立成节或分成几节。恩格斯的这种安排和处理是有其特殊原因的。(1)该书最初是以单篇评论形式按专题发表于《前进报》,每期刊登一节,后来汇编成书时,仍然保留了各节相对独立的主题和内容。关于这点,恩格斯在本书序言已作了明确交代。(2)本书是批判杜林观点的论战著作。关于本书的体系和结构恩格斯在序言中也作了明确的说明:由于杜林标榜的新的社会主义理论是以新哲学体系的最终成果形式出现的,"因此,必须联系这个体系来研究这一理论,从而研究这一体系本身;必须跟着杜林先生进入一个广阔的领域,在这个领域中,他谈到了所有的东西,而且还谈到一些更广泛的东西。"可见,本书的体系并不是恩格斯为马克思主义哲学制定的体系,而是跟踪杜林所创造的体系进行论战。恩格斯采取的方法是,针对杜林提出的问题,依次以马克思主义的观点进行分析和批判。在这里恩格斯所阐发的观点当然是具有内在联系的,所以恩格斯提醒人们"不要忽略我所提出的各种见解之间的内在联系";但是各观点之间的内在联系并不等于就是马克思主义哲学的理论体系,这点恩格斯已预先申明过了:"这书的目的并不是以另一个体系去同杜林先生的'体系'相对立。"所以，在苏联形成、后来又为我国所沿用的教科书竟然把这本著作的结构当作马克思主义哲学的体系接受下来，实在是一种误解，当然这种误解并非没有历史的和认识的缘由的。恩格斯出于批判和揭露杜林哲学"伪科学性"的需要而使用的论述问题的方法，教科书也不加分析地搬了过来，这就是"实例的总和"方法的依据。

形成教科书体系的因素有很多，除上述以外的另一个重要因素，就是前面曾提到过的在批判德波林之后苏联本体论观点的盛行。20世纪30年代初最早流行的几部著作，如西洛柯夫、爱赤堡合著的《辩证唯物论教程》、米丁主编的《辩证唯物论》等，已明显表现了这种倾向。斯大林的著作发表以后，更加加强了这种倾向。后来在由苏联科学院哲学研究所组织集体编写的《马克思主义哲学原理》（康斯坦丁诺夫任主编）一书中，形成了以本体论为基础论述各种哲学问题的格局，此后就只是修订、补充，再无重大变化。中国在50年代初是直接使用苏联的教科书，有自己写的少数几部教材（大部分未发表、属于讲义之类）也基本上是照抄照搬苏联的。20世纪50年代末至60年代初才着手组织编写适用于中国读者的教科书。1961年出版了艾思奇主编的《辩证唯物主义历史唯物主义》，这部书成为中国模式的标准哲学教材，在高等院校和干部、群众学习中一直使用到80年代初。该书融进了毛泽东《矛盾论》《实践论》等许多著作的思想，内容有很大变化，风格上也具有中国的特色。但它的框架、结构基本上是采用苏联教科书的模式，没有做出什么重大变革。苏联教科书具有的那些在今天看来显然属于缺点的东西，也都反映在这部教科书中。进入80年代之后，人们理所当然地不会再满足于艾思奇教本的内容和水平，试图编写出不仅具有中国特点而且能够反映当代科学成果、现时代要求的教材。1981年和1983年先后出版了肖前、李秀林、汪永祥主编的《辩证唯物主义原理》《历史唯物主义原理》。此后，适用于各种专业和需要的教材愈来愈多，有人统计已达一百多种，即使不到百种，几十种总是有的。这些教材的内容应该说各有不同、各有特点。有的内容作了很大变动，例如，肖前等人主编的教材吸收了大量最新科学成果，增添了辩证逻辑的内容，对许多问题的论述更加深入，这说明在我国对马克思主义哲学基本原理的认识已前进了一大步。但这些教材都未能摆脱艾思奇教本——苏联教科书的框架结构和体系模式，其中很多教本不过是前两者的改头换面。所以，尽管教科书近百种，就其来源说，基本模式仍然是一个，这就是苏联教科书的体系。

苏联教科书体系的基本特征是：以辩证唯物主义和历史唯物主义两大部分为框架，内容划分为四大块，即唯物主义理论、辩证法学说、认识论理论、唯物主义历史观。有人称之为"板块结构"体系，或"两个主义四大块"结构。如果不拘泥于某些名词的不可避免都会具有的局限性，我觉得这个概括确实反映了这一体系的主要特征。在这个结构里，唯物主义理论与辩证法学说，认识理论与历史理论，辩证唯物主义理论与历史唯物主义理论，被视为具有各自独立内容和观点的组成部分，分别安排在不同章节里加以论述。就这点来说，确属板块结构。这里说板块并非指内容的章节区分，这是任何教科书都不能不具有的形式。谁也不能一句话讲清全部哲学内容，都必须分章节一部分一部分去论述，这里指的是观点。马克思主义哲学的基本观点能否划分为这样的不同部分去分别论述？如康士坦丁诺夫主编的《马克思主义哲学原理》所做的安排：全书分两篇，第一篇讲辩证唯物主义理论，第二篇讲历史唯物主义理论。在辩证唯物主义理论部分，先讲唯物主义理论（包括"物质及其存在形式"和"物质和意识"两章），然后再专门讲辩证法学说（包括"现实中各种现象的合乎规律的联系"及有关"辩证法的基本规律"共四章），最后再讲认识论学说（"认识过程的辩证法"一章）。这种安排岂不使唯物主义与辩证法、使本体论与认识论完全割裂开来了吗？

体系是体现内容的逻辑形式，是人们意识到的内容的逻辑。每一种体系都表现着某种一定的思想原则，体现着人们对内容实质的一定的认识。

教科书体系所体现的不是列宁明确提出的辩证法、认识论和逻辑三者是同一个东西的思想原则,而是把哲学从本质上看成就是本体论,或者虽承认辩证法、认识论和逻辑具有统一联系但它们仍属各自独立的三个东西的原则。在我看来,这就是通行教科书体系的本质。

(三)现行教科书体系存在的主要问题

现行教科书体系自形成以来,已过去近半个世纪。它能够存在半个世纪并发生如此重大影响,说明它也有其优长之处。平心而论,一方面,我们必须承认,几十年来这一体系在对干部、学生及广大群众进行马克思主义哲学教育方面,确曾起过重要的作用。这一事实本身也表明,这一体系有它优长之处。它以鲜明的形式突出地表现了与唯心主义和形而上学相对立的唯物主义和辩证法的基本观点,集中地阐明了与唯心史观相对立的历史唯物主义的基本观点,这样就便于人们对马列几部主要经典著作的内容形成一个明晰的概念。正是由于它的这一特点,才使它能够存在几十年并发生广泛而深远的影响。

另一方面,我们也必须承认,这一体系也是有严重缺陷的。这个体系形成于20世纪三四十年代,它表现的主要是那一时期人们对马克思主义哲学所达到的认识水平。它存在严重缺陷是完全可以理解的。在一定历史条件下形成的认识,不能不受到这一条件的局限,我们对马克思主义哲学的认识也不例外。随着时间的推移,我们会愈来愈深入地理解它所包含的理论内容,愈来愈发现它所具有的深刻的意义。我们今天对马克思主义哲学理解的深度,显然和30年前不同,和50年前相比,当然就更不相同了。

近些年来,随着时代的前进和认识的提高,现有体系的局限已为愈来愈多的人所认识。人们对它日益感到不满,改革的呼声愈来愈高、愈来愈普遍,这是势所必然。也是理所当然的。在苏联,关于如何看待马克思主义哲学的对象、性质和体系的问题,若干年前就已展开过讨论,提出了各种不同的理解和看法。其他国家的马克思主义哲学家同样很关注体系的改革问题。我国主要是在近三四年来，才有更多的人接受了这样的看法，即认为改革哲学教科书几十年不变的体系势在必行，开始开展这方面的讨论。

关于现有教科书体系究竟存在什么问题、它的主要缺点是什么，人们的认识并不是完全一致的。在讨论中，一些学者认为，这一体系的主要问题是层次不分明，门类不齐全，逻辑不严密，掺进了一些不属于哲学的内容；一些学者认为主要问题在于体系与对象有矛盾，如认识论寄人篱下，自然辩证法无存身之处，历史唯物主义部分过度膨胀；此外还有其他一些认识和看法。我认为人们提出的所有这些问题在教科书中都存在，都应当看作它的缺陷；但主要的问题却不在逻辑上，也不在某种理论内容的多少问题上。它的问题主要来自对列宁所提出的辩证法、认识论和逻辑的关系的理解和处理上，亦即来自对本体论（或世界观）、认识论与方法论的关系的理解和处理上。教科书在体系安排上没有贯彻三者是一个东西的原则，这同前述三种主要倾向的影响是分不开的。从"左"的思想出发，依据"本体论"观点去看待哲学，即使承认三者有联系，也不可能把它们真正统一起来。由于对这三者的关系处理不当，进而在表现马克思主义哲学的对象、性质、功能、观点这些根本方面便必然会产生许多重大的问题。在我看来，这一体系并未充分地反映出马克思主义哲学的理论实质，既未体现马克思主义哲学与旧哲学在哲学理论性质上的真正区别，也未充分反映马克思主义哲学在理论观点上变革的深刻内容和意义，这才是它的主要问题。

具体说来，它的问题主要表现在下面几个方面。

（1）现有教科书体系没有充分体现出，马克思主义哲学作为哲学发展史中一次具有革命性变革的深刻内容，它不仅在理论观点而且在哲学的对象和性质上都应有与旧哲学不同的根本区别。

由于马克思主义哲学的产生，哲学才获得科学的形态，这是一种革命性质的变革。说它是革命性的变革，这就意味着，它不仅在哲学观点上克服了先前一切哲学都具有的片面性，而且在哲学对象、性质、功能以及与科学的关系种种方面都发生了根本的变化。

旧哲学是建立在科学与哲学尚未分化，或者虽已分化但发展得尚不充分的基础上的理论；马克思主义哲学则是在科学与哲学业已分化并在分化基础上达到更高统一的基础上建立的理论。这两种不同的基础决定了它们在对象、研究的内容，特别是在许多问题的提法上，都不能不有重大的区别。旧哲学所以是不科学的，不但因为它们的哲学观点是错误的或具有片面性的，而且由于受到科学条件的限制，它们关于许多问题的提法本身就是不科学的，就像前面提到的，寻求世界终极的存在、万物的始基及其隐秘的本体这些提法，就是不可能做出科学答案的问题。马克思主义哲学能够由于它具有了科学性，就能对旧哲学那些提得不正确的问题做出科学的答案吗？如果是这样，那么它也就不会成其为科学形态的哲学了。随着科学的分化和发展，随着哲学观点的科学化，不能不抛弃或改变产生于知识不发达基础上的那些不科学的问题，代之以具有科学性的问题。而随着哲学问题及其提法的改变，哲学理论的性质和功能也必然发生根本的变化。

以往教科书并不是也没有立足于这一变化去安排哲学的内容和体系，因而它就不能反映出马克思主义哲学的研究对象和理论性质与旧哲学的全部根本区别。不但如此，而且还沿袭了旧哲学许多不科学的问题提法。例如，把马克思主义哲学看作也是主要回答"世界的本原是什么""世界万物归根到底是个什么东西""整个世界的本质是什么"等问题的理论，这就无异于要求马克思主义哲学对那些不可能有科学答案，或者只能在科学和哲学不断发展中才能解答的问题做出科学的解答，这不仅不可能做到，而且是与马克思主义哲学的根本性质相悖谬的。

关于马克思主义哲学，恩格斯明确地指出过，它已不再是旧哲学意义上的哲学，而只是一种世界观理论。恩格斯为辩证法规定的定义，即"关于自然、人类社会和思维的运动和发展的普遍规律的科学"或"关于外部世界和人类思维的运动的一般规律的科学"，也就是马克思主义哲学的研究对象和定义。教科书采用恩格斯这一定义，以此说明马克思主义哲学的对象，是完全对的。但教科书却基本上是按照旧哲学的传统观点去理解和发挥它的内容，这就不对了。在教科书中，不是从自然、社会和思维的关系中去理解一般规律，而是把自然、社会和思维看作"世界整体"的代名词，强调哲学是研究整个世界的本质和规律。按照这种观点，哲学与科学的区别就被归结为哲学以整个世界为对象，各门科学以世界的局部领域或个别方面为对象，两者只是一个整体与部分的差别；哲学研究的一般规律运用于世上一切现象，科学研究的规律只适用于某一局部领域的现象，两者只是一个适用范围大小的不同。哲学对象与科学对象、哲学规律与科学规律性质上的区别完全被取消了。

恩格斯明确提出，思维与存在的关系问题是哲学的基本问题、最高问题，这点教科书也是承认的。但在教科书的体系中并未贯彻这一点，即把它放在基本问题的位置自始至终从思维与存在的关系中去论述一切哲学问题。它只在绪论中讲述哲学基本问题，待到进入哲学具体内容以后，这一基本问题就被搁置一旁；讲唯物主义关于世界的观点就只论述自在的客观世界是怎样存在的，讲辩证法的范畴和规律也只去论述或基本上论述客观世界是怎样联系、怎样运动和发展的。这样就把马克思主义哲学归结为纯粹本体论学说，或主要是本体论学说。在这种体系里虽包括认识论学说，它也同样是按本体论要求，主要论述人类认识发生发展的自然过程及其规律的。

旧体系由于把哲学完全本体论化了，不仅必然混淆哲学与科学理论的不同性质，进一步也必然使哲学理论走向实证化。在旧体系的教科书中，对马克思主义哲学原理基本上是采用从事实归纳出普遍性的原则，或先提出普遍性命题、范畴，然后引用大量实例加以印证的实证方式加以论述的，哲学理论失去了理论思维科学的性质和特点。

实证化又必然导致直观化、简单化的结果。马克思主义哲学的原理和范畴本是认识史精华的结晶，是人们长期积累的从运动过程去反映事物本质关系的最高思维成果。实证化,就是使它还原为可由直观事实直接加以证实的经验命题,变成与素朴实在论、自发辩证法没有原则区别的理论。前面所说的庸俗化、简单化的倾向同教科书体系的这一倾向是相辅相成的关系。前者影响着后者,后者又强化了前者。

实证化的结果还会使理论公式化,乃至教条化。因为在这种理论体系中,去掉了大量实证材料,剩下来的就只有从实例中归纳出来的一些普遍原则;这些原则既然失去理论思维的内容和特点,变成了现成的结论性知识,在运用中它就只能充任演绎推论的前提,作为公式去到处套用。人们在学习旧体系的教科书中,起初接触提出的问题会感到哲学很深奥、兴趣盎然,而在学完全部内容之后,又怅然若有所失,因为除了一些普泛的结论性知识以外,在思维方法上实在所得无多。

(2)由于教科书体系没有贯彻辩证法、认识论和逻辑三者是一个东西的原则,它也就不能充分体现出马克思主义哲学在理论观点上发生变革的深刻内容和理论实质。

在哲学观点上,马克思主义哲学属于唯物主义理论。但它与旧唯物主义哲学又有性质上的不同,它是唯一称得上科学的完备彻底而没有片面性弊病的唯物主义。关于这点,在所有教科书中也都是这样讲的。它的这一性质、特点集中表现在下面两个基本点中:首先,它是辩证法与唯物论于科学基础上达到了内在统一的理论;其次,它是贯彻到了社会生活和社会历史领域的唯物主义理论。正是这两点的统一,才使马克思主义的唯物论克服了如马克思所指出的,以往唯物主义哲学"对事物、现实、感性,只是从客体的或者直观的形式去理解,而不是把它们当作人的感性活动,当作实践去理解,不是从主观方面去理解"[①],即缺乏主体性意识的根本缺点,所以这两点也可以看作马克思主义哲学在哲学观点上发生变革的基本内容。

通行教科书在论到马克思主义哲学的特点时虽然也是这样讲的,但它

[①] 《马克思恩格斯全集》第3卷,3页,北京,人民出版社,1960。

的体系结构却恰恰把辩证法和唯物论拆开了,把辩证唯物论与历史唯物论也分解为两个独立部分,并没有贯彻内在统一的原则。

在旧体系的教科书中,绪论之后,前两章是讲唯物论,唯物论讲完之后才讲辩证法,最后再讲认识论。这种把唯物论和辩证法分列为两个独立部分的结构,仅从写书或讲课必须避免重复这一要求出发,也不能不把它们的内在统一联系变成外在的结合关系。因为要避免重复,在讲唯物论理论时必须把辩证法的内容剔除出去,讲完唯物论之后再讲辩证法也要剔除唯物论的内容。这样剔除以后,不具有辩证法内容的唯物论,和不具有唯物论内容的辩证法,会成为一种什么样的理论?在最好的情况下,那也不过是属于唯物主义和属于辩证法学说的一般观点,即一切唯物主义者都能同意的那种唯物论原理,一切辩证论者都会赞同的那种辩证法原理,还并未进入马克思主义唯物论和辩证法的内容;如果讲得不好,也有可能讲成旧唯物论和旧辩证法的翻版,远远离开了马克思主义哲学。

我们以唯物主义理论为例,在通行教科书中所讲的那些内容,并未超过旧唯物主义者的理论,看不出它与旧哲学究竟有多大的差别。在艾思奇主编的教科书中,它所论述的马克思主义唯物论关于世界的基本观点,归结起来不外这样几个论断,即认为:①世界是物质的世界;②运动是物质的根本属性;③空间和时间是运动着的物质的存在形式;④物质运动有它自己的规律性。如果再加上它对物质与意识关系的观点,还可以再补充以下两个论断:意识是物质高度发展的产物、存在的反映;意识对存在有反作用。这就是马克思主义唯物论的全部内容。此外还有什么呢?没有了。这些能表明马克思主义唯物论的内容吗?在我看来并不能表明。因为这里没有哪一个论断是旧唯物主义者不能承认、没有讲过的,而且翻开18世纪法国唯物主义者和19世纪德国费尔巴哈的著作,甚至连话都是相差无几的。法国唯物主义者早就提出了这些思想;"我睁开眼睛就看到我的周围只是物质",时间、空间"是与物质的实体不可分的",物质具有广袤和运动力以及第三种属性感觉能力(拉·梅特里);"物质一般地就是一切以任何一种方式刺激我们感官的东西""运动乃是一种必然从物质的本质中产生出来的存在方式""物体的运动是由于它们自己的本性""在自然中发生的一切运动都遵循着一些不变的必然法则",感觉乃是"动物所特有的一种结构、一种组合所产生的结果""脑子所感觉到的清楚的摇动或明显的变化,造成了所谓意识"(霍尔巴赫)。这里的有些思想在费尔巴哈著作中讲得更加清晰:"自然界是最初的、原始的、非派生的东西",物质是"世界的本质""空间和时间是一切实体的存在形式""自然处于恒久不息的运动与变化之中""物质之永恒性只不过意味着物质之实在性""思维是人的本质的一个必然的结果和属性""我的感觉是主观的,但它的基础或原因是客观的""原本先于摹本,实物先于影像,对象先于思想"等。这里无论就个别思想或就思想的全体而言,有哪些是旧唯物主义者没有讲过、为我们所特有的呢?很难找得出来。如果前人都已讲过,马克思主义的唯物论还怎能称之为最高形态的理论?

或者可以辩白说,在我们的体系中,唯物主义理论之后还有辩证法学说的部分,这是旧唯物主义者的著作中所没有的。事情确乎是这样。但是同样的道理,去掉了唯物主义内容的那种辩证法学说,也只是属于辩证法的一般理论,它与黑格尔的辩证法思想又很难具有原则性的区别。在辩证法规律部分我们所讲的三条基本规律,即质量互变规律、对立统一规律、否定之否定规律,马克思和恩格斯早已公正地指出过:"所有这三个规律都曾经被黑格尔以其唯心主义的方式只当作思维规律而加以阐明:第一个规律是在他的《逻辑学》的第一部分即存在论中;第二个规律占据了他的《逻辑学》的整个第二部分,而且是最重要的部分,即本质论;最后,第三个规律是整个体系构成的基本规律。"[①]在辩证法范畴部分,我们列入教科书的五对范畴,即本质和现象、形式和内容、原因和结果、必然性和偶然性、可能性和现实性,也没有哪一个是黑格尔《逻辑学》所没有、为我们所发现的。在那里不仅都有,而且远远不止这五对范畴,且去掉其唯

[①] 《马克思恩格斯全集》第20卷,401页,北京,人民出版社,1973。

心主义思辨的形式，就其合理内容而言还是论述得很深刻的。所以从辩证法这一部分看，据现有教科书的结构所包含的内容，也难以与旧哲学区分清楚。

难道我们马克思主义的辩证唯物论就只是唯物主义一般理论与辩证法一般理论的简单相加或组合吗？这样提出问题，我想是很少有人能够赞同的。因为，简单相加、把两种理论放进一本教科书，并不等于就使它们具有了内在统一的联系；马克思主义的辩证唯物论不是这样加出来的，它也根本加不出来。

这种结构同斯大林在《论辩证唯物主义和历史唯物主义》中的叙述方法直接有关，它把辩证唯物论分解成辩证法四个特征、唯物主义三个特征；它是以这种方式，即"同形而上学相反，辩证法不是……而是……""唯心主义认为……唯物主义却与此相反……"的方式提出问题、回答问题的，从未讲到与黑格尔辩证法不同、马克思的辩证法如何的问题，与旧唯物论不同、马克思的唯物论如何的问题。这样提出问题所能论述的当然只是辩证法的一般原则和唯物论的一般观点。这种论述方式在党史简明教程中也未必是完全合适的，除非言明这里只要求人们了解什么是辩证法、什么是唯物论的一般观点；把这种方式搬到马克思主义哲学原理教科书中用以说明辩证唯物论观点，显然更不合适了。

现有体系把辩证唯物主义和历史唯物主义加以分开、并列的这种结构也不符合马克思主义哲学的理论实质。历史唯物主义是马克思在人类思想史上做出的一个伟大贡献，它在马克思主义哲学的变革中起了决定性的作用。正因为发现社会历史运动的规律，创立唯物史观，才解决了先前哲学曾经长期探索、研究但从未得到解决的那些重大理论问题。关于意识与存在如何统一的问题，如果没有唯物史观的创立就是不可能解决的。由于历史唯物论的创立，唯物主义理论第一次贯彻到底、成为完备的理论；也因为历史唯物论的创立，辩证法和唯物论才得以内在地统一在一起。马克思主义哲学所有这些特点，都集中体现在历史唯物论身上。

现有教科书体系把马克思主义哲学的内容分解成两大部分，在论述辩证唯物主义理论时，剔除了历史唯物论的内容，历史唯物论必须在全部讲完辩证唯物论之后才能去讲。这样的辩证唯物论还是马克思主义的辩证唯物论吗？这种结构不仅必然损伤辩证唯物主义理论，也会损伤历史唯物主义理论。

举例来说。现有教科书中关于马克思主义唯物论的基本观点通常都是以两句话来表述的：一句是存在决定意识，一句是意识对存在有反作用。似乎马克思主义唯物论同时承认这两句话，就与旧哲学区别开了。以往的哲学确是这样：旧唯物论只讲存在决定意识，唯心论者如费希特、黑格尔又只承认意识的"反作用"（创造作用）。问题在于，他们为什么讲第一句必然否定第二句，讲第二句又必然排斥第一句，不能把两句话合起来呢？难道他们愚笨到这种程度，竟然不懂把两句话分为两节放到同一本书里面去讲，比单讲一句话会更全面一些吗？其实，历史上不是没有人这样做过。康德就分两次在两个不同地方讲过这两句话。那么，为什么康德不仅没有避免片面性，反而使自己陷入更深的矛盾中去了？显然问题并不这样简单。要把这两句话真正统一起来，必须解决造成两者不能统一的那个矛盾，必须找到能把两者统一起来的那个现实基础，这个基础就是人类的社会实践，这两句话的矛盾也是从人的实践活动中产生的。体现在人类社会实践中的存在与意识的关系是社会存在与社会意识的关系。社会存在与社会意识的关系集中表现了存在与意识两方面的矛盾；只有解决社会存在与社会意识的矛盾，才能把存在决定意识、意识又有反作用这两个方面统一起来。社会存在与社会意识的关系问题正是历史唯物论的基本问题。这样，问题就清楚了，社会存在与社会意识是存在与意识的关系的实质内容，脱离前者去认识后者，必然会出现两个互相对立和矛盾的抽象原则，走向或者只承认存在决定意识或者只承认意识的创造作用。旧哲学总是把两个原则对立起来只讲一句话，就是因为它们不懂历史唯物主义理论，缺乏社会实践的基础，解决不了社会存在与社会意识的矛盾。"存在决定意识"这一正确命题在旧唯物主义哲学中所以只是一个空洞的原则,它们既不能用这一原则说明任何现实的社会问题,也不能用这一原则去驳倒任何唯心主义理论,原因也在这里:就因为它们的命题不是从自觉地解决社会存在与社会意识的矛盾中得出的认识,而只是从意识作为生物机体的一种属性等经验事实中引申出来的结论。也由于这一原因,它们在承认了存在决定意识之后,就再也不可能看到意识具有的能动的创造作用,必然要否定后一句话。在现有教科书的结构中,社会存在与社会意识的关系问题只有在讲完全部辩证唯物论之后才能提出来,这就不能不使"存在决定意识"的命题也变成同它在旧唯物主义哲学中那样的空洞抽象原则。至于在这之后附加一节意识的反作用,也只能是人为的补缀,如果不去申明应当把它与前一命题结合起来,决不会由于它们同处在一章中便会生出内在的统一联系来。从这一方面也完全可以说,这种体系结构不仅不能表达出马克思主义哲学的理论实质,搞不好还会使它倒退到旧唯物主义理论中去。而事实也正是如此。

(3)现有教科书的体系和内容,也未能充分体现出马克思主义哲学是人类历史和科学认识发展的合乎逻辑的产物,体现出马克思主义哲学吸收了人类创造的全部思想精华、因而是一种内容最为丰富和最富于论证性的理论的性质和特点。

要建立体系,就得确立一个原则,以便区分什么属于马克思主义哲学,什么不属于马克思主义哲学,哪些观点应当包括在马克思主义哲学之中,哪些不应包括进来?这个问题实质上也就是怎样看待马克思主义哲学,或者怎样认识究竟什么是马克思主义哲学的问题。

初看起来,似乎这是不成为问题的。"马克思主义哲学原理教科书",难道连什么是马克思主义哲学还搞不清楚、会出现问题吗?但深入去认识就会发现,这个问题其实是很复杂的。要回答这一问题必须至少搞清下面的几个关系问题:第一,搞清马克思主义哲学和它之前的哲学的关系,它们是怎样联系和区别的,在内容和观点上怎样去划定它们的界线;

第二，搞清马克思主义哲学与当今世界各国各种哲学派别的关系，它们在观点和内容上有怎样的联系和区别；第三，在马克思主义哲学内部也存在一个关系问题，这就是马克思、恩格斯同他们后继者的思想的关系。怎样看待以马克思主义哲学名义出现的哲学思想？这些哲学思想可能是很不相同、甚至相互抵触的，怎样确定它们的归属也有一个划界问题；第四，甚至对马克思和恩格斯本人著作中的思想、内容也存在一个选择性问题，他们著作中谈到的问题很广泛，涉及许多认识领域，哪些属于哲学范畴，哪些不属于哲学的内容？他们著作中的观点是在各种不同场合、针对不同对象和问题提出来的，也不尽完全"一致"，怎样区分、选择也有一个划界问题；第五，还要搞清马克思主义哲学与实践和科学发展的关系。并非实践和科学在其发展中提出的所有新的问题、新的成果、新的思想都应由哲学来回答，都应直接吸收到马克思主义哲学中来，哪些应回答和吸收，哪些不应由哲学回答和吸收，同样有一个划界问题。

如果在这些问题上认识不一致，我们对什么是马克思主义哲学的理解就会产生分歧，而这些问题都涉及观点问题。大家知道，人们在观点上总是存在这样那样的分歧的，这就使得看来似乎很简单的问题变成一个十分复杂的问题，应当说从马克思主义哲学形成以后，对这一问题的看法就很不一致，经常发生争论。

马克思主义哲学与以往哲学的关系，从原则上说，应当是很明确的。马克思和恩格斯多次讲过，他们的理论是先前哲学发展中那些优秀思想的直接继续和发展，他们是在前人成果的基础上向前进的，这是一方面；另一方面，他们的理论又是对以往一切哲学的否定，它不仅不同于以往的一切哲学，而且是直接同它们相对立的。这样抽象地讲很容易，但要从这一原则去确定马克思主义哲学与旧哲学在观点上的界线和关系，就会遇到很多的困难。

怎样掌握这里肯定与否定的"度"，具有不同思想倾向的人会各有所重。在马克思主义哲学发展史上就出现过多次摆动，有时强调对立关系一面，有时又强调统一联系一面，在这两种情况下所了解的马克思主义哲学的观点和内容并不是完全相同的。至于怎样运用这一原则去确定具体观点的归属问题，分歧就会更大。比如说，能否认为只有那些前人没有讲过、马克思和恩格斯第一次提出的观点才能算马克思主义哲学的观点？如果不是这样，马克思主义哲学怎能成为崭新的哲学，它的产生怎能构成哲学史中革命性的变革？如果是这样，马克思主义哲学是怎样高于以往一切哲学理论的，怎能称得上内容最丰富、思想最完备的科学理论？因为肯定这一点，必须立足于先前哲学连一句真理也未说出过，只有马克思主义哲学才发现了真理这一点；如果肯定先前哲学也说出过真理，而马克思主义哲学又把它排除在外，那么马克思主义哲学也就不能成为科学性质的哲学，而只不过是一种宗派理论。由此一例足可说明，划定马克思主义哲学与非马克思主义哲学的界线，实非易事。

通行教科书的体系是怎样划定这一界线的？在我看来，它在本质上是以马克思、恩格斯、列宁在经典著作中讲过的话或首次提出的思想为原则来确定教科书的内容的。教科书的内容可以说是只以马列经典著作的内容为限，凡是经典作家未讲的基本上是排除在外的，而包括在教科书中的所有原理和范畴几乎都能从马列著作中找到经典根据或是有据可查的。不仅如此。在经典著作范围内，也只以马克思和恩格斯作了充分发挥的观点为限，一些他们虽然作了明确肯定但未展开论述的问题也没有包括在内，至于他们以之作为自己思想前提的那些内容和观点，更在排除之列了。所以，即使是马列经典著作的内容，教科书也并没有全都收纳进去，范围压缩在一个经过仔细选择以后有限的圈子之内。

以经典著作为界线，贯彻的实质是依人画线的原则。这种具有宗派倾向的原则不能不使教科书的内容陷入相当贫乏的境地，导致如下矛盾。

在一个方面，把本应包括在马克思主义哲学中的许多内容排除在外；使马克思主义哲学的许多观点失去立论的前提，变得异常抽象和难以理解。

马克思和恩格斯称他们的理论是先前哲学发展中的优秀传统（例如，德国古典哲学）的直接继续和发展，这并非谦辞，实际情况就是如此。马克思主义哲学在理论上的最大贡献，就在于从发现唯物史观中确立了科学的实践概念，由此对以往哲学的争论才有了一个科学的理解，并找到了把先前各种片面观点统一起来，克服其片面性、建立起全面认识的现实基础。从这一意义说，马克思主义哲学当然是以往哲学的直接继续和进一步发展。以往哲学的发展不仅是它得以产生的思想前提，而且在它的内容里不能不包括以往哲学所获得的全部主要成果，其中也包括那些曾经是以片面的形式表现出来的思想成果。以人画线的结果，割断了哲学观点的历史来源，当然会使马克思主义哲学变得内容贫乏。现有教科书如果去掉从各门科学中引用来的实例，剩下的原理不过是一些武断的结论，内容并没有多少。这些论断在马克思和恩格斯著作中本来是包含着深刻的含义的，由于它们失去了思想前提，也变成一些似乎是凭空产生，仅仅为解释某些事实从经验直观中概括出来的抽象论断。

在另一个方面，又把并不表现马克思主义哲学本质的一些思想、观点变成了马克思主义哲学的基本原理，从而混淆了马克思的观点与旧哲学的界线。

哲学中的每一范畴、原理都是经过长期演化逐渐形成的。马克思和恩格斯的著作并没有那么多新提出的范畴，也没有那么多第一次说出来的原理。他们在同唯心主义者和形而上学者进行论战时，在许多地方用作根据的只是唯物主义或辩证法的基本观点、一般原理，这种情况是正常的。为了坚持唯物论（辩证法）观点，揭露对手的唯心论（或形而上学）本质，即划清哲学中的两条路线（或两种观点），这样做也是必要的。但是，按照经典著作标准，或以人画线的原则，这些不同情况就很不容易区分。所以在教科书中就出现这种情形：把马克思和恩格斯所赞同的观点当成了他们所特有的观点，把前人提出的思想记在了马克思和恩格斯的账下；甚至同样的一句话或一个思想前人说过不算数，只有从马克思和恩格斯之口再说出来才有了非常深刻的含义。马克思和恩格斯作为彻底的唯物论者和辩证论者，在唯物论、辩证法一般观点上与其他一切唯物论者和辩证论者是一致的，把他人或共同赞同的观点记在马克思、恩格斯名下，除了有违科学态度，本无不可。问题在于，这样很容易混淆马克思主义哲学与一般唯物论、辩证法观点以及以往具有历史局限性的特定形态的唯物论、辩证法观点的区别，从而降低马克思主义哲学的理论水平。在我看来，我们在前面谈到的教科书关于唯物主义理论的论述与18世纪唯物主义者的观点很难看出原则区别，就是由此造成的。

  这一标准也影响到马克思主义哲学后来内容的丰富和理论的发展。因为按照这一标准，首先必须确认某人是"导师"，他说的话才能被看作马克思主义的，从而吸收到马克思主义哲学的理论中去。否则，尽管他对马克思主义哲学某一方面的理论确实有所推进，也不能予以承认。教科书的内容几十年无大变化，并不是从事马克思主义哲学研究的人一无成就。苏联有些学者在研究中就提出过许多重要的思想，东欧一些国家的学者也研究了不少新的问题，主要是这一传统观念的障碍，使许多本应充实到教科书中来的成果被排除在外。近几年这种状况开始有所改变，我国出版的教科书已尝试吸收理论研究的某些成果，不再完全拘泥于传统经典的内容。但是，这种松动不过刚刚开始。过去受极左思潮影响，盲目自我满足、排斥异己的那种狭隘的宗派观念，还没有根本性的改变。现在仍然存在这种状况，不仅对西方学者提出的观点怀有戒心，对他们谈论的问题也讳莫如深。凡是由他们提出或经他们研究过的问题，似乎就被玷污了，不论这个问题是否值得研究，也不便再去问津。在这种观念支配下，有些本属当今时代人们普遍关心、企望得到解答的问题，也拱手让给了资产阶级哲学流派，成为它们专有的领地。当然，在松动和开放中，也出现一种相反的倾向。一些人盲目崇拜西方，似乎只有西方哲学才能表现时代的精神，解决现代化中出现的问题，因而主张用西方哲学改造甚至取代马克思主义哲学。这种倾向的出现，在当今改革开放的潮流中是不可避免的,也是不奇怪的。其实,有这种倾向的人并不真正了解马克思主义哲学,对于西方哲学也并无深知,只不过是我国历史上盲目崇洋心理在现代的一种反映而已。

(4)现在教科书所阐述的马克思主义哲学原理没有充分体现哲学作为伟大的认识工具和创造性思维方法的性质、意义。

马克思主义哲学是创造性的思维方法,它最敌视僵化的教条思想。马克思、恩格斯生前一再申明,他们的哲学不是教义而是认识工具,不是套语而是行动指南。按照现有教科书的体系和内容,由于哲学被本体论化,辩证法与唯物论被分割成两块,理论被变成"实例的总和"和经典论断的汇编,就不可能充分体现认识工具和思维方法的性质和意义,人们学了这样的理论只能当作公式和套语去用,这是前述缺点的必然结果。这里不妨举一个例子说明。

马克思主义的矛盾学说本是关于从运动过程去把握事物本质的高级思维方法的理论。矛盾概念所反映的不是事物的外部的和现象的关系,而是事物深层的本质关系。在这一意义上,矛盾的原理就代表一种思维方式,即如何把事物把握为处于过程中的存在、具有多角度复杂联系的存在的一种思维方式。这种思维方式集中体现在对概念的矛盾本性的理解、掌握和运用上,即善于从对立的统一联系中去把握概念、运用概念。由于哲学本体论化,矛盾概念也就被经验化,变成可以为人们直观到的一种经验构成。就像现在教科书中所讲的那样,什么是矛盾?上和下就是矛盾,生和死就是矛盾,引力和斥力就是矛盾,资产阶级和无产阶级就是矛盾,分析和综合就是矛盾,总之,矛盾随处可见,没有什么事物不是矛盾。人们学了这样的矛盾理论,可以承认无论什么事物都是由矛盾构成的,因而把它当作一个普遍适用的公式随处去套用,至于如何把事物的本质关系把握为矛盾的那个思维方法却并不能很好地掌握。因为在实证化的经验理论中,这样的方法本来就只是一种经验的描述。而不掌握矛盾的思维方法,尽管人们承认对象是有矛盾的,用以反映对象的概念仍然是铁板一块,最终还是会在思维中消解了对象的矛盾。所以，人们学完了这样的教科书，对思维方法并不能有明显的提高，相反，倒会多了一些束缚思维创造性的框框。

唯物论学说集中到一点，就是要求我们必须从实际出发，无论认识事物或处理工作都要实事求是。可是，怎样才能做到实事求是，在教科书关于唯物主义的理论中并没有讲得很清楚。从实际出发、实事求是不仅是一个认识原则，也包含一整套复杂内容的认识方法。仅仅向人们提出要求，并不会使人们因此就能遇事从实际出发，做到实事求是，具有实事求是愿望的人很多，真能做到实事求是的人并不多。唯物主义理论也以合于实际作为自己的立论原则并以此要求他人，今天看来它的许多观点都并不合乎实际，它也不能指导人们做到这一点。

这里的问题在于，实际是极其复杂的，要做到从实际出发去认识问题就更加复杂。它的复杂性集中表现在主观与客观的矛盾关系中。我们要从实际出发，首先必须通过观念把握实际。不通过观念，事实反映不到主观中来，我们把握不了实际；而当事实通过观念为我们所把握时，它被主观化，又会失去本来面貌。这是一个矛盾，不能很好地解决这一矛盾，就不能做到从实际出发。不同的人或同一人在不同情况下所了解的实际是各不相同的。眼见的事实与思维到的事实不同，今天把握的事实与昨天了解的事实不同，你看到的事实同我看到的事实不同。要从实际出发，应当以哪种事实为实际？这也是要做到从实际出发必须解决的矛盾。从实际出发与从主观愿望出发是相对立的，要从实际出发就须排除主观的愿望和想象，否则就不能做到从实际出发；然而人总是怀抱一定的目的和愿望，在某种观念的支配下去从事认识和改造事物的活动的，完全排除了主观目的和愿望，从实际出发还有什么意义？在目的和愿望支配下的活动又怎样去从实际出发，这也是必须解决的矛盾。

可见，从实际出发、实事求是的内容应当是正确处理主观与客观的复杂的矛盾关系。而在现有教科书的体系中，由于本体论化和实证化的结果，这个问题也被简单化。把从实际出发变成就是不从主观出发，把尊重客观变成就是不要主观，客观成了至高无上的东西，主观被视为万恶之源，这种排除了认识活动和实践活动的主体性，从主观与客观绝对对立出发的理论，在现实中无法行得通，在人的活动中也无法加以贯彻，它本身就是脱离实际的理论，怎么还能指导人们去从实际出发？我们多年来虽然一再讲要尊重唯物论，要按照唯物论办事，要从实际出发，要实事求是，可是处理起事情来却把唯物论抛到脑后，往往很不实事求是。这里固然有多种原因，但绝不能说同我们理论的现状一点关系没有。

在我看来，这就是从20世纪30年代以后通行多年的教科书体系和内容所存在的主要问题。

（四）改革教科书体系与发展哲学的关系

马克思主义哲学必须不断发展，这是由这一理论的本性所决定的，也是大家共同的心声和愿望。是不是一定要改变教科书的体系？有的学者提出，在体系上耗费精力是无意义的，不会因此使马克思主义哲学的内容有什么增加和丰富。他们主张应就内容一个问题一个问题地进行研究，从总结实践和科学的最新成果中补充和丰富马克思主义哲学的内容。也有的学者认为，现在变革体系的条件还不具备，时机尚未成熟，只有研究了内容中的大量问题、做好准备以后，才有可能去谈论体系问题。

这里涉及了哲学的发展与改革体系的关系问题。这是一个值得讨论清楚的问题。归根结底来说，变革体系的目的就是推进马克思主义哲学的发展，这两者是一致的。近年来我之所以把主要精力花在改革教科书体系问题上面，是因为我经过多年思考得出的一个基本看法。我认为教科书的现有体系是妨碍马克思主义哲学内容进一步丰富和发展的重要障碍，甚至是妨碍人们真正领会和把握马克思主义哲学基本精神和实质的一个重大障碍。所以，除非变革这一体系，否则，不仅马克思主义哲学不可能在理论上有重大发展，长此下去，连马克思主义哲学究竟是怎样一种学说或理论，渐渐都会搞不清楚。其实，这两个方面的后果，在今天已经充分显现出来了。

人们所以会认为改变体系并不那么重要和必要，我以为同下面这样几点认识直接有关。

第一，没有看到体系同内容、同理论实质的统一联系，而是把它看成仅仅属于外在于内容的形式方面的问题。确实，体系从其根本性质说，是属于理论的形式方面。而且任何一种理论都是由概念或范畴、原理或规律组成的，概念和原理有一个排列次序问题。例如，辩证法的五对范畴、三条规律就可以依照不同的原则去编排它们的次序。对立统一规律可以放在第一条规律的位置，也可以放在第二条或第三条规律的位置。事实上在现有的哲学教科书中，这几种不同的排列法都可见到，我认为这些不同的排列方法也都各有自己的充足理由。五对范畴同样有一个如何依照认识史的发展逻辑去安排它们的先后次序的问题，这在不同书里的安排也并不完全相同，这些也是属于体系问题。很显然，这类体系的调整同理论内容确实关系不大。我认为这类体系研究也是有意义、有必要的，虽然它对哲学理论的发展和哲学内容的丰富难说有很重大的影响，因为这类工作基本上是以现有理论内容为基础而进行的，但它对于使一种理论在结构上更趋严密、更臻完善会有很大好处。

问题在于，体系的研究并不限于一种。正像"形式"可有外在形式与内在形式之分一样，体系的研究除了上述一种之外，也还有同理论的内容和实质直接相关的一种，这就是适应时代的前进、认识的发展、内容的变化，如何去使它的形式更适于表现它的理论实质，反映新时代的精神的研究工作。这是属于体系问题，但这类体系的改革恰恰是属于内容内在逻辑的研究工作。如果这类研究工作做得好，不但能够焕发出由于原来认识水平的局限而被埋没了的理论所固有的科学精神，而且还可以挖掘出由于原来时代条件局限而被忽略了的许多理论内容，丰富实践和科学在发展中提供的许多已被充分肯定的新的内容。从这一意义说，这种体系的研究工作本身就属于发展哲学理论、丰富哲学内容的工作的一部分，近年来我从事的就是后一种体系改革工作。我深信，经过体系的改变，人们对马克思主义哲学的理论实质会有一个新的更深入的理解，那些长期以来被错解的一些理论观点会得到一定的澄清，马克思主义哲学本来就有的许多具有重大现实意义然而被旧体系埋没了的思想、问题会重见天日，由马克思和恩格斯奠定了基础但需要进一步发挥的内容会得到一定程度的展开，实践和科学提出的业已经过哲学家们总结了的一些新成果也会在马克思主义哲学中找到一定的位置。我不是说，靠我一个人或少数几个人就能完成这项工作，这只是表明我对体系改革工作意义的一点认识。要完成这项工作，没有许多人，包括专家、学者和哲学爱好者以及关心哲学发展的人的共同努力是不可能的。我所做的工作，与其说是体系改革工作，不如说是推动体系改革工作更为恰当，至于能有多少建树，这对我个人来说受知识和水平限制，可以肯定是很有限的。

第二，没有看到要发展马克思主义哲学理论，必须有一个正确的理论基点，然而现有被公认为马克思主义哲学标准本的教科书的哲学内容，并不能充当这样的理论基点。毛泽东曾经提出过，哲学是自然知识和社会知识的概括和总结，我们要发展马克思主义哲学理论，就必须去总结和概括自然科学和社会科学所创造的最新成果。但总结不是现成地拿来，也不能用填充法去吸收。所谓总结，就是要把它提高到哲学世界观和认识论上来，运用马克思主义的思维方式去加以提炼、概括和总结，这就涉及对马克思主义哲学理论实质的理解和认识问题。这种理解和认识不同，概括和总结的方式便会不同，得出的结果也会很不相同。当今我们关于马克思主义哲学的观念，通常都是从教科书的内容中汲取来的。如前所述，教科书的内容既然并未充分表现出马克思主义哲学的实质，它怎么能够帮助我们对科学知识做出正确的总结呢？

在过去，教科书也并不是没有注重吸收新的内容、汲取科学发展的最新成果。几年修订一版，不断更新实例，就是一个证明。但这并没有使马克思主义哲学在理论形式上有多大前进，在理论内容上显示出多大进展，原因就在于它把马克思主义哲学变成了主要是本体论的一种体系，按照这一体系的性质，对科学成果便只能当作新的实例补充进来。不改变教科书的体系，哲学与科学的关系不加改变，这种既无益于科学的发展也无益于哲学本身内容的充实的汲取方式也就不可能有根本的变化。

所以变革教科书体系是真正从哲学高度总结科学成果、丰富哲学内容、推进哲学和科学发展的一个前提，在今天也可以说是一个迫切需要解决的关键问题。

第三，没有看到"体系"不会随着内容的变化自行改变。人们好心地以为，只要多去研究问题，新的内容增多了，旧体系自然就会随之改变。他们忽略了，一种体系一旦形成，就会变成一种传统，如恩格斯曾经说过的，在一切意识形态领域内"传统"都是一种巨大的保守力量。企望"体系"随着内容的增加自动地改变，是不大可能的。现有的体系已经存在几十年了，不能说几十年中内容毫无变化，那样就把马克思主义哲学看作僵化的、毫无生命力的理论，但"体系"有什么变化、有多大变化？

体系作为内容的自觉的逻辑，是由人们有意识地建立的，它也要人们有意识地去加以改变。这里所谓"有意识地"，就是必须认识到原有体系的缺点和弊病，然后人们才会以新的体系去取代旧的体系，而这也就是我所说的"改革体系"的工作。我认为现在改变体系的条件已经具备，时机也已成熟。现有教科书体系既不适于表达马克思主义哲学原有内容，更妨碍着新内容的增加和补充，一句话，已成为马克思主义哲学在理论上进一步发展的重大障碍，改革体系已是当前刻不容缓的迫切任务。

五、体系改革构想

（一）突破口在哪里

改革体系是一件严肃的科学工作，必须以科学的态度对待才行。要改革哲学教科书体系，当然首先必须认清它存在的缺点，抓住它的问题所在，仅仅这一点还不够。要建立新的体系，还必须深入研究马克思主义哲学的内容，掌握它的实质，明确一些思想原则。只有适合于内容要求的体系，才能更好地体现出马克思主义哲学的理论实质，这样的体系改革才是有意义的。因此，按照什么原则去建构新的体系，这是必须加以认真思考和研究的问题。

按照马克思主义哲学的性质、特点，下面这些原则都是必须遵循和贯彻的，如：革命性与科学性统一的原则，理论和实践统一的原则，历史和逻辑统一的原则，世界观、认识论、方法论统一的原则，辩证法与唯物论统一的原则，哲学与科学分化基础上相统一的原则，等等。这样的原则还可以列出一些。这么多原则怎样去贯彻？看起来问题过于复杂了，以致很难着手。事实上，这些原则都不是孤立的，而是处于统一联系中的。按照马克思主义哲学的方法，在对待这样的问题上，首先必须从它们的相互联系中抓住关键环节，面面俱到往往面面不到，抓住其中的中心环节，其他方面也就随着带动起来。对于这一问题，我是沿着下述逻辑进行思考和着手解决的。

第一，明确建立新体系的关键。我认为改革体系从大的方面说包括两个方面的问题，一是内容实质方面的问题，一是内容构成方面的问题。经过思考，前者我抓住了从认识史出发去重新理解世界观理论的性质、对象和功能以及马克思主义哲学变革的实质的问题，以此为突破口（关于这一问题拟在下几章去做详细论述）；后者我抓住了切实贯彻列宁明确提出的辩证法、认识论和逻辑是同一个东西的原则，或者叫作世界观、认识论、方法论统一的原则，也可以简称为三者统一的原则，以此作为突破口。在我看来，三者统一是表现着马克思主义哲学总体性质和功能的原则，是哲学转变为科学性质的理论、成为科学认识工具的前提，马克思主义哲学的其他特点都只有在这一基础上才可能形成和存在。同时，原有教科书体系的主要问题也在于未彻底贯彻这一原则，它的那些主要缺点，例如，本体论倾向、辩证法与唯物论缺乏内在的统一性等，都出在未很好贯彻这一原则的问题上面。所以，彻底贯彻三者统一的原则，就成为改革哲学体系（从内容构成方面说）的关键。

辩证法、认识论和逻辑三者是统一的，这在论述马克思主义哲学的著作中人们都是同意的。但对三者是怎样一种统一关系，则有两种根本不同的理解和认识。一种观点认为，辩证法、认识论和逻辑是各具不同内容和性质的三个东西，只是这三个东西具有内在的统一联系，它们的统一并不取消它们各自的独立性。另一种观点认为，在哲学基础理论和哲学理论的应用中，辩证法、认识论和逻辑就是一个东西，它们是同一个东西所具有的三种属性或三种不同功能，这两种理解贯彻于哲学的体系和内容中是有着原则性的区别的。按照前种理解，辩证法、认识论和逻辑在哲学的体系中构成不同的组成部分，即它必须具有单独称为辩证法理论的部分，单独称为认识论的理论部分和单独称为逻辑的组成部分，它们的统一仅仅表现在各部分内容之间的相互联系之中。而按照后种看法，在哲学体系中则不存在单独的辩证法部分、认识论部分和逻辑的部分，无论哲学体系中的哪一部分内容，都既是辩证法、认识论，又是逻辑。

在我看来，列宁所说的三者统一是指后一种而非前一种统一。列宁特别强调地提出必须把这三者看作同一个东西，他的思想的实质，就是反对像旧哲学那样，把哲学归结为纯粹本体论、纯粹认识论、纯粹方法论以及这些不同内容的组合。如果"统一"仅仅指处于同一体系中的不同独立组成部分之间有联系，这在旧哲学中都已做到了，用不着再去强调三者的同一性。在旧哲学那些包罗万象的体系中，这些内容作为不同组成部分都存在，而且它们既然被纳入同一个哲学体系中其间也总是具有这样或那样的统一联系的。可见，列宁提出的在马克思主义哲学（基础理论）中不应使它们成为三个东西，只能是后一种理解。

过去教科书没有贯彻三者统一的原则，在我看来也不是指被它的体系分割了的不同组成部分之间没有统一联系，恰恰在于它把三者变成各自独立的内容，由此也就把他们的统一转化为主要是外在联系这一点了。所以，改变旧教科书的体系，也就是要改变这种外在的联系方式，使它们真正从内在统一的关系中联系起来。

第二，贯彻三者统一的核心是什么？按照我的理解，贯彻三者统一就是要求做到，使思维和存在的关系真正成为贯彻哲学问题始终的中心内容，即把它真正放到哲学基本问题的位置上去对待。因为列宁要求克服纯粹的本体论和纯粹的认识论倾向，要求把辩证法、认识论和逻辑统一起来，从它的实质来说，就是要求人们在研究思维内容时必须把它和思维形式结合起来考虑，从它们的相互关系去研究认识内容；同样地，在研究认识活动、认识过程、认识形式时，也要把它放到和认识内容的关系中去考虑，从它们的相互关系中去研究认识活动、认识过程和认识形式。只有这样才能获得同时支配这两个方面、使两者达到一致的"一般规律"。而思维与存在的关系，在一定的意义上也可以说就是认识内容与认识形式的关系。认识以存在为对象和内容。理解认识内容必须与怎样认识它的活动统一起来去理解，反之亦然。从哲学发展的历史上也可以看到这一点：凡是彻底贯彻了思维与存在相统一的观点的，它在哲学体系和内容上都会不同程度地体现出三者统一的性质和特点，黑格尔哲学就是这样；相反地，把思维与存在对立起来或割裂开来，它在本体论、认识论和逻辑上也必然是不统一的，康德哲学就是典型。这样贯彻三者统一的原则，同坚持思维与存在的关系问题是哲学的基本问题，这两者就是完全一致的。

思维与存在的矛盾（从狭义说是认识的主观形式与客观内容的矛盾，在广义上就是主观与客观的矛盾）是人类活动（根植于实践活动而表现在认识活动之中）的基本矛盾。人的认识活动是为了解决这一矛盾，达到思维与存在的统一，人的实践活动也是为了解决这一矛盾，达到主观与客观的统一，并经过主客观的统一最后实现主体与客体的统一、属人世界与自然世界的统一。哲学作为理论思维的科学，它的任务就是要为达到统一提供正确的观点和方法。解决思维与存在的矛盾是哲学的中心课题，而从主观与客观的关系中去研究各种问题则可以说是哲学认识所特有的方式。除了哲学以外，没有任何一门科学是这样的。各门具体科学，它们或者研究存在的性质和规律，或者研究思维（认识、主观）活动的性质和规律，或者把这两者当作存在的某种客观现象去研究它们的性质和规律，没有一门科学研究两者相互关系的规律，或者是从两者关系中去研究它们的规律，一旦提出这样的问题也就进入了哲学领域，这就是所谓科学中的哲学问题。哲学与实证科学的界线就在这里，而不在于规律所具有的普遍性的大小。

彻底贯彻辩证法、认识论、逻辑相统一的哲学体系，根据上述认识，就应该以思维与存在矛盾的产生、发展和解决为中心线索。思维与存在的对立和统一既是这一体系的起点，也是这一体系的终结点。如何解决思维与存在的矛盾、实现两者的统一，就是这一体系的核心内容。其实关于这点恩格斯早就说过了。在《路德维希·费尔巴哈和德国古典哲学的终结》一书中，恩格斯明确指出，思维与存在的关系问题是哲学的基本问题。所谓哲学的"基本问题"，当然就应当是贯彻哲学一切问题中的核心内容。过去的教科书也承认恩格斯关于哲学基本问题的学说，它在绪论中设有专节来论述这一问题。可惜的是它并没有完全理解思维与存在的关系问题作为"哲学的基本问题"的深刻意义，它关于哲学基本问题的论述仅仅限于绪论的范围，一进入哲学内容的领域，基本问题就不见了，被抛在了一边。这样，就陷入纯本体论的论述、纯认识论的论述，或纯逻辑的论述，辩证法、认识论和逻辑三者就失去了内在的统一性。

第三，进一步考虑，解决思维与存在关系的基础是什么？为什么以往哲学都不能科学地解决思维与存在的统一，只是到马克思主义哲学才能够实现两者科学的统一？沿着这一逻辑去思考，必然引申到认识与实践的关系上去。

思维与存在的矛盾是从人类改造外部世界的活动中产生的。没有人改造外部世界的活动，就没有人对客观对象的认识，也就没有思维与存在的矛盾，没有主观与客观的矛盾。同样的道理，思维与存在的矛盾、主观与客观的矛盾也只有在人改造外部世界的活动中才能得到解决。人类的社会实践既是造成思维与存在、主观与客观对立的根源，也是使两者达到统一的基础。由此就可以得出结论，只有把认识活动及其包含的矛盾放到人们改造外部世界的活动中去，才能对它得到正确的理解，也才能找到统一主观与客观、思维与存在的道路和方法。而这正是马克思主义哲学的伟大贡献。从主客观的关系中去认识哲学的问题，马克思主义哲学产生以前人们就已经做到了。但旧哲学只能从这样或者那样片面性的观点中去认识这一问题，其主要原因就是没有把这一问题放到实践中去理解，因而既找不到正确解决问题的办法，也使问题得不到科学的说明。马克思主义哲学把思维与存在的关系放到实践的基础上去加以理解，使这一问题第一次得到科学的说明，这就不能不同时改变了哲学的整个面貌。

所以，要体现马克思主义哲学与旧哲学的区别，体现马克思主义哲学在哲学发展中革命性变革的实质和意义，就必须把实践放在一切哲学理论的基础的位置上，必须把实践观点作为马克思主义用以观察一切问题的崭新的思维方式去理解，必须运用实践观的思维方式去看待并解决一切哲学问题，这应当是改革后的哲学体系的理论奠基石。

原有教科书也并不是不承认实践的观点是马克思主义哲学的最基本的观点。它在体系结构中没有做到把这一观点放在一切理论的基础位置上，是同它未在内容中自始至终贯彻思维与存在的关系这一核心内容直接联系着的。抛开思维与存在的关系去论述世界的规律是怎样的、思维的规律是怎样的，这就必然陷于从经验事实对这些规律去做直观的描述，在这种认识中实践观点是不可能发生作用的,更谈不到看作一种新思维方式,作为一切认识活动的出发点的作用了。只有把外部世界摆到思维面前,从人们对它的认识活动中去把握它的性质和规律,只有在这种认识方式中实践问题才能被提上议程,成为认识问题、解决问题的出发点和基础。原有教科书在体系上既然贯彻的是本体论原则,使本体论与认识论分割开来了,它所讲的"实践观点是马克思主义哲学最基本的观点"也就不能不被抽象化,变成仅仅是一个孤立的和空洞的命题。

第四,更进一步思考,怎样去正确理解人的实践活动和认识活动,以及它们之间关系的实质?这就必须归结到人的一切活动的原始出发点,即主体与客体及其关系问题上去。

实践活动和认识活动是人类作为主体所特有的活动,它表现着人作为主体和客体之间的基本关系。实践活动和认识活动都以达到主体和客体的统一为最高目的,也只有把认识和实践放到主体与客体的关系中去,才能对它们得到全面的、正确的理解。脱离开主体与客体的关系,对人作为主体的性质没有一个正确的了解,就不可能对实践活动、认识活动做出正确的理解和说明,哲学也就找不到思维与存在统一的道路和方法。所以,从认识和实践的关系又必然归结到主体与客体的统一关系上来。

同时,思维与存在的矛盾并不是抽象地存在着的,主体与客体的关系、认识与实践的关系,这也就是人类思维的基本内容,不同的哲学派别在思维与存在关系问题上的观点分歧,也主要表现在对这些内容的认识上面。从这一意义说,哲学也应从主体与客体的关系这一大前提出发去阐明认识和实践、思维和存在的关系问题。

(二)基本框架构想

从上述认识出发,马克思主义哲学作为基础理论部分的内容,就可以归结为三对基本矛盾、六个基本范畴的关系。它们是:

第一,思维和存在或主观和客观的关系;

第二，认识和实践的关系；

第三，主体和客体的关系。

这些范畴之间的关系构成了哲学体系的基本框架。它们之间的关系可以用图简略表示如下：

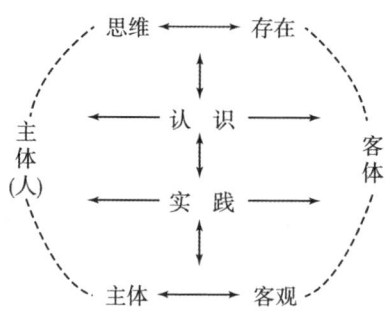

图中虚线代表人的活动的世界，可以称作属人世界，属人世界是在自然世界产生出人以后所形成的；在自然世界产生之后，就在自然物质运动的基础上形成了自己特殊的运动规律。哲学作为世界观理论，就是以这两个世界（自然世界、属人世界）的关系以及由于人的活动世界的出现而产生的客观世界（物质存在）与主观世界（观念存在）的关系，为自己的主要研究内容。

主体与客体就其始源意义说就是人与自然，是构成属人世界的两个基本要素，主体与客体的对立统一关系是属人世界所固有的基本矛盾关系。人的一切活动，包括实践活动和认识活动，当然也包括哲学认识活动在内，归根到底都是为了解决这一矛盾，即克服主体与客体的对立状态，实现主体与客体的统一并为不断提高这种统一状态而服务。

认识与实践是人作为主体所特有的两种基本活动形式（人的活动当然不限于这两者），表现着人作为主体与客体之间所发生的两种基本关系，即反映与被反映的关系，改造与被改造的关系。主体就是通过这两种基本活动来克服与客体的对立、实现两者统一的。认识与实践不是并列关系，认识活动从属于实践活动。但是，认识自实践产生以后，与实践就处于对立的统一关系中。正是在它们的相互作用中，推动了认识与实践的发展，使主体与客体不断进入更高级的统一关系。

思维与存在的关系，从本质意义说就是主观与客观的关系。它们的区别仅仅在于，思维与存在是就认识活动而言所具有的基本矛盾关系，主观与客观则是贯通实践活动和认识活动的基本矛盾关系。人在认识活动、实践活动中形成了主观与客观的矛盾。这一矛盾关系的本质是：世界适应主体需要被两重化，形成与客观世界既相适应又相对立的主观世界（观念世界、理想世界）。这两个世界的对立，表现了主体从主体性出发与客体之间特有的对立关系；这两个世界的统一同样表现了主体从主体性出发与客观之间所特有的统一关系。主观世界与客观世界的关系是主体与客体现实关系的升华；主体与客体通过认识活动与实践活动克服主观世界与客观世界的矛盾使之达到统一；由此使主体与客体进到更高一级的统一关系，正是从这一意义上说主观与客观的关系乃是主体与客体之间相互关系的本质或本质关系，解决主体与客体的矛盾必须以认识和实践为手段；而主观与客观的对立则是认识和实践所要解决的矛盾的基本内容。

哲学作为"最高的智慧"，表明它始终处于人类知识系统的最高层级，上述就应当是作为最高智慧的哲学所研究的内容。从广义说，一切科学也都是以此为内容的。哲学与其他认识的区别在于：它是从总体上考察这些矛盾关系的，并且突出了主观与客观矛盾的核心。这就是我们在前面提到的，哲学以思维与存在的关系为基本问题，从主观与客观的关系去研究这些不同"世界"如何达到统一的规律的真实内容和意义。

按照这种理解，现有教科书的体系当然会发生根本变革，不仅如此，现有教科书的内容同样要有重大的变化，这里实质上是对马克思主义哲学表现了一种与教科书的哲学根本不同的理解和认识。在我看来，这种理解和认识才是真正符合由马克思和恩格斯所创立、而后又为列宁等人所发展的哲学的基本精神和基本原则的。我们不能拘泥于马克思、恩格斯创立的哲学理论的词句，也不能把马克思主义哲学仅仅局限于马克思、恩格斯曾经谈论过的问题的范围。言必称经典的马克思主义者并不是好的马克思主义者。马克思主义哲学最宝贵的,正在于它的勇往直前的创造精神。这就是马克思和恩格斯一再申明的,他们并没有结束真理,恰恰相反,只是为认识真理开辟了道路。我们作为马克思、恩格斯思想的后继人,理应在他们奠立的基础上继续往前走,进一步推进他们所创立的理论。这并不是说,上述认识缺乏经典根据。在我看来,这里的每一个重要思想,都是来自马列经典,如果需要的话都可以引出经典著述的根据来;只是有经典论述为据并不能证明就一定是马克思主义的,是否属于马克思主义哲学应当由实践去加以鉴别和验证。

我依据上述认识,以主体与客体关系为框架主编了一部《马克思主义哲学基础》,这是一部具有教科书形式的专著。由于各种原因,这部著作虽是依据上述认识写出的,但在贯彻辩证法、认识论和逻辑三者统一的原则上,在以实践观点为基础论述哲学理论的深刻变革上,并不尽如原意。这个事实说明哲学体系的改革是一项巨大工程,不可能一蹴而就,所以在配合此书所写的文章中,我只是把它看作"哲学体系改革的尝试"[①]。

---

① 《哲学体系改革的尝试》,载于《吉林大学社会科学学报》1986年第1期。

第二章　哲学与主体的自我意识

一、哲学解决的究属世界何种矛盾

(一)"世界观"的核心内容和基本问题

马克思主义哲学是现时代精神的精华,又是人类思想发展在一定阶段上的历史产物。为了把握马克思主义哲学的理论本质,必须对全部哲学发展的本质及其趋向有一个全面的了解。只有那种建立在历史分析基础上,符合哲学发展规律的哲学认识,才能被认为是有深厚根基、合于科学要求的认识。

马克思主义哲学,处于人类思想发展的现阶段,究竟属于怎样一种性质的理论?

我们翻开所有马克思主义哲学的教科书,几乎无例外地,开宗明义都肯定"哲学是关于世界观的理论",然后便从"世界观"去说教马克思主义哲学的性质、对象、内容、功能以及它与科学理论的区别和联系。哲学确实从来就是关于"世界"的理论。以"世界观"来说明马克思主义哲学的总体性质及其与科学理论的区别和联系也是完全正确的。恩格斯在论述马克思主义哲学区别于旧哲学的理论性质时,也曾以"世界观"作为它的主要标志。恩格斯甚至是这样提出问题的，说"现代唯物主义"即马克思主义的辩证唯物主义，"这已经根本不再是哲学，而只是世界观"[①]。可见，以"世界观"来说明马克思主义哲学的性质及其与科学的关系不仅是必要的、恰当的，而且只有如此才能表现出马克思主义哲学与旧哲学相区别的性质和特点。

然而，却不是从"世界观"出发对马克思主义哲学的任何分析和说明，都正确地反映出了马克思主义哲学的理论性质和根本特点，这里有一个对"世界观"如何理解的问题。人们同样使用世界观一词，对世界观却可能理解得很不同。在通行的、影响较大的教科书和辞书中，是这样来规定世界观的定义的：

"哲学世界观是对于世界即对于自然界、社会和人的最概括的理论观点的体系。"（费瓦·康斯坦丁诺夫主编的《马克思列宁主义哲学原理教科书》）

"哲学就是关于世界观的学问，哲学观点就是人们对于世界上的一切事物、对于整个世界的最根本的观点。……它所研究和所涉及的问题，不是仅仅关于世界的某一个方面或某一个局部的问题，而是有关整个世界，有关世界的一切事物（包括自然界、社会和人类思维）的最普遍的问题。"（艾思奇主编《辩证唯物主义历史唯物主义》教科书）

"所谓世界观（亦称宇宙观），就是人们对于整个世界、整个宇宙，包括自然界、社会历史和人的思想统统在内的根本观点。"（肖前、李秀林、汪永祥主编《辩证唯物主义原理》教科书）

这些定义在提法上不能说一点区别都没有。例如，关于"世界"有的明确指出"整个世界"，有的具体指明自然、社会和思维；关于"观点"有的称为"一般观点"，有的叫作"最根本的观点"等，这当然是有所不同的。但就思想内容的实质而言，应当说这些不同定义之间并没有根本性的区别。

[①] 《马克思恩格斯全集》第20卷，151页，北京，人民出版社，1973。

第二章　哲学与主体的自我意识

我们把哲学称作关于"世界观"的"理论",在这句话里也表明了它同宗教世界观的区别,但这种提法的意义主要是为了同科学理论相区别。因为哲学世界观与宗教世界观的不同是不言而喻的。按照上述定义,"世界观"面对包括自然、社会和思维在内的世界整体,是对"整个世界"或"整个宇宙"的看法,这样,它要解决的就是如何把不同部分叠加为世界整体的问题,即对整个世界的构成及其发展图景做出完整的陈述;而它与科学理论的区别也就被归结为主要是在对象范围广狭上的区别,一个涉及的是世界所有的一切事物,一个涉及的是世界的某一领域的局部的事物。至于认识方式,它们都要对各自的对象做出系统的描述,在这一点上世界观理论与科学理论则是没有区别的,这在艾思奇主编的教科书中表述得十分清楚。其他教科书在对世界观进行具体说明中,也都是这样解释的。

对于世界观的这种理解和从世界观对哲学的这种认识,不能看作完全正确地表达了反映今天认识水平的马克思主义哲学及其与科学关系的根本性质。哲学作为关于世界观的理论确实曾经试图对世界的构成及其发展的图景做出完整的陈述,但那是在科学尚未从哲学母体中分化出来,或者虽已分化但发展得尚不充分的时候的哲学。马克思主义哲学是在哲学与科学已具有明确分工并形成了新的更高统一联系的基础上建立起来的哲学。在今天怎么还能用旧的本体论的观点即把哲学看作一种"特殊的科学"来理解、说明马克思主义哲学的世界观性质?恩格斯所以把这种"现代唯物主义"说成已经不再是"哲学"而只是"世界观",正是为了同以往那种关于世界的包罗万象的理论区别开来。在这句话的后半段,恩格斯就明确说明:作为世界观,就意味着"它不应当在某种特殊的科学中,而应当在现实的科学中得到证实和表现出来"。可以作为这句话的注解的,恩格斯还明确地讲过这样一些思想:

"一旦对每一门科学都提出了要求,要它弄清它在事物以及关于事物的知识的总联系中的地位,关于总联系的任何特殊科学就是多余的了。"[①]

---

① 《马克思恩格斯全集》第20卷,28页,北京,人民出版社,1973。

"世界表现为一个统一的体系,即一个有联系的整体,这是显而易见的,但是要认识这个体系,必须先认识整个自然界和历史,这种认识人们永远不会达到。"①

所以,关于世界观和哲学的这种了解,并没有抓住"世界观"所要解决的根本矛盾,更没有反映出在现代科学水平、知识结构条件下哲学应有的性质。

在苏联以凯德洛夫为首的一些学者对上述世界观定义提出了疑义,是完全合理的。科普宁批评"把世界观看作对整个世界的观点的体系的想法,是非常不合乎时代的"。他正确地指出:"力图以科学概念来描绘整个宇宙,不是世界观的任务,而是科学知识全部总和的任务""现代科学清楚地了解,一方面,作为整体的无限世界不是任何一种观点的体系所能把握的,而另一方面,任何一种科学都是这样或那样地研究整个世界的。"②

科普宁的许多批评意见都是正确的,我很赞成。但我认为,他的一些看法也有需要研究的地方。他批评上述定义的一个重要理论根据是,认为"'世界'这一术语在现代科学中是在各种不同的意义上使用的",这很对;接着得出的却是否定"世界"的科学概念的结论,认为"既然世界作为现代科学的概念并不存在,所以现在当然不能用世界一词来给世界观下定义",这就有点说过头了。这里的道理很简单。从逻辑上说,如果"世界"的概念是不需要的,不能用它来为"世界观"下定义,那么,"世界观"的概念也应当被否定。"世界"概念含义的多样性,属于概念的相对性、灵活性、不确定性,任何概念都有这种特性,这不能成为概念不应被使用的根据,只能说明应当对它作深入的研究。在我看来,"世界"不仅是一个词,也是一个概念;不仅可以用来表述宇宙整体的内容,也可以用来表达由同一规律支配的彼此相类现象的整体界域内容,如物理世界、

---

① 《马克思恩格斯全集》第20卷,662~663页,北京,人民出版社,1973。
② 《马克思主义认识论导论》,10页,北京,求实出版社,1982。

有机世界、宏观世界、微观世界、人类世界、自然世界、主观世界、客观世界等。就人类生活来说，不同的人由于秉性、爱好和追求的生活目的不同，日常活动的领域也不同，我们有时用各人有各人生活的"天地"、活动的"世界"去表述，我认为也无不可，由此更便于说明"人生观"与"世界观"的内在联系。世界概念在今天科学活动和社会生活中既已通用，就没有必要因其含义不确定便予以取缔。

"世界"作为界域概念，不论用于何种场合，都具有整体性、全体性的含义，这点是确定的。但这样一来，关于世界观定义中附加的"整个"世界的提法就值得进一步研究了。按照界域概念考虑，"世界"就意味着是一个整体的存在，不论附加"整个"字样与否，都并不影响问题的性质。但从另一方面考虑，对"整个世界"我们能够提出关于它的系统理论吗？今天科学理论所提供的知识，仅仅属于整个世界一个很小范围的认识，从它怎样对世界全体做出具有科学性的描述或论断？我以为科普宁批评流行定义中"整个世界"的提法，并指出"现在的科学的哲学（辩证唯物主义和历史唯物主义）不是对整个世界一般观点或关于整个世界的观念的体系"，就是沿着这样的思路得出来的。这不是没有道理的。

在我看来，流行定义把世界观说成对整个世界的观点体系，并以此与科学理论相区别，肯定是不正确，至少也是不确切的。但它的问题主要不是出在"整个"的提法上，这点并不能表明它的错误实质。我相信，给出上述定义的学者也绝不会把"整个世界"的理论理解为，应对今天未知的广大领域也做出毫无遗漏的陈述。所说的"整体"都具有相对性，不论对何种对象而言。所以在有的定义中特别注明，整个世界即指自然、社会和思维领域，或专指"整个周围世界"领域。问题在于，把"整个世界"理解为人所生活的周围世界或认识所及的世界领域，认为哲学世界观是对这样的对象提供出系统的陈述和说明，难道这样去理解就可以说明今天认识条件下哲学与科学的真正区别吗？前面的定义如果是错误的，即使对整个世界做出这样的理解，它也同样应该是错误的。

人的理性是依靠把事物分解成不同的部分去获得关于事物的知识的；同样地，它又必须通过把分解的事物统一起来，才能更深入地理解这一事物。所以追求统一性，即从总体去理解事物，也是人类理性的一种本性和本能，哲学就是理性的这一本性的最高表现。哲学从诞生之日起，就属于知识体系的最高层级，获得了"最高智慧"称号。由这一地位决定它始终具有探求最高原理、从总体上去考虑问题的理论特性。哲学追求关于对象的所谓总体性认识，其实也就是要探求对象的最高的统一性。从这一意义说，整体性的本质就是统一性，只是在不同认识条件下，统一性的内容可以各不相同。古希腊人追求的万物的"本原"，实质上也就是当时认识所及范围内无限多样现象的最高统一性。

探求统一性，是以存在不统一性为前提的。如果认识中没有出现不统一的问题，去谈论统一性当然就变得毫无意义。同样道理，认识中所以产生从总体上去考察世界的必要，也要以人们认识中出现了不同世界的对立为前提。我们要理解哲学作为世界观理论的性质，首先应当明确的就是它要解决属于有关世界的何种矛盾的问题。哲学和科学的区别决定于此，哲学的不同性质也决定于此。

从根本上说，哲学既为知识体系中最高层次的理论，它所要解决的当然就是有关知识对象总体具有始源性和根本性的那种对立和矛盾。但具体来说，哲学所要解决的矛盾的内容和形式则是由其时代认识水平和知识状况所制约、所决定的。比如说，当科学尚未分化、人类认识尚处于笼统直观阶段，这时形成的认识总体的矛盾也必然是低层次的，哲学也就不得不去完成本应由科学去解决的某些矛盾的任务；当科学分化以后，它们能够完成应由它们去解决的任务，哲学就必须去解决由于科学发展而提出的更高层次的矛盾，这时的哲学认识也就随之提高了一步。在这两种情况下，属于人类认识的根本矛盾仍然是支配人类认识活动的核心内容，但它的具体内容、表现形式是不相同的，因而哲学的认识方式和理论性质也有所不同。

在我看来，流行的世界观定义存在的主要问题，就在于既没有搞透哲学作为世界观理论要解决的根本矛盾是什么，也没有分清在现代科学条件下哲学应当怎样去认识和解决这一矛盾的特有方式。通行的教科书虽然以"世界观的理论"去说明马克思主义哲学理论的性质（在这点上，与恩格斯的提法相吻合），但却是用哲学与科学尚无明确分工条件下形成的旧哲学观点去理解、界说世界观，这就不能不曲解了马克思主义哲学的根本性质。从这一意义说，科普宁指出"这样的世界观的定义不符合现代哲学发展的水平"是完全正确的。

（二）属人世界与自然世界的对立

认识总要把对象分裂成互相对立的因素，然后再去寻求它们的统一性。不把对象分裂开来，不能深入对象本质，不把分裂的对象统一起来，也不能把握对象的本质。

人类认识就是在不断分化、统一中得到发展的：没有观念与对象的分化，不会有关于客体的认识；没有自然与社会的分化，不会有关于自然和社会的认识；没有个别与一般的分化，不会有本质和规律的认识；没有思维的形式和内容的分化，也不会有对思维逻辑的认识；等等。

哲学的历史发展表明，人对世界的认识也总是把它分裂开来和对立起来，然后再去统一这些被分裂和对立的世界。一部哲学史可以说也就是不断分裂世界又不断统一世界的历史。从古代到近代，哲学的争论始终是围绕着这样对立世界的矛盾而展开的，如理念世界与实物世界的对立、自然世界与超自然世界的对立、物质世界与精神世界的对立等。

人对世界的认识为什么总要把它分裂成为对立的世界，然后再去统一呢？我们深入地去研究就会了解到，认识中的这一矛盾活动，乃是人的实践活动所固有的矛盾本性的反映和表现。

实践性是人的本性。人的实践活动就是一种不断分化世界、不断使世界两重化，又不断统一世界的活动。认识上的分裂与统一活动根源于实践活动，人在认识上实行分裂与统一的内容也来源于实践的内容。

人最初是从自然的进化中产生的，自然是人类生成的初始来源。在人产生以后，人仍需生活于自然条件之中，自然是人类生存依赖的基础。但人是自然产物中的最高产物，在人的身上不仅集中了自然物所具有的全部精华，同时还形成了为其他一切自然物所不具有的本质、特性和活动规律。

人作为自然最高产物与其他自然物根本不同的特点就在于：人不是消极地适应自然提供的现成条件来维持自己的生存，而是通过由自己的活动去改造外部自然条件的方式来满足自己生活的需要、维持自身的生存、实现自己的发展的。依靠自己的力量创造自己的生存条件以满足自己生活的需要，这就是人所特有的生存——存在方式。

劳动生产是人维持自身生存的基本活动。马克思曾指出，生产是人通过自己的活动按照对自己有用的方式来改变自然物质的形态，即为了人类的需要而占有自然物、实现人和自然之间的物质变换、制造使用价值的有目的的活动[1]。在生产活动中，人不是消极地适应外界环境，而是要使环境适应人的生存和发展。生产是一种能动性的创造活动。通过生产活动，人既改变了自己的生存方式，也改变了人同外界环境的关系，创造出了原来自然从不具有的关系。

在以劳动生产为基础的人与自然的关系中，人是主动者，物是被动者；人是改造者，物是被改造者。人把自身从一切存在物中区分出来提升为主体，同时便把外部世界、自然对象变成人的"无机的身体"，变成"人的生命活动的材料、对象和工具"，[2]变成"为我而存在"的客体。马克思说："主体是人，客体是自然。"[3]主体意味着能动的改造者，客体意味着被改造的受动对象。主体和客体这两个哲学范畴所反映的，就是

---

[1] 参见《马克思恩格斯全集》第23卷，208页，北京，人民出版社，1972。

[2] 《马克思恩格斯全集》第42卷，95页，北京，人民出版社，1979。

[3] 《马克思恩格斯选集》第2卷，3页，北京，人民出版社，1995。

经过人的活动（实践活动和认识活动，其中主要是劳动生产活动）而形成的人与自然之间的这种完全新的关系，以及在这种关系中人同物已发生转换的不同地位和性质。

由于劳动生产，人打破了自然界原来有限度的对象关系。人虽同样必须以自然存在物为自己生存所依赖的对象，但它却不是以自然物质的现存形态为自己的对象，而是通过自己的实践活动改变事物现存状态而后才使它们成为自己的对象的。从人之为人的本质而言，任何现成的自然对象都不能满足人的需要，必须经过自己的活动改造以后才能满足人的需要。我们从人在多大程度上依赖于现成的自然存在物，就可以看出人的发展程度有多高。人离开动物越远，换句话说，人越成为人，人所依赖的直接自然物越少，而对自己活动的依赖性越大。从这种关系中，我们可以而且必然要得出结论，人的对象是人自己活动的创造物，作为人的对象性的存在物实际是表现着人自己的本质。这就是马克思所说的"对象如何对他说来成为他的对象，这取决于对象的性质以及与之相适应的本质力量的性质"[1]。人有多大的本质力量，就能把多少自然存在物转化为自己的对象。从这一意义我们也可以说，人以什么为对象、人的对象范围有多大，这也是一个标志，从它就可以了解人的本质是什么样的和有多大力量。哲学中的"对象化"概念表达了这种关系。作为人的对象的存在物也就是人的本质的对象化或对象化的人。马克思说："成为他的对象，而这就是说，对象成了他自身。"[2]

由于对象表现着人作为主体的本质力量，人的本质是无限发展着的，构成人的对象性存在物也就是无限广大的。人是世间唯一能够以所有一切存在物为对象的最高存在物。

人在实践活动中不但创造了自己所需要的对象世界，而且创造了人自己的存在和发展，即创造了人自身。人是什么，是同人的活动相一致的。

---

[1] 《马克思恩格斯全集》第 42 卷，125 页，北京，人民出版社，1979。
[2] 《马克思恩格斯全集》第 42 卷，125 页，北京，人民出版社，1979。

人通过自己的生产活动怎样创造了自己的生活、创造了人类社会、创造了社会历史，也就怎样创造了人自己。马克思说："生产不仅为主体生产对象，而且也为对象生产主体。"①人是世间唯一能够自我创造的存在物。人的自我创造性说明，人是人自己的主宰者——创造主。

这样，在人与物之间就出现了一种完全新的关系。按照自然的关系，人是自然世界的一部分，从属于自然运动规律。按照属人的关系，自然物是属人世界的一部分，服从于人的活动的规律。前者的主宰者是自然，后者的主宰者是作为主体的人，这两种关系是恰相反对的。人和物之间形成的主体、客体关系，归根结底也是自然所固有的关系。从这一根本意义上说，主体对客体的主宰和创造不过是自然自己主宰自己、自己创造自己。它不过意味着自然创造了一个具有高度能动性的存在物，然后通过这一存在物实现了自我创造和自我意识。但是，主体和客体的关系毕竟是不仅同物和物之间的自然关系相对立，而且在性质上也同自然关系恰好相反的。它已大大超出了已有自然关系的范围和限度，属于原来自然所没有的完全新型的关系。作为从自然产生的"超自然物"，对它已经不能完全用自然运动、自然观点去理解和说明。

主体和客体关系的出现说明人通过实践在自然基础上建立起了一个属人的王国、世界，人通过实践已把世界两重化、分裂成为相互对立的两个世界。这两个世界，就是自然世界和属人世界。属人世界和自然世界既是对立的，又是统一的，它们是在否定中的统一关系。实践活动不断把自然世界转化为属人世界，一方面形成了两者的对立，另一方面又实现了两者的统一。属人世界与自然世界的这种对立统一关系就构成人的实践活动的基本内容。

（三）主观世界与客观世界的对立

人在活动中把世界两重化、形成属人世界与自然世界的对立，随之就

---

① 《马克思恩格斯选集》第2卷，10页，北京，人民出版社，1995。

产生出来超越自然关系性质的一系列新的矛盾关系，主观世界与客观世界的矛盾是其中主要的内容。

把人作为主体看待，这就意味着承认人是自己活动的主人、属人世界的主宰者、人自己的生活和历史的创造者。把物作为客体看待则意味着，它只是人的活动的对象、满足人的生存发展需要的一种条件。主体和客体的关系，基本的是改造和被改造的关系，同时还包括认识和被认识、评价和被评价等关系。人作为能动的改造者表现为实践主体，客体是被改造的对象；人作为主动的认识者表现为认识主体，客体是被认识的对象；人作为评价基源表现为价值主体，客体是被评价的对象；人作为积极的审美者表现为审美主体，客体是审美对象。

在人作为主体的创造性活动中，实践、认识、评价、审美这几种活动是统一不可分的。实践活动是一个表示人的活动的本质内容的总体性概念，在人的实践活动中必然要包括认识活动、评价活动和审美活动。人们把实践活动同认识活动、评价活动、审美活动区分开来，是为了便于考察各自不同的内容、性质及其相互间的关系，只具有相对的意义。

实践活动、认识活动、评价活动、审美活动的统一，表明人作为主体的活动是具有意识性的活动，意识性、主观性是构成人的创造性活动不可缺少的因素。马克思在分析人的劳动生产活动时明确指出，人的活动结果在活动之前已通过目的形式表现为观念性的存在，人在生产活动中不仅改变自然物质的形式而且贯注了自己的目的，这是人的活动区别于一切动物活动的根本特点。马克思说："蜘蛛的活动与织工的活动相似，蜜蜂建筑蜂房的本领使人类的许多建筑师感到惭愧。但是，最蹩脚的建筑师从一开始就比最灵巧的蜜蜂高明的地方，是他在用蜂蜡建筑蜂房以前，已经在自己的头脑中把它建成了。劳动过程结束时得到的结果，在这个过程开始时就已经在劳动者的表象中存在着，即已经观念地存在着。他不仅使自然物发生形式变化，同时他还在自然物中实现自己的目的，这个目的是他所知道的，是作为规律决定着他的活动的方式和方法的，他必须使他的意志服从这个目的。"①活动结果在活动之前的观念表现属于"理想的存在"。理想存在是主体从自身需要出发所形成的超越现实存在的观念客体，它虽然也以客观性为根据并反映着某种客观性的内容，但它在本质上却是对客观性的否定，属于主观性的东西。理想存在只有通过感性的实践活动才能获得直接现实的性质，转化为现实存在。实践活动就是实现理想存在向现实存在的转化的活动，换句话说，也就是主观性转化为客观性、主观见之于客观的活动。

主观性是主体及其一切活动所具有的根本性质；客观性是相对主体而言客体及其一切活动所具有的根本性质。主体也具有客观性。主体作为实体就是具有客观性的存在。但主体的客观性主要表现着人身上的自然性，人作为自然世界的一部分所具有的性质。就人作为主体区别于客体、物的性质而言，则主要在于它的主观性而不在于它的客观性。主体如果不具有主观性的性质和属性，或者失去了这种性质和属性，它就不成其为主体。同样的道理，人的活动如果不具有主观性的内容，或者失去了这一内容，它也不成其为主体活动。

主观性是与客观性相对立的，理想存在与现有存在的对立就表现了主观性与客观性的对立。人们总是对存在现状有所不满、对未来存在有所追求，才去从事改造客体的活动。理想存在的内容是从主体需要出发所表现的客体状况，和适于主体要求的主客体关系。理想存在的本质是对存在现状的否定、对未来存在的追求。理想存在与现实存在的矛盾也就是理想世界与现实世界的矛盾、主观世界与客观世界的矛盾。

客观世界转化为观念世界而后再转化为现实世界，这就是主体活动的基本形式。主观性和客观性的关系贯穿于主体的一切活动之中，构成实践活动、认识活动、评价活动、审美活动的本质内容。主体正是通过由客观世界到观念世界再到现实世界的这一转化活动，就在其中贯注了改造客体的创造性，不断把自然世界提升为属人世界。

---

① 《马克思恩格斯全集》第23卷，202页，北京，人民出版社，1972。

上述情况说明，人在从事主体的活动中，不仅把世界两重化为属人世界和自然世界，而且两重化为主观世界和客观世界。在人的活动中世界被二元化、然后再去建立统一，是不可避免的。不如此，人就不能发挥主体的能动性和创造性，世界也不能得到更高形式的发展。

（四）哲学作为世界观理论所要解决的基本矛盾

贯穿于主体活动中的属人世界和自然世界、主观世界和客观世界的矛盾，就是哲学这种世界观性质的理论应予以解决的基本矛盾。

属人世界和自然世界的矛盾、主观世界和客观世界的矛盾，从根本意义上说也是属于物质世界中所有的矛盾。但这一矛盾是从自然产生出人以后、在人的主体活动中出现的，而人在广大无垠、久远无垠的宇宙中只占极其微小和短暂的时位。所以它们虽然是存在于世界、属于世界所有的矛盾，对世界自身却不构成基本矛盾、不起规定其本质的作用。我们显然不能说，世界自身的存在和发展是由属人世界和自然世界、主观世界和客观世界的矛盾所决定的；有了这一矛盾世界才存在，解决了这一矛盾世界才发展，没有这一矛盾或不解决这一矛盾世界就不能存在和发展。人从自然世界中产生一时一刻也离不开自然世界，反过来却完全能够设想，可以存在没有人、未产生出人的自然世界。没有人存在，便没有属人世界和自然世界、主观世界和客观世界的矛盾，但世界可以照样存在和发展。可见世界自身的存在和发展并不是决定于这一矛盾的存在和发展的。

但是，对人的活动来说情况就完全不同了，人生活于属人世界，属人世界来自自然世界。人要把自然世界转化或提高为属人世界，就要从事改造客观世界的活动，要改造世界就不能不去解决主观世界与客观世界的矛盾。人的存在和发展、人作为主体的活动的存在和发展，都离不开属人世界和自然世界、主观世界和客观世界的矛盾，并且直接决定于这一矛盾的发展状况和对它们的处理情况。

人是人一切活动的出发点和归宿。这就是说，人的一切活动，包括认识活动在内，都是为解决人的生存和发展的问题服务的。属人世界和自然世界、主观世界和客观世界的矛盾既然是决定人的存在和发展的根本性矛盾，它也就属于有关人的生存和发展的根本性问题。意识是存在的反映，人类认识是从实践活动中产生并为实践活动服务的。人类现实活动的基本内容理所当然地也就是人类认识活动的基本内容。如何去解决人和自然的矛盾、主观和客观的矛盾，从而提高人的主体地位、实现主体和客体的统一、推动自然界不断向属人世界发展，这就是实践活动为认识活动所规定的最高主题。

事实也正是如此。人类知识区分为三大类：自然科学、社会科学和人文科学。这三大类科学都以属人世界和自然世界表现于不同领域的矛盾为内容。它们通过分门别类地研究这两个世界的内容，为人类在实践活动中解决上述矛盾提供必要的知识。哲学属于这三类知识总结和概括的世界观理论。哲学作为世界观理论则以属人世界和自然世界的关系问题为自己的内容。哲学通过对属人世界和自然世界的关系问题的研究，为人类在实践和认识活动中正确理解和把握这一矛盾提供必要的观点和方法。

属人世界和自然世界既是科学的内容也是哲学的内容，但科学只以这两个世界的具体内容为内容，哲学则不同。哲学从一开始就属于人类认识体系的最高层次，以有关世界的最高原理为内容，具有寻根究底和追本溯源的性质。所以哲学一向被称为人类认识的"最高智慧"。关于世界的最高原理，就是属人世界和自然世界的关系以及这一关系的本质内容的问题，属人世界是怎样形成的，它与自然世界是怎样在对立中统一的，这就构成了哲学研究的课题。科学分别研究有关属人世界和自然世界的内容，并不提出两者的关系问题，只有哲学才提出这一问题，自觉地从两者关系中去研究属人世界和自然世界的各种问题。

主观与客观、主观性与客观性、主观世界与客观世界的矛盾，是属人世界与自然世界关系问题的本质内容。解决主观与客观、主观性与客观性、主观世界与客观世界的矛盾，是把属人世界与自然世界统一起来的关键问题。哲学从总体上和本质内容上去研究属人世界与自然世界的关系问题，必然要归结到主观与客观、主观性与客观性、主观世界与客观世界这一矛盾问题上来。主观与客观的关系问题由此就构成了哲学理论的核心内容。从主观与客观的关系去研究属人世界与自然世界的内容，这是哲学研究世界事物区别于一切实证科学的特有认识方式。哲学作为世界观理论所要解决和应该解决的究属有关世界的何种矛盾？现在，在论述了这一切内容之后，我们便可以明确地回答前面提出的这一问题；这就是属人世界和自然世界的基本矛盾以及表现着这两个世界的本质内容的主观世界和客观世界的矛盾。

二、哲学发展的三大圆圈

（一）认识发展史的本质内容

属人世界和自然世界、主观世界和客观世界在实践基础上的矛盾发展，既构成人类史的基本内容，也构成认识史的基本内容。

认识与存在的发展在总体上是同步的，同步并不等于齐头并进。认识的发展经常是落后于存在的发展的，但有时也可能走在前面，反映出存在未来发展的趋势。人类对自身的主体地位和性质及其与自然关系的认识，是在漫长发展过程中逐步达到的。人类把主观和客观的矛盾从其他一切矛盾中区分出来，认识到它在人类活动中的重要地位和意义，也经历了一个漫长的发展过程。

从基本内容来说，人类的认识史就是在主体改造客体的活动基础上，为实现与客体的统一而不断深入地把握客体的历史。对客体的认识始终占据着认识史中的重要地位，只是随着人类认识的深入发展才逐渐发现，原来人们是在主观与客观的矛盾关系中去把握客体的，主客观矛盾同客体自身的矛盾在人类认识活动中始终交织地存在一起，如果不懂得如何处理主观和客观的矛盾，也就不能真正把握客体自身的矛盾内容。自此以后，人们在把认识指向外界对象、积累有关客体的知识的同时，也开始对认识活动自身进行反省，不断思考和探索怎样才能把握客体矛盾的道路和方法问题，这是认识史的两重性内容。如果把它们区分开来去理解，前者可以看作认识史中的科学发展史，后者则属于认识史的哲学发展史。哲学史作为以主体认识活动自身的认识为内容的历史，它虽然仅仅属于认识史的一小部分，这一部分却是表现了认识发展历史的本质内容。

人类认识的深化发展，表现为认识自身的不断分化、又不断建立起新的更高统一联系的过程。科学史是在分化中发展的，哲学史也是在分化中发展的。哲学和科学最初结合在一起，由此决定科学属于未分化的笼统直观知识，哲学同样属于未分化的笼统直观理论。后来，自然科学首先从哲学分化出来，它自身也在不断分化，于是形成了以不同领域为研究对象的众多独立学科。由于科学的这种分化，才使它突破笼统直观认识的局限，深入对象内部深处，有可能建立起具有实证内容的知识系统。在科学认识的推动下，哲学认识也加速了分化过程，逐渐摆脱笼统直观的认识方式，日益深入对象本质。主观与客观的矛盾是人类认识活动的基本矛盾，不论人们意识到这点与否，它始终在人类认识发展中起着支配的作用。人类认识深化发展的过程，也就是主观与客观日益分化、它们的矛盾关系日益暴露的过程，这就是哲学认识分化的基本内容。哲学由自发理论走向自觉理论的发展过程，就是从对各种知识反省研究中不断发现和揭露主观与客观的矛盾内容，并寻求正确解决这一矛盾的认识的道路和方法的历史。这一过程，实质也就是从盲目地受主客观矛盾的支配，逐渐走向自觉地研究和处理两者关系的历史。

认识的分化与统一，是以主体和客体的分化与统一为基础的，反过来它又推动着主体和客体的分化与统一。主体和客体分化到何种程度，与此相适应的，认识也大体上分化到何种程度。在这一意义上可以说，认识史也就是通过认识的内容及其形式的不断分化而表现出来的主体与客体分化发展的历史。认识的分化发展，进一步推动了主体与客体的分化和统一，提高了人类所具有的主体活动能力。人从自然力量的盲目支配中摆脱出来，才能成为主宰自然的能动主体；人从社会力量的盲目支配中摆脱出来，才能成为主宰自己命运的自由主体。而这一切都决定于认识的提高、深化和发展。人只有意识到自己的主体地位、性质和能力，才能成为如马克思所说的自由自觉的主体。科学史是通过认识分化，不断提高人改造客体的主体能力的历史；哲学史是通过认识分化，不断提高人的主体意识，使人类日益变成自觉的主体的历史。

哲学认识从分化走向统一，在更高基础上又走向分化、统一，表现了哲学是在圆圈中发展的，哲学正是在圆圈发展中日益走向深入。

（二）哲学的发展是"圆圈"

最初提出哲学发展是"圆圈"思想的，是德国哲学家黑格尔。圆圈发展不只是哲学如此，科学也如此，人类历史的发展也如此。在黑格尔看来，这是绝对精神自身固有的运动规律，所以，世界及其一切事物的发展都是"圆圈"。这个圆圈发展的思想很重要，它对理解哲学发展的本质是非常有意义的。黑格尔提出的这一思想，应当看作人类认识史的一项重大成果，黑格尔做出的一个重大贡献。

黑格尔明确提出"哲学形成一个圆圈"。他说："哲学的每一部分都是一个哲学全体，一个自身完整的圆圈。但哲学的理念在每一部分里只表达出一个特殊的规定性或因素。每个单一的圆圈，因它自身也是整体，就要打破它的特殊因素所给它的限制，从而建立一个较大的圆圈。因此全体便有如许多圆圈所构成的大圆圈。这里面每一圆圈都是一个必然的环节，这些特殊因素的体系构成了整个理念,理念也同样表现在每一个环节之中。"①关于圆圈发展,黑格尔做了这样的解释:"哲学开端所采取的直接的观点,必须在哲学体系发挥的过程里,转变成为终点,亦即成为最后的结论。当哲学达到这个终点时,也就是哲学重新达到其起点而回归到它自身之时。这样一来,哲学就俨然是一个自己返回到自己的圆圈。"②

黑格尔关于发展是圆圈的思想,同他认为发展是从肯定到否定再到否定之否定的辩证法思想紧密联系着的。这里也带有某种神秘色彩,黑格尔有时这样去解释圆圈发展的原因,"结果之所以就是开端,只因为开端就是目的";但就其思想的本质内容说,则是极其深刻地表达出了发展过程的辩证法实质。按照这一思想,开端是以潜在形式表现出来的内容整体,发展是它固有矛盾的展开,结果则是起点以必然形式在终端的显现。这一思想不仅强调出结果是真正从事物固有本性中"发展"出来的,发展是一个不断深入自身完全合乎规律的过程;而且表明发展进程不是直线,而是一个不断回复到自身的曲折上升过程,这些都是正确的而且十分杰出的认识。

列宁充分肯定黑格尔"把认识看作一串圆圈"的思想,并给予了高度评价。列宁也认为"科学是圆圈的圆圈",并进一步发挥说:"人的认识不是直线(也就是说,不是沿着直线进行的),而是无限地近似于一串圆圈、近似于螺旋的曲线。"③列宁还依据这一思想具体研究了哲学发展过程中的圆圈,列出下面这一略表:

"哲学上的'圆圈':是否一定要以人物的年代先后为顺序呢?不!

古代:从德谟克利特到柏拉图以及赫拉克利特的辩证法。

文艺复兴时代:笛卡尔对Gassendi(Spinoza?)④。

---

① [德]黑格尔:《小逻辑》,56页,北京,商务印书馆,1980。
② [德]黑格尔:《小逻辑》,59页,北京,商务印书馆,1980。
③ 《列宁全集》第38卷,251、411页,北京,人民出版社,1959。
④ 指"伽桑狄(斯宾诺莎?)"。

近代：霍尔巴赫——黑格尔（经过贝克莱、休谟、康德）。

黑格尔——费尔巴哈——马克思。"①

这张表的具体含义列宁没有说明，需要我们去进一步研究。事实上，由于圆圈发展是认识运动的普遍的和根本的规律，哲学发展在各个不同方面都体现着这一规律，所以我们也就可以从不同内容上去分析哲学上的圆圈。

从哲学观点的变化分析，古代最早产生的具有唯物主义性质的自然哲学是一个未分化的总体，而后从它分化出唯心主义哲学，形成古代萌芽中的唯物主义与唯心主义两条哲学路线的对峙。唯心主义哲学在一个长时期居于统治的地位，但在发展中复又被唯物主义哲学所否定。恩格斯就曾具体分析过哲学理论的这一否定之否定的发展圆圈。他指出："古希腊罗马哲学是原始的自发的唯物主义。作为这样的唯物主义，它不能彻底了解思维对物质的关系。但是，弄清这个问题的那种必要性，引出了关于可以和肉体分开的灵魂的学说，然后引出了灵魂不死的论断，最后引出了一神教。这样，旧唯物主义就被唯心主义否定了。但是在哲学的进一步发展中，唯心主义也站不住脚了，它被现代唯物主义所否定。现代唯物主义，否定的否定，不是单纯地恢复旧唯物主义，而是把两千年来哲学和自然科学发展的全部思想内容以及这两千年的历史本身的全部思想内容加到旧唯物主义的永久性基础上。"②

此外，还可以从其他侧面进行分析。例如，从哲学内容分析，由认识客体开始，研究的重点经历了一个"客体——主体——主体与客体统一"的发展过程；从哲学基本问题分析，思维与物质的关系在哲学认识中经历了一个"思维与物质原始统一——思维与物质两极对立——思维与物质更高统一"的发展过程；从人们对思维与物质关系问题的认识所决定的理论性质分析，哲学经历了一个"自发理论——反思理论——自觉理论"的发

---

① 《列宁全集》第38卷，411页，北京，人民出版社，1959。

② 《马克思恩格斯全集》第20卷，151页，北京，人民出版社，1973。

展过程；如此等等。

（三）三次分裂、三次统一、三个圆圈

这里我想着重从哲学认识的总体上做一点分析。从这种分析中可以清楚地看出，今天哲学作为世界观的学说究竟应当是怎样的一种理论。

哲学自始至今，都是有关世界总体认识的理论。哲学史向我们清楚地表明，它主要是通过不断分裂世界，然后再寻求它的统一性这种方式逐步加深对世界的总体认识的。一个完整的世界，把它分裂成为互相对立的世界，然后再把它们统一起来，这并非人们有意而为或故意而为，而是由人们在认识世界中碰到的矛盾决定了他们不得不如此。这些矛盾，归根结底，都是以人作为主体与客体的矛盾，或者说是以属人世界与自然世界这一矛盾为根源的；人们在认识世界中所遇到的矛盾，不过是这一根本矛盾在认识发展不同阶段、不同层次上的反映和表现。所以，世界每经过一次分裂和统一，就意味着人对自身的主体地位以及主体与客体的关系的认识，加深了一步、提高了一步。从这一意义说，不断地分裂与统一，正是体现了人类认识深化发展的圆圈规律。

按照我的认识，哲学从产生发展到今天，共经历了对世界的三次分裂和三次统一，由此形成了三个发展圆圈。这三次分裂形成的对立世界是：

第一次分裂：

自然物质世界——超自然精神世界（从本体论基础形成，两个实体之对立，认识是"直观"阶段，古代中世纪哲学）；

第二次分裂：

心内观念世界——自在客观世界（从认识论基础形成，意识内容与形式之对立，认识史"反思"阶段，17—18世纪哲学）；

第三次分裂：

主体人化世界——客体自然世界（从人本学基础形成，主体客体之对立，认识史"自觉"阶段，19世纪迄今哲学）。

三次分裂、三次统一所构成的三个圆圈见下面。

第一个圆圈。哲学从研究自然万物统一的本原开始，而后逐渐走向分裂，由具体与抽象、特殊与共相两种本原存在的对立一直发展到自然物质世界与超自然精神世界两种世界的对立。古代哲学和中世纪哲学都属于这一发展阶段。近代哲学从一开始面临的主要任务，就是如何把这两个由对立实体构成的世界统一为一个世界。17—18世纪的唯物主义哲学实现了这个统一任务，它们否定两个实体的存在，只承认一个统一的世界即自然物质世界，从而在本体论基础上完成了第一个圆圈的发展。

第二个圆圈。哲学从研究认识与其对象的统一性起始，从认识论基础上再次使世界走向分裂，由感性与理性和思维与存在的对立，逐渐发展到心内观念世界与心外客观世界两个世界的对立。世界在认识论上被分裂同它在本体论上的统一是在同一个时期、同一个过程中进行的，本体论上的统一同时就是认识论上的分裂。认识论上两个世界的对立，在康德现象世界与物自体世界对峙的二元论哲学中清楚地表现了出来。但从康德开始，已提出了统一这一新的分裂的任务，康德的后继者费希特、谢林、黑格尔、费尔巴哈哲学就表现了试图从不同基础上去统一这两个对立世界的努力。这是哲学发展的第二个圆圈。

第三个圆圈。哲学从研究人与物的统一性起始，出现两种对立倾向：或统一于自然界中的物，或统一于具有能动性的主体人。这两种倾向的进一步发展，形成了以人为中心的主体世界和以物为基础的自然世界的对立，由此导致了世界的第三次分裂。这一分裂过程同上一圆圈的分裂过程是同一个过程，不同的是它是从人本学理论的基础上形成的。这两个世界的统一过程，从德国古典哲学即已开始，但只是在马克思主义哲学中才真正走向统一。

从上述可知，三个圆圈虽有一个历史的先后次序，正如列宁指出的，圆圈的发展并不严格以人物的年代先后为序，应当说它们是在交叉关系中发展、交织关系中存在的。新的圆圈的出现，并不意味着前一圆圈的结束。事实上，这些从不同基础上分裂的世界，从产生对立的各自基础上并不能得到真正统一。要解决这几个圆圈发展中提出的问题，必须找到能够把这几个圆圈统一起来的"基础"才有可能。即使如此，"统一"也还不是最终完成即圆圈运动的终结。每次统一，都有它特定的内容，却只是从某一侧面对某一方面的问题的解决，并且在这一个方面也不是一劳永逸的解决。随着一个矛盾的解决，新的矛盾又接踵而生，用黑格尔的思想来说，终结和开端永远是同一的。上述三大圆圈并未穷尽哲学矛盾，它们自身的发展也未到尽头。今后在认识深化发展中，必定还会出现新的矛盾，形成新的圆圈。

（四）三大圆圈的内容实质

三次分裂所形成的三种世界的对立，反映了人类认识在深化发展的不同阶段所遇到的不同矛盾，它们也就是这些不同阶段上哲学所要回答和解决的主要课题。

三种世界对立的表现形式不同，它们的内容实质则是同一的。归根结底来说，它们都不过是从人类实践活动中生发出来的人与物的矛盾、能动性与被动性的矛盾、主观性与客观性的矛盾，以及由此而构成的属人世界与自然世界的矛盾的表现和反映。构成主体与客体对立本质的主观与客观的矛盾，始终是贯穿它们之中的核心内容。

它们在不同时期所以表现为不同的形式，这是由具体历史条件和与此相适应的认识水平、知识结构的具体状况所决定的。依次出现的这些不同形式，说明主观与客观这一基本矛盾的作用，只能通过人的活动逐渐地显露出来从而被人们所意识，这里必须经历一个发展过程，不可能被人们一下子就意识到和把握到；也说明人的主体能力有个发展过程，人的主体意识也有个发展过程，随着人的主体地位的不断提高，人对自身的主体性质只能通过自身的活动，从它在不同侧面的表现渐次地意识到，而不可能一下子就意识到和把握到。

第一个圆圈。在人自身的本质异化为非人的存在、人与人之间处于森严的等级对立关系的条件下,人就不可能从人自身去直接表现人的主体性,只能从对象化着人的主体性本质的存在物中,即从对象的映现中以迂回的形式间接地表达这种主体意识。从对客体本性研究中升华出与自然物质世界对立的那个"超自然的精神世界",实际上就是以异化的幻想形式表现出来的属人的世界——由人的能动本质构成的世界;这个超自然的精神世界——理念世界、上帝(天国)对自然物质世界、尘世世界的主宰,实际上就是以异化的颠倒形式表现出来的人作为主体创造对象世界的活动内容。这一圆圈从认识发展来说,也是合乎规律的。人的眼睛注视外界对象,这是认识的本能。主观与客观的矛盾贯穿于人的认识活动的各个环节,既贯穿于对客体的反映之中,也贯穿于人所反映的对象之中。在初期尚未完全摆脱本能的认识活动时,人们首先从认识的对象中发现出主观与客观的矛盾,当然是很自然的事。

第二个圆圈。从认识分裂出的观念世界和实在世界的对立,揭露了人在认识活动中的主观与客观的矛盾,表明人已开始从主体自身的表现中去直接把握人的主体性,这应当看作一个重大前进。这只有在人类试图摆脱自己创造的虚幻观念对自己的束缚和由它所维护的等级制的压迫,对自身的主体性有了一定意识,并且力求用人自己的思维去认识和理解客体的条件下,才是可能的,所以,它只能出现于近代资本主义发展的初期阶段。人对自身主体能力的意识始自认识活动,这也是既合乎历史规律也合乎认识的逻辑的。能动的意识是人显露于外的主体能力,自古以来人们就把理性灵魂视为人所特有的机能和属性,称呼人为"思想的动物"。在脑力劳动与体力劳动相互分裂并统治着体力劳动,消除两者对立的条件尚未明显暴露出来的情况下,把意识理解为人的主体本质,也是具有必然性的。

第三个圆圈。马克思曾经指出,"资产阶级在它的不到一百年的阶级统治中所创造的生产力,比过去一切世代创造的全部生产力还要多,还要大"①。随着生产力的迅速发展，大大提高了主体支配自然客体的能力，人与人之间的对立关系也变得简单明显了。这样就进一步暴露了存在于社会和自然之间的矛盾，人的本质与其异化形式之间的矛盾，使人们有可能从反观自身中认识到自己的主体价值。从人自身分裂的属人世界与自然世界的对立，就包括社会与自然、人的本质与其表现、理想存在与现实存在、价值世界与事实世界种种矛盾内容。

主观与客观的矛盾依次出现的这三种形式，构成了进入文明时期以后人类认识在不同发展阶段上的基本内容。依据这些不同内容，人类认识史可以划分为三大阶段，这就是：直观认识阶段，反省认识阶段、自觉认识阶段。

第一个阶段，直观认识阶段，这是认识发展的低级阶段。在这一阶段，人们尚未意识到认识中的主观与客观是具有矛盾的，人们从意识与存在的天然统一关系出发，径直把认识指向客体，试图运用已有的初级思维能力同时凭借想象去揭示周围世界及其各种事物存在和发展的根源。所谓直观认识，就是认识形式与认识内容未分化，出于人类本能的那种自发的和素朴的认识。古代和中世纪以笼统直观为特征的哲学理论，是这一认识阶段的主要成果，也是它的主要形式。原始意识是刚刚从动物脱胎出来、正在形成中的人的意识，它的前期以认知认识为特征，后期以幻想意识为主要形式。从广义来说，它也属于直观认识阶段的意识，可以把它看作正在形成中的直观认识的初级阶段。

第二个阶段，反省认识阶段。在这一阶段，人们从把握客体的活动和积累的知识中逐渐意识到，人们关于客体的认识成果同人们的认识活动方式是密切联系着的。这就意味着，这时的人们已开始觉察，主观与客观的矛盾是在人的认识活动中起着支配作用的矛盾。所谓反省阶段，也就是认识已进入对自身的活动进行反思的认识阶段。这一阶段的认识与直观认识阶段的主要区别就在于，它已逐渐摆脱自发性和素朴性，认识与其对象、

---

① 《马克思恩格斯选集》第1卷，277页，北京，人民出版社，1995。

认识不同形式和认识的不同内容已开始分化，分析研究方法成为主要的认识方法。在这一基础上，正如恩格斯所说的，思维对存在、精神对自然界的关系作为哲学的基本问题已被清楚地提了出来。近代17—18世纪有关本体和认识的哲学理论和以物理学、数学为代表的自然科学理论，是这一阶段的主要成果，也是它的主要表现。中世纪晚期和文艺复兴时期是它的准备阶段。

第三个阶段，自觉认识阶段。在这一阶段，主体与客体的分化进入更高阶段，人对自身的主体意识也有更高发展。与此相适应，主观与客观的矛盾不仅在认识活动也在现实活动中全面地展开，人们开始自觉地运用主体观点去观察一切事物、一切问题，并把处理主观与客观的关系作为认识活动的中心课题。所谓自觉，也就是指人的主体性的觉醒、自我主体意识的确立。德国古典哲学已表露了这一意识的端倪，可以看作这一阶段的初级阶段。马克思主义哲学的诞生，意味着人类作为主体已开始迈入自由自觉活动的发展阶段。

主观与客观的矛盾在认识发展不同阶段有不同表现形式，依此而划分的哲学不同派别和以此为基础而形成的科学理论，在对象、内容、性质等方面自然也是各具特点、互不相同的。如果依据上述不同认识阶段，也可以清楚地看出它们属于三种不同的类型。

第一种类型，古代认识以笼统直观为主要形式。所谓笼统直观，就是指未分化的、各种认识内容混合在一起，尚未摆脱幻想意识影响、理智与想象结合在一起的浑然的认识。哲学理论与科学知识融为一体，不同哲学路线处于萌芽、形成过程之中。古代唯物论是以纯朴形式出现的自发唯物论；古代唯心论是具有粗鄙形式的原始唯心论。整个古代世界根本没有主体权利，反映这一状况的哲学也只是关于普遍的实体的理论。唯物论与唯心论不是直接在主观与客观的关系问题上相反观点的对立，只是代表在理解客体本原问题上具有两种对立认识倾向的理论。无论唯物论或唯心论，都承认自然世界作为经验对象的客观存在，也都承认有一个支配经验对象的具有永恒性的超感官的本原世界存在，它们同近代意义上的唯物论和唯心论具有不同的内容和性质。

第二种类型，分析研究是这一类型认识的总的特征。所谓分析研究，就是把统一的对象分解成为各个部分，分门别类地进行解剖性研究。科学从哲学中分化出来，走上了独立发展的道路。自然界被分解成为不同的领域、方面，构成不同学科的研究对象。哲学家把这种方法引入哲学，形成了形而上学理论。从感觉与理性的对立形成了经验论哲学和唯理论哲学。从主观性与客观性的对立形成了近代的唯物论哲学和唯心论哲学。只是在这时，哲学理论才出现两极性的对立：客观和主观对立，自然和精神对立，抽象普遍和抽象单一对立，实体和主体对立，必然性和自由对立等。近代的唯物论和唯心论，就是这种两极对立的理论表现：承认客体的实在性，主体的能动性便被忽视；强调主体的能动性，客体的实在性又被否定。恩格斯对这种情况，曾做过如下分析：因此，"18世纪并没有克服那种自古以来就有并和历史一同发展起来的巨大对立，即实体和主体、自然和精神、必然性和自由的对立；而是使这两个对立面发展到顶点并达到十分尖锐的程度，以致消灭这种对立成为必不可免的事"[①]。

第三种类型，综合统一研究为主导方法的认识阶段。在经过分门别类研究、暴露出对象内部的矛盾之后，必然走向寻求统一联系的综合研究，科学发展如此，哲学发展也如此。这一时期从主体活动提出的人与自然的对立，作为自己的内容已综合了前两个圆圈的基本矛盾，从18世纪末到19世纪以来出现的那些庞大的包罗万象的哲学体系，大都具有综合先前哲学成果、试图一举解决所有矛盾的理论特点。要求建立包罗万象的终极的哲学体系，是企图由自己的体系终结哲学的发展，是同人类认识的发展本性完全抵触的。所以凡是向自己提出这样的任务的哲学，都不免于落入唯心论的虚构。但这一时期的哲学具有综合性的特点，则是由认识的发展所决定的。真正反映时代精神的彻底的唯物论哲学，不仅必须否定片面的唯心

[①] 《马克思恩格斯全集》第1卷，658页，北京，人民出版社，1956。

论理论，也必须克服以往唯物论的片面观点，不仅必须吸收唯物论哲学的成果，也必须吸收唯心论哲学所创造的成果，这就是马克思主义的辩证唯物论。这种唯物论已不再是18世纪那种与唯心论哲学抽象对立意义上的唯物论，而是对主体与客体、主观与客观建立了全面统一观点的科学的哲学理论。这种唯物论又回到了古希腊辩证法与唯物论统一的观点，但它却不是那种认识未分化的直观意义上的统一理论，而是在认识高度分化以后，在哲学与科学形成明确分工并建立起了新的统一联系基础上的理论，所以在理论性质上与古代哲学也是根本不同的。

第三章　哲学发展的内在逻辑和历史趋向

一、哲学发展的内在逻辑

（一）从统一走向最初的分裂

哲学认识的客体，是一个由具有千差万别性质并处于流动变化过程的经验现象所构成的世界。世界的现象是多样性的，这是一个人人都可以观察到的直观事实。多样性的现象又是具有统一性的，这对开始运用理智去观察世界的人来说，也是自明的。因为不论现象怎样不同，既然一个可以转化成为另一个，或者说任何事物都可以变成任何事物，这种流动变化本身就表明了它们是贯通一体的。承认人们生活于其中的现实世界是一个多样性的统一体，这是哲学开始思考的前提。

理解人们所面对的这一客观世界，重要的就是要弄明白它们是怎样统一的和统一的根源是什么的问题。找出了它们统一的根源，从这一根源也就可以理解它们何以表现为千差万别的事物的原因。"万物的本原是什么？"这就是哲学向自己提出的第一个要加以回答的问题。整个直观认识阶段的哲学，就是围绕这一问题展开争论、不断发展的。

哲学寻求生成万物的"本原"，也就是寻求万物的统一性。在这一意义上，追求统一性是哲学的本性，不但哲学在开始时如此，后来哲学的发展也莫不如此。

统一，必须以对立为前提。统一是为了解决对立的矛盾；没有对立存在，统一便成为毫无意义的问题。人们在最初的哲学思考中一开始就把世界理解为统一的存在，很显然，这时讲的统一，不是指不同世界的关系，而是针对统一世界中的多样性现象，即它要解决的是经验世界中多样性现象的统一的问题。

即使在这初期的认识中，人们在观念中已然把事物分裂为两种不同的存在了。这就是把千差万别的现象归并为一类，共同看作被另一种本原性的存在所产生、所建立、所构成的。不论事物具有何种性质的差别性，在这一点上它们都是相同的。这样，在事实上，世界已被区分为被决定的事物与决定性的事物两种存在的对立。古代哲学寻求万物"本原"并不是要对千差万别的事物——做出解释和说明，而只是要寻求造成事物有差别的普遍原因。

把事物看作一种被建立的存在，这就是把经验中的事物看作并非唯一的存在，认为它们存在和变化的根源不在它们自身，而是在另一类事物之中，这另一类事物才是它们存在的根据、变化的根源。这表明人们已不满足于对当下直接存在的现象的认知，而要寻求它们的本质，需对它们加以理解。虽然这时还没有"本质""现象"的概念，直接存在与间接存在（本原物）的这种区分，已经是本质与现象区分的萌芽。把事物的存在区分为现象方面和本质方面，这是理性思维的基本条件。当人们从直接存在中去寻求决定它们的另一种存在，即把存在区分为本原存在与派生存在并试图揭示两者之间的统一联系时，这就意味着哲学和科学的诞生。

这里的所谓"本原"存在，按亚里士多德的解释，是指万物"所从出者"和"所复归者"。所从出就是起源、来源的意思，在他们看来，只要寻出事物所由来的那个起源，也就是理解了事物的本性。这种思维方式显然同原始人按照血缘关系所提出的"家谱式"的万物由来观具有明显的继承关系。所从出者同时又是所复归者,这两者相统一的东西就是构成万物的共同基质。古代哲学的"本原"概念在这一意义上又等同于"基质""元素"。基质包含"本来的存在""真正的存在"的意思,与本原存在相对的是变形存在。在古代哲学家看来,我们所直观到的一切事物,从本来意义说,它们都属于同一种存在,即本原的那种存在,它们所表现出的千差万别的性质和状态不过只是本原物的不同变形而已。

从存在的万千事物中区分出一种事物作为它们的本原存在,这就是哲学思考中的第一次抽象。在这第一次抽象中已隐含了哲学认识在以后发展中逐渐揭露出来的那一切矛盾。

作为万物本原的存在应当是怎样一种事物?按照古代直观的思维方式:本原物既然是变形物共同的根源和基质,那么,本原存在的本性就应是"一";既然一切变形物都是处于流动变化之中的,那么,本原存在的本性也应是"变"。早期的哲学家就是依照这种认识,试图从某一种最富于变化或最便于说明变化的事物中去寻找这种本原的存在,他们的观点各不相同,有的认为是水,有的认为是气,有的认为是火。但在进一步思考中,就出现了矛盾。作为本原的变形存在物既是千差万别、千姿百态的,如果本原的一中不含有多,怎么会从本原物中变出众多不同形态的事物?这就提出了"一"与"多"的矛盾问题必须解决。还有,变形物是流动变化的,本原物也是不断变化的,这就是说"无物常住",果然如此,世界有朝一日岂不要变成不存在了吗?没有一个常住的永恒物存在,就无法保证自然事物的存在,这样,又提出一个"永恒"与"变化"的矛盾问题必须解决。伊奥尼亚哲学之后,关于本原有各种各样彼此不同甚至完全相反的主张,就是出于对待这些矛盾的不同观点而形成的。正是由于这些矛盾,推动了古代认识不断向抽象的方向发展,清楚地表现了理性思维在初级阶段深化运动的过程。

一个具有特殊性状的事物,不可能成为具有无限多样性状的事物的统一本原,因为从它无法说明多样性状的来源。主张本原为多种因素,如水、火、气、土，虽然便于说明这一点，但又失去了本原的统一性。这些，在古代思维前进中很快就被人们意识到了。按照合理的思考方式，必然会得出下面这一结论：作为本原的事物既不能是万物中的这一事物，也不能是万物中的那一事物，同时它又既是万物中的这一事物，又是万物中的那一事物。因为它必须既能变成万物中的这一事物，又能变成万物中的那一事物，这是一种兼有所有性质而又不具任何一种性质的事物，即一般性的事物。这样，为了解决"一"与多的矛盾，必然会引出"一般"与"个别"的关系问题来。

变与不变的问题也具有与此类似的情形。

一切都变，连本原也在变，这从直观认识中必然会引出世界将消失的结论，所以整个古代哲学有一条大家所公认的原理，就是必须坚持"无中不能生有"。但是，如果把本原理解成自身不变的永恒存在，它怎能推动万物发生运动和变化？所谓变化，无非是存在走向非存在、非存在变成存在。本原物被肯定为永恒不变的绝对存在，怎样去理解和说明事物的变化过程？由此又必然会引出"物因"与"动因""存在"与"非存在"的矛盾问题来。

德谟克利特的原子论和柏拉图的理念论就是从不同观点试图解答上述矛盾问题的产物。应当说，它们对解决上述矛盾都做出了自己的贡献，原子论是古代唯物论理论的最高形式，它对存在与非存在的矛盾做出了古代条件下可能有的最为合理的解释。但理念论在一般与个别关系问题的认识上，也有特殊的意义，而且对后来哲学的发展影响更大。

由特殊存在物中分离出一般存在，从它去理解万物的统一性，这是思维向抽象方向前进中所迈出的极为重要的一步。没有一般与个别的分离，就没有抽象的概念，就不能形成纯粹的理论，也就不可能有后来科学和哲学的发展。柏拉图把一般说成脱离个别独立存在的共相，并且赋予了它以思想性质，这在理论上是错误的，从认识发展的规律去看，却又是不可避免的。不经过这一步，不可能使一般从特殊中剥离出来；而这种剥离的结果，又必然会造成世界的分裂。

一般存在，已经不是感官经验对象，仅仅属于思想的对象。按照古代直观的素朴观念，人的认识与对象是完全同一的。人有什么样的认识，外界就有什么样的对象；反过来说，外界有什么样的对象，人也才会有什么样的认识。主观认识与客观事物不仅完全相符合，而且在性质上也是相同的。与感官认识相对应的是感性存在物，与思想相对应的就是思想存在物，这点是直观思维的通则，不仅柏拉图这样认识，德谟克利特也这样认识，在这种区分里就蕴含了世界分裂的种子。柏拉图把思想存在物（一般）看作客观存在着的思想（概念），由此出发就建立起了两种存在、两个世界的理论：一个是可见世界（由实物组成），一个是可知世界（由理念组成）；理念世界是物质世界的原型，物质世界只不过是理念世界的影子，这是完全合乎古代直观认识思考问题的方式的。

这样，我们看到，古代哲学从寻求多样事物的统一性出发，在思维抽象的过程中，经过一般与个别、思想与感官认识的分离，一步一步走向世界的分裂，终于导出了自然世界和超自然世界的对立。古代哲学关于两个世界对立的理论后来与基督教观念相结合，进一步又形成了统治欧洲中世纪长达1000多年之久的神学世界观。按照这种世界观，一方面是罪恶的尘世，另一方面是与之相对立的幸福的天堂世界；世界上的一切包括人在内都是万能的上帝创造的，只因人背叛了上帝才堕入物质世界，人只有信仰上帝方能脱离尘世进入天国。

本来是要寻求统一，结果走向了分裂；本来是要把握客体，从中引出的却是客体与主体的对立。这个历史清楚地表明，主观性与客观性是贯穿并支配人类认识活动的根本矛盾，只要人们从事认识活动，不论认识何种对象，这个矛盾都是回避不了的。所谓认识客体，就是要以观念去把握客体。在人们把客体转化为观念之时，就已把人的本质对象化到认识的客体之中，这是不以人们的意志为转移的。古代哲学一开始面对的是整个客观世界，它要把握这样一个整体的对象，试图以一种异于任何经验事物的本原去解释这样的对象,当然它就只能以思维自身为模型,不可能找到别的东西。所以从古代哲学的发展已能得出这样的结论:人们认识整个世界所要解决的根本矛盾,归根结底不过是人自身同外部对象即属人世界与自然世界的关系问题,这点在近代哲学的发展中得到了更进一步的证明。

(二)实体上的统一及其矛盾

近代哲学是古代哲学的进一步发展。它一开始面对的,就是已为古代哲学和中世纪神学分裂了的两个互相对立的世界:物质世界与精神世界、自然世界与超自然世界、尘世世界与天国世界。笛卡尔以哲学语言把它归结为两个实体的对立。他提出了三个实体:上帝实体、思想实体、物质实体。三个实体实质上只是两个实体的矛盾,因为上帝是一种精神本体,它同思想实体的本性是一样的。如何把这两个对立的世界(实体)统一起来,这就构成了近代哲学在初期阶段必须实现的首要任务,所以近代哲学也以探求世界的统一性为起点,这点与古代哲学是一样的,只是所要统一的内容已大不相同。古代哲学追求的是具有多样性的万物的统一本原,近代哲学要统一的是作为两种对立实体的物质世界和精神世界,显然后种统一是属于认识更高层次上的任务。

否定上帝的天国世界,提高世俗的人间世界,把两个分裂的世界重新还原、统一于人所生活的现实物质世界,这不只是认识史提出的任务,在当时也是资产阶级反对封建统治和反对宗教神学斗争的要求。宗教神学世界观是封建统治的精神支柱,也是科学和自由思想发展的桎梏。必须推翻上帝和天国的统治,才能实现资产阶级解放思想、解放科学、解放人身的要求。

两个世界重新统一为一个世界,在近代主要采取的是把上帝自然化和人本化的方式实现的。上帝的自然化和人本化包括两个方面的内容:一方面是把上帝的最高实体归结为自然物质实体,这个问题的实质就是要以物质实体去统一心灵实体;另一方面是把从人身上异化出去的上帝实体的精神内容归还到人的意识中去，这个问题的实质是要以人的能动意识取代上帝的创造精神，以人的理性真理否定上帝的启示真理。从笛卡尔、培根哲学开始，到斯宾诺莎、霍布斯、洛克、法国"百科全书派"的哲学发展，清楚地表现了这一发展过程。

从近代开始，哲学已直接面对属人世界与自然世界的关系，试图解决它们之间的统一问题。上述两个方面还原的任务，归根结底来说，就是要把自然与超自然的关系还原为人与自然的关系。所谓精神实体与自然实体的统一，归根结底来说，也就是要把人与自然统一起来。

同古代哲学一样，近代哲学要实现统一的任务也必须从解决构成它们不统一的矛盾入手。不同的是，统一的任务不同，需要解决的矛盾也就不同。人与自然的矛盾包含多方面的内容，由此构成了属人世界与自然世界的关系。从总体上说，它的根本矛盾就是人的能动性与自然的本原性的矛盾。这一矛盾包含两个方面的内容：在实体本原方面，人是统一于自然的，因为人不仅是自然的产物，人的意识也只是自然物质的一个属性；在活动作用方面，自然又是统一于人的，因为自然不仅是被认识和被改造的客体，而且作为能够满足人的需要的对象也只是人的活动的产物。这两种统一是互相对立的，怎样把它们协调起来呢？这就是整个近代哲学面临的课题。资产阶级哲学没有解决这一矛盾，也不可能解决这一矛盾，它们的贡献与其说解决矛盾不如说主要是揭露出了这一矛盾所包含的多方面的内容。

从17—18世纪资产阶级的初期哲学，实现了从自然与超自然的矛盾向人与自然的矛盾的转变。随着哲学课题的转变，自然本原性的矛盾内容和人的能动性的矛盾内容都得到了展开。与此相适应，这一时期的哲学包含着两条发展线索：一条是沿着上帝自然化，主要解决实体上的统一问题，它表现为本体论的研究；一条是沿着上帝人本化，主要解决活动上的统一性问题，它主要表现为认识论的研究。这两条线索不是分立发展，而是相互结合一起、彼此交错发展的，这两条线索在资产阶级早期哲学中的地位也不相同。古代哲学中精神世界与物质世界的对立主要是从本体研究中形成的，从本体论上统一这两个对立的世界很自然地就成为近代早期哲学应予解决的主要课题。所以17—18世纪的哲学主要是本体论哲学，关于认识的研究虽也是它的重要内容，在这一时期还处于从属本体论的地位。这两条发展线索在这一时期取得的成果也大不相同。在认识论领域主要是处于探索性的研究阶段，通过这一研究暴露出许多新的矛盾，以致使世界再次分裂；而在本体论领域，则已进入解决问题的研究阶段，通过这一研究资产阶级哲学家使分裂的两个世界在自然物质基础上重新建立起了统一关系，可以说，这是这一阶段的哲学所取得的最重大的成就。这一成果集中体现在18世纪的法国唯物论哲学之中。

法国哲学家，特别是"百科全书派"的哲学家和科学家们所注意解决的问题，就是如何从实体基础上建立起自然物质世界的统一性的问题。要建立统一的自然观，在一个方面必须把上帝（神及神秘的力量、本质、因素等）从自然界中驱逐出去；在另一个方面必须把人归属到自然界中来。从自然界驱逐上帝比较容易解决，只要能够借助自然科学的成果以自然原因说明那些原来必须依靠神秘原因加以解释的主要现象，就能令人信服。要把人完全归并到自然界、令人们相信自己是一个纯粹的自然存在物，就较为困难了。而要否定上帝的存在，不把人完全自然化又是不可能彻底的，因为上帝作为精神实体存在的根子，正是存在于人的"理性灵魂"之中。早在17世纪笛卡尔就提出了"世界是机器"的命题。人是动物的一种，他只讲动物是机器而不敢讲人也是机器，主要就因为人有理性灵魂，而理性灵魂是与上帝（最高的灵魂实体）相一致的。笛卡尔没有做到的，他的后继者们做到了。18世纪的唯物论者们以坚定的语气肯定："人也是机器。"

法国哲学家们是怎样做到这一点的呢？他们主要是依靠当时被看作科学楷模的物理学、主要是机械力学的成果，把它推广到一切领域，用力学规律解释一切现象；通过把高级形态的东西降低到低级形态，把复杂的事物分解为简单的要素，把质的差异归结为量的区别，把异态事物还原为始源存在的种种方法，才做到这一点的。按照他们的观点，一切化学的、有机的、社会的运动，都服从于力学运动规律，因而都可以用机械的因果必然联系去加以解释。在他们看来，人的一切意识都来自经验，因而不论多么复杂的精神现象，也都可以用服从于机械因果规律的肉体感受性做出说明，依据这样的理论，世界当然就变成了像钟表那样运行的一架大机器。人是自然界中最具特殊性能的存在物，它也不过是"一架更为复杂的机器"而已。由此，他们便很自然地得出了自然界是唯一存在，一切都是同等的自然存在物，即所谓"自然界是齐一的"的结论。

法国唯物论者证明了人并非超自然的存在物，人的一切都来自自然，人的生存发展也须依赖自然界，这些观点都是正确的。他们由此得出自然界是以物质为基础包容着一切的统一体，这一看法也是正确的。法国唯物论者由此从根本上否定了自然世界与超自然世界的对立，坚持并论证了世界的物质统一性观点，这是他们的巨大功绩，也是哲学经历2000多年的发展特别是近200多年发展所取得的重大成果。

由人的活动所创造的属人世界，在始源意义上和从存在基础上说，确应归于自然世界的一部分，但这只是问题的一个方面，虽然是属于根本的方面。人从自然中产生以后，它就形成了自己特有的活动方式，建立了属于自己特有的生存世界。支配人的活动和属人世界发展的已主要不是自然规律，而是另一种规律。在属人世界中已不是自然存在物主宰人及其活动，而是人通过自己的活动支配自然存在物及其变化。从问题的这一个方面去看，人及其活动所构成的世界虽来自自然世界，却完全可以说是自然界中的"超自然世界"；人及其活动所构成的世界虽仍存在于自然界中，也完全可以说它在自然界中把自然世界变成了从属于自己活动的世界即属人世界的一部分。法国唯物论者解决了前一个方面的问题，却完全忽略了后一个方面的问题。而且，他们正是通过抹杀属人世界的特殊性质和意义才建立起自然物质世界的统一性的，这就使它们的理论不能不陷入片面性，不能用以说明属人世界的那种"自然物质统一性"理论，不能看作已经解决了人与自然的矛盾的理论。所以我们只能说,法国唯物论仅仅是回答了古代哲学从自然本原研究中所提出的问题,距离解决人与自然之间的矛盾问题还相差很远。不仅如此,由于他们片面地仅从实体本原方面去论证人与自然的统一性,这样反而使得人与自然的对立方面变得更加尖锐和突出,以致引出了后来从另一极端否定他们的理论的哲学思潮和哲学运动。

(三)认识活动的矛盾及世界的再分裂

与这条发展线索相联系同时又相对立的另一条发展线索,即以上帝人本化为主要内容的线索,也是从17世纪开始的。

近代哲学以人的觉醒、人的重新发现为起点,人本主义精神贯穿于资产阶级的整个哲学之中。哲学所以要推翻上帝的统治,以物质实体为基础去统一自然界,归根结底来说,也是为了解放人、提高人的地位。

把上帝的本质从其实体性上归结于自然的本质,从中引出的是人与自然的矛盾。把上帝的本质从其精神本性上归结于人的本质,从中引出的同样是人与自然的矛盾。因为当着上帝的精神被归还于人的意识之后,上帝被否定了,人的意识便剩下一个对象,这就是自然界。要说明人的意识的起源、构成、本性、内容这些问题,都只有从它与自然物质的关系中才是可能的。

不过,它们是从两个不同侧面去看待人与自然的关系的:一个从自然方面出发,一个从人的方面出发。出发点不同,同一矛盾对它们所表现的内容也便不同。前者属于实体与其产物的关系;后者属于意识与其对象的关系。前者的主导方面在自然;后者的主导方面在意识。它们的关系是恰好颠倒的。自然取代上帝实体,成了一切存在物的创造本原。但自然在人的认识面前,不过只是一个被反映的对象。人的精神取代了上帝精神,它是否也能像上帝一样成为自己对象世界的创造本原?按照近代哲学的思维方式,得出这一认识也是完全合乎逻辑的结论。

哲学与主体自我意识

　　人是透过意识的帷幕去了解自然对象的。意识活动有它自身的方式和规定。外界对象只有转化为观念才能为人所了解和掌握，当着外界对象转化成为人的观念，它同时也就被人主观化了。即使是单纯的映象，外界对象通过观念活动也不能不发生变形。更何况人的一切活动都贯注着主体的目的性，表现着主体的选择定势作用。在人的认识活动中，外界对象是通过按照人的方式同人所发生的关系，被反映到人的意识中来为人所掌握的。这样，人的认识不只是体现了构成主体与客体对立本质的主客观矛盾，它本身就是由这样的主客观矛盾所构成的，也就是说，主客观矛盾也就是认识的内容和本质。

　　所以，在近代哲学出于推动科学发展的愿望和要求，着手研究人类认识的本性、来源、形式、构成种种问题时，就不能不在主观与客观的矛盾面前陷入困境。首先碰到的是思维对感性的关系问题。人们是通过两种认识方式了解外部世界的。感官认识具有确证性，理性思维具有深刻性。它们的关系是怎样的，哪一种认识更具真理性？感官认识是在同对象的直接接触中形成的，理性思维应当以感官认识为基础；但思维对感性具有明显的超越性，它的内容又不可能从感性认识得到完全说明，由此必然引出认识的源泉问题。思维超越感性的那些内容来自何方，是后天获得的抑或先天存在于头脑中的？科学成果表现为概念和判断形式的知识，科学命题无例外地具有普遍和必然的性质，感官经验既然提供不出这种性质的知识，那么它是否属于人类思维的一种主观机能？进一步思考，就会提出认识活动中主观性作用的问题。还有，事物都处于流动变化之中，而概念则具有抽象性和凝固性，人们运用具有抽象性和凝固性的概念能否和怎样去表现处于流动变化中的事物？这也是属于主观性与客观性矛盾的内容和问题。这些问题联系起来考虑，人们自然会归结到这个焦点上来：自然界对于人的意识来说是否就像人们所认识到的那样存在着，抑或它还另有其自身的存在；人们意识到的是观念以外存在的世界，还是仅仅在观念中存在的世界？提出这样的问题，在事实上就已从人的认识中把世界分裂为相互对立的观念世界和客观世界。

17世纪以来的经验论哲学和唯理论哲学，就是围绕思维对感性的关系而展开的，它们因两种不同观点而形成了认识论中的两个对立派别。经验论强调我们的一切知识都是建立于经验之上，而且最后是来源于经验的；唯理论则认为真正的知识，其基础不在感官知觉而在理性思维之中，并强调思维在认识中具有能动的作用。这两派的斗争，就构成了近代反省认识阶段的主要内容。

很明显，经验论与唯理论这两种对立的观点是奠基于感性与理性的绝对对立和相互割裂之上而形成的，这种对立和割裂在认识发展的一定阶段上是不可避免的。把认识孤立起来，同人的现实活动脱离开来去进行研究，当然会使认识失去发展的过程性，使人们看不到两者的统一联系，形成各执一端的片面观点。而对认识的这种分析性的研究，又是深入了解它所包含的各个环节的性质、内容和作用而不可缺少的一个必要阶段，所以在这一意义上说，形成经验论与唯理论两个对立派别，在哲学中是具有历史和逻辑的必然性的。事实上，把理性与感性对立起来的倾向在古代直观认识中已有萌芽表现，那时人们在把客体区分为本原和变形两种存在时，已经提出了感官与思想的关系问题，形成了关于"真知"与"意见"不同看法的争论。不过那时探求的只是把两种认识中哪一种把握的存在看作真理，不包括认识的起源和思维抽象的作用等问题，所以未直接提出主观与客观的矛盾。近代经验论与唯理论争论的恰恰是关于认识的起源和思维抽象的作用的问题。人的认识来源于对象抑或主体自身？思想同感觉一样也是一种被动的摹写，或者它是具有创造性的能动活动？这里涉及的已是直接属于主体和客体、主观和客观的矛盾关系问题。所以从近代认识论两派的争论中，才可能而且必然引出观念世界与实在世界的对立。

虽然经验论和唯理论各有不同的真理因素，例如，在认识来源问题上经验论的观点是基本正确的，在思维能动作用问题上唯理论的观点是基本合理的；但在认识的总体上，这两派的观点却都是片面的。运用这两种片面的观点去分析人的认识活动,都会导致颠倒主观与客观的关系,引出观念世界与实在世界的分裂与对立。对于经验论来说,由于它否定思维对感官认识的任何超越性,这就等于否定了超越观念的可能,把人的认识完全限制于主观观念范围以内。所以彻底贯彻经验论,必然要把观念变成一个屏障,人们不但不能透过(超越)观念认识外部世界,反而由它把存在分割成为两个完全对立的世界,即意识以内的观念世界和意识以外的实在世界。贝克莱的主观唯心主义观点和休谟的不可知论观点就是从彻底贯彻经验论中合乎逻辑地得出的结论。对于唯理论来说,情况也同样。由于它否认具有普遍性和必然性的概念可以从经验产生,这就等于堵塞了理性认识客观来源的通道,把思维活动限制于纯粹主观性范围以内。所以彻底贯彻唯理论,也必然要得出思维自己创造自己的对象世界,作为思维对象的世界与外部世界是绝对对立的观点,近代先验论唯心主义观点就是循着这条道路产生的。

17—18世纪的哲学就是在这样的矛盾中发展的。在一方面,它们把从实体上分裂的两个世界重新合成为一个世界;而在另一方面,又从认识的矛盾中把世界分裂为两个对立的世界。所以会出现这两个相互矛盾的状况,我们可以清楚地看到,它的总根源就在于属人世界与自然世界的对立之中。前一方面,运用实体的观点观察世界,必然要突出自然作为实体本源的地位和意义,在这种关系里,人只能作为产物从属于自然世界;后一方面,从认识活动的观点去观察世界,必然要突出人作为认识主体的地位和意义,在这种关系里,自然只能作为对象而从属于属人世界。我们立足于哲学发展的观点去认识这两个方面的矛盾状况,显然应该得出结论,正是通过这一矛盾,才揭示出了人与自然各自都具有两重性质的矛盾:自然对于人来说既是本源存在又是被改造的客体;人对于自然来说既是被动的产物又是能动的主体,这应当看作这一阶段哲学发展的一个重要成果。分裂的世界恢复了统一,绝不是简单地回到古代哲学的起点;统一的世界再加分裂,也绝不是简单地重复古代哲学的过程。这是在新的基础上的一种提高。哲学就是在这样的看来近似循环的圆圈中不断向更高和更深层次前进、发展的。经过这一圆圈，人与自然相互矛盾的内容展开了，主观与客观的矛盾以直接的形式摆在了人们面前。这不仅规定了哲学进一步发展必须加以解决的课题，而且为后来哲学能够在更高和更深层次上去研究属人世界与自然世界的关系问题提供了基础。

（四）思维与存在的统一和主体世界与客体世界的对立

以康德为起点的德国古典哲学家，比起以前所有的哲学家，创立的哲学体系都具有博大精深的特点，尤其是康德和黑格尔的哲学体系，更被人们公认思想深邃、内容广博、体系严谨，当然语言也很艰涩难懂，这同德国富有思辨传统有关。但我认为除了这个原因之外，这同他们所要解决的课题具有更加复杂性质的情况也有关系。经过 17—18 世纪的发展，哲学暴露出有关属人世界与自然世界之间多方面的矛盾关系，在德国古典哲学产生时期，历史已经发展到了必须综合地从统一观点去处理这些矛盾关系的地步。要把不同侧面的矛盾统一起来，不像对待单项矛盾那样简单，这一问题本身就是复杂的；特别是在统一的焦点尚未明朗的情况下，不得不从多侧面去进行探索，就更增加了问题的复杂程度。德国古典哲学的发展就是尝试全面综合地解决这些矛盾的探索过程，所以它在短短几十年中几乎经历了哲学理论所有形式的发展，从二元论到主观唯心论再到客观唯心论，最后又回到了唯物论。它们虽然终未解决这一问题，却使问题的焦点明朗化了，同时揭示出了解决问题的道路和方法，为马克思主义哲学理论的诞生准备了条件。恩格斯所说的"德国哲学从康德到黑格尔的发展是连贯的，合乎逻辑的，必然的"[1]这句话，在我理解就包含了这一内容。

19世纪从人类认识中暴露出来的主观与客观的矛盾以及由此形成的观念世界与实在世界的对立，在进一步发展中必须统一起来。这是一个方面的课题。这一方面的课题具体表现为如何解决思维对存在（或感性）的矛

---

[1] 《马克思恩格斯全集》第 1 卷，589 页，北京，人民出版社，1956。

盾问题；另一方面由于法国哲学从实体基础上建立起自然世界的统一性，由此暴露出了作为主体的人与自然实体的矛盾，这也是在进一步发展中必须解决的课题。这一课题表现为主体活动与客体作用相互决定关系的矛盾，这两个方面的矛盾又是结合在一起的，认识的矛盾不可能仅从认识自身去解决，要解决认识中的矛盾必然要归结到人的主体活动与客体作用的矛盾上来，这就构成了德国古典哲学发展超越以往哲学的基本内容。

康德哲学的总的特征是二元论。正如笛卡尔的二元论哲学构成了从中世纪哲学到近代早期哲学的转折点一样，康德哲学构成了从近代早期哲学到后期哲学的转折点，前述一切矛盾都集中地体现在康德哲学中。康德无力解决这一切矛盾，但他看出了矛盾，试图把它们结合起来，使之各处不同位置，达到相互和谐，这样，通过他的哲学便把先前尚处于潜在状态的矛盾，不仅集中了起来并且以尖锐的对立形式摆在了人们的面前，这就是康德哲学的主要贡献。二元论这种理论形式在哲学发展中的作用主要就表现于此。

康德的认识论学说（《纯粹理性批判》）主要是回答英国经验派与大陆理性派争论的感性与理性的矛盾问题。他已明确意识到了经验认识与理性认识割裂开来的不合理性。他试图把它们统一起来，他为经验和理性确立了各自不同的来源，同时却使它们只能在相互结合中发挥作用。感觉来自外界事物，理性生来自思维机能，思维的内容是后天获得的，思维的形式是先天具有的；两者结合起来，才能构成科学知识的所谓"先天综合判断"。在这里康德既肯定了外界事物作为认识基础的作用，又充分论证了思维能动的创造性作用，这点构成康德哲学具有重大意义的特殊贡献。但康德由此得出的却是人只能认识由主观建立的现象，自在之物完全不可知的结论。这样就使思维和存在陷入更尖锐的矛盾之中：认识到的东西不具有实在性，具有实在性的东西又不可认识。

康德的伦理学（《实践理性批判》）和美学（《判断力批判》）主要是回答由法国哲学家的机械唯物论观点所造成的人与自然的矛盾问题。

法国唯物论者在以机械因果决定论观点建立自然世界的统一性时，完全抹杀了属人世界的特殊性能：在这种世界观里，人完全丧失了自主性，意识活动完全丧失了能动性，有机界也完全失去了生命特征。康德看到了这一矛盾，试图重新恢复和建立为法国哲学家所剥除了的属于人和有机界固有的那些特性。历史就是在这样的矛盾中前进的。法国哲学家为否定超自然世界的存在曾经费尽心力证明了的东西，如"世界是机器""动物是机器""人是机器"，现在为了建立属人的世界德国哲学家又须费尽心力一一推翻，重新证明"人非机器""动物非机器""世界非机器"。在伦理学中康德明确提出，"人的意志服从理性法则非自然（欲望）法则"。这就表明，人是一个由理性自主、自律的自由主体，而非动物那样受情欲因果支配的被动存在物。在美学部分康德同时论证了有机生命的动植物也是受超机械的自然因果性所支配的，而非"机器"式的存在。康德明确肯定了人具有自主性、自由性，这也是他的一个具有重要意义的特殊贡献，但康德仍然解决不了人在现实世界必须接受自然必然性支配的非自由性的矛盾问题。他在这里也是采取分割矛盾不同方面的方法来解决矛盾的。人在现象世界（此岸世界）虽然要受机械因果律的支配，没有自由可言，但在本体世界（物自体世界、彼岸世界）人却只受自己理性的支配、能够成为主宰自己的主人即完全自由的人，这同样不能看作解决矛盾，恰恰相反，应该说更使矛盾尖锐化了。

综合上面两个方面，可以清楚地看出，康德已是直接从主体与客体、属人世界与自然世界各自具有的双重矛盾内容去思考人与自然的关系问题。康德陷入的困境是：人既是自我主宰的自由主体，同时又要接受自然必然规律的支配；自然界既是表现人的价值的对象，同时对人来说又是一种异己力量。怎样统一这一矛盾呢？这就是需要德国后来哲学家解决的课题。

费希特的哲学就是为消除康德哲学矛盾，进一步从机械因果性中解放人的目的而建立的。他站在属人世界的立场，从人是完全自由的主体出发，认为人自己创造了属于人自己的世界。这一思想表达在下述三个命题中："自我建立本身""自我建立非我""自我与非我的统一"。费希特哲学把客体归并于人的世界，完全否认了自然实体的作用，显然是走过了头。但它从人创造自我与非我统一的矛盾中意识到，这种创造活动可以出于自由因而非自然因果，然而却不能仅限于理智活动，必须同时依赖实践活动。只有理论活动（自我设定自己为非我所决定）和实践活动（自我设定自身为决定非我者）相结合，才能建立自我与非我的同一。因而费希特突出了人的行动在创造活动中的作用，提出自我不单是认识主体，也是行动的主体，要用"行动"同非我抗争，这是对康德的一个重大进步。这种看法表明，人们对自身主体性的意识已突破观念世界与实在世界相矛盾的圈子，开始进入建立于人的现实活动基础上的主体与客体相矛盾的世界，后来黑格尔又进一步发挥了这一思想。这可以说是德国古典哲学的另一个重大成就。

谢林认识到，把主观的自我作为第一个绝对的出发点，把自由与必然绝对对立起来，是不可能达到与客体的统一的。他认为最高的本原应该既不是主体也不是客体，又不能同时是主体和客体，而只能是超越两者之上的绝对同一性。这样，谢林就把费希特的主观唯心论转变为客观唯心论哲学。这种转变不是毫无意义的。它表明，完全抹杀自然世界与主体世界的对立，不给予自然世界与主体世界相等的地位，那种全凭自我所建立的与非我统一的世界就是毫无意义的。谢林哲学的意义就在于，它以理论形式较为明确地表述了属人世界与自然世界的对立性，并试图从自然界引出自我意识，建立起两者的统一关系。但他没有完成后面的任务，他所建立的统一性只是一种主观的空洞论断。

黑格尔是德国古典哲学的代表，黑格尔哲学体现了德国古典哲学的最高成就。

先前哲学所揭露出的那一切矛盾，观念与存在的矛盾，主体与客体的矛盾，理论活动与实践活动的矛盾，自由与必然的矛盾，思维规律与存在规律的矛盾，一句话，有关属人世界与自然世界的矛盾，可以说一股脑儿地都摆在了黑格尔面前。黑格尔也以创立终极真理体系的雄心，试图去解答这一切矛盾。黑格尔哲学确实取得了许多值得后人景仰的重大成果。

黑格尔十分明确，属人世界与自然世界按其本质来说是彼此对立的，但这两个世界按其本质来说又应该是相互统一的，但这种统一不能是费希特式的纯主观行动的产物，也不能是谢林式的由一个抽象的"绝对同一性"去包容。在黑格尔看来，它应该是由一个既具有实体性又具有主体性的绝对本体发展出来的结果，这个绝对本体是什么？限于当时历时（特别是德国资产阶级的软弱性）和科学的状况，加上黑格尔沿袭传统的哲学偏见，他认为物质不能成为这样的绝对本体。因为物质只是一个惰性的东西，缺乏能动的创造性。除去物质之外，当然只有精神能够成为这样的本体，因为精神不仅本性就是运动，而且富于创造性。但这种精神非指人的精神，它应该是一种客观的存在，这就是"绝对精神"。黑格尔就以绝对精神为基础，创立了庞大的客观唯心主义哲学体系。

按照黑格尔观点，世界不过是一个按照自身固有的规律（逻辑）自行运动和发展着的精神系统。宇宙精神始终处在不断自身超出、自行分裂，即不断二元化自己、在自己内部形成对立，而后又消融这种对立、走向自身恢复，使对立面达到同一的运动过程。自身建立对立，然后对立又达到同一，这就是发展的本质。精神在概念形式中蓄积力量的自我演化过程，构成了发展的第一个阶段（表述于《逻辑学》中），又称为逻辑阶段；精神在自我分化中产生了与自己本性相异的物质存在，形成了自然界（表述于《自然哲学》中），是为第二个阶段，又称自然阶段；精神在进一步发展中通过人的意识，又恢复了自身的统一并达到对自身的自我意识，是精神发展的第三阶段（表述于《精神哲学》中），即绝对精神发展的完成阶段。黑格尔就是以这样的理论形式，统一了康德哲学提出的各种矛盾。

依据这一理论，属人世界与自然世界都是精神发展的产物，只不过是处在不同发展阶段的两种存在形式，这一理论既表达出了这两个世界的对立，又从发展观点在两者之间建立起了统一联系。而且按照这一理论，属人世界虽是从自然世界产生出来的，但它却高于自然世界，并把自然世界从属于自己的发展，这一看法也是合于历史的。

依据这一理论，观念世界与实在世界也是既有对立关系，又具有同一性联系的。思想不只是一种主观的存在，也是一种客观的存在。在形式上物质存在是思想、观念的异化、外化，它们是对立的；但思想又构成一切存在的事物的内核，是它们的灵魂，在这一方面又是同一的。从发展过程看，概念（观念世界）外化为自然存在，与自己处于对立关系中；但在精神自身恢复中两者就在更高的基础上实现了统一。这里肯定思维与存在可以彼此转化，不仅消除了使康德陷于困境的思维与存在的对立，而且从人类史的发展角度，也解决了贝克莱和休谟无法解决的难题，即关于观念对自身的"超越性"问题。

依据这一理论，精神从一个阶段进到另一个阶段的发展，由自身的逻辑规律所决定，完全是必然的；但这一发展又是精神自身本性的不断实现、向自身的不断回归，而且在人类社会的精神中又达到了"自我意识"，因而同时也就是自由的实现过程。黑格尔说：以往的哲学家"总是认为自然现象受必然规律的支配，而精神则是自由的，这种区别无疑是很重要的，而且是以精神本身最深处的要求为根据的。但把自由和必然认作彼此抽象地对立着，只属于有限世界，而且也只有在有限世界内才有效用，这种不包含必然性的自由，或者一种没有自由的单纯必然性，只是一些抽象而不真实的观点。自由本质上是具体的，它永远自己决定自己，因此同时又是必然的"。又说："内在的必然性就是自由。"[①]黑格尔不仅把自由看作精神的最高规定，而且从历史发展和方法论两个方面把以往一直认为对立着的必然和自由统一起来了。

依据这一理论，无论自然世界、属人世界，还是由概念组成的思维世界，都是在精神固有本性的支配下，按照同一规律而发展的，这些规律就

---

① ［德］黑格尔：《小逻辑》，105页，北京，商务印书馆，1980。

是：质量互变规律，对立统一规律，否定之否定规律等。康德所讲的思维范畴仅仅属于主观的先验形式。而在黑格尔看来，这些逻辑范畴不但是主观用来把握客体的思维工具，而且属于存在的本质和规律的形式。这样，黑格尔就沟通了康德所分裂的现象世界与本体世界，把思维形式与其内容统一了起来，同时在他的哲学构成中做到了辩证法、认识论与逻辑在唯心主义基础上的统一。

黑格尔确属人类思想史上不多见的天才思想家，他所做出的贡献，是人类思想宝库中的珍贵的智慧财富。但也很明显，黑格尔是在一个错误的基础上，以完全颠倒的形式统一上述矛盾的。我们不能认为他已解决了那些矛盾，只能说为解决这些矛盾提供了一个方法论基础，就连这个方法也只有加以彻底的改造才能变成有用的工具。

黑格尔之后的哲学家，首先认识到黑格尔颠倒主观世界与客观世界错误的是费尔巴哈。他揭露了黑格尔仅仅在想象中去统一这两个对立世界的荒谬性，试图以"人"为基础克服黑格尔哲学的矛盾。他创立了"人本学"唯物主义理论，以现实的感性的人为基础去解决思维与存在的矛盾，这是正确的，也是克服黑格尔哲学抽象性的唯一道路。可惜的是，费尔巴哈提出了这一任务，他却无力实现这一任务。他关于人，只限于从生物学观点的了解，完全不懂得人的历史性的活动及其社会本质。他由此建立的并非属于人的现实世界，恰是把人融化到了他的本原存在——自然世界，这就等于又回到了法国哲学所维护的那一世界。所以，在否定黑格尔的抽象哲学王国的统治这点上，费尔巴哈具有重要作用，这一作用主要就表现在，它帮助马克思和恩格斯摆脱了黑格尔唯心主义影响，走上了唯物主义道路；而且在哲学理论的内容上，费尔巴哈几乎无所前进。他的哲学同黑格尔相比：黑格尔哲学在形式上是极其抽象的，自然的人都被归结为"绝对精神"的发展，然而内容却是现实的，反映了属人世界与自然世界的对立统一关系；费尔巴哈哲学在形式上是现实的，他以有血有肉的感性的人为出发点，但在内容上却是极其空洞的，只强调自然的实体统一性，完全抹杀了属人世界的特殊性。把费尔巴哈哲学与黑格尔哲学统一起来看：哲学发展到此又陷入两个世界的分裂，与前不同的只是它表现为抽象形式与现实内容的对立。属于人世界与自然世界的矛盾的内容已展现在人们面前，但哲学只能以抽象形式去加以解决，一旦回到现实世界，又变得束手无策，这就是马克思和恩格斯开始他们哲学活动时的现状。如何从"抽象王国"走向"活生生的现实世界"是摆在他们面前需要他们解决的主要课题。

二、哲学对象的历史演变

（一）哲学的内容对象性质功能

从上述逻辑线索可以看出，全部哲学都是围绕如何看待属人世界与自然世界的相互关系这一问题而发展的。这两个世界的关系问题属于人类生存发展必须解决的根本问题，它构成了对人而言的"世界整体"问题的基本内容；以这一关系问题为内容的哲学当然就具有了区别于其他一切科学的"世界观"性质。

哲学的发展表明，人类并不是一进入文明时期创立出哲学这种理论之后，就立即认识到这一问题并直接着手去加以解决。属人世界与自然世界的矛盾包含多方面的内容，不同方面的内容表现于外，形成了各种不同的具体矛盾。认识和解决这些表现于外的具体矛盾，是认识和解决属人世界与自然世界矛盾的途径和方法。哲学的发展就是通过揭示各个不同方面的具体矛盾，日益深入地理解、把握属人世界与自然世界多方面矛盾内容的过程。看来，这些内容是无底之渊，不会有穷尽之日。随着人的主体性的提高，在旧的矛盾解决之后又会产生出新的矛盾，而且有些矛盾，例如，主观与客观的矛盾，本身就是一个常有常新的矛盾。历史从来不会到达这样的一种时候：认识中的矛盾被一劳永逸地解决了，就像黑格尔对自己哲学所设定的那样。果然如此，人类及其认识的发展也就从此终结，这当然是不可能的。虽然如此，人们用于认识矛盾和解决矛盾的努力以及花费的劳动，却并没有白费。每当做出一次新的发现或在某一层次上解决一次矛盾，人们的认识就提高了一级，人类历史也随之前进了一步。正是在哲学这种看似循环的圆圈发展中，人类对自身主体性的意识以及人的主体能力才能够从一个低级的阶段发展到一个更高级的阶段。

依据上述分析，我们应该怎样去理解和认识关于哲学性质、哲学对象、哲学内容、哲学基本问题、哲学观点、哲学派别、哲学形态、哲学功能这些问题呢？

所有这些问题都同"属人世界"与"自然世界"的矛盾有关。

这两个世界的矛盾既然是关系到人类整个生存和发展的根本性矛盾，对它的认识和处理决定着人类包括认识活动、评价活动、实践活动、审美活动在内的所有一切活动，那么，对于人来说，它就是属于"整个世界"的一个根本矛盾，以这一矛盾为根本内容的哲学理论当然就具有了区别于其他一切科学认识的"世界观"意义，这就是哲学的根本性质。

理论的功能是直接由理论的性质决定的。哲学既是关于世界观的理论，那么，它的主要功能也就在于：提高人的自我主体意识，发挥人的主体能力，从而使人们有可能自觉地处理属人世界与自然世界的关系问题。就这一意义我们应该说，哲学也就是关于主体自我意识的理论，所谓世界观理论本就应当如此。

属人世界与自然世界的矛盾是通过人在各种活动中的具体矛盾表现出来的，人们也只能通过认识和解决这些具体矛盾去认识和解决属人世界与自然世界的矛盾。这些矛盾虽然以属人世界与自然世界的矛盾为根源，但有的直接表现着这两个世界的关系，有的并不直接表现这两个世界的关系。这就是哲学理论与科学理论在内容上相互区别的根据。其他矛盾归于各门具体科学去研究，哲学仅从总体上去研究那些与认识和处理两个世界的关系有直接意义的问题。这就是哲学作为世界观理论的具体内容。

对象与内容分不开，但也有一定的区别。内容指一个学科所研究的课题，对象则指一个学科的研究领域和面对的客体。哲学研究的领域和客体，就是有关世界总体的上述两个世界的关系。在这点上，哲学与科学的内容不同，对象也不同。但客体作为认识对象并不是自在的存在，而是被人意识到的存在。从这一意义说，对象必然随内容不同而不同，两者表现了同一性的联系；同样地，哲学与科学在内容上相互交织，在对象上也必然是交织存在的。

恩格斯明确提出，思维对存在、精神对自然界的关系问题是哲学的基本问题，全部哲学的最高问题。"基本问题"显然同内容和对象具有密切关系，它必须存在于内容和对象之中。但也很明显，它既然称作基本问题或最高问题，就意味着不是内容和对象的全部，同时又必须是关联着全部内容和对象的核心问题。构成哲学基本问题的两个对立面，马列经典作家使用过许多不同提法，如精神与物质、思维与存在、感觉与对象、心理的与物理的，等等。所有这些不同提法，都表现着一个本质的内容，这就是主观与客观矛盾关系的内容，这点是十分明显的。从这一意义说，主观与客观的关系问题作为哲学"基本问题"应当具有下述两个基本含义：

（1）这一矛盾是主体与客体之间以及由它们所构成的属人世界与自然世界之间一切矛盾关系的本质。人们对于主体与客体的矛盾、属人世界与自然世界的矛盾，可以从各种不同的方面去认识，因而形成内容不同的多种课题，但在它的内容中都必然包含主观与客观的矛盾，这点是不变的。

（2）解决这一矛盾是认识和解决有关主体与客体之间、属人世界与自然世界之间其他一切矛盾的关键。解决其他矛盾归根结底就是要解决这一矛盾；反过来说，只有正确地认识和处理这一矛盾，才有可能正确地认识和处理其他一切矛盾。正因为如此，所以对这一问题的不同认识，才形成了不同的哲学观点；而在这一问题上根本对立的观点，则成为划分哲学基本派别的依据。

（二）哲学对象的变化及其根据

从哲学理论归根结底都是为了认识和处理属人世界与自然世界的根本关系问题来说，哲学的性质、内容、对象和功能是确定的，我们正是以此为根据来区分什么属于哲学、什么属于非哲学。但是对于哲学的这种认识只是从哲学发展过程的本质中抽象而来，它是立足于哲学发展到今天所达到的高度而对哲学理论反思的结果。

哲学既然是一种不断发展的理论，处于不同发展阶段的哲学形式就不能仅仅具有程度和量的差别。就如前面讲到的，在发展中哲学经历的几个圆圈，不但要解决的课题不同，研究领域的范围不同，而且意义也很不相同。从一个圆圈进到另一个圆圈，都应当看作哲学理论的重大变化，这种变化不能不反映到哲学的对象、内容、性质和功能上面。哲学提出的课题不同，它的具体内容就是不同的；具体内容不同，研究的对象范围或者说具体对象也不能完全一样；由此所决定的哲学的具体性质和功能当然就不会完全相同。就欧洲中世纪的哲学来说，它以经院哲学的形式出现于认识史中。作为神学与哲学相结合的一种理论形式，经院哲学以天国对尘世的关系为内容和对象，它的主要功能就是维护和论证神学信条。我们虽然可以说天国也好、天使也好、上帝也好，归根结底是表现着人的本质；如果因此便把它的对象和内容与后来才出现的以世俗的人和自然为对象的哲学混同起来，把它们看作完全一样、毫无变化的，我想这大概不会被认为是很科学的看法。我们或者可以说，中世纪的经院哲学只能看作一个例外，因为决定它具有如此特点的是历史上少有的特殊条件，即宗教神学在当时占据了绝对的统治地位。即使抛开中世纪哲学，假定它是一个特例，难道同样具有世俗性质的古希腊哲学和近代哲学在研究对象和具体内容上能够说成完全一样吗？这并不比把中世纪与近代哲学说成同样理论的困难更少些。所以，我认为，不同哲学派别由于观点不同，它们所理解的哲学对象可以是不相同的；不仅如此，不同历史时期哲学研究的具体内容和对象，尽管属于同一哲学路线，也会发生很大变化。内容和对象如此，与此紧密相连的性质和功能也应如此，即同样会发生变化。这里所说的性质不同不是指哲学观点所表明的那种性质，如唯物论或唯心论，而是指哲学作为"世界观"的那种理论性质。换句话说，从不同观点和在不同历史时期，人们对什么是哲学的认识是可以很不相同的，实际的哲学也可以本来就有很大不同。

什么原因决定了哲学的对象发生变化？我认为主要是两个因素：一是认识发展的水平，一是社会历史的状况。因为认识发展水平不同、社会历史状况不同，向哲学提出的要求和任务不同，即需要哲学加以回答，解决的课题不同，哲学的研究对象就不会完全相同。这从不同历史条件和认识水平下几个圆圈的不同矛盾、问题，就可以了解。虽说这些圆圈的课题都表现着属人世界与自然世界的矛盾内容，但它们具有层次高低的不同。例如，从万物本原是什么提出的矛盾，与从认识的本源是什么提出的矛盾，就不属于同一认识层次的问题。在什么样的认识水平和社会状况下，只能提出什么层次的矛盾和问题，这是由认识的逻辑和历史的规律所决定的，非由人的意志可以任意改变。所要研究的问题、解决的矛盾层次不同，就决定了哲学的具体对象不同，这也不是可以由人的意志随意改变的。所以在历史上，从表面看来，某一派哲学的对象似乎是由哲学家自由确定的，真正说来，这不过是认识和历史的必然逻辑偶然性的实现。凡是历史上发生过一定作用的哲学，都有一个基本条件，这就是它在一定程度上反映出了时代精神的要求，在一定程度上回答了时代认识提出的课题。无论在历史或今天的现实中，都不乏这样的人，他们有对哲学的任意了解，他们可以为自己规定在他们看来应属哲学研究的任一课题；如果不合于上述基本条件，尽管他们可能在这样的对象上耗费了大量精力并自认为有某种重大成就，它也不会被历史所承认，对历史也不会产生什么影响。

从更直接的意义来说，一个时代的认识水平和历史状况决定着一个时代的知识结构。知识结构不同，哲学与科学的分工和关系不同，由此所决定的哲学的内容和对象也就不会相同。哲学从总体上去认识世界，解决有关知识的全局性的问题，这是哲学作为世界观理论从一开始就具有的根本性质，在后来也从未改变过。但是，哲学能够和应当怎样去研究这一有关整个世界的问题，这点却不是由哲学自身所能决定的，而主要看科学发展的状况如何。很明显，原来哲学和科学是融为一体的，科学尚未从哲学中分化出来同它已从哲学中分化出来，在这两种情况下的哲学，无论在内容和研究方式上，都不可能是完全相同的。人类认识处于不断向深广两个方向发展，知识结构随着认识的深化发展也处于不断改组之中。在认识发展不同阶段，由于知识结构不同，哲学与科学的分工不同，不仅向哲学提出的课题不同，划归哲学研究的对象的范围和深度也不同，这就是哲学对象必须随着认识发展不断调整的直接原因。从这一意义上说，哲学对象的变化，实质上也就是适应认识发展而对人类知识内部结构的一种调整。

（三）哲学对象变化的基本类型和阶段

不同民族、不同时期、不同派别的哲学，在研究对象上都有差别，对于这些差别我们只有通过具体研究才能了解。略去细微的区别和特殊的情况，就哲学对象的基本类型和主要变化阶段进行划分，它大体与前述哲学发展的几大圆圈相对应。简化来说，可以区分为直观认识阶段的知识总汇哲学，反思认识阶段（包括自觉认识阶段初期）的科学之科学的哲学，科学认识阶段的世界观、认识论、方法论统一的哲学，现代分别研究个别方面问题的人本主义和科学主义哲学思潮等几大阶段。每一阶段自身也经历了不同变化，并不是完全一致的，但在基本方面每一阶段可以看作一种类型，这里主要分析一下前两大阶段的哲学对象以及由此所体现的哲学性质。

哲学与主体自我意识

1. 作为知识总汇的哲学

人类最早的哲学,也就是人类用以认识周围自然现象的最初的理论思维。这种理论思维实质上就是与原始宗教神话幻想意识相对立的早期科学认识形式。哲学与科学融为一体、尚未分化,是这一认识形式的根本特点。那时提出的"世界万物的本原是什么"的问题,既属哲学课题,也是一个科学的课题。

哲学与科学未分化的状况,表明哲学还不是建立在科学知识基础上的那种世界观理论,它还不得不以科学认识的方式去获取有关整个世界的认识内容。这种状况决定了古代哲学只能是一种有关任何事物(在古代条件允许的范围内)的各种知识的一个总体,而且只能是从笼统直观得到的知识的总汇。"笼统直观"是一种未分化的认识方式,它的本性就是无论对何种对象都侧重于总体上的把握,这一特点决定了古代所谓科学认识及其知识成果,天然地就具有"世界观"性质,所以它一开始提出问题就是有关整个世界、包罗万象的所谓"本原"问题。对于古代这种总汇式的知识,我们通常也就习惯地称为哲学,并且总是说科学包括于哲学之中,而不说哲学包括于科学之中,总是说哲学孕育了科学,而不说科学孕育了哲学,总是说科学从哲学中分化出来,而不说哲学从科学中分化出来。

这种总汇式的知识,古代哲学家称它为"智慧"。智慧这一名称确是恰当地表述了古代哲学的对象和性质,因为它宽泛不定,可以包容一切被人们认为有价值的知识。按照亚里士多德的分析,"智慧就是有关某些原理与原因的知识"。在他看来,"原理与原因是最可知的;明白了原理与原因,其他一切由此可得明白"[1],所以是智慧,这实际上是指"理论学术"主要是同感官直接认识、神话幻想认识和实用性的知识与技能相区别。亚里士多德对"理论学术"虽也作了层次区分,把关于本体的理论列为第一学术,表现了知识已有分化的萌芽,但也仅仅是一种萌芽,物理学、数学仍被看作理论学术的重要内容。亚里士多德的这一看法代表了古

---

[1] [古希腊]亚里士多德:《形而上学》,3~4页,北京,商务印书馆,1959。

代人对于什么是哲学的基本认识。在他之后,哲学家关于智慧的组成部分略有调整,一般认为主要由逻辑学、伦理学、物理学构成,知识总汇的性质并没有改变。

古代的"智慧"之学,是人类认识处于未分化的自发阶段那种知识结构中必不可免的理论形式。这种理论属于科学认识的开端,它的作用主要在于积累知识、发现问题,为人们深入认识自然创造必要的条件。一旦条件成熟,人们有可能运用分析的方法去认识自然,这种知识总汇的理论就要走向瓦解。

欧洲中世纪的历史确实具有特殊性。在封建社会这一段,并不是任何民族、国家都把哲学变成了"神学的婢女",中国在这一时期的哲学就不如此。但哲学作为知识总汇的这种性质在封建时期并无改变,而且无论在哪一个民族和国家都是基本相同的。在中国,主要表现为文、史、哲不分。在欧洲,只是把世俗的智慧变成了以超自然的神秘力量和事物(天国、来世、神)为对象的神圣的智慧。

2."科学之科学的"的哲学

哲学在近代资产阶级革命时期发生了重大变化,它在研究对象和理论性质上不但不同于中世纪哲学,也不同于古代哲学。

起初,哲学经历了一个过渡阶段。资产阶级必须使哲学和科学从宗教桎梏中解放出来,然后才能适应自己的要求去发展这些理论。这就是说,它面临的任务首先是解决哲学和科学共同对宗教的矛盾,即恢复古代世俗智慧的哲学(包括科学)。早期哲学家关于哲学的提法,大都沿用古代观点。笛卡尔认为"哲学"一词就是表示关于智慧的研究;霍布斯说哲学是探求物体运动原因的知识,也就是对智慧的研究。

真正决定近代哲学的对象和性质的,不是哲学与宗教信仰的关系,而是哲学与科学的关系。

正如恩格斯指出过的,从15世纪下半叶开始,逐渐产生了以实验为基础,对自然进行分门别类研究的近代自然科学。到17—18世纪,许多学科已经取得严密的科学形式，相继从哲学中分化出来，建立了独立的科学部门。"牛顿由于发现了万有引力定律而创立了科学的天文学，由于进行了光的分解而创立了科学的光学，由于创立了二项式定理和无限理论而创立了科学的数学，由于认识了力的本性而创立了科学的力学。物理学也正是在18世纪获得了科学性质；化学刚刚由布莱克、拉瓦锡和普利斯特列创立起来；由于地球形状的判明和人们的无数次的旅行（旅行这种活动只是到了这时候才开始的科学服务），地理学被提高到科学水平；同样，自然历史也被毕丰和林耐提高到科学水平；甚至地质学也开始从它过去所陷入的荒诞假说的深渊中逐渐挣脱出来。"①

这是一种完全新的情况。古代认识以笼统的直观为特征，科学被囊括在哲学之中。现在科学从哲学中分化出来，同时带走了原来属于哲学的地盘，与哲学形成了对峙的格局，使原有知识结构发生了根本的变化，这样就出现了一个原来不存在的新矛盾，即哲学与科学的矛盾。包罗万象的知识总汇在实际上已经瓦解了。哲学要维持自己的生存，必须依据知识分化的新形势重新调整自己的研究对象和领域。我在前面说道，无论古代哲学或近代哲学，作为世界观理论都以从总体上研究世界为特征。但在这样两种不同的情况下，同样从总体去研究世界，它们的内容和方法显然是不会相同、也不可能相同的。在科学与哲学未分化时，总体研究世界也就是一揽子地研究世界上一切为人们所关心的问题，所以叫"智慧"。现在再包揽有关世界的一切（重大）问题，不但要与科学的研究相抵牾，也不再符合注重分析研究的时代要求和认识水平。哲学必须寻求在有关世界各个领域的问题已分别归属科学管辖的情况下，如何从总体上去研究世界的新的途径、问题和方法，这就是近代哲学必须去重新调整哲学研究对象的基本根据。

按道理说，科学的分化、独立和发展，为世界观理论提供了大量确实可靠的知识，恰好使哲学有可能突破笼统直观认识的局限，真正从总体上

---

① 《马克思恩格斯全集》第1卷，657页，北京，人民出版社，1956。

去研究有关世界全局性的问题。历史的发展总是这样的，它只在具备了一定条件的时候才向人们提出任务。科学的独立发展，从一方面看，是制造了一个矛盾，使哲学陷入困境；而从另一个方面去看，应该说又为哲学向更高层次发展，提供了一个基础。

这种情况，从我们今天的观点去看十分清楚。但在那时，对于身陷囹圄的资产阶级哲学家来说就不是这样清楚的了，这里既有客观条件的限制，同时还有主观条件的局限。在客观条件方面，科学的发展有一个过程。我们说科学的发展已为哲学走向真正"世界观"理论提供了基础，实际上这个基础是逐渐完备起来的。18世纪，即恩格斯称之为对自然的认识迅速取得科学形式的时代，也还只是一些主要科学部门发展得较为充分，许多领域的科学尚处于襁褓之中。特别是关于社会的理论，那时还处在竭力摆脱神学束缚的挣扎之中，刚刚学会运用自然观点去解释一些现象的萌芽阶段，根本谈不到什么科学性质。在主观条件方面，人们也尚未完全摆脱传统的偏见，不甘心放弃哲学相沿多年的世袭权力和统辖领地。近代哲学就处在这样一种矛盾状况之中，形成了一种具有矛盾性质的理论。

在科学的推动下，近代哲学研究的重点已经发生转移，这从它们提出的问题中就可以看出来。古代哲学是只就客体去研究世界的，它们提出的问题是万物本原是什么，注重解决的是从客体的多样性和统一性中形成的自然世界与超自然世界的关系问题。近代哲学注重解决实体统一性问题和认识起源问题，就其现实基础来说，是从主体与客体的关系中提出的问题。这表明在一开始，它就已经试图从属人世界与自然世界的关系这一更高和更深的层次上去研究世界，这点在后期的哲学发展中更加明显，这种研究与古代哲学已大不相同。同时，近代哲学尽量运用科学业已取得的成果来充当自己理论的基础。法国唯物论者的具有机械性质的自然物质统一性理论，就主要是以牛顿力学的成果为根据建立起来的。这种研究方法也与古代哲学根本不同。总之，近代哲学由于科学的分化，大部分问题归于科学去研究，内容变得简单化和单一化，从这一方面可以说，哲学研究对象的范围大大缩小了；但在另一方面，正因为科学承担了许多原来曾经属于哲学的研究任务，才有可能使哲学把力量集中在那些真正属于世界观性质的内容上面，探求有关世界总体最高层次的问题。近代哲学不只研究了自然世界的统一性问题，同时研究了属人世界的统一性及其与自然世界的关系问题，从这个方面应该说，哲学的对象超出古代的范围，进一步扩大了。

近代哲学的这些变化，是受认识规律的推动，在人们的研究工作中自发地实现的。在哲学家们的主观认识中，则并没有放弃那些已归属于科学的研究领地。他们仍然认为，哲学应当对所有一切领域的问题给出答案，提供有关世界一切联系的完整图景。按照有些哲学家的说法，实证科学只能对事物的表面现象做出纯经验的描述，不能达到事物的真理；只有哲学才能把握一切事物的本性，为科学提供真理。近代哲学虽然突出了主体与客体的关系、主观与客观的关系、理论认识与实际活动的关系等有关属人世界的内容，在它们的理论中却也并未完全放弃那些属于自然、历史和认识的实证性问题，仍然保留了包罗万象的理论性质。17世纪以来形成的"本体论"哲学就具有这样的特点。

这种矛盾的状况，形成了近代"哲学"的总的特征。按照他们的观点，哲学是凌驾于一切专门科学之上而又包括一切科学真理的一门特殊科学，即所谓"科学的科学"。从笛卡尔开始，就提出哲学所研究的最高原理已经"包括了人心能知道的一切"，因为这一切都应当"由第一原因推演出来"，按照这种观点，他对哲学内容作了如下解释："全部哲学就如一棵树似的，其中形而上学就是根，物理学就是干，别的一切科学就是干上生出来的枝。这些枝条可以分为主要的三种，就是医学、机械学和伦理学。"①康德把哲学规定为"来自概念的理性知识体系"和"关于人类理性的最后目的的科学"。他按照人的意识能力，把哲学体系划分为三个部分：与认识能力相应的是理论哲学，与评价能力（满意的感觉）相应的是目的论哲学（美学），与意志能力相应的是实践哲学（伦理学）。黑格尔

---

① ［法］笛卡尔：《哲学原理》，序言，北京，商务印书馆，1958。

认为，哲学以思想本身为对象，而这个思想也就是一切存在的本体。他说："哲学是对于事物之思想的考察"，由于事物即是思想，所以哲学也就是关于"思想之思想"的科学。① 按照这一认识，在他所建立的哲学体系里几乎包容了所有一切问题的答案。他的哲学包括逻辑学、自然哲学、精神哲学、历史哲学、法哲学等。恩格斯曾经这样评价过黑格尔的哲学体系："就哲学是凌驾于其他一切科学之上的特殊科学来说，黑格尔体系是哲学的最后的最完善的形式。"②

"科学的科学"的哲学是近代历史矛盾的产物，它本身也就是一种矛盾的组合，即近代已发展了的内容同古代包罗万象形式的矛盾结合。这一矛盾意味着，哲学在研究对象、理论形式上正处于一个重大转折点上。解决了这个矛盾，在认识分工基础上建立起哲学与科学新的统一联系，必然会引起哲学的根本性变革。实现哲学变革的条件正在形成。

三、本体论、认识论、逻辑三者的对立和统一

（一）哲学理论的构成及其变化

从古代到近代的哲学，如上所述，都具有包罗万象的性质，尽管它们包罗的方式不同。一个哲学体系，必须按类对世界上所有一切现象做出论述，这似乎已成传统，不如此就称不上完备理论。所以历史上的绝大部分哲学体系，大致都要包括如下各个部分：本体学说，自然学说，认识学

---

① ［德］黑格尔：《逻辑学》，导论，北京，商务印书馆，1966。
② 《马克思恩格斯全集》第20卷，26页，北京，人民出版社，1973。

说，逻辑学说，伦理学说，美学学说，社会历史学说，方法学说，等等。这些就成为哲学理论的构成成分，哲学家的观点就是通过对这些不同领域的对象的论述，表现出来的。

包罗万象并不是不同学说的简单汇编。上述部分在一个哲学体系里所占的地位各不相同，有的居于基础和核心地位，有的居于从属的地位。在不同的哲学体系里，居于基础和核心的部分也各不相同，有的以本体理论为基础和核心，有的以认识理论为基础和核心，有的以逻辑理论为基础和核心，有的以自然学说为基础和核心，有的以人的学说为基础和核心，有的以伦理学说为基础和核心，如此等等。基础部分与其他部分的关系，构成了各个部分作为统一哲学体系的内在逻辑联系。基础不同，各种成分的统一方式和它们之间的关系也就不同。

哲学家选定的基础部分或核心部分，是哲学家用以观察、说明和解决各种哲学问题的基本立足点和出发点。选定哪一个领域的问题为立足的基点，在一定程度上表现着一个哲学家对待哲学问题的不同观点和方法，但它主要是表现了哲学家对待哲学理论（包括对象、内容、性质和功能等）的不同认识和看法。究竟应当把哲学看成怎样的理论或主要属于怎样一种理论，这从哲学家关于哲学体系的构成中就可以明显地看出来。亚里士多德把本体学说列为第一哲学，这表明亚里士多德实际上是把哲学（就其最高层次的智慧而言）看作以研究"本体的原理与原因"为主要内容的理论。在近代，从哲学家为自己的主要代表著作或哲学体系所起的名称中，也可以了解他们对哲学理论的基本看法。例如，培根的《新工具》（哲学主要是认识方法的理论），斯宾诺莎的《伦理学》（哲学以追求善、幸福的自由为最高目的），霍尔巴赫的《自然的体系》（哲学即如书名所示），洛克的《人类理解论》（哲学主要是认识学说），黑格尔的《逻辑学》（哲学是关于思想之思想的科学），费尔巴哈的"人本学"或"人类学"（他为自己哲学体系起的名称，在他看来，哲学就应当如此），等等。

哲学究属怎样的理论，它应由哪些部分构成，什么是它的基础和核心内容，人们对这一问题的认识尽管多种多样，其中也贯穿着某种规律性的联系，而且就各种不同观点所表现的基本倾向来说，在同一个时代人们的看法也是基本类同的。

前面已经分析过，面对世界的哲学理论，归根结底不过是要说明由于主体和客体的矛盾而形成的属人世界与自然世界的关系问题。与此相适应，能够构成哲学基点的，也主要不外这样几种可能的成分：或以自然客体为基点，或以主体的认识为基点，或以人的历史活动为基点。所以，研究存在本性的本体论（包括自然学说），研究认识本性的认识论（包括研究思维规律的逻辑学），研究人的本性的人学（包括人性论、伦理学）等，在哲学的各个组成成分中就构成了基本组成部分，历史上关于哲学理论性质的争论，也主要集中在这几个部分的关系问题上。

亦如前面所述，哲学认识是以圆圈形式发展的，在总体上它经历了从客体认识的直观阶段进到认识对自身的反思阶段而后发展到主体意识的自觉阶段等几个圆圈的运动。人们对哲学内容构成基础的认识，同样是在圆圈中前进的，而且与上述发展圆圈基本一致。哲学在开始阶段通常是以客体论（本原论、本体论）为主要内容，进入反思阶段哲学便被主要看成认识理论，尔后又被认为主要是关于人的理论，从这几个部分的相互关系分析也是如此。起初这些部分处于未分化的统一之中，在发展中必然走向分化、形成互相对立观点的争论，然后又趋向统一。迄今为止的整个哲学发展经历了这样的圆圈式变化，其中每一个阶段也大体都经历了这样几个不同阶段的发展。

古代哲学主要是关于自然客体的理论。这在早期哲学和后来的原子论哲学中表现得十分清楚。伊奥尼亚哲学家留下的著述残篇，有很多就是以"论自然"为题目写就的。柏拉图和亚里士多德的哲学实质上也是主要说明自然客体的理论，它与前者所不同的只在于说明方式。古代哲学中也有关于认识的学说，逻辑学很早即已产生而且发展得很成熟。苏格拉底、伊壁鸠鲁和后来一些哲学家都很重视伦理学问题并做了比较深入的研究，这些说明，古代哲学在理论上虽很不完备，后来哲学所有的那些组成部分，在它那里都已萌芽或产生了。在对待不同部分的关系问题上，古代哲学家中也已出现不同侧重点的分歧，特别是罗马时代的哲学家，有的明确主张哲学应以伦理学为核心，有的主张应以逻辑学或自然哲学为核心。但从总体上说，这些已具雏形的不同组成部分无论在内容和观点上，都还没有形成后来那种分裂状况，它们只是从属于自然客体理论的不同内容。例如，在亚里士多德哲学中，本体理论和自然理论、存在理论和认识理论、客观内容和主观形式、概念分析和语言意义分析都被融合在一起，正如列宁所指出的，他"处处都把客观逻辑和主观逻辑混合起来，而且混合得处处都显出客观逻辑来"①。

只是在近代哲学中，这些不同内容才经过进一步分化形成了不同组成部分，并出现本体论与认识论互相对立、客观逻辑与主观逻辑互相对立、自然理论与社会理论互相对立、认识内容与认识方法互相对立的局面。

把哲学看作"科学之科学"的理论，这是反映哲学与科学的矛盾状况而形成的近代哲学的总的特征。作为"科学之科学"的理论，它表现在不同形式中，并且经历了一个从不同形式的分裂、对立逐渐走向统一的发展过程。在哲学发展中具有重大影响的"本体论"是在17世纪形成的；把哲学归结为认识论，是在这一时期末出现的。近代初期哲学的两条发展线索，在理论形式上就表现为本体论与认识论的对峙。本体论与认识论的分裂和对立，同哲学观点上把自然世界与属人世界分割开来、把客观存在与主观认识对立起来的状况是完全一致的，它构成了从17—18世纪资产阶级哲学的两个基本理论形式。相对于区别来说，17世纪本体论理论占据主导地位，认识论仅居从属地位；18世纪认识论成为哲学主导倾向，同时兴起了一股否定本体论、反对"形而上学"的热潮。本体论与认识论的对立，使得主观与客观的矛盾尖锐化了。自18世纪末叶至19世纪初，人们便开始

---

① 《列宁全集》第38卷，416页，北京，人民出版社，1959。

探寻把本体论与认识论、逻辑学统一起来的途径。正是在这种形势下，出现了黑格尔的逻辑学、认识论与辩证法三者统一的体系。在一定的意义上说，黑格尔又使"本体论"理论复活了，但这已再不是17世纪意义上那种与认识论对立、缺乏主体性的本体理论，正如黑格尔所说的本体也就是主体，这时的本体论已同认识论和逻辑融为一体。

（二）"本体论"的基本特征和存在基础

哲学研究"本体"和"本体论"并不完全是一回事。哲学研究本体问题很早，"本体论"作为哲学的一种理论形式则是在近代形成的。

"本体论"一词最早出现在高克兰纽斯（RudolfGoclenins）1613年编写的哲学辞典中。本体论按其辞义，是关于存在本身的学说，即存在作为存在所具有的本性和规定的学说。存在本身是与存在的现象相对而言的，属于超感官的对象，因其这一特性，本体论有时与"形而上学"混同使用。"形而上学"即指研究超出感官经验以外的对象的理论，在更多场合，本体论被看成形而上学的基础部分，此外在形而上学中还包括宇宙论，心理学，有时神学（理性神学）也被包括在形而上学中。后来德国哲学家沃尔夫在18世纪对形而上学作了明确区分，把本体论、宇宙论、理性心理学、理性神学看作它的四个分支，从此通行。

本体学说的渊源最早可追溯至古希腊哲学。爱利亚派提出"存在"是唯一始基的观点，被看作存在学说的原始形式。亚里士多德在他论述第一哲学的著作中专门剖析了本体概念。在他看来，第一哲学主要就是研究"本体的原理与原因"的学问。后来亚里士多德著作的编纂者为本书起名为"形而上学"（按辞意为"物理学之后诸篇"，具有以研究超经验的存在为对象的含义），这就是近代"形而上学"名称的来源。也有人认为本体论的始祖是继承柏拉图思想的经院哲学家、神学家阿奎那，还有的认为始祖应当是邓斯·斯各特和威廉·奥康。

本体论，按其思想本质来说是基于下述观念的一种理论，即认为：经验观察到的现象并非存在本身，隐藏在它的后面，作为它的基础的那种超经验的存在，才是真正的存在即存在本身。经验现象与存在本身是一种演绎关系：经验现象中的一切都来源于存在的规定，所以只有从后者才能使前者得到理解和说明；然而经验现象却不直接表现存在本身，从前者的认识中并不能得出关于后者的认识。把存在和存在的现象割裂开来、对立起来，是本体论的基本思想前提。本体论哲学的目的就在于通过研究存在本身的规定去直接把握存在。所以，在近代本体论主要代表笛卡尔、马勒伯朗斯、斯宾诺莎、莱布尼茨等人的哲学中，都以"实体"（即本体）为核心概念。按照他们的观点，"所谓实体，我们只能看作是能自己存在而其存在并不需要别的事物的一种事物"。这种"'存在'自身是不能为我们所观察到的。不过我们却容易根据实体的任何属性来发现实体，我们的发现就凭借于这样一个公共意念，就是：任何属性或性质，都不能不有一种东西作为依托"[①]。或者认为，"实体，我理解为在自身内并通过自身而被认识的东西。换言之，形成实体的概念，可以无须借助于他物的概念"。这样的实体，当然属于一种自因性、无限性、永恒性的存在，同现象不同，它本身是"不生不灭的"[②]。由于本体论所理解的实体具有抽象性，通常都称它为"抽象本体论"，即"形而上学"之意。所谓"本体论"，在这一意义上也就是指那种与描述经验现象的实证科学相对立的思辨理论，它否定感官经验在认识中的意义，也力求摆脱经验性推理方法的影响。

本体论，作为哲学理论的一种形式，是同关于认识的学说相对立、主要研究客体客观本性的理论。主观性与客观性的对立，是本体论理论的另一基本思想前提。本体论提出"存在本身"的问题，一方面是为探寻多样变化现象中永恒不变的存在，在这个方面是与经验对象相区别的；另一方面也是为探寻未受主观因素影响的自在的存在，在这个方面是与主观认识相区别的。坚持本体论学说的人，都有一个共同的认识，就是在他们看

---

① ［法］笛卡尔：《哲学原理》，20页，北京，商务印书馆，1958。
② ［荷］斯宾诺莎：《伦理学》，3~6页，北京，商务印书馆，1958。

来，"人们评判事物，无不各凭其心理状态"，因而往往"昧于事物及事物本性""无不以经想象所渲染过的东西当作事物本身"。①他们的宗旨就是要从人们认识到的存在中，剥除那些主观想象的成分和由它加于对象的障壁，归还存在的本来面目。"本体论"在这一意义上就是康德所总结的关于"物自身""自在之物"的理论，它与研究主观思维机能和规定的认识理论是根本对立的。

  本体论，在思维方法上，以抽象分析的思辨方法为本质特征。本体的概念是从古代"本原"观念演化而来的。古代哲学追求万物的本原，"本原"属于统一性，但它是按照线性因果观念、从溯源归本中形成的统一性。正如亚里士多德所指出的，"本原"就是万物"所从出者""所复归者"的那个东西，这种观念显然与原始人的血缘观念有渊源关系。在认识发展中，从本原观念中进一步形成了"基质"，而后又提出了"本性"的观念。基质属于事物的构成元素，本性属于事物固有性质的规定，这些在亚里士多德哲学中形成了质料和形式的概念。在所有这些观念中，都是贯彻了还原论的思维方式，即追求某种原始性、本原性的存在的思维方式。近代兴起的"本体论"是这一思维方式的继续，它追求本体、实体，也是为了使事物还本归真。但它是运用分解对象的方法来实现这点的。它所了解的本体或实体，是瓦解了现象而后所剩下的那种存在，是作为一切性质背后的"支撑点""依托物"的那种存在，在这点上与亚里士多德感性个体的"本体"概念是显然不相同的。我们从笛卡尔得出物质实体的论证中就可以看到这一特点。他为了说明我们凭借感受所认识到的东西并不具有实在性，只有除掉这些东西而后才能把握真正的实体，举了一个生动的实例："我们拿这块蜡为例：它是新从蜂房中取出来的，还没有失掉它例：所含的蜜的甜味，还保持着几分酿蜜所用的花的芳香，它的颜色、形状、大小是一望就看到的；它是硬的、冷的、捏得上手的，如果你在上面敲一敲，它会发出一种声音来。总之，凡是可以使人清楚地认识到一个形体的

---

① ［荷］斯宾诺莎：《伦理学》，42页，北京，商务印书馆，1958。

那些东西，在这里面都找得到。但是，当我说话的时候，有人把它挪到火旁边：里面剩下的味道消散了，香气蒸发了，颜色改变了，形状失掉了，体积变大了，它变成了液体，变热了，很难拿手来捏了，就是在上面敲敲也不会发出任何声音来了。经过这番变化之后是否还是原来那块蜡呢？应当承认还是原来的蜡"，但凭借感官在这块蜡上觉察到的那些东西都不见了。这就说明"这块蜡原来并不是那种蜜的甜味，也不是那种花的香气，也不是那种白颜色，也不是那种形状，也不是那种声音"，我们凭借感官不会了解这块蜡的实况，只有我的"心灵"（理智）才能了解它。所谓用理智去了解，就是"把所有不属于蜡的东西都一齐除掉，看看剩下什么东西"，剩下的这个东西就是物的实体，即广袤性。[1]本体论哲学就是运用这种与综合法相对立的分析方法所建立起来的思辨理论。

从本体论这几个方面的本质特征，我们可以得出结论：就本体论这一学说本来的意义而言，它只是认识发展在一定历史阶段上的产物，也只能在这一特定的认识阶段上存在。本体论是由于人们把本质与现象分离开来、主观与客观割裂开来、分析方法与综合方法对立起来而产生的。人们在认识中不把本质与现象分离开来，不会出现这类本体、实体概念；当人们尚未意识到主观性与客观性的矛盾之时，也不会提出探寻"存在本身"这类问题；在分析与综合尚未充分分化的直观认识中，即使提出"本体"的问题，事物的现象也不可能从实体身上彻底剥离开来。所以，本体论这种思想可以溯源到古代哲学，它却只能在实验自然科学开始分化的近代哲学中形成系统的理论。古代哲学从一开始就把对象区别为两种存在，本原的存在和变体的存在，这已是本质与现象区分的萌芽。正是在这一区分的基础上形成了人类最早运用理性思维方式的科学认识。但本质和现象属于人们立足于主体的认识去观察对象而形成的概念，而本原和变体则单纯是从客体的区分中形成的概念，并不能把它们完全等同起来。古代哲学

---

[1] 参见《十六—十八世纪西欧各国哲学》，130～131页，北京，生活·读书·新知三联书店，1958。

在"本原"问题上的争论,始终徘徊游弋于经验对象、思想对象之间,直至最后才使它们彻底分裂开来。亚里士多德明确提出了"本体"问题,但他把本体仍然肯定为感官的个体对象,只是在讲到本体之为本体的原理时才不得不回到思想对象,由此才形成他关于本体的各种互相矛盾的说法:一面强调本体的第一要义就在于它的"个别性",从这一观点肯定经验对象才能成为本体,"凡是共通性的均非本体";另一面则说"本体类乎原理与原因",事物由于它才能形成确定的事物,这一观点又把"形式"也肯定为本体,"因为这是事物所由成为实是的基本原因"。[①]亚里士多德的思想是典型古代型的,尚处于探索矛盾阶段中的思想。编辑亚里士多德著作的人为他论本体的书起了《形而上学》这个名称,应该说既符合又不完全符合他的思想内容。因为在这本书里亚里士多德并非完全以超感官事物为对象,他明白地说那些"可感觉事物"就是他的"学术的主题"。至少,我们不应该以后来"形而上学"一词所具有的含义去了解亚里士多德的思想。

随着近代实验自然科学的诞生和发展,人类从以笼统直观为特征的认识转向以分析方法为主要特征的认识阶段,原来隐藏在认识中只有萌芽形式的那些矛盾,如主观性与客观性的矛盾、感觉经验与理性思维的矛盾、先验根据与后天来源的矛盾、感官对象与思维对象的矛盾,都进一步尖锐化并开始走向分裂。这时人们面对的已不是单纯的客体世界及其所有的矛盾,而是观念世界与客体世界两个世界交织在一起而形成的各种矛盾。在这种情况下,哲学分裂成为本体论和认识论两种对立的理论形式不仅有可能,而且是不可避免的。

实验自然科学使用的是实证研究方法。它首先凭借观察和实验获得经验事实,然后依靠逻辑推导、运用数学证明得出规律性的普遍结论。经验事实属于感官对象,普遍规律属于思维对象,前者来自感官经验,后者来自思维机能,这种研究方法本身就是一个矛盾。这一矛盾反映在由它得出

[①] [古希腊]亚里士多德:《形而上学》,146~159页,北京,商务印书馆,1959。

的结果中，就是后来康德所分析的"先天综合命题"的矛盾。这一矛盾反映在哲学理论中，形成了经验论与唯理论两派的对立和斗争。经验论坚持一个基本原则，人的认识绝不可能"超越"感官经验所提供的内容；唯理论恰恰立足于一条相反的原则：只有超越感官经验，认识才能把握存在本体，这样在人们把感官经验与理性思维割裂开并对立起来的同时，也把现象与本质（经验对象与思维对象）割裂开并对立了起来。"本体论"哲学就是在这样的对立中形成的专门研究存在本身的理论。

在近代初期的哲学中，本体论居于主导地位。这与近代哲学为实现上帝的自然化，首先必须解决"实体"的问题有着密切关系。唯理论的哲学家们，都在满怀信心地探求存在的本性和规定，试图一举揭开宇宙的奥秘。哲学追求永恒真理、终极原因、完善的存在体系，在这种理论中达到了高峰。正如笛卡尔雄心勃勃地宣布的，哲学应当包括"人心所能知道的一切"，他要从他所发现的第一原因中推演出一切知识来。本体论的倡导者们也研究认识问题，那是为了给他们的本体学说扫清经验障碍、提供理性支架。唯理论的认识论与他们的本体学说是很协调、很一致的，甚至可以说达到了水乳交融。但是，完全排除感官经验的那种认识理论毕竟是片面的理论，他们用以建构本体学说的理论支架是十分脆弱的。由于完全排除了感官经验，他们所设想的存在本体都具有极其抽象的性质，这样的本体既无法为人们所认识，又无法在现实中得到确证，它们往往同神学交织在一起。特别是，他们关于本体的构想自身之内就充满矛盾，斯宾诺莎的弥漫整个自然的无限实体不同于笛卡尔的三个实体，莱布尼茨区分为无数单元并具有知觉性能的实体既不同于笛卡尔也不同于斯宾诺莎的实体，究竟谁的正确呢？这就不能不引起人们去思考，完全脱离现象的本体究竟存在不存在，即使存在人们的认识能力能不能把握它？于是哲学的重点便发生转移，由主要探讨存在的本性、本体，转变为主要探讨认识的本性、本原，即从本体论为中心的理论转变为以认识论为中心的理论，这就是从17—18世纪哲学理论的一个重要变化。

马克思曾经具体描绘了这一变化过程,并分析了变化的本质。在《神圣家族》一书中马克思指出,17世纪形而上学盛极一时,那时的形而上学还是有积极的内容的,它在数学、物理学以及与它有密切联系的其他精密科学方面都有所发现。随后,哲学中兴起了反形而上学的思潮,形而上学日益走向衰败:"使17世纪的形而上学和一切形而上学在理论上威信扫地的人是比埃尔培尔。他的武器是用形而上学本身的符咒锻铸成的怀疑论""他主要是驳斥了斯宾诺莎和莱布尼茨""除了否定神学和17世纪的形而上学之外,还需要有肯定的、反形而上学的体系……这时,洛克关于人类理性的起源的著作很凑巧地在英吉利海峡那边出现了,它像一位久盼的客人一样受到了热烈的欢迎。"彻底击败了17世纪形而上学理论的是法国的唯物主义理论。"18世纪的法国启蒙运动,特别是法国唯物主义,不仅是反对现存政治制度的斗争,同时是反对现存宗教和神学的斗争,而且还是反对17世纪的形而上学和反对一切形而上学,特别是反对笛卡尔、马勒伯朗士,斯宾诺莎或莱布尼茨的形而上学的公开而鲜明的斗争。"马克思同时也指出了,"被法国启蒙运动特别是18世纪的法国唯物主义所击败的17世纪的形而上学,在德国哲学中,特别是在19世纪的德国思辨哲学中,曾有过胜利的和富有内容的复辟"[①]。

(三)本体论和认识论从对立走向统一

康德哲学是在本体论向认识论转变的过程中形成的理论。康德发现了奠立于唯理论基础上的本体论及形而上学观点的武断性,他称它们为玄学的独断论;康德也认识到,经验论完全否认和抹杀思维具有能动性和超越性观点的片面性。康德原本想要把这个矛盾统一起来,从此平息这场争论,结果却适得其反。康德从二元论立场非但没有统一矛盾,而且使矛盾更为尖锐,进一步暴露出了本体论与认识论之间、经验论理论与唯理论理论之间在本质上的对立。康德哲学体系是历史上表现本体论、认识论和逻

[①] 《马克思恩格斯全集》第2卷,159页,北京,人民出版社,1957。

辑学三者分裂与对立状态最为典型的一个体系。

康德以认识论为他的哲学的基础部分。他的认识论主要研究知识所以可能的那些先天条件，即先天的直观形式和先验的知性范畴。康德称自己的认识论为先验认识论。这里康德提出了一个在哲学史上具有重大意义和深远影响的思想，就是认为外界对象必须通过人的思维机能所固有的规律，才能为人所把握，这一思想充分肯定了主观思维活动的能动作用，消除了被动反映论学说（如洛克的"白板论"）的片面性。但是，在康德看来，从感性直观获得的经验材料在经过先天直观形式、先验范畴整理之后所形成的对象，已经不是外界事物的本来状态和面貌，康德把这种种对象称为"现象"。现象虽然来自外界事物，它只是事物对人而有的表现形式，至于事物本身是何种样子人们通过认识无从得知，康德把这样的事物就称作"物自体""自在之物"。事物有它自身的一套规定，思维也有它自身的一套规定。人们通过现象可以断定有一个物的存在，它作为认识的对象却是由人自己建立起来的。关于物自体的学说，就属于康德的"本体论"。这样，在康德哲学中，现象与本质便处于完全分裂的对立状态，与此相适应地，认识论与本体论也变成完全对立的两套学说。

康德关于范畴的学说构成了它的逻辑学。按照康德上述认识论观点，知性范畴仅仅属于思维先天具有的机能和形式，它不可能从经验中产生，也同思维的内容没有本质联系。范畴是凭借自己的规律活动的，唯一的一点限制是它只有同经验材料相结合才能发挥其作用，然而正是由于这一点限制，却使它只能在现象界活动，完全达不到事物的本体界。这样，康德又把思维形式和思维内容对立了起来，与此相适应地，逻辑学与认识论、本体论也变成互相对立的不同学说。

康德把近代以来哲学中的各种对立观点集中表述在一个体系中，使潜在的矛盾公开化、明朗化，这就充分暴露出这种对立的不合理性，只有把它们统一起来哲学才能走出困境。所以，从康德哲学开始，把本体论、认识论、逻辑学建立在一个基础上，使它们达到统一，便成为哲学发展的必然趋势。把这三者统一起来的任务，在黑格尔哲学中初次实现了。

本体论、认识论、逻辑学三者分裂和对立，属于哲学体系组成上的矛盾。从康德哲学可以看出，理论构成的矛盾只是一种表现，它是现象与本质、主观与客观、思维与存在、形式与内容割裂和对立的结果。本体论、认识论、逻辑学三者所以必须统一，它的实质就在于，现象与本质必须统一、主观与客观必须统一、思维与存在必须统一、形式与内容也必须统一，只有通过本体论、认识论、逻辑学统一的理论形式，才能实现那些矛盾的统一，反过来说，那些矛盾统一了，在理论形式上三者也必然是统一的。

黑格尔的哲学体系是精心构造起来的，尽管它具有明显人为造作的痕迹、充满主观虚构的内容，但在贯彻本体论、认识论、逻辑学三者统一这一原则上，可以说独具特色、在近代哲学史上是独一无二的。黑格尔没有按照传统观念把哲学划分为本体论、认识论、方法论这样一些部分。在他的哲学体系中，这三者同时贯注于逻辑学、自然哲学、精神哲学等组成部分的内容之中，逻辑学是他的体系的基础和核心部分，而逻辑学同时也就是他的本体论、认识论、方法论著作。在逻辑学中，也并没有单独论述本体论内容的部分，或单独论述认识论、方法论内容的部分，这三者完全融为一体，不论拿出其中哪一个篇章，都可以说既是本体论又是认识论、方法论。马克思说，17世纪的形而上学在由法国唯物论击败以后，在德国哲学中又有过"复辟"，主要就是指黑格尔哲学。在这里复辟的已非17世纪那种内容和形式的形而上学，也就是说，并非与认识论、逻辑学处于割裂、对立状态的那种形而上学本体论，而是把它同认识论、逻辑学融为一体的形而上学本体论。而这样一来独立的"本体论"也就被融化、不再存在了。黑格尔哲学实质上是以另一种形式否定了17世纪的本体论即与认识论相对立的那种本体论。

黑格尔是怎样做到三者统一的？我们从黑格尔哲学的内容中就可以了解，它在理论形式上的统一，完全是以唯心主义观点实现了思维与存在的统一、主观与客观的统一、现象与本质的统一、形式与内容的统一的结果。按照黑格尔观点，思想不只是主观的，也是客观的，它就是一切事物的内在的核心，而事物不过是思想的外在表现。通过绝对精神依据自身逻辑规律的发展，黑格尔既论证了思维与存在、主观与客观、现象与本质、形式与内容的分化和对立，又论证了这些对立方面趋向统一的内在本质。这一发展过程，从它的内在本性来说就是本体论，从它的概念环节来说就是逻辑学，从它的观念表现来说就是认识论，从它的本质规定性来说就是辩证法。这些，都融为一体了。

黑格尔实现三者统一的基础是完全错误的，但它贯注的三者统一内容，确是代表了哲学发展的方向。在这之后，要改变的是三者统一的基础，而不是三者统一的内容。如果坚持思维与存在统一的内容，那么在理论形式上就必须把本体论、认识论、逻辑学这三者也统一起来。

（四）逻辑、辩证法、认识论三者统一的实质

在马克思主义哲学史中，明确提出这一问题的是列宁。列宁在读完黑格尔的《逻辑学》和马克思的《资本论》以后，写下了这样一段话："虽说马克思没有遗留下'逻辑'（大写字母的），但他遗留下'资本级'的逻辑，应当充分地利用这种逻辑来解决当前的问题。在'资本论'中，逻辑、辩证法和唯物主义的认识论都应用于同一门科学，而唯物主义则从黑格尔那里吸取了全部有价值的东西，并且向前推进了这些有价值的东西。"[①]

强调逻辑、辩证法和认识论三者是一个东西，是贯穿在列宁的《哲学笔记》中的基本思想。除上面这段话之外，列宁还从各个不同侧面多次讲到这一思想，例如：

"黑格尔逻辑学的总结和概要、最高成就和实质，就是辩证的方法，这是绝妙的。""概念（认识）在存在中（在直接的现象中）揭露本质

---

① 《列宁全集》第38卷，357页，北京，人民出版社，1959。

（因果律、同一、差别等），整个人类认识（全部科学）的真正的一般进程就是如此。自然科学和政治经济学以及历史的进程也是如此。所以，黑格尔的辩证法是思想史的概括。"

"逻辑不是关于思维的外在形式的学说，而是关于'一切物质的、自然的和精神的事物'的发展规律的学说，即关于世界的全部具体内容及对它的认识的发展规律的学说。换句话说，逻辑是对世界的认识的历史的总计、总和、结论。"

"辩证法也就是（黑格尔和）马克思主义的认识论：正是问题的这一'方面'（这不是问题的一个'方面'，而是问题的本质）普列汉诺夫没有注意到，至于其他的马克思主义者就更不用说了。"

"辩证法是人类的全部认识所固有的。""形而上学的唯物主义的根本缺陷就是不能把辩证法应用于反映论，应用于认识的过程和发展。"[①]

列宁明确肯定，在黑格尔的《逻辑学》中逻辑、辩证法和认识论三者是完全同一的，把这三者统一起来也是马克思主义哲学理论的根本特点。关于这三者同一的实质是什么、怎样才叫作三者的同一和怎样把三者统一起来这些问题，列宁在《哲学笔记》中也都阐明得很清楚。按理说，在马克思主义哲学中这个三者同一的问题应当是不难理解、不成为问题的。在20世纪30年代写的有关马克思主义哲学基本原理的著作中，大多都讲到这个问题。自从"本体论"倾向在苏联占据了统治的地位以来，哲学教科书中关于这个问题的论述就不见了，列宁的《哲学笔记》也不被重视、很少人去研究。到今天这个问题似乎变成了很生僻、很深奥的一个学究问题，不易为人所了解。在我看来，这完全是历史造成的，问题本身并非如此。

提出逻辑、辩证法和认识论三者是否应当统一的问题，在我们的哲学著作中，答案异口同声都是肯定的，似乎没有异议。至今我们也很难看到

[①] 《列宁全集》第38卷，253、355、89~90、410~411页，北京，人民出版社，1959。

公开主张三者不应统一的马克思主义哲学文章。但要问这三者是怎样统一的，用不着很仔细地研究就会发现，人们的理解是各不相同的。就这一题目，苏联学者已写过很多篇论述文章，提出了各式各样的看法。我国有的学者对这些不同看法从思想本质上作了简明扼要的概括。例如，黄枬森教授归纳为主要有三种意见：第一种意见认为三者同一是三门科学的统一，即认为三者各有自己的独立研究对象，辩证法即世界观，是关于世界及其一般规律的科学，认识论是关于认识及其规律的科学，逻辑学是关于思维及其规律的科学，只是因为这三门科学在对象上有重叠，有共同的基础即辩证法最一般的规律，而认识论和逻辑可以看成是体现在认识和思维领域的特殊辩证法，所以才认为是统一的。多数学者都主张这种观点。第二种意见认为三者同一是一门科学的三个方面的同一，是一个东西，不是三个东西之间的统一。第三种意见也认为三者是一门科学的三个方面，只是主张辩证法虽也可以说是世界观，但不是关于客观世界的科学，而是关于思维的科学。[①]我认为这个概括基本上符合实际情况。不过，主要分歧应在第一种意见和第二种意见之间，至于第三种意见关于哲学对象的看法已不属三者如何统一的问题，可以归并到第二种意见中去。就具体观点而言，前两种意见各自内部本就包含着很大差异，对三者统一的基本看法一致并不等于理解上都完全相同。

所以，在这个问题上的根本分歧就在于：三者同一是三个东西之间有统一联系，还是同一个东西在三个方面（或三方面属性或三方面功能）的同一关系？

怎样辨别这两种不同认识的是非？我觉得问题是从列宁提出的观点产生的，要搞清问题，最要紧的是要弄清列宁提出三者同一这一思想的实质是什么。

列宁是就黑格尔的《逻辑学》和马克思的《资本论》这两部著作提

---

① 参见黄枬森：《〈哲学笔记〉与辩证法》，27~28页，北京，北京出版社，1984。

出三者同一观点的。黑格尔的《逻辑学》，列宁把它称作"作为哲学科学的辩证法本身"的著作，即以概念形式阐明的哲学基础理论著作。马克思的《资本论》，在列宁看来，是一部成功地运用了逻辑、辩证法和认识论的观点和方法的著作，这也就是马克思遗留给我们的与黑格尔逻辑学具有同等性质和价值的"逻辑"著作。列宁说它不是"大写字母的"逻辑，是指它不是以哲学范畴形式写出的逻辑著作。从问题的提出，我们可以得出这样的认识：列宁明确肯定的是，在哲学基本理论中和在哲学的具体应用中，逻辑、辩证法和认识论都只能够是一个东西，不应当把它们看作三个东西，列宁认为在这两个领域甚至"不必要三个词"。那么，在指出的这两个领域之外，三者是否也是一个东西、不必要三个词呢？关于这点列宁没有说。但我们从列宁提出"逻辑、辩证法和认识论"同一的问题，作为问题的前提已经包含三个词，否则就不会存在"同一"的问题中可以了解，说三者是一个东西，并不排除它们在其他场合可以作为不同的东西而存在，比如，就它们各自不同内容作专门性的研究。而这就意味着，在把它们作为世界观和方法论来看待时，强调它们必须是"同一个东西"就有着一种特殊的含义和意义。这是我们理解这一思想必须明确的第一点。

进一步研究，我们还需要辨别清楚一个问题。列宁是就黑格尔哲学和马克思的哲学提出并论述三者是一个东西的问题，而不是就其他人的哲学一般地提出并论证这一问题。列宁明确指出，只在《逻辑学》和《资本论》这类著作中才具有逻辑是辩证法、逻辑是认识论的性质，只对"（黑格尔和）马克思主义"的哲学来说，才是"辩证法也就是……认识论"，在形而上学的唯物主义和康德的哲学中就并非如此。从这一点应当得出什么结论呢？我以为应当得出：把三者融合起来使它们变成同一个东西，这只是标志某种哲学理论所特有的性质和功能，即哲学在发展中依据认识规律发生了变革以后所必须具有的性质和功能。我们只有从哲学变化的趋势中，即从哲学的性质和功能的变革的观点去认识，才能正确把握三者为什么必须成为一个东西的内容实质。在《哲学笔记》中，列宁也显然是为了反对那种违背哲学规律，把三者割裂开和对立起来的理论，或者没有理解哲学已发生重大变革，在马克思主义哲学中仍然局守三者分裂的观点，才提出应当把三者看成一个东西这一问题的。列宁所针对的，黑格尔以前的哲学家主要是康德，黑格尔和马克思以后的哲学家主要是普列汉诺夫。

列宁关于逻辑是认识论、逻辑是辩证法的论断，主要就是从黑格尔批判康德的观点和理论中总结出来的。在康德哲学中三者是互相割裂和对立的，黑格尔在《逻辑学》中才做到使三者统一起来。

从列宁的观点包括列宁所赞同的黑格尔的观点看来，康德为什么把三者割裂开来？这是因为在理论观点上，康德"认为思维形式只是'供使用'的'手段'"，只是附着于内容而非内容本身的"外在的形式"；①是因为"康德把认识和客体割裂了开来，从而把人的认识（它的范畴、因果性以及其他等）的有限的、暂时的、相对的、有条件的性质当作主观主义，而不是当作观念（自然界本身）的辩证法"②；是因为"康德没有把'现象'看作显现着的自在之物，把现象和客观真理割裂开来，怀疑认识的客观性，把一切经验的东西和自在之物割裂开来"③；是因为"在康德看来，范畴《不过是从自我意识中产生出来的规定》""康德从理智提高到理性，但他降低了思维的作用，否定它有《达到完全真理》的能力"；④总之，是因为"（1）在康德那里，认识把自然界中人分隔（隔离）开来；而事实上认识是把两者结合起来的；（2）在康德那里，自在之物的'空洞的抽象'代替了我们关于事物的认识的日益深入的、活生生的进展、运动"⑤。

在列宁看来，在黑格尔哲学中为什么三者就统一了呢？这就是因为

---

① 《列宁全集》第38卷，89页，北京，人民出版社，1959。
② 《列宁全集》第38卷，222页，北京，人民出版社，1959。
③ 《列宁全集》第38卷，220页，北京，人民出版社，1959。
④ 《列宁全集》第38卷，182页，北京，人民出版社，1959。
⑤ 《列宁全集》第38卷，88页，北京，人民出版社，1959。

"黑格尔则要求这样的逻辑：其中形式是具有内容的形式，是活生生的实在的内容的形式，是和内容不可分离地联系着的形式"①；因为"康德的自在之物是空洞的抽象，而黑格尔要求的是和实质相符合的抽象：'事物的客观概念构成事物实质本身'，按照唯物主义的说法，就是和我们对世界的认识的实际深化相符合的抽象"②；因为在黑格尔看来"不仅本质是客观的，而且假象也是客观的。主观的东西和客观的东西的差别是存在的，可是这个差别也有自己的界限"③；是"由于黑格尔研究了客观世界的运动在概念的运动中的反映，所以他比康德等人深刻得多"④；"总之，不仅是对思维形式的描述，不仅是对思维现象的自然历史的描述……而且是和真理的符合，也就是思想史的精华，或者简单些说，是思想史的结果和总结？"正是根据这些观点，列宁指出："按照这种理解，逻辑学是和认识论一致的。这就是极重要的问题。"⑤

我们从《哲学笔记》所做的这些择录中，可以非常清楚地看到：从康德哲学到黑格尔哲学，即从逻辑、认识论、辩证法的割裂、对立，走向三者统一、成为完全同一个东西的这一变化，正是反映了在对下述问题上的哲学观点的变化，即思维与存在、主观性与客观性、思维的形式与思维的内容、思维规律与存在规律、现象世界与本质世界等关系问题上的根本观点的变化。在观点上把这些关系看成对立的，在理论形式上必然要把三者割裂开来；反之，要把上述互相对立的方面统一起来，在理论形式上也就必须做到把三者变成同一个东西。逻辑、认识论、辩证法的同一，是思维与存在统一的必然结果，也是它的必然表现。从康德的割裂到黑格尔的统一，正是反映了我们在上一部分所论述的哲学理论的圆圈发展。

---

① 《列宁全集》第38卷，89页，北京，人民出版社，1959。
② 《列宁全集》第38卷，88页，北京，人民出版社，1959。
③ 《列宁全集》第38卷，97页，北京，人民出版社，1959。
④ 《列宁全集》第38卷，190页，北京，人民出版社，1959。
⑤ 《列宁全集》第38卷，186页，北京，人民出版社，1959。

列宁关于辩证法就是认识论的论断，主要是针对普列汉诺夫对辩证法的错误理解提出来的。在列宁看来，"在任何一个命题中，好像在一个基层的'单位'（'细胞'）中一样，都可以（而且应当）发现辩证法一切要素的萌芽，这就表明辩证法是人类的全部认识所固有的。而自然科学则向我们揭明……客观自然界也具有同样的性质，揭明个别向一般的转变，偶然向必然的转变，对立面的转化、转换、相互联系"[1]。这就是说，辩证法就是关于认识的理论，辩证法的规律也就是思维把握存在运动的认识规律；我们只有凭借辩证法，才能正确反映存在的运动，达到主观与客观一致。列宁正是紧接着这段话提出了"辩证法也就是……认识论"的命题。按照列宁的认识，黑格尔的辩证法不是纯粹"本体"的理论，而是具有认识论性质的，因为"黑格尔的辩证法是思想史的概括"。按照列宁的认识，马克思主义的辩证法，也不是纯粹"本体"的理论，而是一种以存在运动规律为基础、思维把握存在运动的认识理论，即关于"世界和思维的运动的一般规律"[2]的科学。这两种辩证法的理论基础不同，但在具有认识论性质这一点上是完全相同的，所以列宁才得出了辩证法也就是"（黑格尔和）马克思主义"的认识论这一结论。这说明，马克思主义哲学是从黑格尔辩证法往前走的，在它的基础上进一步提高和发展了辩证法理论，黑格尔辩证法获得的那一切优秀成果并未被抛弃掉，而是被继承和发扬了，正因为这一点，所以马克思主义辩证法才能高于黑格尔的辩证法。

列宁为什么要重提马克思主义辩证法和黑格尔辩证法这一相同性质，强调必须把辩证法看作认识论，而且批评了普列汉诺夫，指出"正是问题的这一'方面'（这不是问题的一个'方面'，而是问题的本质）普列汉诺夫没有注意到，至于其他的马克思主义者就更不用说了"？就因为在马克思和恩格斯逝世以后，以普列汉诺夫为代表的一批马克思主义者，不

---

[1] 《列宁全集》第38卷，410页，北京，人民出版社，1959。

[2] 《列宁全集》第38卷，186页，北京，人民出版社，1959。

是从黑格尔辩证法的基础上去理解马克思主义的辩证法,而是像费尔巴哈对待黑格尔那样,把黑格尔的辩证法连同他的唯心主义一同抛弃了。"普列汉诺夫关于哲学(辩证法)大约写了近一千页的东西……其中关于大逻辑,关于它、它的思想(即作为哲学科学的辩证法本身)却一字不提!!"①而在列宁看来,马克思《资本论》的辩证法是直接继承黑格尔的《逻辑学》即作为认识论的辩证法而来的,"不钻研和不理解黑格尔的全部逻辑学,就不能完全理解马克思的'资本论'特别是它的第1章。因此,半个世纪以来,没有一个马克思主义者是理解马克思的!"②不仅如此,在列宁看来,"问题不在于有没有运动,而在于如何在概念的逻辑中表达它",黑格尔辩证法的贡献就在于,"对通常看起来似乎是僵死的概念,黑格尔作了分析并指出:它们之中有着运动。有限的?就是说,向终极运动着的!某物?就是说,不是他物。一般存在?就是说,是这样的非规定性,以致存在=非存在。概念的全面的、普遍的灵活性,达到了对立面同一的灵活性,这就是问题的实质所在"③。不理解黑格尔的逻辑学,不但不能理解马克思主义的辩证法,离开黑格尔的逻辑学还必然会歪曲马克思主义的辩证法。正是由于这一原因,辩证法规律在普列汉诺夫的著作中就被曲解了,它只"被当作实例的总和'例如种子''例如原始共产主义'。恩格斯也这样做过。但这是'为了通俗化'……,而不是被当作认识的规律(以及客观世界的规律)"④

我们从列宁的这些论述中可以看到,普列汉诺夫的问题,还是在于思维与存在的矛盾关系上面。是否把辩证法看作"也就是"认识论,实质的问题就在于:是否把辩证法理解为关于思维与存在统一的理论,即思维把握存在运动的理论。如果说康德到黑格尔的变化,是从思维与存在的对

---

① 《列宁全集》第38卷,307页,北京,人民出版社,1959。
② 《列宁全集》第38卷,191页,北京,人民出版社,1959。
③ 《列宁全集》第38卷,112页,北京,人民出版社,1959。
④ 《列宁全集》第38卷,407页,北京,人民出版社,1959。

立走向思维与存在统一的发展,那么,黑格尔和马克思到普列汉诺夫的变化,就是从思维与存在唯心主义基础的统一和唯物主义基础的统一,到思维与存在重又走向分裂、对立的倒退,只不过这种分裂采取了唯物主义的形式。黑格尔辩证法和马克思的辩证法都是"客观世界的运动在概念的运动中的反映",因而它也就是思维把握存在的认识理论。普列汉诺夫则把辩证法变成了"实例的总和"。所谓实例的总和,就是脱离开思维与存在的关系、把辩证法变成单纯描述运动过程客观事实(其表现形式就是从大量实例中概括某种普遍性结论、原则)的"本体论"学说;就是脱离开"思想史的精华",把马克思主义的唯物辩证法看作同素朴实在论的自发辩证法一样的经验性理论,这就使哲学退回到了黑格尔以前的那种理论状态,那时不只是普列汉诺夫对辩证法持这种看法。普列汉诺夫是马克思、恩格斯逝世后"马克思主义者"中的佼佼者,连普列汉诺夫都不理解马克思主义辩证法,其他人就更不用说了。在这种情况下,列宁当然就不得不重新提出和阐明三者同一的问题。

研究了列宁的思想,对于逻辑、辩证法和认识论在哲学基本理论中为什么只能是一个东西,以及三者同一的实质和意义是什么等问题,我觉得就可以达到一个清楚的了解。

第一,对于三者同一问题必须历史地去认识,才能理解它的实质。这个问题是在科学从哲学中分化出去以后,哲学与科学在已变化的知识结构中有了新的分工,哲学进入自觉地解决主观与客观的矛盾这一基础上产生的。只有在有关实证对象的知识由各门科学分工提供的条件下,哲学才有可能集中精力去专门研究主观与客观、思维与存在、属人世界与自然世界的关系的问题。同时,在这样的条件下,哲学也只能以解决这一关系问题为自己的主要任务。这就构成了近代以后哲学的本质特点:从主观与客观的关系中去看待和研究一切问题。哲学作为世界观,它研究的范围是最广大的,凡是与人有关的事物包括人自己在内,都可以说是哲学研究的客体。它与科学的区别,最根本的一点,就在于它对无论什么客体,始终是从它与主体和主观的关系中去考察的,科学则不同,有些科学的对象也是具有最大的普遍性的。但科学对待无论主体还是客体,或者两者包括在内,都不是从主体与客体、主观与客观的关系中提出问题,而主要是把它们作为客观的对象去进行认识、加以研究的。正是在这一意义上,才说哲学是属于世界观的理论,即它只是利用科学所提供的知识对有关处理主体与客体、主观与客观的关系问题提供观点和方法,它本身并不提供关于主体或客体、主观或客观的任何实证性知识。

哲学在认识主体与客体、主观与客观的关系的问题中,必然要经历一个从混沌的原始统一走向两极分化,再进入更高基础的统一的发展阶段,这是由认识规律决定不可避免的过程,关于这点我们在前面历史部分已做过分析。在从原始统一进入分化认识的阶段,主观与客观、主体与客体、观念与实在、思维规律与存在规律、现象世界与本质世界这些矛盾着的方面都被分割开来,与此相适应,哲学在理论形式上也必然出现本体论与认识论、逻辑学相分裂的局面。这时,为了克服这些矛盾,哲学就提出了建立逻辑、辩证法、认识论三者统一理论的任务。三者同一的要求,表现了认识深化发展以后的一个哲学趋势:不同内容的研究愈来愈专门化、多样化、而作为世界观的基础理论则愈来愈趋于一体化。

依此我们可以说:主观与客观、主体与客体、属人世界与自然世界的统一,是逻辑、辩证法、认识论三者统一问题的核心内容和基本实质;逻辑、辩证法、认识论三者融为一体,则是适应认识分化形势,在哲学与科学新的分工基础上,贯彻以人为主体的原则,自觉地解决主观与客观、主体与客体、属人世界与自然世界等矛盾的彻底一元化哲学的理论形式。

第二,所谓逻辑、辩证法、认识论三者是"同一个东西",按其思想实质来说,也就是要否定把哲学变成纯粹本体论的学说,或者变成纯粹认识论(知识学、认识学)的学说,或者变成纯粹逻辑学理论的那些认识、做法和倾向。

作为三者同一的哲学并非不再以客观世界为对象,不再研究存在规律。哲学仍然要研究客观的存在及其规律。所不同的是，它不能脱离与属人世界的关系、与人的主观认识的关系去研究客观的存在及其规律。以"存在"为对象只可能有两种研究方法，一是从现象与本质的关系去研究（包括从存在的不同形态去研究），一是从观念（表现、映象）与存在的关系去研究。从现象或不同形态去研究存在的本质和规律，只能采用实证的方法，在近代认识中这已划归实证科学的范围，哲学没有必要去重复科学已经做过的工作。哲学也不可能超越现象去追求什么存在的隐秘本性、终极本原。哲学和科学的发展已充分证明，这种脱离现象的所谓隐秘本性和终极本原纯粹是主观的一种虚构。那么，剩下的可能，就是从观念与存在的关系中去研究现实的客观存在。这正是实证科学无法解决，按照认识分化以后科学与哲学的分工，理应由哲学来完成的任务。但是，在与观念的关系中，存在只是作为"认识对象"而出现的，哲学从与观念的关系中所揭示的存在的本性和规律，只是属于认识对象的本性和规律。这样的本性和规律既与存在自身所有的本性和规律有关，又与观念中所体现的认识的本性和规律有关，换句话说，它已属于既是存在规律同时又是认识规律，即能够把存在和认识统一起来的那种规律。哲学如果这样去研究存在，那它就不再是旧意义上的本体理论，同时也是认识理论；对于这样的哲学也就不能再称作单纯的"本体论"，而应看作三者同一的理论。

所以要把逻辑、辩证法、认识论三者看成同一个东西，在这一意义上正是为了否定那种纯粹本体论的哲学。列宁强调辩证法也就是认识论，就表现了这点。按通常理解，辩证法规律作为普遍地适用于一切领域、一切对象的规律，当然是属于具有客观意义的存在的规律。但如果把这一规律理解成为与科学揭示的存在规律具有同样性质，只是它的普遍性更广大，因而把辩证法看作关于客观存在的学说即"本体论"，那就完全违背了黑格尔和马克思主义辩证法的性质，而回到素朴实在论的辩证法观念了。普列汉诺夫的错误正在这一点上，就像列宁指出的，他对辩证法规律只是从存在规律的意义上理解的，"而不是被当作认识的规律（以及客观世界的规律）"。

同样地，如果脱离开存在规律去研究认识规律，脱离开思维内容去研究思维形式，把哲学变成纯粹的认识论或逻辑学，也是不符合近代以来哲学发展的趋势和要求的，因而是为三者同一哲学所反对的。把哲学变成纯粹的认识论，或纯粹的逻辑学，这意味着，就认识的主观活动去谈认识规律，脱离客观逻辑的基础去研究主观逻辑，就像费希特的"知识学"那样。这样的研究当然不可能正确地把握思维活动和认识活动的规律，而且很容易陷入主观主义泥潭，必然要为人类认识的发展所否定。

第三，如果承认逻辑、辩证法、认识论三者的同一反映着哲学观点、哲学对象、哲学性质和哲学功能的重大变革（即在三者同一中，哲学已真正提升到直接从属人世界与自然世界、主观世界与客观世界的关系中去研究世界观问题的最高层次），那么，不仅把哲学归结为纯粹的逻辑、纯粹的本体论、纯粹的认识论学说是不对的，而且把这几个部分包括在同一哲学体系中，却看作各自独立的部分（即把哲学理解为由逻辑、辩证法、认识论几个纯粹部分组成的集合体）也是不对的。

因为从内容实质来看，所谓三者同一就是意味着：必须从与认识规律、思维规律的关系中去研究存在规律（本体论、辩证法）；反之，也必须从与存在规律的关系中去研究认识规律、思维规律（认识论、逻辑）。如果真正贯彻了这一点，在哲学中就不会再存在那种不同时也是认识论的辩证法（本体论），也不会存在那种不同时也是辩证法（本体论）的认识论、不同时也是辩证法（本体论）和认识论的逻辑学，即不再有独立的辩证法理论、独立的认识论学说、独立的逻辑理论。

现在通行的哲学原理教科书，我以为它的问题主要表现在这里，而不在于它把内容划分为不同组成部分，不同部分之间没有统一联系。贯彻三者同一原则的核心在于坚持思维与存在的统一问题为哲学的基本问题，一切内容都应从这一关系出发去论述和解决。教科书承认恩格斯关于思维与存在的关系问题是哲学基本问题的观点，但只停留于绪论中的抽象论述，在哲学的具体内容中并没有把这一哲学基本问题放在基本问题的位置上去认真对待和处理。讲世界的物质统一性完全离开这一问题的出发点,不从与属人世界的对立统一关系中去进行分析和论述,这就使它变成了纯粹本体论学说。讲认识活动不是从主观与客观的关系中进行分析,而只是描述认识作为存在的反映的自然运行过程及其规律,这里虽然讲的是认识问题,实际上也已"本体论"化,人们从这里得到的只有关于认识活动过程的一些知识,得不到如何处理认识中的主观性与客观性的矛盾的方法。讲辩证法只讲辩证法规律的客观性、普遍性,不把它看作解决思维与存在同一性问题的理论,很少或完全不讲主观辩证法与客观辩证法的关系,思维规律与存在规律的关系等问题,人们从这里当然也只能得到一点有关规律的知识,对提高理论思维能力起不了多大作用。正是从这一意义上,所以我认为现在教科书的内容在根本上是违背列宁提出的三者同一原则的。

第四,本体论、认识论、逻辑学三者走向统一是近代哲学发展的趋势,但构成三者统一的理论基础在不同哲学中却是有差别的。对于黑格尔哲学来说,三者统一是出于构造唯心主义彻底一元论哲学体系的需要;而对马克思主义哲学来说,则是出于实践论唯物主义一元论的内在要求。基础不同,三者统一的性质也便不同。黑格尔做到了三者有机的结合,但他既没有否定脱离了客观基础的那种认识论,也没有否定排除了主体内容的那种本体论,相反在他的哲学中,如马克思所说的"形而上学"又以新的形式得到了复辟。马克思主义哲学与黑格尔哲学不同,它是以实践观点为基础把三者统一起来的。实践论是本体论、认识论、逻辑学内在统一的最高理论形态。正如客体与主体、客观与主观、存在与思维、现象与本质、内容与形式在人的实践活动中的关系,本体论、认识论、逻辑学三者当它们被统一于实践论哲学中时,也就失去了过去所具有的片面的性质。所以,只有在马克思主义哲学中,三者才以合理的形式实现了彻底的统一。

(五)关于三者同一的几个不同提法

总结前面所述,在哲学中所以必须把三者统一起来,在根本上是由意识与外部世界必须统一的内在要求所决定的。就理论内容来说，三者统一的实质，也就在于主观与客观、意识与存在、观念世界与外部世界、属人世界与自然世界的统一，逻辑、辩证法、认识论三者的同一不过是这一内容的表现。恩格斯说："我们的主观的思维和客观的世界服从于同样的规律，因而两者在自己的结果中不能互相矛盾，而必须彼此一致，这个事实绝对地统治着我们的整个理论思维。它是我们的理论思维的不自觉的和无条件的前提。"[①]哲学要为人们的实践活动提供理论的指导，它在内容上就要按照实践活动中固有的联系解决如何把认识论规律、思维规律与存在规律、外部世界规律统一起来的问题。这样，在理论形式上当然也就必须把逻辑、辩证法、认识论三者彻底统一起来。这就是三者同一问题的实质。

关于三者同一问题，可以有几种不同的提法：一种是"逻辑、辩证法和唯物主义的认识论"是一个东西；一种是"本体论、认识论和逻辑"是一个东西；一种是"世界观、认识论和方法论"是一个东西。在我看来，这三种不同提法的内容实质是完全相同的，即都是上述主观与客观地统一这一基本内容的表现；它们也都表现着进入自觉认识阶段以后哲学在性质和功能上所具有特点。三者提法上的区别，只是表现了反映这一实质变化的角度、侧重点有所不同。

列宁关于"逻辑、辩证法和唯物主义的认识论"是同一个东西的提法，侧重从内容和观点上表现了哲学理论在组成部分上的统一。这一提法突出了思维规律（认识规律）与存在规律的同一性。这两种规律的统一即辩证法理论。辩证法规律作为思维规律和认识规律，则构成了逻辑和认识论的内容。这一提法显然包含双重含义：一方面揭示了《资本论》与《逻辑学》的共向特点，指明它们都把思维规律与存在规律统一了起来，因而在逻辑、辩证法、认识论之间可以完全画符号，这从列宁称《资本论》为"逻辑"可以清楚了解；另一方面也揭示了《资本论》与《逻辑学》在观

---

① 《马克思恩格斯全集》第20卷，610页，北京，人民出版社，1973。

点上的根本对立，列宁特别标明"唯物主义的认识论"，说明从彻底唯物主义和彻底唯心主义基础上都可以做到把三者统一起来，这两种不同的基础构成了马克思哲学与黑格尔哲学的根本对立。列宁的提法是有特定针对性的具体的提法。

其余两种提法则是侧重从哲学性质、功能上说明哲学理论的变革，具有更为一般的意义。它主要指明了，随着人类进入自觉认识阶段，哲学在世界观（或本体论）、认识论和方法论等方面的不同性质和职能也统一了。原来在哲学中这几种理论是相互独立、分别起作用的，变革以后的哲学则属于一体化的理论，它是关于世界观的理论，同时也就是认识理论和方法理论。这两种提法与列宁提法的区别只具有相对意义，它们只在某些特定场合才可以看作不同的。性质和功能上的统一，在内容上就表现为辩证法、认识论、逻辑的统一，反过来说也同样。所以在通常使用中，几个提法可以相互通用。

作为哲学中的不同组成部分，在旧哲学理论中主要表现为本体论与认识论、逻辑学的对立。针对以往哲学的发展，可以使用"本体论、认识论、逻辑学"相统一的提法，例如，黑格尔哲学的特点就是如此。但"本体论"一旦与认识论统一起来，就不再是旧意义上的本体论，也不应当再称它为本体论。这种与认识论已经统一了的关于存在——客观世界的理论，应当按照马克思和恩格斯使用的概念，称为"世界观"。所以我认为，讲三者同一，对黑格尔哲学应使用"本体论、认识论、逻辑学"的提法，对马克思主义哲学则使用"世界观、认识论、方法论"的提法更恰当些。在黑格尔哲学中虽然已把三者一体化，使本体论、认识论、逻辑学成为一个东西，但他在唯心主义基础上所实现的统一，仍然保留了17世纪"本体论"理论的基本特点，《逻辑学》中关于存在本质的学说仍然具有隐秘本体的性质和抽象神秘的形式，所以马克思称黑格尔哲学是形而上学哲学的"复辟"。马克思主义哲学显然与黑格尔哲学完全不同，它不仅不是本体论学说的复出或复兴，恰恰是对形而上学及其核心内容本体论学说的否定。马克思主义哲学否定本体论，不等于不再研究客观世界及其规律；只是它不再作为本体论去研究，而是作为世界观去研究。既然用"世界观"可以完全表达出马克思主义哲学的这一特点，在我看来就没有必要继续使用"本体论"这一极易混淆区别、造成混乱的概念。马克思、恩格斯和列宁只在谈到以往哲学时才按传统提法使用"本体论"一词，对于他们自己的哲学从不在肯定形式中使用本体论提法，这不是没有道理的。

第四章 哲学进一步发展的问题

一、哲学理论的革命性转变

（一）历史汇集的矛盾焦点

以往哲学的终结点，就是马克思主义哲学的起步点。

人们从自己的生活世界出发，在把握这一世界的认识活动中，走到了世界以外、建立起来一个超自然的世界。在马克思主义哲学产生以前，哲学业已走完了这一历程，它已从人自身本质的异化中，经过自然界，返回到了人的本质自身。

正是通过这一曲折的发展过程，以往的哲学一方面揭露出了体现于认识客体中的主体与客体的大量矛盾，另一方面也揭露出了体现于认识主体中的客体与主体的大量矛盾。对这两个方面的矛盾的揭露，解决这两个方面的矛盾的努力和尝试，就构成以往哲学的主要成果。

所以总结马克思主义以前全部哲学的发展所获得的基本成就，可以归结为下面这样两点。

第一，肯定了在自然世界中，物质是本原性的存在，是一切现象的存在和变化的基础。

这一成果集中地体现于法国唯物论者的哲学中。法国哲学家否定了两个实体,否定了超自然的存在,坚持只有一个世界,这就是物质的自然界。他们把意识归结为物质——大脑的机能和属性,证明人的一切知识都是来源于感觉,而感觉只不过是外界事物作用的产物,属于客观对象的主观映象。

第二,肯定了在属人世界中,人的理性和自我意识是富有创造性的能动主体,人在认识活动中是通过自身固有的规律去把握外界对象的。

这一成果集中地体现于德国古典哲学,尤其是康德和黑格尔的哲学中。德国哲学家通过对思维活动和意识活动的研究,证明客体只有在按照理性规律活动的意识的作用下,才能显现于人,为人们所认识。在这一基础上,它论证了人的认识活动不是消极地适应外界对象的活动,而是一个具有创造性的能动的活动。

集中起来说就是,先前哲学在一方面,论证了自然物质的本原性;在另一方面,论证了主体意识的能动性。这两个方面,恰好表现了自然世界与属人世界的不同的本质,和它们各自不同的内容。

但是,以往哲学的这两点成果,只是以相互对立的片面形式表现出来的。它们分别研究了两个不同方面的内容,却不能把它们统一起来。其中的每一个命题,都是在否定另一命题的前提下建立起来的;在论证这一命题时,必然要否定那一命题。这就形成了两个世界,自然世界与属人世界相互割裂、彼此对峙而无法统一的局面。如马克思所说的,从前的一切唯物主义,"对事物、现实、感性,只是从客体的或者直观的形式去理解,而不是把它们当作人的感性活动,当作实践去理解,不是从主观方面去理解"[①],它们建立起了自然世界的物质统一性,却完全抹杀了人作为主体的活动的创造性和能动性;另一方面,德国哲学家建立起了以人的意识(自我意识)为核心的主体世界,发挥了人的"能动的方面",却又根本否定自然物质的本原性,因而落入唯心论,"只是抽象地发展了"主体能

---

① 《马克思恩格斯全集》第3卷,3页,北京,人民出版社,1960。

动性。

一方面是自然物质的本原性,另一方面是主体意识的能动性;从自然物质说明不了意识的能动活动,能动的意识活动又缺乏客观的物质基础,这就是以往全部哲学的发展最后汇集的矛盾焦点。在这一对立中,表现着哲学内容中的其他那些对立:本质与现象的对立,内容与形式的对立,自由与必然性的对立,主观性与客观性的对立,自然规律与社会规律、思维规律的对立,主体与客体的对立,唯物论与辩证法的对立,自然观与历史观的对立,哲学与科学的对立,等等。上述基本对立面统一不起来,这里的各种对立也都不可能达到真正的统一。

这就是马克思和恩格斯在他们开始理论活动时所面临的问题。他们要推进哲学进一步发展,就必须集中力量于解决这一根本矛盾。

(二)走出困境的途径

以往的哲学接触到了有关自然世界和属人世界中的各种矛盾内容,却唯独没有把捉到形成这一切矛盾的那个作为基础的始源性矛盾。它们分别对两个世界建立起了统一性,我们不能说它们未尝想过要把这两个对立的世界统一起来。问题主要在于,它们找不到超越这两个世界的限制,能够把两者统一起来的那个现实基础。这就使它们不能不陷入把现实世界抽象化的这样或者那样的片面观点之中。

属人世界与自然世界本属同一个现实世界。它们所以形成两个世界,并且在性质上发生对立,主要是由于人出现以后,人在自己创造自己生活的活动中,把世界两重化了。作为自然产物的人,在自己的活动中反把自然存在变成了客体,使自己上升到主体的地位。这样就在自然世界的基础上,建立起了属人世界。这两个世界实际上是一个世界,只是它表现出的基本矛盾关系的内容各不相同。两个世界是从人的实践活动中分裂出来的,也是在人的实践活动中达到统一的。分离点和结合点是一个东西。实践,既是造成属人世界与自然世界的对立的基础,也是把自然世界与属人世界统一起来的基础。

哲学史上世界观理论的分裂和对立，不论自觉的或不自觉的，归根结底也都是源于人的实践活动中的矛盾。实践的活动，就是自然物质的本原性与主体意识的能动性相结合的活动，即主观性与客观性双向作用的统一活动。先前哲学在世界观上的分裂和对立，如自然世界与超自然世界的对立、观念世界与实在世界的对立、现象世界与本体世界的对立、经验世界与理智世界的对立、物质世界与精神世界的对立，都不过是实践活动中的这一矛盾以及由此而形成的自然世界与属人世界的矛盾，在抽象的形式中的反映和表现。同样的道理，问题从何处产生，也只有回到何处才能解决。世界观上的对立是由实践的矛盾所产生的，也只有在实践的基础上才能克服理论观点上的片面性、实现世界观的统一。实践，这就是解决先前哲学揭露出来而驾驭不了的那些矛盾的现实基础，就是克服先前哲学各种片面观点、把它们统一起来形成科学世界观的理论基础。

以往的哲学不是没有接触到实践活动这一现实基础。它们的问题在于，没有一派哲学意识到了实践的基础作用，从而把自己的理论自觉地奠立在实践基础之上。它们至多是从实践活动的现象表现中，去反映实践活动的矛盾本质，这就使它们不能不把贯穿于实践活动的总体矛盾肢解开来，变成抽象化的片面原则，陷入相互对立之中。抓住实践活动中的某一个别因素，以此为原则建立关于世界的总体理论，是以往一切哲学共有的特点。

归结起来，旧哲学用以观察和处理各种问题的，不外这样两个出发点：或者从脱离人的自然出发，或者从脱离自然的主体出发。由于它们把完整的实践活动肢解成了相互对立的两个孤立因素，作为它们出发点的两个原则就不能不都变成抽象的原则，前者表现为抽象的（自然）存在观点，后者表现为抽象的（自我）意识观点。

在一定的范围内，这两种出发点在对待主体和客体的矛盾问题上，也能达到某种成果。从存在出发，可以引出意识的属性，例如，认为精神是物质的机能和产物；从意识出发，也可以引出存在的属性，如"我思故我在"。但是，从存在到意识，或从意识到存在，这是一种飞跃，它们的统一是异质事物之间的一种统一。没有一个能把两种异质事物结合起来的基础、桥梁和中介，存在和意识无法超越自身过渡向对方，也就不可能在它们之间建立起真正的统一联系。意识属于观念性质的存在。从意识出发推论出的存在只能限于观念性质的存在，无法从它来说明具有时空形式的物质存在，除非认为存在按其本性也属于精神性的存在，如贝克莱、黑格尔所主张的那样。以存在作为出发点去说明意识的产生虽然比较合乎自然发展的始源顺序，但也无法说明精神所以具有超"物质"性质的根源。在这一点上，它同意识的出发点具有同样的性质。法国唯物主义者所以得出了意识、精神不过是物质的一种变形存在的结论，完全不承认精神具有异于自然物质的能动性，就是由此决定的。无论存在原则也好或意识原则也好，一经从实践中肢解出来便都变成抽象的原则，再难达到真正的统一、形成具有全面性的认识观点。抽象的存在观点必然导致物质的抽象化，使它变成无法说明能动意识根源的僵死存在；抽象的意识观点必然导致主体的抽象化，使它变成纯粹精神的能动活动。

要摆脱哲学的这种困境，出路只有一条，这就是把从实践中肢解出来的两个抽象原则再归还于实践，自觉地以实践为原则，从实践这一包含了思维与存在具体统一关系的基础出发，去对待和处理自然世界与属人世界的矛盾问题。这样才能建立起主观与客观、主体与客体、人与自然、属人世界与自然世界真正统一的哲学。

哲学发展到19世纪中叶即马克思主义哲学诞生之时，问题已经十分明朗地摆在了人们的面前。从法国唯物主义关于人是由环境造成的、而环境又须由人来改变的恶性循环，到德国古典唯心主义哲学从理性引出人的劳动本质、而人又不过是自我意识存在的矛盾，所有这些理论都引向了一点，这就是只有立足于人的实践活动，才能回答哲学中的这一切问题。

费尔巴哈已经感觉到以往哲学和宗教的那一切斗争，其根源都在于人的本质之中；只有对人、人的本质、人与自然的关系有一个正确的了解，才能解决思维与存在、灵魂实体与物质世界的对立和矛盾。他试图借助人，把一切超自然的东西归结于自然；再借助于自然，把一切超人的东西归结于人。由此出发，他提出了"哲学应该把人看成自己的事情"的原则。费尔巴哈得出这一结论有他自己的特殊依据和理由。我们从认识发展规律的角度却可以说，费尔巴哈提出"人"的哲学，正是法国唯物主义抽象的"自然世界"和德国古典唯心主义抽象的"观念世界"从对立向统一运动的必然结果。费尔巴哈的哲学表明，哲学已经走到了终于要结束两个抽象世界的对立局面的大门槛。进一步的问题，就是要从"人"的身上去发现出能够把思维与存在、自然世界与观念世界统一起来的那一结合点。

（三）思想史上最伟大的一个发现

费尔巴哈以人为他的哲学的核心，预示了哲学进一步发展的方向，但他仅仅走到门前便停步。以往哲学所不了解的、把抽象的精神和抽象的物质统一于一起的那个结合点，费尔巴哈从"人"的身上也并没有发现。

根本原因在于，费尔巴哈并未真正了解人。他一方面强调人是有生命、有血肉、有人格的感性存在；另一方面又承认"人之所以为人和所以被称为人，并不是按照他的肉体而是按照他的精神"[①]。这两个方面在人身上是怎样统一的？为什么同样的肉体组织，动物身上没有精神，唯有人才赋有精神？恰恰在这一症结问题上，费尔巴哈茫无所知、没有前进。费尔巴哈所了解的人完全是抽象的：他只是把先前哲学所提出的抽象物质和抽象精神，抽象地放在了人的身上，正如他自己非常欣赏的那个比喻性说法，"人'一半是动物，一半是天使'"。在这样的人的身上，缺乏把两者具体统一起来的结合点，所以它们的统一仍然只是一个抽象的论断，即一种抽象的统一。费尔巴哈没有跳出抽象存在观点和抽象意识观点的循环

[①] 《费尔巴哈哲学著作选集》下卷，120页，北京，生活·读书·新知三联书店，1962。

圈，并未找到从他自己所极端憎恶的抽象王国通向活生生的现实世界的道路，所以他的哲学只是恢复了唯物主义的权威，并没有进一步推进这一理论，费尔巴哈的哲学仍然属于旧哲学范畴。

费尔巴哈未能做到的，马克思和恩格斯做到了。他们正是以费尔巴哈哲学所集中体现的先前哲学的矛盾为突破口，发现了在人身上存在与思维统一的真实基础。

马克思和恩格斯否定了旧哲学用以观察人及其创造物的那种抽象的观点和方法。他们承认，"任何人类历史的第一个前提无疑是有生命的个人的存在。因此第一个需要确定的具体事实就是这些个人的肉体组织，以及受肉体组织制约的他们与自然界的关系……"[1]但是，仅仅从生物学的自然本质去了解人，还并不能具体地把握人。费尔巴哈的问题正是出在这里。"要从费尔巴哈的抽象的人转到现实的、活生生的人，就必须把这些人作为在历史中行动的人去考察。"[2]

从这样的观点出发，马克思就发现了一个很明显、然而以前却完全被人忽略了的事实。这一事实就是：人们为了能够创造历史、创造哲学，必须能够生活，而为了生活，就需要衣、食、住以及其他东西，为此首先必须从事劳动。因此，人的第一个历史活动不是别的，就是生产满足这些需要的生活资料，即生产物质生活本身。人和动物的区别就是由此开始的。人从自然中分化出来成为把自然对象置于客体位置的主体，也是以此为基础的。"可以根据意识、宗教或随便别的什么来区别人和动物。一旦人们自己开始生产他们所必需的生活资料的时候（这一步是由他们的肉体组织所决定的），他们就开始把自己和动物区别开来。人们生产他们所必需的生活资料，同时也就间接地生产着他们的物质生活本身。"[3]这段话构成了马克思崭新哲学思想的理论根基。

---

[1] 《马克思恩格斯全集》第3卷，23页，北京，人民出版社，1960。

[2] 《马克思恩格斯选集》第4卷，241页，北京，人民出版社，1995。

[3] 《马克思恩格斯全集》第3卷，24页，北京，人民出版社，1960。

由此出发，马克思进一步论证了，通过自己劳动创造自己的生活是人类特有的存在方式；人类社会的全部奥秘都可以由此得到与自然科学同样精确的理解和说明。人们具有怎样的生活，这不决定于他们的肉体组织，也不决定于自然向他们提供何种现成的条件，而是决定于他们生产什么和怎样生产，即决定于他们用以生产自己必需的生活资料的方式。人们在劳动中不但生产出自己所需要的物质生活资料，而且生产出他们之间的社会关系，并创造出了与这种生产能力和社会关系相适应的观念、范畴和原理。因此，人们是什么样的，就不是取决于自然赐予他们的禀赋，而是取决于他们进行生产的物质条件。这样的物质条件是先代人劳动的结果，他们只能依据这些条件从事自己的创造活动，只能在已有生产方式的基础上创造新的社会形式。由此又可以得出结论：人类的历史是人们自己的活动所创造的，人是人自己命运的主宰者，并不存在什么支配历史的神秘力量；但是，人却也不是随心所欲地创造着自己的历史，而是按照由生产方式的发展为基础所构成的历史规律，从事创造历史的活动的。因此，社会的活动虽然都是在人的意识的支配下进行的，社会的发展在本质上却是一个"自然——历史的过程"。这些理论就构成了唯物史观的基本内容。

唯物史观学说的创立是人类思想史上具有极其伟大意义的一个发现。

由于发现了人的实践本质，才找到了解答先前哲学所提出的那一切问题的正确出发点和立足点，同时也找到了克服先前哲学的片面观点，把它们所获得的成果统一起来，赋予这些成果以新的生命和意义的现实基础。

黑格尔把人归结为"自我意识"，赋予人以能动性。他把人理解为他自己的劳动的结果。但黑格尔所理解的劳动仅仅是抽象的精神的劳动，由这种劳动所形成的人只是一个"非对象性的、唯灵论的存在物"[1]。费尔巴哈把这种唯灵论的存在转变为对象性的存在，即赋有生命、肉体的感性存在。费尔巴哈的人是拥有他的本质的现实的、自然对象的一种感性存在。但在他的人的本质规定中却又不包含对象性活动的本质力量，所以它

---

[1] 《马克思恩格斯全集》第42卷，164页，北京，人民出版社，1979。

在自然而前只是一个受动的存在物。马克思发现了人的实践本质。实践活动是以现实的、感性存在为对象的活动，在这一意义上它具有受动性；实践活动的本质是以改造自然对象为目的的自由自觉的活动，在这一意义上它又完全是能动的创造性活动。人既然以这样的活动为本质，那么，他就是一个"能动的自然存在物"，即具有创造对象又创造自身的本质力量的存在物，这样就克服了黑格尔和费尔巴哈的矛盾，既扬弃了抽象的"自我意识"，又扬弃了抽象的"感性存在"，同时在实践中又把它们结合起来了。

实践，就是人身上的物质性与精神性的结合点，自然性与社会性的结合点。世界把自身两重化，形成了属人世界与自然世界的对立、观念世界与实在世界的对立、现象世界与本质世界的对立、自由世界与必然世界的对立，这一切都是从人的实践活动中发生，它也只能在实践活动中实现它们的统一。实践，同时又是以往哲学所争论的这一切对立的世界的结合点。

先前哲学从抽象的存在观点出发，或抽象的意识观点出发，它们在坚持自然物的本原性时必须抹杀主观意识的能动性，在论证主观意识的能动性时又必然要否定自然物质的本原性，这两个对立方面始终结合不起来。马克思提出实践观点，既克服了抽象意识观点的片面性，也克服了抽象存在观点的片面性。从两者统一的实践观点出发，才能把意识与存在、精神与物质、主观性与客观性结合起来，从物质活动引申出意识，赋予能动性的意识以物质基础，既肯定了自然物质的本原性，又肯定了主观意识的能动性。

以往的哲学，辩证法与唯物论之所以长期处于分裂状态、统一不到一起，也主要是因为自然世界与属人世界结合不起来、物质的本原性与意识的能动性结合不起来。马克思以实践为基础克服了上述矛盾，在理论上才有可能把辩证法置于唯物论的基础上，使唯物论有了辩证法的内容，即把辩证法与唯物论按照科学的方式统一起来，创立出崭新的哲学理论科学的辩证唯物论哲学。实践，这也是辩证法和唯物论统一的基础。

以往的哲学，自然观与历史观多数也处于分裂和对立的状态，特别是唯物论哲学，在历史观上几乎都是唯心论的。造成这种状况的原因很多。认识社会现象比认识自然现象更复杂，在马克思主义产生之前可以说根本没有可以称得上科学的社会历史理论，这是原因之一。剥削阶级的偏见对人们认识社会问题的影响也是一个原因，但从理论上说，主要的原因是对人的真实本质缺乏了解。旧唯物论者，例如，费尔巴哈，从人身上了解到的只有自然存在生物学的本质，完全不了解社会存在的本质，他们由此建立的理论当然就只能是自然的唯物论，如恩格斯和列宁所说的，下半截是唯物论，上半截则是唯心论，在这里，也只有实践才能把自然性与社会性结合起来。因为实践本身是自然存在与社会存在的统一体，只有通过实践，自然存在与社会存在才能相互转化、彼此沟通、紧密联系起来。

马克思创立的历史唯物主义理论具有双重意义。一方面，它在人类思想史上开辟了一个新的科学领域，由于它的创立把社会理论变成了科学；另一方面，它第一次把唯物论观点贯彻到社会生活和社会历史的研究中去，把唯心主义从它的最后避难所中驱逐出去。马克思由此创立了自然科学和社会科学统一基础上的，包括社会生活在内的完备、彻底的唯物论理论，从而结束了包罗万象的"科学之科学"的哲学。正如恩格斯所分析的："这种历史观结束了历史领域内的哲学，正如辩证的自然观使一切自然哲学都成为不必要的和不可能的一样。现在无论在哪一个领域，都不再是要从头脑中想出联系，而要从事实中发现联系了。这样，对于已经从自然界和历史中被驱逐出去的哲学来说，要是还留下什么的话，那就只留下一个纯粹思想的领域：关于思维过程本身的规律的学说，即逻辑和辩证法。"①

---

① 《马克思恩格斯选集》第4卷，257页，北京，人民出版社，1995。

（四）哲学理论的革命性转变

经过这一番历史地分析和考察之后，现在又回到本书开首提出的问题：究竟应当怎样去看待和认识马克思主义哲学这种理论？

很明显，马克思主义哲学丝毫没有离开人类思想文明发展的大道，它恰恰是人类思想合乎规律的发展的必然产物；人类思想在曲折发展中所取得的那一切优秀成果，马克思主义哲学一个也没有抛弃、一个也没有埋没，而是作为认识环节都包括在自己哲学的前提中了。马克思所发现的实践本质，正是消除以往观点的片面性，以合理形式把它们的内容统一起来的科学基础。从这一意义完全可以说，马克思主义哲学是人类所创造的那一切优秀哲学思想的集大成。

但也同样明显的是，马克思主义哲学又不是以往哲学发展的简单继续，而是把它置于一个新的基础，使它具有了崭新的面貌和性质；以往哲学的那一切成果也不是简单地兼收并容，而是在新的基础上经过批判地改造，使它们具有了现实的和合理的形式。

马克思主义哲学的诞生就意味着哲学发展史上的一次革命性的变革。

哲学，归根结底来说，就是人对自身主体性的反思理论，即主体自我意识的理论表现。哲学的发展，在这一意义上也就是主体意识不断觉醒的历史过程。如果说，以客体为内容的直观认识阶段的哲学（本体论哲学）仅仅是从人的自身本质的对象化的存在中去发现人的主体性的阶段，以认识对自身的反思为内容的哲学（认识论哲学）只是从主体性的外部表现中去把握人的主体性的阶段，以人及其意识与存在的统一为内容的哲学（人本学哲学）虽然已有意识地处理主客体矛盾，但仍然属于不理解主体真实本质力量的阶段；那么，只有马克思主义哲学奠立于实践基础上的理论，才使主体意识达到了充分的自觉，称得上主体自我意识的科学理论。

把哲学奠立在实践基础上，这就为人们认识和发挥自身的主体能力提供了一个完全符合人的本质的现实基础，从这一基础出发人们才有可能达到对自身主体性的科学的认识，这样的哲学也就成为同其他一切科学理论一样具有严格科学性质的理论，正是依据这一点，所以我在前面曾把马克思主义哲学说成是哲学的科学形态，或科学形态的哲学理论。

实践是以往哲学发展中各种矛盾集聚的焦点，它的发现不但影响到哲学内容、观点、性质，也影响到哲学的对象和功能，使这一切都发生了根本性的变化。

如前所述，哲学发展到了近代，由于自然科学从哲学中分化出去形成一系列独立的科学部门，促使原来包罗万象的那种知识总汇的理论陷入瓦解，哲学面临着一个依据新的知识结构重新确定研究对象的任务；而资产阶级哲学并未完成这一任务，它们仍想以新的形式把科学置于自己统辖的领地以内，这样就造成了"科学之科学"的矛盾状况。资产阶级的哲学家们所以不能完成这一任务，除了其他原因以外，在理论上的一个重要原因就是哲学对象的变革必须与哲学内容、观点和性质的变革一揽子实现。哲学如果发现不了应当归属于自己的新的生长基点，它就不可能放弃过去长期占有的领地。而一旦哲学把自己确立在一个全新的基础之上，它的任务、功能发生了根本的变化，研究的领地自然也就跟着发生了转移。

哲学以实践作为自己生长的理论基点，这就意味着，它立足于一个更高的基础，注重于从自然世界和属人世界的基本关系上，为人们认识和处理这两个世界的种种问题提供指导观点和方法，而不再以提供各个具体领域的知识为任务。从理论方面说，哲学只有建立在实践观点的基础上，才有可能把思维与存在、主观与客观、主体与客体、现象与本质、自由与必然、自然世界与属人世界彻底地统一起来，从而克服那种凌驾科学之上的纯粹本体论、纯粹认识论和纯粹逻辑学的理论，使自己成为世界观、认识论和方法论统一的哲学。很明显，哲学不完成这样的理论变革，就不可能与科学具有真正的分工，在分工的基础上建立起更高的统一联系；而做不到这一点，也就不可能确立自己在新的知识体系中的研究领域和对象。

(五)关于马克思主义哲学的研究对象

马克思主义哲学的研究对象与以往哲学研究对象的区别,具体体现在恩格斯对辩证法所下的定义中,即"关于自然、人类社会和思维的运动和发展的普遍规律的科学"[①]这一提法。恩格斯这句话虽是对辩证法理论说的,在马克思主义哲学中辩证法既是世界观,也是认识论,逻辑学,这三者是同一的,所以关于辩证法对象的定义,可以认为也就是马克思主义哲学的定义。这一定义表明,马克思主义哲学已不再是关于世界的包罗万象的理论,而是把认识集中于自然、社会和思维相互关系的问题上,是关于它们的一般规律的理论。自然、社会和思维这三者,既表现了自然世界和属人世界的关系,也表现了作为上述关系本质的观念世界和实在世界、主观世界和客观世界的关系的内容。关于辩证法的对象恩格斯还有一个提法,把它称作"关于外部世界和人类思维的运动的一般规律的科学"[②]。这两个提法在内容和本质上明显是一样的,区别只在于:在分项上前者采取的是三分法,后者采取的是三分法。三分法比较全面地列出了人与自然、人与人、人与思维所构成的不同世界的关系。三分法则突出了这些不同世界之间相互关系的本质内容,即主观世界与客观世界的关系问题。这两种提法结合起来,就既可以了解马克思主义哲学与科学的区别和联系,也可以了解马克思主义哲学与旧哲学在研究对象上的区别和联系。以自然、社会和思维的一般运动规律为研究对象的哲学,就是世界观、认识论和方法论相统一的哲学。

我曾写过的文章里我主要是否定把哲学归结为本体论,或认为哲学主要是本体论的看法。因为在我看来,马克思主义哲学被变成原则加例子("实例的总和"),对科学发展和人们的理论思维难以发挥指导的作用,同本体论化的倾向具有直接的关系,所以着重强调了哲学的认识论功

---

① 《马克思恩格斯全集》第20卷,154页,北京,人民出版社,1973。
② 《马克思恩格斯选集》第4卷,243页,北京,人民出版社,1995。

能。在否定某种倾向时，会倒向另一种倾向、失去平衡，这是理论研究中经常发生的情况，我在论述中明显地具有不全面甚至偏颇之处。一些好心的同行由此便认为我主张哲学是认识论，或主要是认识论的一"派"，对我仍然坚持使用恩格斯关于哲学的上述定义的做法很不理解。在他们看来，恩格斯的定义是本体论的定义，或依据这一定义人们才做出了哲学是本体论的看法。对我的认识，我认为是一种误解，不过这一误解应当由我承担责任。按我的本意，我并不主张把哲学归结为认识论，或主要属于认识论。在我看来，哲学是本体论，哲学是认识论，哲学是逻辑学，这都同样是为哲学自身的发展所否定了的具有一定片面性的看法。它们在认识发展的一定阶段上各有其存在的理由，但在哲学高度发展的今天，必须使它们统一起来，不应再把哲学归结为其中任何的一种纯粹理论。我坚持哲学在今天应当是世界观、认识论、方法论相统一的理论，或者按列宁的提法是辩证法、认识论、逻辑学相统一的理论，但如何去理解它们统一的内涵，这是需要进一步深入研究的；至于把这一统一原则怎样贯彻到哲学的内容和形式中去，就更是一个需要长期研究的艰巨课题了。但是，不论存在何种困难，三者统一是哲学进一步发展的方向，这点我是坚信不疑的。

至于对恩格斯的定义的看法，虽然也是一种误解，却属学术观点的分歧。在我看来，恩格斯的定义非但没有肯定哲学是本体论，恰恰是对本体论的否定。恩格斯有时按照三分法来表述一般规律，有时又按照二分法来表述一般规律（特别突出思维与外部世界的对立关系），如果不把这种做法看作毫无意义的，那就应当承认，三分法之外又以二分法去表述正是为了避免人们把"自然、社会和思维"按照本体论观点理解成为由三者合成的客观世界整体。下面一段话，理应看作恩格斯自己对他所规定的辩证法定义的说明："我们的主观的思维和客观的世界服从于同样的规律，因而两者在自己的结果中不能互相矛盾，而必须彼此一致，这个事实绝对地统治着我们的整个理论思维。它是我们的理论思维的不自觉的和无条件的前提。""在本书中，辩证法被看作关于一切运动的最普遍的规律的科学。

这就是说，辩证法的规律无论对自然界和人类历史的运动，或者对思维的运动，都一定是同样适用的。"①辩证法规律作为"一般规律"或"普遍规律"是相对于自然、社会和思维（或人类思维和外部世界，或如我们这里所说的自然世界和属人世界、观念世界和实在世界）的关系而言的，并非像某些学者所理解的那样，属于"自然+社会+思维" = "世界整体"的规律。这样的规律所要解决的是如何使这些不同领域相互统一起来的问题，特别是如何使我们的思维与外部世界如何达到一致的问题。所以，可以把它看作也就是关于自然世界和属人世界、观念世界和实在世界相互统一的规律、彼此一致的规律。如果这样去理解，"一般规律"或"普遍规律"就绝不是旧日"本体论"意义上的规律，应当把它看作既是存在规律，同时又是思维规律，或者说既是世界观的规律，同时又是认识论的规律、方法论的规律。

随着哲学内容、对象的变化，马克思主义哲学的产生也使哲学理论的性质和功能发生了根本的变化。这一变化集中地体现在马克思写过的具有纲领性质的一段话中。这段话就是："哲学家们只是用不同的方式解释世界，而问题在于改变世界。"②

（六）解释世界的哲学和改变世界的哲学

解释世界和改变世界表现了哲学对待和处理现实问题——自然世界与属人世界、观念世界与实在世界、主体与客体、主观性与客观性的矛盾问题——的两种不同立场、不同观点和不同方法，同时也代表了两种不同哲学理论的不同的性质和功能。

以往的哲学，不论属于哪一个派别，都不懂得革命实践活动的意义，都不是立足于实践去认识有关现实世界的各种问题的。它们为自己的理论提出的任务，就是如何去说明现存的东西，而不是回答改变现存世界的实

---

① 《马克思恩格斯全集》第20卷，610~611页，北京，人民出版社，1973。

② 《马克思恩格斯全集》第3卷，6页，北京，人民出版社，1960。

践活动所提出的那些课题。所以,以往的哲学都是解释世界的理论,而不是改变世界的哲学。马克思主义哲学与以往的一切哲学都不同,它自觉地把自己的理论建立于实践的基础之上,为自己提出的任务就是去解答那些由于要改变现存世界而产生的各种理论课题。它的理论是为从事改变世界的实践活动而创立的,实践的内容就是它的理论的内容,它本身也就是对于主体实践活动各种矛盾关系的一种理论上的反思。从这一意义可以说,马克思主义哲学作为改变世界的理论,也就是实践哲学。

说旧哲学是解释世界的理论不是改变世界的理论,并不意味着以往的哲学家从未想过要去改变现存世界、毫无变革世界的意愿。这里的解释世界和改变世界,不是愿望问题,而是一个观点问题,亦即理论的性质问题。例如,18世纪法国的那些唯物论者是一些很激进的资产阶级革命分子,有的甚至曾因从事批判宗教、反对封建专制统治的斗争被送进监狱,怎能说他们不主张变革现存世界?但是,他们的哲学是立足自然的理论而非立足实践的理论。按照这种理论,自由、民主的资本主义制度是符合人的自然本性的,封建等级压迫制度是完全违背人的自然本性的,而人们所以接受了封建制度使它得以存在,只是因为人们对自己的本性无知,"由于不认识自己的本性、倾向、需要和权利,人在社会中才失去自由而沦为奴隶"①,所以"无知"是祸根、最大的敌人,只要使人们认识了自己的本性,就可以消除一切灾难。从这种哲学中导引出来的结论只是"重新回到经验、自然、理性去",即启发人们的理智,向人们说明自然状况,使人们认识自己的本性,绝对得不出必须通过革命实践活动去改变现存世界的结论。霍尔巴赫明确地声称,"人只因为对自然缺乏认识才成为不幸者",他从事哲学著述的"目的就是引人重新回到自然",使人们"学会认识他的本质和他的合法权利"。②在法国唯物论者看来,改变世界的任务就在于解释世界,只要解释了世界,就会自然而然地改变世界,这就是

---

① [法]霍尔巴赫:《自然的体系》上卷,14页,北京,商务印书馆,1964。
② [法]霍尔巴赫:《自然的体系》上卷,6~7页,北京,商务印书馆,1964。

"解释世界"的哲学理论所具有的基本特点。

法国唯物主义者从自然哲学中得出的结论，也是认识哲学、人本哲学的观点，可以说是整个近代哲学，在一定意义上也是古代哲学的"传统"观念。所有这些哲学，都是致力于改变人们的观念，即致力于以某种新的方式去说明现存世界，而不是推动人们去从事改变现存世界的实际斗争。费尔巴哈为什么把自己哲学的主要矛头对准上帝，花费那样大的力气去批判宗教？就因为从他的人本学理论出发，他认为人的一切痛苦都是来源于人把自己的本质对象化为上帝的本质，然后以这个"宗教的荒诞的、虚幻的本质"掩盖了"人的实在的本质"，即由于"宗教使我们自己的本质跟我们疏远开来"的结果，所以在他看来，只要"返璞归真"，把宗教的虚幻的本质归还于人的实在的本质，即从理论上阐明人的真实本质，就可以消除现实的一切罪恶。所谓"人本学"也就是做出了合理解决的"神学"，唯物论哲学是如此认识的，唯心论哲学更不必多说了。例如，德国的唯心论者，他们也进行了对宗教、国家的无情的批判斗争，但正如马克思所揭露的，他们的斗争只不过是"同现实的影子所做的哲学斗争"。马克思对他们这种斗争作了非常形象的描绘："有一个好汉一天忽然想到，人们之所以溺死，是因为他们被关于重力的思想迷住了。如果他们从头脑中抛掉这个观念，比方说，宣称它是宗教迷信的观念，那么他们就会避免任何溺死的危险。他一生都在同重力的幻想作斗争，统计学给他提供愈来愈多的有关这种幻想的有害后果的证明。这位好汉就是现代德国革命哲学家们的标本。"关于这种哲学的本质，马克思进一步分析道："这种改变意识的要求，归根到底就是要求用另一种方式来解释现存的东西，也就是说，通过另外的解释来承认现存的东西"，尽管他们"满口讲的都是'震撼世界'的词句，而实际上他们是最大的保守分子"。①

自然哲学、本体哲学、认识哲学、人本哲学立足于自然、存在、认识和抽象的人性，仅仅是关于自然的反思理论、存在的反思理论、认识的

---

① 《马克思恩格斯全集》第3卷，16、22页，北京，人民出版社，1960。

反思理论和人性的反思理论。它们把统一于实践整体活动中的各个环节肢解开来，使它们变成一些片面的抽象的原则，已经失去了实践所固有的本质。这种理论的性质决定了，从它们只能启迪人们认识自身本性的某些表现，绝不可能引出从事革命实践活动的结论，也绝不可能对人们改变现存世界的活动起到指导作用。这种理论仅仅属于启蒙作用的哲学。

主观性与客观性等矛盾因素，在现实中只是作为主体活动的实践环节而起作用的。我们在认识中，不仅只有从实践观点才能把它们把握为实践活动的原则，而且也只有从实践观点才能全面理解它们的本质内容。马克思曾经评论费尔巴哈的理论，认为他揭露了宗教世界是世俗世界的幻想，对宗教的这种理解比他的前人要深刻得多，但这尚未抓住问题的真正本质。马克思指出："费尔巴哈是从宗教上的'自我异化'，从世界被二重化为宗教的、想象的世界和现实的世界这一事实出发的。他致力于把宗教世界归结于它的世俗基础。他没有注意到，在做完这一工作之后，主要的事情还没有做哩。因为，世俗的基础使自己和自己本身分离，并使自己转入云霄，成为一个独立王国，这一事实，只能用这个世俗基础的自我分裂和自我矛盾来说明。因此，对于世俗基础本身首先应当从它的矛盾中去理解，然后用排除这种矛盾的方法在实践中使之革命化。"[①] 按照解释世界的理论，只要揭露出宗教内容的世俗来源就已经够了。进一步剖析世俗基础为什么把世界二重化为想象的世界和现实的世界，这是只有从实践的观点才能提出的任务，因为只有提出通过革命实践活动去改变这一世俗世界的要求，才有必要去研究某种意识形态所以产生出来的根源和条件问题。

从实践观点去分析属人世界和自然世界相互关系中的各种矛盾因素以及它们的内容和表现，这就意味着，从它们固有的本质、从它们的总体联系、从它们的相互作用、从它们的产生根源以及它们的历史过程和现实意义等方面，全面地去认识它们、把握它们。只有这样的理论才可能是彻底的和科学的。仍以宗教现象为例，马克思就明确地说过："事实上，通过

---

① 《马克思恩格斯全集》第3卷，4页，北京，人民出版社，1960。

分析来寻找宗教幻象的世俗核心,比反过来从当时的现实生活关系中引出它的天国形式要容易得多。后面这种方法是唯一的唯物主义的方法,因而也是唯一科学的方法。那种排除历史过程的、抽象的自然科学的唯物主义的缺点,每当它的代表越出自己的专业范围时,就在他们的抽象的和唯心主义的观念中立刻显露出来。"①所以,马克思主义哲学的革命性、科学性和实践性,这是三位一体的东西,不可以把它们分割开来理解。

二、哲学进一步发展的基点

(一)哲学思维方式的意义

每一种哲学理论在它产生之时,都不仅具有超常识观念的性质,而且对于当时流行的科学观念也有着某种超越性,这是哲学作为反思意识而具有的根本特点。正因为如此,哲学才能给人的思想以深邃的启发。世界观的转变属于思维方式的转变,一种哲学理论(哲学体系)产生出来,如果它真正代表了时代精神的精华,这就意味着人们从它获得一种用以观察一切问题的新的思维方式。

旧的思维方式是从旧知识内容中形成的。人们从旧的思维方式去看已有的知识内容,自然会感到传统科学和理论对问题的说明和解释不仅是无懈可击的,并且也很难想象得出还会有什么别种堪称真理性的解释和说明。然而,人们观察问题的视角一旦发生变化,即换上了另一种思维方式,那些传统的理论、知识就变得不仅再也不能令人满足,而且人们还会

---

① 《马克思恩格斯全集》第23卷,410页注释,北京,人民出版社,1972。

发现,原来"天外尚有天"!所以思维方式的变化是根本性的变化,每一种新的哲学思维方式的出现,都具有某种解放思想的作用。

思维方式是人们思维活动中用以理解、把握和评价客观对象的基本依据和模式。人的认识与动物认识不同,人从不满足于按照事物当下直接给予人的意义去理解事物,而总是追求从事物隐蔽的更深层的意义中去理解事物。人的头脑是运用自己专有的方式去了解世界、掌握世界的。这种认识方式,直接地是来源于以往认识经验的总结,而归根结底来说则是反映着(一定历史阶段上的)人的实践活动方式。经由实践证实为行之有效的那些凝结为概念和范畴体系的已有知识成果,决定着人们进一步认识未知事物的思维模式和意识取向。如列宁所说:"人的实践经过千百万次的重复,它在人的意识中以逻辑的格固定下来。这些格正是(而且只是)由于千百万次的重复才有着先入之见的巩固性和公理的性质。"①具有巩固性和公理性的概念、范畴及其关系所形成的框架就是人们作为认识工具而运用的思维方式。

思维方式具有多种不同层次和类型。科学中那些基本的概念和范畴,人们在把它运用于相关的认识领域时,都具有思维方法的意义。不同科学的概念和范畴,形成了不同类型的思维方法。不同类型的思维方法适应于不同的认识领域和认识活动,它们属于具体的思维方法。哲学的观点则属于适用于一切认识领域和一切认识活动的普遍方法。各门科学理论是哲学理论得以形成的知识基础。从总结科学知识中形成的哲学方法,当然不能不受到科学理论发展状况的制约,这是它们在一个方面的关系。哲学方法并不是从各门科学理论中抽取出来的仅仅属于科学方法的共性内容。哲学思维方式以主体与客体、主观与客观的基本关系为内容,而这恰恰是一切科学方法的最终根源。不论哪一种科学的概念和范畴,它们的性质和形式归根结底都是由这一关系所规定的。科学理论所以构成哲学理论的知识基础,只是因为哲学必须通过这些知识才能具体把握主体与客体、主观与客

---

① 《列宁全集》第38卷,233页,北京,人民出版社,1959。

观的关系；而当哲学把握到这种关系之后，转过来它就成为各门科学理论的思维方式基础。从这一个方面去看，各门科学又只有通过哲学思维方式，才能形成自己适于主体活动方式的认识方法。哲学思维方式决定着科学作为具体思维方法的性质和取向。我们通常说哲学是方法论，就是指哲学思维方式实质是一种方法的方法，即关于方法的专门理论。

思维方式是一个历史范畴。不同历史时期主体的发展程度及其与客体发生关系的方式不同，人们用以观察和评价事物的思维方式也便不同。一方面主体及其活动方式发生了变化，与之相应地思维方式也要发生变化，这里表现了社会存在对社会意识的本原的和基础的作用。但在另一个方面，哲学的思维方式又是时代精神精华的最高结晶，在它里面集中地表现了时代发展的本质趋向和内在要求。哲学思维方式同时具有塑造时代精神的面貌、推动社会历史发展的作用。从一个时代转变到另一个时代，不仅必须经历哲学思维方式的根本变革，而且人们只有改变了看待一切问题的思维方式，才能彻底变革社会的意识形态，进而实现整个社会生活的深刻变革。

马克思主义哲学就是代表自19世纪中叶以来人类进入新的历史时期，适应时代变革的要求而出现的一种崭新的思维方式。马克思主义哲学的产生所以引起了整个哲学理论观点的革命性转变，从根本上说也就是因为思维方式发生了变革。马克思主义哲学是立足于实践的基础去观察、认识一切哲学问题的。这种新的思维方式也就集中体现在马克思主义的实践观点之中。

对于马克思主义的实践观点，我们绝不能把它看作仅仅是用来回答认识的基础、来源和真理的标准等认识论问题的一个原理；而必须把它看作马克思主义用以理解和说明全部世界观问题、区别于以往一切哲学观点的新的思维方式。只有认识到这一点，才能把握马克思主义哲学全部内容的实质。

实践观点作为一种崭新的思维方式，它也就是马克思主义哲学对待一切问题的思维逻辑。每一种哲学，都主要是由于它的思维逻辑而与其他哲学相区别的。是否贯彻实践观点这种思维方式，就应当是判定马克思主义哲学与非马克思主义哲学原则界限的基本依据。凡属马克思主义的哲学观点，它都必然符合于马克思主义的思维逻辑，如果与这一思维逻辑相悖，它就不能属于马克思主义的哲学观点。有时我们也依据马列经典著作论述的具体观点去划分马克思主义哲学与非马克思主义哲学。通行的哲学教科书在它形成时就主要是依据经典著作的论述来确定马克思主义哲学内容的，这种方法有时很必要而且简便，却并不十分可靠，因为观点属于理论的个别表现，思维方式才代表精神实质。马列经典著作中论述的观点情况很复杂，其中包括许多经典作家赞同但并不属于马克思主义哲学的观点，如唯物论一段原则性的观点。另外，经典著作论述的观点毕竟是有限的，有许多问题那里并没有讲到，我们显然不能由此便把马克思主义哲学体系封闭住，使它不再增加新的观点。哲学教科书的原理几十年没有很大变化，而且其中包括了许多并不反映马克思主义实质的观点，我认为这同它没有抓住思维逻辑这一主要依据，而只是依经典著作的论述来划分马克思主义哲学与非马克思主义哲学界限的情况有着直接的关系。

一种哲学理论的发展，在一定意义上说，就是它的已有思维方式在新情况下合乎逻辑地进一步展开和发挥。马克思主义的实践观点是我们推进马克思主义哲学进一步发展的基本依据。所谓发展马克思主义哲学，其实质也就是运用马克思主义的实践观点——这一崭新的思维方式去分析、总结、回答现时代社会实践和科学技术所提出的那些新成果、新思想、新问题。马克思和恩格斯确立了实践观点，奠定了新哲学的基础，他们同时运用这一新的思维方式研究、回答了他们时代所提出的理论和实践的问题，创立了马克思主义哲学。他们只能解决他们所处时代提出的问题，不可能解决在他们时代尚未提出的问题，这些应当属于由我们去完成的任务。只要我们坚持运用马克思主义的实践观点解答了我们时代提出的问题，我们就能大大丰富马克思主义哲学的内容，推进马克思主义哲学理论的发展。

（二）哲学中的几种思维方式类型

每一种基本的哲学观点都代表人类认识中的一种思维方式，如自然观点、本体观点、原素观点、感觉论观点、理性论观点、意志论观点等。甚至在认识史中出现的每一个哲学体系也都可以看作一种不同的思维方式，如原子论哲学、理念论哲学、实体二元论哲学、实体一元论哲学、单子论哲学、绝对精神哲学、人本学哲学、实用主义哲学、逻辑实证论哲学等。这些不同思维方式的区别、联系和演变是由哲学史学科来具体研究的。我们这里需要的是总体上大的分类。

总结哲学认识的发展，就思维方式的基本类型来划分，可以归纳为下面几种：第一，从未分化的笼统的自然出发去认识一切问题的思维方式，可以称之为自然观点；第二，从脱离人的自然出发认识各种问题的思维方式，属于存在观点；第三，从脱离自然的主体（即意识）出发认识各种问题的思维方式，属于意识观点；第四，从抽象的人出发去认识各种问题的思维方式，属于人本学观点；第五，从人与自然的具体统一即从具体的人的现实活动出发去认识各种问题的思维方式，属于实践观点。其他那一切具体的思维方式，都可以概括在这几种基本思维方式类型之中。

一切事物都处于普遍联系之中。这就是说，事物都是互相模拟的。人要从事物隐蔽的深层的意义中去把握事物，就不能不借助比拟的方法。认识总是以他物说明此物，而非以此物说明此物。当我们说"马是动物"时，已经超越了当下对象的局限，把个别归于一般，借助他物来了解此物，否则，那就会陷于同语反复。列宁曾把这点称作人类认识的辩证法，说："从任何一个命题开始，如树叶是绿的，伊万是人，哈巴狗是狗等。在这里（正如黑格尔天才地指出过的）就已经有辩证法：个别就是一般……这就是说，对立面（个别跟一般相对立）是同一的。"①

在一切对立面同一的联系中，对人的活动而言最重要和最基本的，

---

① 《列宁全集》第38卷，409页，北京，人民出版社，1959。

是人与自然（或人与物）的对立面。人对无论什么对象的认识，都同它对人与自然的关系的了解分不开。人总是将物比人，或是将人比物，从对人与自然的关系的认识中去了解各个对象。认识所以总是离不开人对自然的关系，这不仅是因为人自身是人一切认识活动的基本出发点，而且因为人与自然的关系既贯穿和体现在人的本质之中，也贯穿和体现在自然（作为客体）的本质之中。人是自然进化产生的最高存在物，在人身上集中了自然已有的一切精华和一切矛盾关系。从人出现以后，人的活动又赋予了自然物以新的矛盾内容。可以说，人的身上体现着自然的最高本质，隐藏着自然的最大秘密。所以，了解自然就不能不了解人，对人的本质的了解如何，就从根本上规定了认识自然的基本思维方式。上面列举的哲学思维方式的几种基本类型，对人的不同了解就是它们相互区别的本质内容。

第一，原始社会末期形成的万物皆有灵魂的观念，是将人比物的拟人观的思维方式。人类进入文明时期以后。尝试从自然的存在出发去了解一切事物，由此形成了自然观点。自然观点与直观认识相适应，仍然属于人的本能意识的表现，这种观点是从人的对象性存在中去了解人的本质的。在它看来，人是自然的一部分，人的存在是自然本质，但它在把人归入于自然之中的同时，也把人所特具的许多属性带给了自然存在，所以在它看来，自然的存在也是人性的存在，除了理性灵魂这点以外，在其余方面自然与人都是同一的。正是运用这种思维方式，古代哲学从自然客体中揭露出来的却是属人的矛盾关系。与这种思维方式相适应的理论形式主要是自然哲学、理念哲学、目的论哲学等，中世纪的宗教哲学也属于这种思维方式。自然观点注重事物整体上的统一性，笼统地直观认识是它的基本方法，它也注重从产生和基源中去把握事物的本质，还原论和元素论的方法在这种认识中已有萌芽。

第二，存在观点从自然观点演化而来，是对自然观点的彻底贯彻和发挥。存在观点从人的本原存在中把握人的本质。在他看来，人的一切特性都来自人身上及人身外的自然本原，从自然存在便可以说明属于人所有的一切，所以存在观点也就是剥除了人性的自然观点。这种观点运用于自然现象，强调从本原和构成去认识事物的本性，强调客观决定论，还原方法、分析方法、线性因果方法是它的基本方法。与这种思维方式相适应的主要是本体论、单线决定论、机械因果论等理论形式。

第三，意识观点是与思辨认识相适应的思维方式。意识观点注重于从人作为主体能动本质的外部显像中把握人的本质。由于它把主体同自然绝对地对立起来，使人完全脱离了自然的本原和基础，因而便把人——主体归结为意识本质，形成了从意识出发去看待一切事物的思维方式。意识观点在对其他对象的认识中，强调从发展形态、以概念形式去寻求事物的本质规定。概念论方法、综合方法、目的论方法是它的基本方法。与这种思维方式相适应的有认识论、理性论、意志论、目的论等理论形式。

第四，人本观点是从否定意识观点和存在观点，同时作为两者的直接综合而出现的思维方式。这种观点试图直接从意识和存在的统一出发去把握人的本质，但它了解的人仍不过是意识与存在的简单合并，所以从思维方式的本质说，人本观点缺乏自己特殊的内容，在应用中它或者倾向于意识观点或者倾向于存在观点，更多的是倾向后者。

这就是马克思主义哲学产生以前的几种思维方式类型。自然观点属于过渡性的思维方式，人本观点属于综合性的思维方式。历史上影响最大的是存在观点和意识观点这两种思维方式。所以，应把后两者看作最基本的思维类型。

（三）实践作为历史概念的几个基本环节

实践观点是马克思主义哲学创立的，但实践概念并不是马克思主义哲学首次提出的。那种认为只有马克思主义哲学才第一次把实践概念引入到哲学中来的看法，并不符合哲学发展的事实。

早在古代哲学中人们就已探讨过实践活动的内容，近代哲学正是从哲学的角度研究了实践概念的本质和意义。它们当然都没有达到实践的完全科学的概念，但它们已经把握到实践概念内涵的几个主要环节。没有历史上的这种研究和在这种研究中所取得的成果，马克思主义哲学是不可能一下子就建立起完全科学的实践概念来的。这几个主要环节如下。

人们最早是从"实行""践履"的意义上了解实践这种活动的。中国自孔孟始，就提出了知行问题，与之相对的行就是实践。知与行的关系已属实践内部包含的矛盾关系，即作为实践的行总是与知相区别而又紧密联系着的。在欧洲，亚里士多德从潜能的实现过程去理解实践，在他看来，实践就是包括了完成目的在内的活动，潜能实现的过程如不完成目的就不是实践。把实践（行、实现）同目的性联系起来，以是否实现了目的作为实践同其他活动的区别，这是非常有意义的。把目的看作推动潜能走向现实的动力，这就意味着，他已认识到目的性构成了实践活动的基本环节，实践活动属于一种目的性的活动，这是人类认识所把握到的实践概念的第一个环节。

如果说古代哲学还只是偶然地谈到实践问题，而且它们了解的实践概念很宽泛，尚未把人的活动同物的活动严格区分开来；那么在近代哲学尤其是德国古典哲学中，实践活动已专指人的主体活动，并构成了论述主体活动的哲学的有机组成部分。

康德最早提出了实践理性和理论理性的概念。与此相适应，他把哲学也区分为实践的哲学和理论的哲学。理论哲学又称作自然哲学，主要研究认识论（也包括本体论）问题；实践哲学主要研究伦理问题，又称作道德哲学。所谓实践理性，指和意志发生关系的那种理性，意志的问题属于行动问题，实践理性也就是理性通过意志在人们活动中的"实践应用"。在康德看来，作为人们道德行为核心的意志完全受人自己的理性所支配，这点就表明人的理性是有实践力的，它能够不依靠任何经验的东西、而仅凭自身来决定意志。康德由此得出，人在实践领域是不受自然必然性支配的理性自主体，即自由的人。在康德的这些思想中，揭示出了实践概念的另一个基本环节，即实践是一种自主性的活动。自主性只属于理性对意志的关系，康德通过这种观念便把实践缩小为仅属人的道德活动。

在费希特哲学中，实践一词具有宽泛得多的含义，已被扩展到了整个理性。费希特认为，理性活动是一种创造性的活动，它在本质上就是实践的；实践并不限于道德活动，只是它必然和道德活动相联系。这样，费希特就揭示出了实践活动的一个本质特征，即创造性活动的特征，这是人类认识把握到的实践概念的第三个环节。在康德哲学中，理论理性作为认识活动是与实践理性对立的，两者缺乏统一性的联系。费希特从上述理解中不仅把理论理性与实践理性联系了起来，并且还试图从实践的基础上去理解和说明认识的产生、形成。例如，"并不是理论的能力使实践的能力成为可能，反之，乃是实践的能力使理论的能力成为可能""如果理性不是实践的，那它本身就不能成为理论的"，如果人类本身不存在一种实践能力，那它也就没有禀赋着什么睿智的可能……一切表象之可能性都基于这种实践能力等。费希特是主观唯心论者，他在唯心论基础上能说出这些话，能够认识到实践的能力决定着人的认识能力，确是难能可贵的。

黑格尔在前人思想的基础上，更进一步说明了理论理念和实践理念的关系。按照黑格尔的观点，人的认识面对客观世界，表现为主观性与客观性的对立。最初，主观性与客观性两者都是片面的。为了消除两者各自具有的片面性、使它们达到相互统一，需要两种不同的活动，一个是认识活动，另一个是实践活动。在这两种活动中表现出的主观性与客观性的关系是恰相反对的。认识活动主要是接受存在着的世界，以便使它进入自身即主观的表象和思想以内，扬弃理念具有的片面的主观性。实践活动则相反，在实践活动中，人将客观世界仅仅当作一个假象、一堆偶然事实的聚集，它凭借主观的内在本性去规定并改造这个聚集体，从而达到扬弃客观世界的片面性。这两种活动单就自身而言都是有局限的，只有把两者统一起来的无限过程才能达到"善"。从这些思想可以看出，黑格尔已把实践明确规定为主观改造客观的活动，并从相互作用中探讨了实践与认识的对立统一关系。黑格尔的思想是很深刻的，列宁给予了很高的评价。列宁明确肯定，"毫无疑问，在黑格尔那里，在分析认识过程中，实践是一个环节，并且也就是向客观的（在黑格尔看来是'绝对的'）真理的过渡"。在这里列宁还特别指出了，"因此，当马克思把实践的标准列入认识论时，他的观点是直接和黑格尔接近的：见'费尔巴哈论纲'"①。

对实践的理解，也就是对人之为人的本质的理解，这两个问题是紧密联系着的。哲学是怎样理解人的，它也就怎样去理解人的实践活动。德国哲学家们只限于从理性活动去理解实践，这表明他们把人看成一个理性的本质。与他们把人的本质抽象化的观点相适应，他们对实践的理解也是抽象化的。实践如果不被理解为感性活动，它就没有直接现实性的意义，也就不可能去消除客观性和主观性的片面性、实现两者的统一。康德、费希特、黑格尔之后的费尔巴哈竭力反对抽象、力求回到感性，他把人理解为富有思维本质的感性存在，与此相适应的，也把实践看作属于感性的活动。但他并未解决思维与感性在人身上的统一问题，因此也就不可能理解作为感性活动的实践的意义。他所了解的感性活动不过是指单纯满足情欲的活动，用他自己的话来说，就是纯粹"利己主义"的吃喝自然、"享受对象"的行为，这样的感性活动，当然毫无能动性可言，与动物的活动没有什么本质不同。费尔巴哈本人对他所说的这种"实践"活动也采取鄙夷的态度，当他讲到属于真正人的活动时，又回到了理论的活动。所以马克思说他仅仅是从"卑污的犹太人活动"的表现形式去理解实践，完全不了解"'革命的''实践批判的'活动的意义"②。

从上述可以了解，马克思主义产生以前，人们对实践作了多方面的探讨，关于实践概念所包含的几个基本要点人们已都接触到了。总结起来说，先前的哲学家已把实践看作具有下述特点的活动：实践是（1）实现目的性的活动；（2）具有自主性的活动；（3）能动的创造性活动；（4）主观改造客观的活动；（5）感性的活动；等等。问题主要是出在同

---

① 《列宁全集》第38卷，228页，北京，人民出版社，1959。
② 《马克思恩格斯全集》第3卷，3页，北京，人民出版社，1960。

对人的本质的了解一样，能动本质和感性基础统一起来。如果承认实践是一种富于创造性的能动活动，那么它就只能被理解为抽象的理性活动；如果把实践活动看作属于一种感性的活动，这种活动就不可能具有革命批判的意义，因而也就不可能是真正人的活动。很明显，理解实践问题的关键在于，如何在人的感性活动中赋予它以能动性和创造性的内容。而这就意味着对人的本质要达到一个完全不同于过去的全新的理解。马克思发现劳动生产活动是把人从动物中提升出来、使它成为人的第一个历史活动，由此既揭示出了人之为人的真实本质，同时也解决了实践观中的矛盾，建立起了科学的实践观点。

（四）实践观点作为新思维方式的意义

从马克思的观点看来，人的实践性也就是人性、主体性，即构成人作为主体的基本规定性。人有什么样的实践性、什么样的实践力、从事什么样的实践活动，也就有什么样的人性、主体性，也就是属于什么样的人、主体。这两者是同一的。

如果说人是人一切活动的根本出发点，不论人们认识自然世界或属人世界，都在自觉或不自觉地贯彻着对人的观点；那么，实践性作为人性的基本规定，在哲学理论中人们用以观察问题的各种不同方式也就不能不反映出实践活动的内容和特点。人的实践活动，是人的一切认识的实际出发点，也是人的一切认识的根本内容。构成认识对象的客观世界，首先是作为实践活动的客体而存在的。不属于实践活动的对象的存在，也就不能成为现实存在的认识对象。人们把握对象的认识方式，也首先是作为实践方式而起作用的。不构成实践方式的必要环节的东西，也绝不可能成为认识活动的方式。

从这一意义说，先前哲学所有的一切理论观点，包括我们在上面所说的自然观点、存在观点、意识观点、人本观点在内，都不过是以这样或那样的方式对实践的内容和环节的反映。很明显，如果实践中不包括自然存在对人及其活动的基础性作用,就绝不可能产生出来强调自然本原作用的存在观点。同样地,如果在实践活动中不存在作为人的对象世界是由人的活动构成的这样的环节,那种从意识出发大讲自我建立非我的哲学理论能够产生出来并发生重大影响,就成为不可想象的事了。正是基于这点所以马克思说:"凡是把理论导致神秘主义方面去的神秘东西,都能在人的实践中以及对这个实践的理解中得到合理的解决。"[①]

但是,应该说以往的这些自然观点、存在观点也好,或意识观点、人本观点也好,都只是对实践内容和作用的一种本能的、自发的反映。马克思主义哲学建立了关于实践的科学观点,这才达到对实践内容和作用的自觉地反映。自发的反映和自觉地反映有着原则性的差别。实践活动属于人与自然、主体与客体、主观与客观之间的否定性的统一活动,只有自觉地去认识它才能全面把握它充满矛盾性的复杂内容;在人们对它自发的认识中,必然会把它所包含的矛盾的内容肢解开来,分割成为互相对立的因素,以片面的形式去加以表现。存在观点夸大自然存在的本原作用和基础作用,意识观点夸大思维活动的能动作用和创造作用,两者形成两种完全对立的片面性的思维方式,就清楚地说明了这点。

马克思主义的实践观点是从克服存在观点和意识观点的片面性理论、全面反映实践活动的多种矛盾内容中形成的,因而它就是自觉地从实践出发去看待世界一切事物,人类迄今所达到的最高的科学思维方式。

从马克思主义哲学看来,实践是主体依据一定目的变革客体的感性活动。所谓感性活动,首先意味着实践是一种具有直接现实性的活动,在这一点上它区别于单纯的观念活动。在劳动生产活动中,人自身只有作为一种自然力去与自然物质相对立,通过自身具有的自然力去作用外界对象,才可能在对自身生活有用的形式上占有自然物质。以自然力的形式去改变自然物质对象,这里就表现了自然物质存在对人的活动具有本原的和基础的作用。实践活动必须以人和对象的自然物质存在为前提,并遵循自然物

[①] 《马克思恩格斯全集》第3卷,5页,北京,人民出版社,1960。

质运动的规律而活动。

作为实践活动的感性活动,同时是一种实现目的性的活动。人在生产活动中并非仅仅使自然物发生形式上的变化,而且要在自然物中实现自己的目的。在这一点上,它又区别于动物的本能活动和自然物的单纯实体性运动。如恩格斯所指出的,推动人去从事活动的一切都要通过人的头脑,外部世界对人的影响"反映在人的头脑中,成为感觉、思想、动机、意志,总之,成为'理想的意图',并且以这种形态变成'理想的力量'"[①]。目的代表主观的欲求,理想属于尚未存在的客体。客观的存在转化为理想的存在,通过人的活动再转化为现实的存在,这里表现出了主体的巨大的创造作用。实践就是主观见之于客观的活动,它在本质上属于主体的能动性活动。

在实践活动中,自然的基础作用和主体的创造作用是结合在一起的。实践活动作为物质运动最高级、最复杂,内容又最丰富的形式,它就是主体与客体、主观与客观相互规定,相互作用、相互转化的活动。实践既是消除主观性与客观性各自的片面性、使主体与客体达到统一的活动,又是发展主观性与客观性的对立、造成主体与客体新的矛盾的活动。总之,在实践活动中不仅蕴藏着人类社会生活的一切秘密,也蕴藏着人的对象世界的一切秘密;它是人类面对的一切现实矛盾的总根源,同时又是人类能够获得解决这一切矛盾的力量和方法的源泉和宝库。

马克思主义哲学立足于实践基础,自觉地以实践作为观察和处理一切问题的出发点,自然就会引起思维方式的根本变革。

以往哲学用以观察各种问题的那些观点,虽然在实践活动中都有其根据,都反映了实践内容的某一环节或因素;由于它们脱离了这些环节和因素在现实活动中的统一联系,表现在它们的理论中就不能不变成抽象化的原则,从而失去真理的全面性。马克思主义哲学以实践观点为原则,这就是说,它是自觉地从人与自然、意识与存在、主观性与客观性、能动性与

---

① 《马克思恩格斯选集》第4卷,232页,北京,人民出版社,1995。

本原性在现实活动中所表现的统一联系出发,去对待和处理这些环节和因素的关系的,所以只有这种思维方式才能把握真理的全面性。体现这一思维方式的理论形式,就是辩证唯物论哲学。

实践观点既然是人与自然、意识与存在、主观性与客观性在现实活动中相互统一的思维方式,彻底运用实践观点去观察和看待一切哲学问题,就必然会引起全部理论观点的深刻变革。马克思所以能够既克服唯心论哲学的片面性、又克服旧唯物论哲学的片面性,做到把辩证法和唯物论彻底统一起来,依据的就是这一实践观的思维方式。我们要进一步推进马克思主义哲学前进,坚持用马克思主义的观点和方法去回答现实和科学提出的各种问题,首要的也是必须掌握这一思维方式,自觉地运用实践观点去观察问题和处理问题。

(五)贯彻实践观点与转变哲学观念

马克思和恩格斯确立了实践观点,为人类认识提供了一个全新的思维方式,并由此实现了哲学理论的革命性的转变,这是他们对思想史做出的伟大的贡献。由于他们的这种理论活动,开辟了人类认识发展的一个新的时代,这就是自觉地运用科学的思维方式去观察和处理各种问题的时代。

马克思和恩格斯运用他们建立的实践观点研究和回答了他们时代所面临的重大实践课题,并且依据当时理论斗争的需要分析和清算了已往哲学的各种错误观点,在此基础上创立了他们的哲学理论。我们从思想发展史的全局去认识应当承认,他们所做的主要还是创立新哲学理论的奠基性的工作。如果把这一新哲学比作一座大厦,他们完成的只是基础工程,至于大厦本身远未完成,这是留给后人的任务。马克思和恩格斯开辟了认识真理的道路,在我们面前有着无限广阔的活动天地。

遗憾的是,如我在本书开头所分析的,长期以来由于各种因素的作用,在我们的手里马克思主义哲学并未得到它应有的发展,甚至使它的许多原理走样、变形,失去了固有的精神。从理论上说,造成这种状况的主要原因在我看来就是出在我们没有真正掌握实践观点这一思维方式的精髓。

我们的教科书也承认实践观点是马克思主义哲学的基本观点，看来像是很重视实践理论，事实上并没有真正理解和把握实践观点所蕴含的深刻内容和意义。从教科书中的哲学观点看来，实践不过是许多原理中的一个原理，它之所以重要，只是因为实践是说明认识的基础、来源和真理标准的基本概念。所以，通常只是把它看作"辩证唯物论的认识论的"第一的和基本的观点，而没有把它看作代表新世界观用以观察一切问题的崭新思维方式。

由于我们没有掌握实践观点作为思维方式的内容和意义，也就不能自觉地运用这种思维方式去观察和对待各种理论的和实践的问题。人的头脑不能够出现空白。不用这种思维方式去观察问题，就是在用另一种思维方式观察问题。从自觉的认识退回到自发的认识，那就不可避免地要出现或用这种思维方式或用那种思维方式去观察问题，此时在此一问题运用这一思维方式而彼时在另一问题又使用另种思维方式的情况。我们的教科书所运用的思维方式就并不都是实践观的思维方式，虽然它的内容来自马列经典著作。为什么我们会把明显属于自发唯物论甚至机械唯物论的命题、原理，当作了马克思主义哲学而在教科书中大加介绍和论述？为什么我们在贯彻马克思主义的观点中，分析出来的结论往往与马克思主义哲学大相径庭？究其实质，就是因为我们实际所运用的思维方式不是马克思主义的，而常常是存在观点的思维方式，有时甚至是意识观点的思维方式。

因此我认为，如果我们能够做到彻底运用实践观的思维方式去观察和对待各种哲学问题，就一定会大大推进马克思主义哲学的发展，完成马克思、恩格斯、列宁和毛泽东未完成的事业，使马克思主义哲学的内容进一步丰富和完善。但是，我们要想做到这点，首先必须理解和掌握这一马克思主义的思维方式，而为此就要转变那些虽然传播已久，但明显不符合这种思维方式的许多旧有的哲学观念，这是绝对不可少的一步工作。

所谓转变旧有的哲学观念，也就是运用实践观的思维方式去审查已有的理论，纠正那些离开马克思主义哲学轨道的认识，使它重新回到马克思主义哲学的轨道上来，换句话说，就是首先在教科书的哲学理论中贯彻实践观的思维方式。认真贯彻这一点，我们会认识到，应当加以转变的这类哲学观念是很多的，而且有许多正是关乎马克思主义哲学的最基本的观点。

下面，就是在我看来应予转变的一些哲学观念。

三、哲学观念的转变

（一）从实践观点看世界观的基本矛盾

人们在直观中达到的只是客体的自然世界，从思辨所把握的只是抽象的观念世界，而实践活动所面对的则是不仅生动具体而且具有多重意义的世界。从实践观点出发，必须转变把世界观理解为解决单一世界部分与整体矛盾的看法，而以解决属人世界与自然世界、主观世界与客观世界的矛盾作为世界观理论的根本任务。

实践是一种分化世界的活动。人们在实践中，把客观的自然世界转化为"为我而存在"的属人世界。所以对于人的实践活动来说，世界就不单是一个自在的客观世界，而且是一个可以经由人的活动改造成为满足自身需要的对象世界、价值世界。世界自身如果不具有这样的双重性质，或者人无法使它发生这样的转变，就不会有人和它的实践活动。

实践是一种创造性的活动。人们只有把客观世界转化为观念世界，并注入主体的目的性内容，使之形成理想世界，然后通过自己的活动再把理想世界转化为现实世界，才能实现变革世界的任务。这表明，人们在自己的实践活动中所处理的不只是客观世界的矛盾，还有由于这种活动自身形成的主观世界与客观世界的矛盾。归根结底来说，这种矛盾仍然属于世界所有的矛盾，如果世界本身不具有这种矛盾，它在实践活动中也不会出现，而那样也就不会有人的实践活动。

实践活动作为能动的变革活动，具有前后相继的联系和不断超越自身的性质、特点。前代人实践的成果构成后代人借以活动的条件，后代人只有凭借这一基础，才能发展和提高人类实践活动。这表明，实践活动面对的已非纯粹自在的自然界；而是经过前人活动改造过的人化自然界；实践活动凭借的条件也不仅有自然界，还有前人实践创造的文化世界、知识世界和人的世界。每一代人都必须通过这样一定的文化世界、知识世界、人的世界去同自然世界发生关系。人们如果不能正确地对待和处理这许多不同世界之间的关系，就不能提高人的实践能力、发展人的主体性，也就不会有现实的实践活动。

所以，各个人所面对的世界虽然都相同，从直观观点、思辨观点、实践观点这些不同观点所把握到世界的内容，却是很不相同的；或者也可以说，同一个世界对于持有不同观点的人所表现的意义各不相同。

世界的多重性质，归根结底来说就是我们在前面一再提到的"属人世界"与"自然世界"的矛盾关系，其他各种矛盾是由此派生的，都可以概括到这一基本矛盾内容之中。

自然世界和属人世界本属同一个世界，它们都是由人和物这两大要素构成的。但在同样的人和物之间存在着恰相反对的两重性关系，表现了世界对人而言相互对立的两重性质。人和物之间存在的一重关系是自然关系，在这种关系中，人也作为物而存在，同物一样服从于自然规律的支配，自然方面是主导的，人构成自然世界的组成因素。人和物之间存在的另一重关系是属人关系。在这种关系里，人是作为主体存在的，物则是从属于人的客体，同人一样要服从于属人规律的支配，并作为人的"无机的身体"构成属人世界的组成因素，这就是这两个世界的主要区别。

自然世界不能等同于自然界。自然界在人们通常的理解中不包括人在内，而自然世界作为一个完整的界域概念却必须包括人这一重要因素。自然世界是人生活于其中、构成人的活动对象的世界。作为人的对象性存在的自然世界就是人的现实的世界，它不包括尚未进入人类生活和人类认识视野的那些存在。如马克思所指出的，那种被抽象地孤立地理解的与人分离（无关）的自然界，对人来说只是"无"。①

属人世界指人的活动世界，也不能等同于"人的世界"。人的世界，按照马克思原来的用法与人类社会同义，它不包括自然界，属人世界作为人的活动世界则必须包括活动的对象，即包括物在内。属人世界中包括的自然与自然世界中的自然是同一个自然界，只是它在这里所处的地位不同，因而性质也有别。正像自然世界同样包括人，而在那里人只是作为自然进化的产物、服从于自然规律一样，属人世界中的自然界也只是在人类社会的产生过程中形成的，并从属于人的活动的规律。自然世界的人表现为自然本质，同样地，属人世界的自然界也对象化着人的本质，马克思称它为"人化的自然界"或"真正的、人类学的自然界"。②

主观性与客观性是在自然发生分化、形成主体与客体的对立之后出现的矛盾。主观性与客观性作为主体与客体相对立的本质规定，构成属人世界与自然世界对立统一关系的本质内容，并由此形成了主观世界与客观世界的对立，包括理想世界、知识世界、文化世界与现实世界的对立，所有这些都是包括在属人世界与自然世界的内容之中的矛盾。

人所关心的是属人世界的问题。实践活动的目的就是要改造自然世界，不断把它转化为属人世界。属人世界只有在自然世界的基础上才能建立和发展，这两个世界始终处在相互渗透、相互作用的密切统一关系之中。属人世界的发展既是对自然世界的否定，又是对自然世界的提高。所以人在活动中要解决属人世界的问题，也就不能不首先解决它与自然世界

---

① 参见《马克思恩格斯全集》第42卷，178页，北京，人民出版社，1979。

② 参见《马克思恩格斯全集》第42卷，126、128页，北京，人民出版社，1979。

的矛盾。一句话，属人世界与自然世界的矛盾就是贯穿于人类实践活动中的基本矛盾。

如果我们承认认识活动的最终目的是为实践服务，那就必然要得出结论：实践的内容也就是认识活动的根本内容，实践活动所要解决的基本矛盾也就是作为认识活动最高形式的世界观理论的基本矛盾内容。

不同观点所把握的世界内容各不相同，由不同观点形成的世界观理论对人的活动的意义也各不相同。只有从实践观点去理解世界，才能把握符合于变革世界要求的那种世界的内容。只有符合于变革世界要求的世界观理论，才能成为指导实践活动的科学性的理论。马克思所说的以往的哲学只是以不同的方式去解释世界，而问题在于改变世界这句话，就表达出了建立于不同观点基础上，以不同问题为内容的哲学理论，对人们活动的意义是迥然不同的。

我们要推进马克思主义哲学，进一步发挥马克思主义哲学在变革世界活动中的伟大作用，就必须转变我们过去对哲学理论那种脱离了实践观点的理解、看法和观念。也就是说，我们必须从实践观点出发把哲学理解为，以解决世界对人的活动而言所具有的多重矛盾关系为内容，即以自觉地去解决属人世界与自然世界的矛盾关系为基本内容，解决主观世界与客观世界的矛盾关系为本质内容和核心内容；绝不能按照直观的观点或思辨的观点，把描述单一世界的整体图画作为我们哲学的主要任务。

（二）从实践观点看世界统一性理论

寻求世界的统一性是哲学认识世界的基本方式，因而关于世界的统一性的问题向来就构成了哲学内容中一个最重大的问题。可以说，每种哲学体系都是关于世界统一性的一种理论系统。

从实践观点来看，所谓世界统一性问题，究其实质内容，也就是要把人们在实践中分裂的属人世界与自然世界统一为一个世界，解决这两个相互对立的世界的矛盾。

因为实践既是分化世界的活动也是统一世界的活动,实践分化世界是为了通过分化使世界达到更高的统一关系。从分化不断求其统一是实践活动的根本目的。哲学从理论上探求如何实现属人世界与自然世界统一性的问题,乃是完成由实践为它规定的任务。

关于世界统一性问题最初虽然是从人们直观到的经验现象的千差万别和千变万化而提出的,而且哲学关于世界统一性的理论在长期发展中就是以解决经验现象的多样性为内容的。这种情况只能说明,人们的认识必须经历一个从现象逐步深入本质的发展过程,对问题自身的理解也包括在内,它同样要经过对现象的探索而后才能把握问题的本质。我们从下面的事实就可以了解这点:哲学在探求多样现象的统一性中所表现出的观点分歧,说来说去却始终不离人与自然、主体与客体、主观与客观、精神与物质这类构成属人世界与自然世界内容的对立。这表明,这类事物的差别相较于单纯自然世界中事物之间的万千差别,不仅属于最深刻的差别,而且是直接关系着人的生存发展、对人具有最大意义的差别。就人的认识来说,只要构成人的认识对象、反映到人的观念中为人所把握,它就已经对象化着人自身的本质,包括实践的本质和认识的本质。当哲学从寻根究底的最高意义试图去回答万物统一性的问题时,它就再也逃脱不开主观与客观、主体与客体、属人世界与自然世界这一根本性的矛盾关系。所以,哲学曾经虽以自然事物为对象,而从中认识到的却是主观与客观的矛盾本质;哲学最初是从客体提出统一性问题的,然而在发展中却归结到它与主体的关系问题。前面谈过的哲学发展史中的三个圆圈,就表现了哲学理论这一本质。

从实践观点来看,哲学关于世界统一性问题的回答,归根结底也不外或者把属人世界归并到自然世界,或者把自然世界合并到属人世界,或者坚持这两个世界的对立统一关系这样几种方式,这点也是由实践活动的本性所规定的。

实践活动是实现目的性的活动。目的的本质是主观的,它与客体处于对立关系中。要实现属人的目的人在实践活动中必须按照客体的方式去同它发生自然性的关系，这就是以人身自然力去对付外界自然力的感性活动的本质，这一方面表现了属人世界对自然世界的从属关系。实践的结果是目的的实现，在实践的结果中却是按照主体的方式在客体身上建立起了属人的关系；另一方面又表现了自然世界对属人世界的从属关系。实践就是这样一种主观与客观、主体与客体、属人世界与自然世界双向转化的统一活动。正是因为在人的现实活动中包含着双重统一的内容，所以人们在理论上才会出现解决世界统一性问题的不同方式。哲学关于统一性问题的观点虽然五花八门，有的主张世界统一于具有特殊物质的事物如水、火、气等，有的主张万物统一于原子和虚空，有的主张统一于理念，有的主张统一于实体，有的主张统一于感觉，有的主张统一于自我，等等；就其实质而言，所有这些观点都不过是反映着或者属人世界或者自然世界这两者的对立本质。

以往哲学的发展归结起来，解决世界统一性问题基本的是两种方式。近代法国哲学家试图用力学规律去说明一切现象，提出世界是机器、动物是机器、人也是机器的观点，他们的目的就是要从本原上把属人世界归并于自然世界中去。在他们看来，人和人的精神既然来自自然，它就只是一个自然存在物，就应当完全顺从自然世界的规律而活动。霍尔巴赫的下面这段话清楚地表达了他们的观点："人是自然的产物，存在于自然之中，服从自然的法则，不能超越自然，就是在思维中也不能走出自然；人的精神想冲到有形的世界范围之外乃是徒然的空想，它是永远被迫要回到这个世界里来的。"他公开声称，他的哲学的目的"就是引人重新回到自然"。他发出呼喊，要人们"无言地顺从这些任何事物都无法逃脱的法则""呵，人呵！……放弃那些空洞的希望……顺着自然为你划就的必然的道路放心地走去吧"①。其他法国哲学家在根本思想上和霍尔巴赫是一致的，有的更有过之，如拉梅·特里甚至使用了这样的词句，要人们对自

---

① ［法］霍尔巴赫：《自然的体系》上册，10、315页，北京，商务印书馆，1964。

然"死心塌地"的"唯命是从",要以"俯首听命为荣",这就难怪这种理论必然会引起德国古典唯心论哲学对它(在理论上)的"反动"。德国哲学家做的恰好是与法国哲学家相反的工作。如果说法国哲学家试图从本原上把属人世界归并到自然世界中去,所运用的是直观认识的存在观点;那么德国哲学家则试图运用思辨认识的意识观点,把自然世界统一、合并到属人世界中来。法国哲学家建立的"机器"理论,在德国哲学中一一被推翻。他们证明人不是机器、动物不是机器、世界也不是机器。他们建立这种理论的目的也很明确,就是要恢复人的自主性、自由性和人的活动的能动性、创造性。正像费希特所表达的,他的哲学就是试图把必然性的世界完全融化到自我自由活动的创造中去,为了实现这种自我的独立性就不能不去牺牲物质的独立性。

从实践观点来看,这两种理论都有其存在的理由和根据,并且在历史上产生出来也都有它们重要的作用和意义,但在理论上却都是片面的。因为它们各自仅仅反映了实践活动的一个环节,只论述了表现于实践内容中的一种统一性。而实践却是两种统一性相结合的活动,它不仅要把属人世界融化到自然世界中去,还要把自然世界融化到属人世界中来,从事前种统一的活动是为了实现后种统一,而为了达到后种统一又非经过前种统一不可。如果把这两种统一活动对立起来只承认其中的一种,不论承认的是哪一种统一,都势必会割裂实践活动的完整性,进而歪曲现实世界的真实统一联系。

所以要坚持实践观点,马克思主义哲学就既不能走德国古典哲学的道路,也不能去重复法国哲学家走过的道路。也就是说,我们既不能按照德国哲学家的方式去回答世界的统一性问题,也不能按照法国哲学家的方式去回答世界的统一性问题,而只能依据实践观点、按照人们在实践活动中采取的方式,从世界的两重性关系中去认识和理解世界的统一性问题。

所谓按照实践观点从世界两重性关系去认识它的统一性,就是要如实反映体现于实践活动中属人世界与自然世界的真实关系,既要看到在本原和基础上属人世界统一于自然世界，又要看到在发展形态上自然世界统一于属人世界，它们在人的实践活动中通过相互作用和相互转化结为一体的既对立又统一的关系。

从实践观点看来，哲学关于世界统一性的问题主要并不是回答世界（万物）"是什么"和"怎么样"的知识问题。关于世界的知识的问题在今天科学与哲学已有分工的条件下主要属于科学回答的问题。哲学面对的世界主要不是知识的世界，而是对人关系中的意义性的世界。是什么和怎么样，这是关于问题的一般提法，也是问题最基本的内容。作为问题的一般提法它意味着，只要构成"问题"，它就不能不蕴含这样的内容，这对哲学也应该是适用的。事情确实如此，但也正因为它是一个一般提法，在把它用在不同对象和问题上时弄清它的特殊性质和内容就变成至为重要了。这点表现在哲学对象特别是马克思主义哲学对象上面，它绝不是一般地去研究关于世界的"是什么"和"怎么样"的内容，而只能是在对人及其活动的关系中世界是什么和怎么样的内容。提到对人及其活动的关系，世界是什么和怎么样的问题就不再是单一的内容而必然是包含双重性的内容，我们也不能再用一个抽象论断去加以回答而必须从具体分析它们的不同关系中去加以回答，关系作为关系就不可能是单一内容。对于人而言，世界既是本原性的存在又是对象性的存在，这里就已包含了两重内容，必须从具体分析这两者关系中才能说明世界是一种什么样的统一性和怎么样统一的问题。

我在这里说的两重关系、两重内容，在我看来，也就是马克思在《关于费尔巴哈的提纲》第一条中所说的，必须不仅从客体的方面而且同时从主观方面去理解事物和现实（世界）的意思。马克思批评旧唯物论者"对事物、现实、感性，只是从客体的或者直观的形式去解，而不是把它们当作人的感性活动，当作实践去理解，不是从主观方面去理解"，认为这是片面的，由于这种片面性以致使能动的方面被唯心主义发展了。事物、现实按通常认识本属客观的存在（在这一意义上"物质"范畴正是从它引出的),马克思怎么把它说成了"人的感性活动"说成了"实践"?按"通常认识"这是完全不可理解的,其实这里的通常认识也就是"直观的形式"的认识,即我们在前面所说的那种存在观点的思维方式。直观的存在观点所理解的物是脱离人的自然,正像思辨的意识观点所理解的人是脱离了自然的人一样,它本属一种抽象化的思维方法。脱离人所了解的物,只能是一种抽象化的存在,这样的存在对人当然是非现实的。而对现实的人来说他要求哲学加以说明的,只是"现实"的存在。人所面对的现实的存在就是作为人的实践对象的存在,就是构成人的感性活动内容的那种存在。而这样的存在都是处于人的关系之中并对象化着人的本质力量的存在。人们要了解这样的现实存在,就必须从两个方面去把握它,既要从客体的方面去理解它,同时又要从主观方面去理解它。这就是在马克思看来,哲学必须把"事物、现实、感性"当作"人的感性活动",当作"实践"去理解的道理。

我以为哲学教科书中的哲学就没有贯彻这一点,甚至没有理解马克思这一思想。在那里并不是从实践观点去理解世界统一性问题的,而基本上是沿着旧唯物论的道路,对事物、现实、存在仅仅从客体的方面即直观的形式去加以理解的,所以在论述世界统一性问题时,只是一味强调物质的本原性、自然对人的优先性、客观对主观的决定性,等等。就像曾经流行一时的一首歌曲中所唱的那样:没有天哪有地,没有地哪有家,没有家哪有你,没有你哪有我。这个道理对不对?完全对。我们必须承认,人产生于自然、必须依靠自然条件才能生存、自然对人具有优先性。这是客观的事实,不承认这点就不是唯物论者。问题在于,肯定了自然对人的优先地位之后,人应该怎么办?把人摆在何种位置,人还有无作为,有无自己优越自然之处?应该说,法国唯物论者在18世纪大讲"人是自然的产物,存在于自然之中,服从自然的法则,不能超越自然",因而应该"俯首听命"于自然,还是有重大意义的,因为那时统治人们头脑的是宗教神学世界观,要人们俯首听命于自然总比俯首听命于冥冥中的上帝意志要好得多。这一理论在那时具有解放思想的作用，然而在今天仍去重复这样的理论就不会再有那样的作用，不会引起人们的浓厚兴趣、给人们的思想以重大启迪。这正像达尔文在他的时代说出人的祖先是猿猴这一事实，曾引起社会舆论大哗，而在今天就没有多少人会向达尔文提出抗议，认为这是损害了人类的尊严一样，而达尔文的话却是完全正确的。

那么，世界到底统一于什么之中，难道物质不是世界终极本原，世界按其本质来说不是物质世界吗？一点也不错，世界按其本质来说是物质世界，我们探究人和自然的本原必然要得出这样的结论。我这里提出的问题是：本原能否完全代表现实的本质，我们了解了本质是物质，能否从它就说明了现实存在的一切？从本原去理解事物这种方法自远古即产生，它在推动人们的认识发展中也曾起过重要作用。原始人运用"家谱"，古代人依据始基以说明事物的本性，都属于这种方法，过去我们从家庭出身判定一个人的性质也属于这种方法。人们把寻求本原看作对事物的"返璞归真"不是没有一点道理的，因为本原是事物的始源性根据，要全面地和本质的了解事物，这种方法就绝对不可少，但事物之为事物不只有始源性根据，还有现实性根据，要真正地理解事物就不能只抓住始源性根据，忽略和排除现实性根据。另外，人们所以要去寻求本原，主要是不满足从事物现状去了解事物，这说明本原存在必定是不同于现存事物的东西。不满足于了解事物的现状，试图从深层存在去理解它，这表现了本原观点的积极意义。但本原存在与现存事物是否定性关系：在事物发展中现存事物是对本原存在的否定，在人的认识中本原存在是对现存事物的否定。寻求本原的方法以本原存在代替现实存在，由此否定了事物现实性的内容，这却表现了它的消极性和局限性。本原与事物的关系就像人与类人猿的关系或肉与肉原子的关系，谁都清楚，类人猿不等于人，了解了类人猿不等于理解了人，肉原子也不等于肉，咀嚼组成肉的原子也不等于在吃肉，所以局限于还原论方法只能使人们的认识返本归原，并不能达到返璞归真的目的。

在世界统一性理论中，"物质"毫无疑问是一个基石性范畴，其他一切内容都应奠立于这块基石之上,但它只是一块始源性的基石。我们要加以理解和说明的是现实世界的统一性。而现实世界是人活动于其中的世界,是人与物相互抗争的世界,是不仅有自然的本原性而且还有人的主宰性的世界。面对这样的世界,我们仍然坚守返本归原的理论,把一切都归结于物质、还原为物质,只讲一个无人世界的统一性,这样的哲学怎能体现出现时代的时代精神,回答现时代的现实提出的问题,引发现时代的人们学习它的兴趣!

"物质"是一般唯物论理论的基石。要从一般唯物论原则进到马克思主义的辩证唯物论观点,就必须继续前进,从物质范畴提高到实践范畴。实践属于本原存在和发展形态统一的范畴、自然基础和人的活动统一的范畴、客观性作用和主观能动性统一的范畴,一句话,是自然世界和属人世界统一的范畴。只有以实践为基本范畴、从实践观点出发,才能既肯定自然物质的本原地位同时肯定人的主体地位,既说明自然物质的基础作用同时说明人作为主体的能动创造作用,揭示出现实世界真实的统一性联系。

(三)从实践观点看人在哲学理论中的地位

哲学如果以属人世界和自然世界的关系问题为基本内容,在这种理论中人就是处于中心地位的。哲学不能不讲人,而且还要从总体上讲清人的本质规定、存在地位、活动的基本内容以及发展的趋向等问题。

前一段时间,在我国曾经发生过一场关于马克思主义哲学中究竟讲人没讲人的论争。这个问题的讨论很有意义,它直接关系着是否要推进马克思主义哲学的发展,和向什么方向怎样推进这一哲学发展的问题。

说马克思主义哲学完全未讲人,这显然并不符合马克思主义哲学的实际情况。但人们从论述马克思主义哲学的著作中很难感受到人的存在,这也显然是不容否认的客观事实。

这个问题是怎样产生的呢?我以为这同在我们论述的理论中,把人抽象化、片面化了这一情况直接有关。

哲学与主体自我意识

在马克思的思想中，人居于中心位置。他的哲学本就是作为共产主义学说的理论基础而创立的。共产主义作为人类追求的最高理想，它的合理性的重要根据之一，就是只有在这个社会制度中人才能得到充分的和全面的发展，从而完全脱离动物界，成为自由自觉的主体。作为这一理想的理论根据，我们可以说马克思的哲学也就是求得人类解放的理论。

马克思在他的著作中曾以很大篇幅来论述人的问题。那里不仅讲到过作为类和群体而存在的人的本质，而且也讲到过个人存在的意义。马克思明确地肯定，"任何人类历史的第一个前提无疑是有生命的个人的存在"[①]。在他看来，社会就是"人们交互作用的产物"[②]，而历史"不过是追求着自己目的的人的活动而已"[③]。所以社会的本质并不是同单个人相对立的某种抽象的人格；社会的本质也就是每一个单个人的本质，就是他自己的活动、他自己的生活，即建立在人们的差别基础上的人与人的统一。我引用马克思的这些思想，主要是想说明，某些资产阶级学者指责马克思只重视群体不重视个人、只重视社会不看重人，这种指责是毫无道理、不符合马克思的思想的。

马克思确是从人的历史活动和作为这种活动条件的社会关系出发去看人的本质的。在这一点上，马克思不同于先前所有的哲学家，但这里正是表现了马克思高于所有一切剥削阶级哲学家的地方。

如前所述，在法国哲学家把人片面地融入自然深潭之后，康德首先试图恢复人的自主性质。他抓住了"理性"，把人理解为理性的自主体。后来，黑格尔进一步把人的本质归结为"自我意识"。康德和黑格尔提高了人的地位，并赋予了人以能动性，但同时他们也把人的本质抽象化了。人既无血肉又无生命，只是一个理性或意识存在，这样的人尽管有了能动本性，却变成了非现实性的存在。所以他们的学说才又为费尔巴哈所推翻。

---

① 《马克思恩格斯全集》第3卷，23页，北京，人民出版社，1960。
② 《马克思恩格斯全集》第27卷，477页，北京，人民出版社，1972。
③ 《马克思恩格斯全集》第2卷，118~119页，北京，人民出版社，1957。

费尔巴哈把有理性和有意识的人从缥缈的天上拉回到地上，赋予它以生命、血肉、情感和欲望。他讲的人在生物学意义上确实很具体，人被归结为一种感性存在。但这样的人却又不是生活在现实的社会关系中的，既不从事现实的社会活动，又无任何现实的社会属性。脱离开现实的社会条件和社会联系，作为这样的感性存在的人，同动物的感性存在有何区别？费尔巴哈所理解的人，在社会学上仍然是抽象的。

马克思与上述哲学家都不同。他不是从人的意识属性出发，也不是从人的感性存在出发，而是从人的现实活动、从那种使人们成为现在这种样子的生活条件和社会联系出发去理解人的本质的。这里表明，马克思抛弃了陷旧哲学于唯心论泥潭的那种抽象意识的观点，也抛弃了那种陷旧唯物论于抹杀人的能动性的抽象存在观点，而是运用了一种既包括意识与存在的观点而又抛弃了它们片面性的实践观点去观察人的本质。正是依据这一观点，马克思才第一次把人转变成为现实的、具体的同时又是能动的存在，揭示出了人的真实本质。马克思关于人的本质是一切社会关系的总和这一论断，就是运用实践观点得出的科学结论。

很显然，黑格尔和费尔巴哈的观点作为对人的本质的抽象规定，马克思的理论是他们的否定；黑格尔和费尔巴哈的学说作为从不同方面对人的本质内容的揭示，马克思的理论却是对他们的肯定。道理很明显，社会联系所规定的，只能是具有意识属性的感性存在的那种人的本质，绝不可能是没有血肉、情感、欲望和能动意识属性的人的本质。而且我们可以说，马克思正是为了把黑格尔的"自我意识"和费尔巴哈的"感性存在"结合起来，才必须否定他们的抽象意识观点和抽象存在观点，而建立了科学的实践观点。实践观点在这里就意味着意识观点、存在观点和社会观点的现实的统一。社会是意识与存在相结合的中介。人的实践性本质也就是意识性、自然性、社会性的统一的本质。

多年以来，由于前面谈过的"左"的思潮影响，对于从黑格尔经费尔巴哈到马克思这一段历史演变，人们并没有以科学的态度去对待，过分夸大了他们的否定关系，抹杀了他们的肯定关系。从"左"的观点来看，黑格尔的理论是荒谬的，费尔巴哈的理论是片面的，因而毫无疑问地应被排除于马克思学说之外。他们不了解，排除了黑格尔的"自我意识"和费尔巴哈的"感性存在"，就是排除了人身上的意识性（能动性）和自然性，人仅仅剩下一个"社会关系总和"的空壳，这同样是片面的、抽象的。就是这样，在一个长时期内在我们的著作中，讲到人就只有"社会关系的总和"一个论断，人和人之间除了怒目而视的阶级对立外，不再有别的关系。自然性被排除了，情感欲望被排除了，利益需要被排除了，自我意识被排除了，人仅仅是作为生产力要素、社会关系担当者、实现历史规律的工具而存在于我们的理论中，这样的理论怎么能够说是讲清了人？难怪人们从这样的哲学中感受不到人的存在。

正是基于这种情况，我认为要推进马克思主义哲学进一步发展，必须做一件恢复人的具体性的工作。恢复人的具体性，就是恢复具体人性，恢复人的意识性、自然性和社会性相统一的本质，恢复有血有肉、有情感欲望、有理想追求的活生生的人，恢复具有自我意识、能动的创造力的主体的人。这一工作的实质，也就是恢复马克思的实践观点，坚持运用实践观点去观察人、论述人。

实践活动作为一种感性活动，它必须以个人的肉体存在为第一前提。马克思明确肯定，人作为有生命的个体，它直接地就是一个"自然存在物"，必须靠自然产品才能生活，这点决定了人同其他生物一样，也是具有七情六欲的存在；而且正是为了满足人的这种物质生活需要，人才有必要去从事感性的生产活动。所以物质生活资料的生产就成为最基本的实践活动。关于需要、欲求、情感、目的这些属人的基本属性的范畴，在我们的哲学中都应当加以论述、给予适当位置。问题只在于，我们不能按照生物学观点去论述这些范畴，必须从实践观点去进行科学的分析，马克思对人所做的分析，就属于这种性质。

马克思提出过一个很重要的思想，但长期以来被人们忽视了。马克思说:"社会是人同自然界的完成了的本质的统一。"[①]这句话包含着极其深刻的内容。它表明,个人是社会存在物,只有在社会中,自然界才是人的存在的基础,自然存在物才是对他而言的人的存在。这句话同时表明了,社会也就是自然界的真正复活,是自然作用的真正实现和发挥。这句话体现了人、自然、社会三者的统一关系。如果我们能够依据并贯彻马克思的这一观点去认识自然性、社会性与人性的关系,就不会把它们对立起来,出现强调一方面必然否定另一方面的情况。

实践活动是一种在意识支配下的自觉地创造活动。贯彻实践观点也必然会把"自我意识"包括在我们的理论中,看作人的主体性的一个本质规定。人是实践主体,它同时也必须是认识主体。而"自我意识"是意识的核心,也是人作为主体从事创造性活动的必要前提。自我意识就是对自身主体性的反省意识。人必须意识到自己是意识者,把自我与他物区别开来、把意识与被意识到的事物区别开来,才能建立对象意识,进而形成主体观念,从事有目的的创造活动。马克思对人的生产活动同蜜蜂筑巢酿蜜活动所做的著名对比分析,就指出过这一点。马克思特别指明,人的活动不仅由目的支配,而且"这个目的是他所知道的",这就是人作为主体比蜜蜂高明的地方。不仅从事主体活动要以自我意识为条件,发展主体活动更加是如此。所以,从实践观点去认识主体,不应排除黑格尔提出的"自我意识",而且必须把它作为一个有机内容包括在我们的理论中。

马克思著作中对人做了许多深刻的、精辟的分析,可惜都被我们丢掉了。丢掉的这些思想应该捡回来。仅从恢复马克思的这些思想,就会使我们教科书的理论大大改观。

要发展马克思主义哲学,当然也不能仅仅依靠恢复马克思的思想。恢复马克思的思想不过是为继续前进所必要的准备工作。我们的主要任务是要在马克思奠定的思想基础上,依据现时代的精神和要求,不断以新的思想和内容补充,丰富马克思主义哲学。

---

① 《马克思恩格斯全集》第42卷,122页,北京,人民出版社,1979。

要做这一工作，我们必须有这样一个观念，即承认马克思并没有把人的问题论述穷尽。事实也是如此，马克思是人不是神，他也是在一定历史条件下，凭借有限的认识水平去分析问题、论述问题，因而必然有许多问题没有讲到、讲全，即使论述过的问题也有他的侧重点，不可能穷尽它的内容。

例如，历史唯物主义理论，我们都承认，这一理论是马克思学说中最富有创造性的，是马克思对人类思想做出的最伟大的贡献。在这里，可以说它的全部基本思想都是前无古人的。即使如此，也不能认为马克思已经完成了理论创造，我们对它无从挑剔，只要复述已有的理论内容就足够了。恩格斯在晚年，就不止在一个地方指出了原来阐明这一理论时的某些不足之处。我认为恩格斯的这些思想可以完全代表马克思的意见。后来的历史实践和科学发展也证明，马克思所阐明的历史唯物主义原理也只有在不断发展中，才能发挥出它对现实的指导作用。在我看来，马克思所创立的历史唯物主义理论原来的重点在于证明人类社会的发展像自然过程一样，也是一个"自然——历史的过程"。这在那时为了纠正旧唯物主义哲学的片面性、把唯物主义观点彻底贯彻于人类历史领域，是非常必要，而且具有极其重大的意义的。但从问题的全局来看，这里所做的还主要是如何使属人世界统一于自然世界的问题；这里还有另一个问题，就是在属人世界中客观规律是怎样在人的驾驭中发挥作用和实现出来的问题没有得到充分论述和发挥。显然，这应当由我们来补充和丰富。

只要我们坚持马克思所奠定的思想基础，坚持从客观现实的发展出发，坚持科学的态度和方法，就会发现许多新的问题、新的思想、新的原理，大大丰富马克思主义哲学的内容。

（四）"合规律性"与"合目的性"的统一

人从自然分化出来以后并未脱离自然，仍需生活于自然条件之中；在人身上也没有丧失自然本质，人也仍需作为自然的感性存在而从事活动。

这些说明，自然规律同样适用于人和人的活动，人即使作为主体而进行的活动也仍然是受物的因果规律支配的，这是从"自然世界"的观点必然得出的结论。

人不只是一个自然存在物，同时又是属人世界的主体，这是人区别于其他一切自然物的两重性质。自然物也同样具有两重性质，它们是自然存在物，同时又是属人世界的客体。

所以从属人世界的观点来看，情况就不同了。人作为主体的活动，是一种目的性的活动。正如马克思所指出的，人在劳动生产中不仅使自然物发生形式变化，同时还在自然物中实现自己的目的。人的活动的结果与自然的运动不同，它既是某种原因的产物，同时又是预定"目的"的产物；物的变化也同自然的变化不同，它不但由自然规律所支配，同时要受到主体目的制约、表现为合目的性的结果。

目的具有主观性，也具有客观性。人只向自己提出具备了一定实现条件的任务和要求。一切具有现实性的目的，都反映着某种客观根据的内容，其中不仅包括主体与客体发展的现状，而且包括客观规律的要求和由它所规定的可能条件。但从其本质内容和根本性质来说，目的主要是属于主观性的东西。构成目的的主要成分是欲求和观念。欲求是意识到的需要，观念是内化形式的存在。需要表现着主体超越客体的矛盾。而且需要和存在只有按照主体主观的内容和形式，才能变成人的欲求和观念。所以，由此形成的目的所表现的主要不是主体与客体的现有关系和状态，而主要是人所追求的理想性的主体与客体的关系和状态。目的作为对人活动结果的超前反映，它代表的是"应然的存在"而非实然的存在、"理想的存在"而非现实的存在。

从实然存在转化为理想存在，由理想存在再转化为现实存在，在主体活动的这种形式中，主观性内容就被贯注到客观存在之中，客观的世界因而也就被按照对主体有用的方式加以改铸。就在这种客观到主观再到客观的反应变化中，自然世界日益被转化为属人世界，人的主体性日益得到发展和提高。

这种情况表明,属人世界与自然世界的运动无论在内容上还是在形式上都是很不相同的。即使从规律的观点去认识,也必须承认,支配这两个世界的是性质不同的规律,它们所不同的最根本一点,就在"目的性"上面。

我们从概括的意义上可以说,支配自然世界运动的是因果必然规律。在这里,原因代表已存事件,结果代表现存事件,现存事件直接由已存事件所决定,有什么样的原因便产生什么样的结果,两者之间是一种必然性关系。这里也有偶然事件插进来,但偶然性只是表现着实现必然性的随机条件,归根结底仍可归入因果链条去加以理解,这种因果链条可以用下图表示出来:

$$\text{过去的事件} \xrightarrow{\text{决定}} \text{现在的事件}$$

在属人世界,因果规律仍然起作用,我们也必须从这一观点去认识它的运动。它不同于前者的是,在因和果之间插进了目的的作用。在这里,产生的结果不只由原因决定,同时还受到目的的支配,结果是原因和目的共同作用的产物。目的对结果说虽也具有原因的意义,但两者性质、内容、形式都根本不同,原因属于过去已存事件,目的则代表未来应存事件,它们完全属于两个方向的存在。这点用图表示则如下:

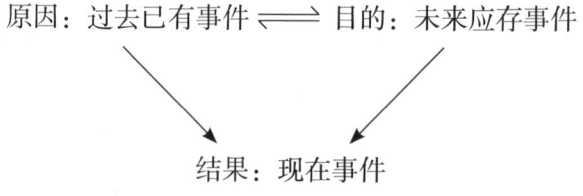

在因果链条中插进目的,由此便生出一个新的关系,即原因和目的相互作用的关系,这就不能不根本改变自然因果关系的性质、内容和形式。

原因和目的之间具有两重性关系。人的目的也要服从自然规律、适应自然固有的原因,这是原因和目的之间的自然关系。但这里起作用的原因是经过人的活动选择过的，它必须符合人的目的、表现主观需求内容，这是原因和目的之间的属人关系。通过原因和目的这样相互作用产生的结果，当然就不再纯粹是自然而生的。在这种结果中不仅映现着人作为创造者的性质和内容，而且它的范围也远远超出了自然作用的限度。人通过自己有目的的活动，可以创造出依据规律自然作用无法产生出来的东西。

目的性插入因果链条，引起了一系列的变化：结果变成不只是合规律性的而且是合目的性的存在；因和果之间的必然关系具有了属人的性质和内容；自然因果规律升华为属人的自由规律，这些都体现了属人世界的运动、发展不同于自然世界的性质、内容和特点。

目的性和规律性的矛盾反映在人的活动中，表现为"两个尺度"的关系，即人的活动具有两个出发点、两个标尺：一个是外界对象的尺度，一个是内在主体的尺度。

黑格尔最早提出了两个尺度的思想。按其原来的思想，黑格尔主要是讲规律，试图说明两种不同规律对人而有的两种不同的关系。他说规律可分为两类，一类是自然规律，一类是法律。自然规律的尺度，在黑格尔看来是在我们身外存在的，它们不易遭受侵犯，"我们的认识对它们无所增益，也无助长作用"。这显然是说，规律具有客观性，人在活动中只能从它出发去同它发生关系。在黑格尔看来法律便不同了。法律是被设定的东西，源自人类，因而每个人在自身中都具有一个"衡量法的尺度"，即"他的内心经常告诉他，事物应该是怎么一个样儿"。[1]

在黑格尔思想影响下，马克思更明确地从人与动物的区别中论述了两种尺度的区别和关系。马克思说："动物只是按照它所属的那个种的尺度和需要来建造，而人却懂得按照任何一个种的尺度进行生产，并且懂得怎样处处都把内在的尺度运用到对象上去；因此，人也按照美的规律来建造。"[2] 马克思所说的动物种的尺度具有自然规律的含义。动物按照它的

---

[1] ［德］黑格尔：《法哲学原理》，14~15页，北京，商务印书馆，1961。
[2] 《马克思恩格斯全集》第42卷，97页，北京，人民出版社，1979。

种而活动，就是只能依照自然规律赋予它的本能而活动的意思。人能够按照任何一个种的尺度进行生产，这就表明人已打破了自然世界的限制，可以从主体需要出发把任何一种自然事物作为自己的对象。主体的需要即目的就是一种只为人具有的内在的尺度。肯定内在的尺度，同时就意味着外在的尺度对人的活动仍然起作用。内在的尺度就是人的尺度、主体的尺度，外在的尺度就是对象的尺度、自然规律的尺度。只有处理好这两个尺度的关系，人在自己的活动中才能获得成效。

我们如果承认属人世界与自然世界是对立统一关系，在哲学中就必须从合规律性和合目的性两个角度去论述各种理论问题。仅仅告诉人们合规律性的哲学，和仅仅告诉人们合目的性的哲学同样都是片面的，不会对人的现实活动起到正确的指导作用。

如何使行动合于规律和合于目的，分别来看，属于各门具体科学的任务。自然科学和人文科学提供的关于人和自然的知识，就是为解决这一问题服务的。至于如何把目的性和规律性结合起来的问题，仅靠科学就不能解决了，只有世界观理论才能加以解决，而这也正是哲学的任务。

在我们过去阐述的理论中，由于我们没有紧紧把握住实践观点，没有自觉地建立起属人的与自然的两个世界的观念，相反地，仍然坚持早已为马克思所否定的抽象存在观点，把哲学变成主要是论述自然世界一个世界统一性的理论；因而在实际上，便把哲学归结为仅仅教给人们如何使自己的活动合于客观规律，完全忽略了目的性在人们活动中的作用的片面理论。在这样的哲学中，把人主要看成了实现规律的工具，人作为主体的能动性及其活动的特点都不见了，从它怎能指导人的实际活动，它又怎能引起人们学习的浓厚兴味？

所以我认为，进一步推进哲学发展，合目的性与合规律性的关系问题就应该是一个值得深入研究和发挥的重要课题。

历史上曾经有过目的论哲学，这种哲学已经被否定了。但目的论哲学所反映的属人世界的客观内容，并没有因为目的论哲学被否定而就不再存在了。目的论哲学的错误主要在于，它把属于人类活动所具有的特点，强行推广到自然世界中去，因而抹杀了目的性与规律性的对立关系，并把自然规律神秘化了。我们从属人世界的观点去看，目的论哲学在历史上的出现不仅具有必然性，还有它的合理意义。它的意义就在于揭示出了尽管以片面的形式——属人世界活动规律的内容和形式。

有些人会担心，目的论观点一向被看作最荒唐的观点之一，让马克思主义哲学靠近这样的理论，岂不要陷入唯心论泥潭吗？其实这个担心是多余的。只要我们坚持自然世界与属人世界的对立统一关系，就不会陷入片面性。相反地，我们根本否定合目的性的地位和作用的那种理论，却有与目的论哲学类同之嫌，因为它也同样属于片面性的理论。

（五）主观性及其与客观性的对立和统一关系

哲学不但要给予目的性范畴以一定地位，还要给予主观性范畴以一定的地位。

对于主观性，用不同观点去分析，会得出完全不同的认识。

从抽象的意识观点去看，主观性是唯一真实的（对我们而言的）存在，客观性则不过是由主观性创造的对象性存在，客观性只有适合于主观性的要求才有其价值和意义。贝克莱、黑格尔和费希特，都是这样认识的。

从抽象的存在观点去看则恰恰相反。按照这种观点，只有客观性才是真实的存在，主观性只是它的幻影存在，主观性只有适合于客观性才有其价值和意义。霍布斯、拉·梅特里和霍尔巴赫就是这样认识的。

这两种观点都是片面的，从它们得出的认识尽管性质有所不同，在片面性一点上是共同的。这两种理论都不能客观实际地说明贯穿于人的活动中的矛盾内容，在这一点上也是共同的。要正确地理解和说明贯穿于人的活动中的矛盾，就必须否定这两种抽象化的观点，而把具体的实践观点作为我们认识主观性与客观性问题的基本方法。

贯彻实践观点在这里就是意味着，要从主观性与客观性在人的实践活动中的真实统一关系去认识主观性与客观性的内容、性质和意义，从而得出我们关于它的理论。

在人的实践活动中既不能没有客观性，也缺少不了主观性。实践本是主体以主观性改造客体客观性的感性活动。如果没有主观性，或者否认主观性对客观性具有超越性，那就使人的活动失去了实践性质而无异于动物的活动。实践是具有直接现实性的对象化活动，在这种活动中观念的东西要变成客观实在，它就必须不仅是从客观存在转化来的，而且是包含着客观性内容的，这又表明，在实践中的主观性必以客观性的存在为它的基础、来源和前提。

从本质去看，实践是客观向主观、主观向客观的双向转化活动，是实现主观与客观的统一，同时又形成主观与客观新的对立的双重矛盾运动。在这里既充分肯定了主观性和客观性的地位、价值和意义，又充分暴露出了主观性和客观性各自的片面性和局限性，既揭示出了主观性和客观性之间的深刻的对立，又表露出了存在于主观性和客观性之间的内在统一联系。所以只有依据实践观点，才能对主观性和客观性及其相互关系形成全面性和本质性的科学认识。

主观性是人的主体性的本质规定之一，主体活动具有主观能动性的基本条件。哲学不能不研究主观性，不研究主观性的哲学很难设想它是哲学。

在我们过去阐述的哲学理论中，讲了还是未讲主观性，是如何讲述主观性的？平心而论，应该承认，我们是讲了主观性的。但我们讲主观性，只不过是为了要否定它。

我们把唯物论归结为就是告诉人们对待一切问题都要从客观出发，从客观出发就是要摒弃主观性。在教科书中是这样提出问题的：是"从实际出发，还是从主观想象出发？"答案就在"或这……或那"之间。我们也承认观念和概念都是具有主观性的，但随即便把它归结到客观性中去，反复证明只有那种与客观相符合的主观性，亦即作为客观性另一存在形式的主观性，才有存在的价值和意义。这不啻是说，它的意义只在于它的客观性，而不在于它的主观性。在辞书中难得列入"主观性"这一条目，有一部辞书列入了，但全部释文如下："主观性，一切从主观出发的主观主义作风。片面夸大人的主观能动性而不尊重客观规律性，看人看事只凭主观印象不顾客观实际，处理问题武断固执，等等，都是主观性的表现；思想方法上的片面性、表面性、直线性也是主观性的表现。"主观性真是罪莫大焉！它简直就成了引人不断陷进罪恶深渊而又总也无法摆脱的魔鬼，唯物论就是专门用来驱逐这一魔鬼的符咒。

很明显，在我们过去的理论中，是以一种非实践的简单化和抽象化的观点对待主观性及其与客观性的关系的。这种看法，在理论自身就充满悖理矛盾。我们承认人有主观能动性，如果主观性如此之坏、一无是处，"主观能动性"从何而来？从人的现实活动中看这种观点也是完全违背"客观实际"的。在实际生活中，人作为有意识的人，他所从事的每一项活动都是为了实现某种预期的目的而进行的，这里已经有了一个主观的出发点。如前所说，目的性代表"应然性的存在"、属于对已然存在的否定、对未来存在的超前反映。实践本来就是一种目的性的活动，在追求目的的活动中怎能完全否定和排除"主观想象"呢？再说，要从客观实际出发，不但是说要从客观的事实出发，还要从客观的规律出发。事物的规律不能为人们直观到，只能靠思维去把握。离开正确地处理主观性与客观性的复杂矛盾关系，人们怎能把握事物的规律？这种本身就未做到"从客观实际出发"的理论，怎能贯彻到人们的实际活动中去？我认为我们应当为主观性"正名""平反"。

主观性确实能够引导人们走向谬误，唯心论哲学就是从夸大主观作用中发展出来的，但长处和短处往往结为一体。正是由于主观性具有超越客观性的性能，它才使人可能具有为一切自然物所不具有的主观的能动性，所以问题应当归结到深入去研究主观性与客观性的矛盾关系。

主观性是与客观性相对立的范畴。主观性是主体及其一切活动的根本性质；客观性是相对主体而言的客体所具有的根本性质。主观性是主体的本质规定性。主体也有客观性，主体作为实体的存在就表现了它的客观性。然而主体的客观性，从本质上说来，主要来自它的自然性；主体之为主体却主要在于这种实体具有主观性。主体如果不具有主观性的属性，它就不成其为主体。

主观性表现着主体由已出发而对客体所发生的关系，起于心意以内的由己性是主观性的根本特征。内化表现形式是主观性的另一根本特征。主观性不仅起于心意以内，而且表现为主体的心意状态。人的欲求、愿望、情感、意志、目的、观念、思维等，是主观性的不同具体形式。

主观性与客观性有着复杂和矛盾的关系，从本质上概括，可以归结为两个基本方面：主观性一方面肯定、表现、反映着客观性的内容；另一方面主观性又是对客观性的否定、背离和超越。这两个方面始终交织在一起存在，从不能把它们剥离开来。人们只能在超越、背离、否定的关系中去肯定、表现、反映客观性的内容；在对客观性的否定关系中同样也总包含着这样或那样肯定性的内容。

由于主观性具有两重性质，因而它也具有两重性的作用。

主观性的由己性和对客观性的否定关系，使它有可能完全背离客观性而陷入主观主义。人们如果把两者的对立关系绝对化，或者把两者的同一关系绝对化，都会陷入谬误、空想，从而导致人在现实活动中遭受失败、碰壁。特别由于主观性是一种内化为存在、属于非直接现实性的存在，在心意以内可由人随意建构、组合客体，更易使它失去客观内容。所以犯主观主义错误在许多情况下是不可避免的。

另一方面，人的主观能动性又恰恰依赖于主观性的这种超越性。如果没有主观性对客观性的否定性关系，就不可能超越现存主体与客体的关系，对未来存在做出超前反映，形成应然存在的理想意图。而没有这些，也就不会有人作为主体的能动性活动。

主观性作为心意以内的存在对人的生活不具有直接现实的价值性。谁都清楚，心意内的汽车是不能乘坐旅行的，这看来是主观性的重大缺陷和局限，但又正是在这里表现了主观性优越于直接现实的存在和活动的最大长处、优点。由于主观性是一种内化形式的存在，这使它的活动不必受到时间和空间的物理条件的限制，因而具有了最大的自由度。可以把它的这种自由称作主观自由性。从马克思的观点来看，人的主观性活动的能动性和创造性是来自感性实践活动的。能动的实践活动是能动的思维活动的现实基础，但马克思同时承认，以感性实践为基础的思维活动转过来又对实践活动具有指导的作用。要承认思维活动对实践活动具有指导作用就必须肯定思维活动对实践活动具有超越性，思维活动产生于实践活动基础，又能超越产生自己的这个基础，这里的"超越性"的根据何在？这个根据就在它的内化形式以及由此而具有的主观自由性。实践活动有能动性，由此产生了主观性活动的能动性，在这点上它们应是一致的。它们的不同点就在于：实践作为直接现实性活动必须接受时空物理条件限制，而主观性活动则可以不受这种条件的限制。正是由于主观性具有主观的自由性，因而使它能够做到由于时空物理条件的限制，感性实践活动做不到甚至无法做到的许多事；它的能动性虽然来自感性实践，却又能超越实践而起指导、推动的作用。

实践活动是主观见之于客观的活动，主观性因而也就是实践活动内在不可缺少的因素。从抽象的存在观点去认识，主观性是个十恶不赦的坏东西。从思辨的意识观点去认识，主观性是唯一具有创造性的完美无缺的好东西。而从实践的观点去认识，主观性则是具有两重性质和两重作用、为主体及其活动绝对不可缺少而又可能导致荒谬的东西。因此，对主观性既不能简单地否定，也不能全盘地肯定，而应全面地去认识和评价它，并要善于引导、发挥它的积极的创造性作用。

所以我认为在我们的哲学中应当为主观性"正名"，必须纠正那种从直观的存在观点出发所形成的对主观性的片面观点。

回避主观性问题和对主观性简单地否定，并不能使我们不犯主观主义的错误，事情往往适得其反。人们在现实活动中并不能摆脱主观性，而且必须充分发挥主观的能动作用。他们从哲学理论中得不到如何处理主观与客观矛盾、正确发挥主观性作用的指导，那就只好凭靠经验在主观性的盲目作用下去从事活动，这怎能避免犯主观主义错误？再加上我们在理论上对主客观关系的简单化论述，把问题说成似乎只要有事实或理论根据的思想、观念就是与客观性直接同一的，这就更易促成以主观代替客观的唯意志论倾向。过去许多年中，我们一面大讲尊重唯物论，一面大犯主观主义，这里面不能不认为包含着许多值得我们认真从理论上加以总结的经验教训！

（六）真善美的对立和统一及其与自由的关系

恩格斯明确地把思维与存在的关系问题确定为哲学的基本问题和最高问题，这是抓住了哲学问题的核心和关键。思维与存在的关系，就其本质内容来说，就是主观性与客观性的关系。恩格斯把它规定为思维与存在的关系，突出了认识活动中的主客观矛盾，这是沿用了德国古典哲学的提法。恩格斯同时还使用过意识与物质的关系、精神与自然的关系、灵魂与肉体的关系的提法，这些不同提法在本质上都是相同的。

主观性与客观性是构成属人世界中的两个基本要素主体与客体相互区别的基本规定。哲学研究属人世界与自然世界的关系，其基本着眼点就是为了解决属人世界中的主体与客体如何达到统一的问题。哲学突出主体与客体的本质内容即主观性与客观性的关系，从主观性与客观性矛盾入手去研究主体与客体的统一、属人世界与自然世界的统一，这是它区别于其他各种意识形式的根本特点。

主观性与客观性、主体与客体，同前面论述过的属人世界与自然世界的关系一样，它们也包含着两个相反方向的统一内容和活动方式。一方面，主观性统一于客观性、主体统一于客体；另一方面，客观性又统一于主观性、客体又统一于主体。一方面，客观性和客体是按照主观性和主体所有的方式同主观性和主体发生关系的；另一方面，主观性和主体又是按照客观性和客体所有的方式而同客观性和客体发生关系的。从人的立场去看，客观性和客体虽是主观性和主体的存在基础，使客观性统一于主观性，客体统一于主体却是一切活动的最终目的。无论是主观性和主体适应客观性和客体的活动方式，还是客观性和客体适应主观性和主体的活动方式，归根结底都是为了实现这一目的服务的。

人作为主体同客体所发生的关系包括多种具体的内容和形式。人既是实践主体，又是认识主体，也是价值主体和审美主体。与此相适应的，人作为主体与客体之间的关系也就有实践关系、认识关系、价值关系、审美关系等。这些关系是互不相同的，各有自己的内容、形式和特点。但不论它们怎样不同，贯穿它们之中的核心的内容都是主观性与客观性的关系；作为它们活动的基本方式也不外上述两种；它们导向的最终目的也都是按照主体方式实现客体与主体的统一。

哲学要为人们统一客体的活动提供理论的指导，就要抓住主观性与客观性这一基本矛盾，全面地去研究主体与客体的多种关系，并对如何实现主观性与客观性、主体与客体的统一做出科学的论述，但要做到这点，采取哪种理论观点仍然是至关重要的问题。从存在观点出发和意识观点出发，或者说依照本体论理论去分析和认识论理论去分析，都只能达到主观性与客观性关系的一定层次、认识到它们之间相互作用的一定内容。在这里同样是只有从实践观点出发、依照实践论理论去分析，才能达到主观性与客观性矛盾的最高层次、认识到它们之间相互作用的本质内容。

人的认识活动和实践活动原本结合在一起，构成统一的人类活动，只是在后来，才分化为不同活动。在人类发展中认识与实践的分化是具有必然性的。它们分化的根据不仅在于它们在活动的形式上根本不同，活动的内容也根本不同。认识活动在本质上属于思维活动；而实践活动本质上属于感性活动。认识活动的目的在于把握客观存在，它要把客观的存在转化为观念的存在，就必须使自己适应客体的存在状况。所以认识活动属于反映性的活动，也就是使主观性统一于客观性的活动。实践活动恰恰相反，它的目的是要把已经形成的观念转化成为具有直接现实性的客观存在，使客体转变成为对自己有用的存在。所以实践活动属于改造性的对象化活动，它的取向是使客观性统一于主观性、客体统一于主体。

认识活动与实践活动的区别性，并不表明它们是无关的两种活动。恰恰相反，认识活动的基础在实践中，认识活动的作用也表现在实践中，不仅整个认识活动都要受到实践活动的制约，而且在分化以后认识仍然从属于实践活动，构成它的内在有机环节。正由于认识始终是建立在实践基础上的活动，所以它才与动物（作为人类认识萌芽活动）的意识活动具有了本质性的区别。

人类认识与动物意识都属于反映性的活动。由实践基础所决定，人的认识属于一种能动的反映活动，这种能动性表现在：认识是按照自己的方式而不是按照物的方式去反映、把握客观存在的。正因为人的认识具有这样的能动性特点，所以它才能指导人在实践活动中，使人按照物的方式的活动达到物变成适于人的存在方式的目的。

认识活动在内容和形式上的这种相反相成的关系，只有从实践观点才能把握住。把认识从实践割裂开来、孤立地去分析认识活动，人们只能看到主观性适应客观性内容的关系，不会了解客观性适应主观性形式的关系，从17—18世纪的机械反映论学说就是这样形成的。

这里涉及的是真善美三者的相互关系问题，真善美三个范畴分别表现了主观性与客观性之间所具有的不同关系。真的范畴，反映的是主观性适应客观性的关系；善的范畴，反映的是客观性适应主观性的关系；美的范畴，则反映了主观性与客观性、客观性与主观性在双向作用中所达到的统一。真善美三者相结合，由此便达到了主体与客体的统一。主体与客体的统一状态就是自由，自由是一切真正的哲学所追求的最高目标。

早在古代哲学中，哲学家们就探讨了真善美的问题，不过，直到18世纪人们仍然只能以片面的形式、在相互隔离的状态中，去探讨真善美各自的局部表现。只是从康德开始，在德国古典哲学中，人们才从统一关系中去探讨真善美的问题。这和德国古典唯心主义哲学家们已从思维活动接触到实践问题直接联系着。

按照德国古典唯心主义哲学家们的观点，真属于理论理性或理论理念，善属于实践理性或实践理念。理论理念是作为观念的东西同现实东西相对立的，它必须从客观世界中为自己汲取一定的内容和得到充实。实践理念则相反，它是通过扬弃外部世界的各个规定，以便使自己获得外部现实形式的活动。所以真表现着观念和实在的符合，善表现着目的性在外部现实中的实现，美则表现着主观与客观的统一。德国古典唯心主义哲学家们虽然只限于在思想范围内谈论主观性与客观性的关系问题，他们描述的真善美的统一及其与自由的关系，却包含着现实性的内容，理应被看作人类思想发展获得的重要成果。

马克思主义哲学是奠立在现实活动基础上的理论，它自觉地从实践观点去认识主观性与客观性的统一关系，只能比德国古典哲学更深刻、更科学、更合于人的现实活动的本质和内容。马克思哲学观点形成时期写的那些著作，如《关于费尔巴哈的提纲》《德意志意识形态》等，就明显表现了这一点。

可是在我们阐述的哲学理论中，不但没有进一步发挥和发展马克思已经明确提出的许多思想，甚至马克思所奠定的思想基础也被丢掉了。

在我看来，我们过去主要是从认识论的框架去理解主体与客体、主观与客观的关系的。主体和客体这两个范畴，一直被看作仅仅属于认识论的范畴。许多书中谈到思维和存在的关系问题，也主要或者看作本体论或者看作认识论的基本问题，从来很少见到作为实践论的基本问题去加以阐明。我们把"真"看作高于一切的范畴，把"求真"看作最高的原则。人活着，似乎只是为了使主观合于客观，为了达到一个真，所谓"朝闻道，夕死可矣"。在人们的观念中，"利"是一个卑下的字眼儿，有谁去讲利，就会被人耻笑为小人，所谓"君子不言利"。

从实践观点去看，人要达到改造客体的目的，就要使主观符合于客观，主观符合客观是实践获得成功的前提。主观符合客观不是轻易就能达到的，不仅须克服认识上的限制，有时还要做出牺牲，去克服人为制造的障碍。所以为真理奋斗，就成为神圣的事业，一向受到人们的尊崇。但人们所以要使主观符合客观只是为了使客观统一于主观，人们从来都不是为真去求真，而只是为善而去求真。人作为主体所要求的主观与客观的统一，并不是主观消极地迎合客观的那种统一，而是能够满足人的情欲需要和情感需要的那种主观与客观的积极的统一，这是一种在本质上具有否定性内容的统一，这种统一单靠真并不能完全解决，只有在真善美的结合中才能完全实现。

在以往的理论中，以认识上主观适应客观的消极统一取代了主体所追求的主观与客观否定性的积极统一，显然是片面的。由于对主观与客观统一性的这种片面理解，所以在我们的理论中，人们所关心的许多本应由哲学加以探讨的问题，如目的问题、利益问题、价值问题、美感问题、自由问题等，都被排除了。我们把善只看作道德范畴，把美只看作美学范畴，把自由主要看作政治范畴和认识范畴，而不把它们当作哲学范畴去研究。这样的理论脱离了人们的现实生活，当然很难对人们的活动起到指导作用，更不会引起人们学习它的兴趣！

所以我认为，要坚持实践观点，就必须恢复真善美和自由范畴在哲学中的地位，坚持从真善美和自由的统一中去理解主体与客体、主观性与客观性的关系。

（七）从实践观点看唯心论与唯物论

贯彻实践观点，对唯心论哲学以及它与唯物论哲学的关系问题，也必须重新加以认识。

唯心论哲学是一种"颠倒的世界观理论"，这是不言而喻的。怎样去认识这种颠倒世界观理论的本质、根源和意义？从不同的观点和方法，得出的认识是很不相同的。

抽象存在观点和抽象意识观点，是对贯穿于人类活动中的主观与客观关系问题的简单化和抽象化的观点，从这种简单化的观点去看待唯心论与唯物论的关系也必然是简单化的。

按照这两种观点，主观与客观、主观性与客观性之间只有一种单项矛盾的内容，即一方决定于另一方、一方统一在另一方之中。或者是意识统一于存在，或者是存在统一于意识，这就是这两种抽象观点提出问题的公式。抽象存在观点，意识只能统一于存在，所以唯物论的理论是完全正确的，而唯心论哲学则是完全的胡说八道。抽象意识观点则正好相反，存在只能统一于意识，所以只有唯心论哲学是正确的，唯物论理论反而变成了错误的。

列宁曾经指出，"从粗陋的、简单的、形而上学的唯物主义的观点看来，哲学唯心主义不过是胡说"①。这句话一语道破了旧唯物主义的本质。我们在过去用"石头哲学"的观点把唯心主义哲学看成是一种热昏了的胡话，也是因为我们把自己降低到了素朴实在论的观点水平。用直观的常识观点去认识唯心论，只能得出这种看法。"石头哲学"的时代早已成为过去，然而我们对唯心论哲学的看法却并没有多少提高，仍然在使用"理论上是荒谬的，政治上是反动的，不值一驳"这样的公式来对待唯心论哲学，这里的原因也很明显。如果我们不能改变对主观和客观矛盾关系的简单化的看法，也就不能从根本上改变对唯心论哲学的看法。

对主观和客观的关系的简单化看法，只有从贯彻实践观点中才能正确地克服。从抽象存在观点跳向抽象意识观点，可能改变原来的简单化看法，但又必然会走向另一方向的简单化看法，仍然不能达到对唯心论哲学的正确认识。近年来，出于对唯心论哲学采取简单否定和骂倒的态度与观点的不满，一些学者提出了重新评价唯心论哲学的问题。有些人由此又陷入另一极端，认为唯心论哲学接触到了思维的深层矛盾，对人类思想发

---

① 《列宁全集》第38卷，411页，北京，人民出版社，1959。

展做出的贡献比唯物论还要大；相反地，唯物论不过是一种素朴的常识观念，对人类的思想发展并没有多大意义，它们的著作读起来也索然无味。我认为，这种情况就是用抽象意识观点去克服抽象存在观点得到的结果。

从实践观点看来，人在自己的活动中使世界两重化，出现了属人世界与自然世界的对立、主体与客体的对立、主观性与客观性的对立，这里相互对立着的方面是在双向作用中达到统一的，它们既不是单纯的主体统一于客体、主观性统一于客观性，也不是单纯的客体统一于主体、客观性统一于主观性。属人世界与自然世界、主体与客体、主观性与客观性之间的这种复杂矛盾内容，就是哲学上形成各种不同观点、理论的客观根据和根源。

以往的哲学是在人类历史尚未发展到使这些矛盾内容充分暴露在人们的面前、人类认识尚未发展到足以全面把握这些矛盾内容的条件下形成的，它们在理论上具有片面性是不可避免的。从实践的观点看来，唯心论哲学脱离自然世界基础、孤立地发挥人及其意识的能动性和创造性，毫无疑问是片面的；旧唯物论哲学只能在自然世界范围内确立物质统一性观点，完全抹杀了人及其意识的能动性和创造性，当然也是片面的。马克思主义哲学的性质是唯物论，但它已不是旧哲学意义上的唯物论，而是实践论的唯物论。这里的唯物论不过是意味着，如马克思和恩格斯自己多次说明过的：它是按照世界的本来面貌从理论上说明了世界。世界的本来面貌，应当既包括自然世界对属人世界的本原性和基础性内容，又包括属人世界对自然世界的能动性和创造性内容。从这个意义上说，马克思主义哲学乃是全部以往哲学优秀思想的继承和发展，同时不仅是对唯心论哲学的超越，也是对旧唯物论哲学的超越。

恩格斯说，唯物论随着科学的发展不断改变自己的形态，同样地，唯心论哲学也是一个历史发展的理论。不同的时代，唯心论的内容、性质和形态也存在很大不同，不能把它们看作完全同样的哲学。

古代唯心论是从本体论生长起来的理论，它的作用是从客体自身的矛盾把世界分裂为二，造成了超自然的精神世界和自然物质世界的对立。近代唯物论是在批判这样的唯心论基础上建立起来的哲学，所以不同于从批判原始宗教思想中诞生、尚未自觉研究主观与客观矛盾的古代唯物论，它着重研究了精神与物质两个实体的关系问题。但近代唯物论也只是从本体论、结合认识论研究了主观与客观的矛盾，它只适用于对付古代类型的粗陋的唯心论，完全应付不了近代唯心论。近代唯心论是直接从认识论的矛盾建立起来的理论，从本体论和认识论的立场对它所揭露的矛盾是没有能力解决的。例如，对于贝克莱的哲学，狄德罗就发出过这样的哀叹："这种怪诞的体系，在我看来，只有瞎子才会创造出来！这种体系虽然荒谬之至，可是最难驳倒，说起来真是人类智慧的耻辱、哲学的耻辱。"[1]说起来这不能看作人类的耻辱，也不是哲学的耻辱，只能责怪旧唯物论的无能。从实践观点这种理论很容易就被驳倒了。

所以，现代的唯物论不仅是从批判唯心论中建立的，也是从批判旧唯物论的片面观点中建立起来的。在马克思的著作中，批判旧唯物论的材料一点也不比批判唯心论的材料少，他所写的主要代表著作就证明了这一点，当然这两个方面的批判在性质上有所不同。但它足以说明，马克思绝不是从旧唯物论的立场在批判唯心论哲学中建立自己的哲学理论的，而是从一个新的更高的立足点去批判唯心论，同时也批判了旧唯物论，然后建立起了自己的哲学理论。马克思称自己是康德、费希特、黑格尔的学生和继承者，并以此为荣；后来列宁明确肯定"聪明的唯心主义比愚蠢的唯物主义更接近于聪明的唯物主义"[2]，这些话都很值得我们深思。

在我们的理论中对唯心主义哲学采取批判的态度是完全应该的，问题在于，我们不应该仅仅从本原和基础的观点去批判唯心主义。这是从一个极端去批判另一个极端，不仅会使我们陷入旧唯物论的片面性，而且也批判不了唯心论哲学。我们长期以来不敢接触唯心论的思想实质，只能以"荒谬""反动"的语言骂倒唯心论哲学，在我看来，这是把我们的哲学

---

[1] 参见《列宁全集》第14卷，24页，北京，人民出版社，1957。

[2] 《列宁全集》第38卷，305页，北京，人民出版社，1959。

立场局守于自然世界狭隘范围的必然结果。从自然世界立场去批判属人世界的理论，怎能讲出令人信服的道理来！

所以我认为我们应该调整批判唯心论的方向，不仅要从自然本原的立场去批判唯心论，更要从属人能动性方向去批判唯心论。调整了批判的角度，即只有坚持从实践观点去批判，才会超越哲学中的派别斗争——无论历史上的或是现代哲学中的派别、思潮、倾向的斗争，使我们的理论进到新的更高哲学境界。

（八）从实践观点看辩证法与形而上学

从实践观点去认识辩证法与形而上学，同样会得出与前不同的看法。

辩证法与形而上学的区别和对立，本来就是从人改造和认识外界对象的活动中形成的。

什么是辩证的，什么是非辩证的，哪些是辩证的，哪些不是辩证的？这从客观的自然世界及其自在的事物中是无法区别的。就本来的自然事物而论，没有什么事物不是处在运动、发展过程之中的，这就是说，它们都是辩证的，没有非辩证的事物；自然事物在运动中只有本质与现象的区别、必然性与偶然性的区别。事物不论处于发展中的哪一个阶段、采取何种变化形态，都是合于它们固有的发展规律的，我们平时并不把某一阶段和形态的事物称作辩证的，而把另一阶段和形态的事物称作非辩证的。

客观事物自身既然不存在非辩证的性质和形式，我们对它们去谈论"辩证性质"又有什么意义呢？这里只有一种可能，就是对于人对自然事物的认识活动有意义。所以在我看来，我们通常所说的"客观辩证法"，只能是作为"主观辩证法"的客观来源和客观根据的概念而存在，它并不意味着另有一种什么客观的形而上学或客观的非辩证法；对自然世界使用辩证法这一概念，也无非是对它的一切事物都处于由其固有规律支配的运动和发展过程中这一事实的肯定和确认而已。

只有在人们去反映事物的运动并依据这种认识而从事的活动中，才会出现辩证的与非辩证的区别问题。

如果人像动物一样,虽也具有意识的萌芽形态,但它受到物种尺度决定,只能屈从于自然规律的支配,毫无自主性和能动性可言,也谈不到辩证与非辩证的区别。人的活动具有这个区别,明显地同它作为主体,具有自主性、选择性、创造性种种特点有直接关系。由此可见,如果不是从人作为主体的活动出发,完全脱离开主体与客体、主观性与客观性的关系,就不会提出辩证法问题,在这种情况下去谈论辩证法问题也是毫无意义的。

人对自然事物的认识,如前所述,是一种能动的反映活动。认识是以主观的形式反映客观的事物,客体非加以主观化,不能被移入人的头脑为人所认识。认识是以抽象的形式反映具体的对象,对象不被抽象化,人就不能把握它的本质和规律。认识是以凝固的形式反映活生生的对象,不把对象隔断使之凝固化,人也不能把握事物的运动和变化。认识活动的目的是把握对象,但它是以自身特有的形式去把握对象的。这就是前面所说的,客体不是以自己的方式,而是按照主体的方式同人发生关系。由主体和客体、主观和客观的这种矛盾关系,在认识再现事物的过程中,才出现把事物把握为运动的存在、还是把握为僵死存在的分别。辩证法与形而上学这两个概念所反映的,就是主体与客体、主观性与客观性之间的两种不同关系。辩证法,就意味着两者相一致的关系;形而上学,则意味着两者相对立的关系。从这一意义说,辩证法哲学也就是从人们认识发展历史中总结出来的关于思维把握存在运动和主体改造客体从而不断超越自身的理论。

在人类认识史上,人们对辩证法理论的理解和把握,也经历了从本体论进到认识论再到实践论的一个发展过程。

本体论的辩证法即古代自发的辩证法、直观的辩证法,它属于描述自然运行过程、探求事物变化本原的理论。近代唯物论哲学中包含的辩证法思想也属于此一种。本体论辩证法把事物看作运动中的存在,并试图从直接经验中对事物的运动过程做出总结,这在人们认识发展的早期阶段是有意义的。它对推动人们以运动、变化的观点去了解自然世界中的事物,曾经起了重要的作用。但这种理论只能限于抽象地肯定事物的运动和变化，它并没有告诉人们怎样才能在认识中把事物把握为一种运动的存在。换句话说，它只是抽象地肯定了人们直观到的经验事实，如赫拉克利特所描述的，事物像一条河流一样，永远流动、无物常住；并不懂得人们用以反应事物运动的概念是抽象的、凝固的，用这种概念无法反映事物的运动、变化这一矛盾。然而，人们如不解决概念的运动、变化问题，运动的事物反映到人们的头脑中来，还是会被思维凝固化，使之失去运动、变化的本质。近代的形而上学哲学就是由此产生的，为了克服这一矛盾，于是引出了认识论的辩证法。

认识论的辩证法即近代的概念辩证法、思辨的辩证法，它属于专门研究概念矛盾本性的纯思辨理论。黑格尔哲学是这种辩证法理论的最大代表。这种理论从主观性与客观性的关系中研究了运动、发展问题，它不仅肯定了事物的本性是运动，也肯定了思维的本性是运动，并且论证了只有以运动中的概念去反映事物的运动，才能实现思维与存在两者的统一性。黑格尔作为近代辩证法的代表，他的最大功绩就是发现了矛盾是一切概念的本性，由此为人们提供了打破概念凝固性、使思维与存在取得一致性的方法。黑格尔《逻辑学》中的概念体系，就是由各自矛盾本性串联起来的一条概念长河。赫拉克利特提出事物是变动不息的河流，黑格尔提出由概念组成的思维也是生生不息的河流，至此，思维与存在才协调起来实现了统一。概念辩证法是自觉的辩证法。

从本体论辩证法到认识论辩证法，人类认识进到一个新的高度，这也还未彻底揭示出人作为主体与自然客体的辩证法内容。认识论辩证法只回答了主观认识与客观事物如何取得一致的问题，这基本上仍然限于"真"的内容。人作为主体不只是从消极适应客体中取得主客体的统一，更重要的是从改造客体、在客体适应主体中实现主客体的统一。把辩证法限于认识论范畴，得出的只能是消极的结论，不可能达到革命的批判的积极结论。黑格尔辩证法的局限性就是一个实例。

马克思主义的辩证法是实践论的辩证法。这种辩证法理论奠基于实践所具有的超越现实存在、革命批判活动的本性，从主体超越自然存在、主体不断自我超越的观点去认识事物的运动和发展，认识主体与客体的统一关系。它既包含了本体论辩证法和认识论辩证法的内容，又远远超过了本体论辩证法和认识论辩证法的内容。唯有实践论辩证法，才是符合主体活动本性的革命的和批判的方法，才能成为指导主体对客体的改造活动和认识活动的科学理论。实践论的辩证法，按其内容说是超越性的辩证法，按其性质说是科学的辩证法。

在马克思主义哲学发展史中，马克思创立的这种高于以往一切哲学的辩证法理论，并没有为很多人真正理解。马克思和恩格斯逝世后，作为他们的学生和后继人的一整批马克思主义者，虽然号称马克思主义的理论家，却非但未能推进这一理论进一步发展，甚至把这一理论拉向后退，使它又回到了黑格尔以前的状态。例如，在普列汉诺夫看来，辩证法不过是从大量事例中概括出来的一些普遍性的原则。普列汉诺夫连认识论的辩证法观念都未达到。正是为了纠正像普列汉诺夫这些人对马克思辩证法的扭曲、误解，所以列宁才强调地提出"辩证法也就是（黑格尔和）马克思主义的认识论"[①]这一科学论断。

至于在列宁之后，在哲学教科书的理论中，情况并没有根本变化。教科书所论述的辩证法，基本上仍属普列汉诺夫所理解的那种理论，连列宁提出的辩证法是认识论的思想都未真正把握，至于实践论的辩证法当然就更谈不到了。所以，多年以来人们从教科书中除了得到一些关于事物运动、发展的知识以外，既掌握不到辩证的思维方法，更掌握不到发挥主体能动性的革命批判方法。人们学习这样的辩证法理论，只能当作公式、结论向具体事物身上套用，并不能避免思维方法上的形而上学片面性。

进一步深入研究作为实践论辩证法的科学内容，是哲学在今后发展中的一项重大课题。

---

① 《列宁全集》第38卷，410页，北京，人民出版社，1959。

第五章　课题专论

一、历史唯物论思考

（一）一点说明

上面论述了我对哲学、哲学的历史、马克思主义哲学的实质以及哲学进一步发展等问题的观点和看法。这是一个宏大的课题，其中涉及许多专门性问题。有些题目我在过去写过文章，有些题目准备将来再作进一步的研究。这一章就是我在过去一些年里所写的与本题有关的论文，现在作为对上述内容的补充收在这里。

这些论文是在1955—1986年期间写作的，时间跨度30年。我的思想经历了一个变化和发展的过程，但基本观点是一贯的。其中有些个别思想在现在看来显然只能作为历史性的认识，为了保留历史的真实，这里一概未作改动。

（二）论辩证唯物主义与历史唯物主义的关系[①]

关于历史唯物主义与辩证唯物主义之间的关系问题，人们都习惯于

[①] 这篇论文在刘丹岩教授启发下写于1955—1956年，最初发表在《东北人民大学学报》1957年第1期。

这种说法：马克思主义包括三个组成部分，即哲学、政治经济学和科学社会主义理论；辩证唯物主义是关于自然界、人类社会和思维发展的最一般的规律的科学，历史唯物主义是把辩证唯物主义的原理推广去研究社会生活，是辩证唯物主义在社会历史现象上的应用；辩证唯物主义与历史唯物主义是马克思列宁主义的哲学，是科学共产主义的理论基础，是共产党的世界观。

"历史唯物主义是辩证唯物主义在社会历史现象上的应用；辩证唯物主义与历史唯物主义是马克思主义哲学"——这是无论在现在通用的教科书中，或是在一般科学论著中，几乎为大家所公认的原理。

这种提法是否妥当呢？是否真实地反映出了辩证唯物主义与历史唯物主义科学内容之间的固有关系呢？

本文的目的，就是想从整个哲学的历史发展中来对这个问题，做一初步的考察。

1. 哲学对象的变化，哲学与科学的历史关系[①]

科学认识的日益专门化，是认识发展的特点之一。人类认识的分化过程，同时是认识的深化过程；认识的这种分化和深化发展，就表现在科学的分化上，表现在日益增多的新的科学部门的建立上。科学认识的分化，产生诸科学之间的相互关系，同时，科学认识的发展，又必然不断改变科学之间的原有关系。在任何时候，科学之间的关系都是科学内容借以发展的必要因素之一。

从这一意义说来，科学之间的关系，只不过是科学内容相互之间的内在联系的表现，并且，随着内容的变化，科学之间的关系也不能不是一种历史的关系。我们就从这个观点出发，试考察一下人类全部认识的发展。

原始宗教，是人类最初认识的萌芽，是人类对自己所感知的世界进行解释的一种原始方式。这种方式虽然把自然人格化了、神秘化了，但无论

---

① 这里所说的"哲学与科学"的历史关系，系指哲学和哲学以外的其他各门科学的历史关系。为了简便起见，以下对哲学以外的科学部门，均简称为"科学"。

如何它总是人类对自然的一种主观见解；并且，在这种见解中，也还确乎是溶化着一些片片断断的有用的知识因素。

随着社会生产的发展，阶级社会的产生，以及人类认识的进步，以后便出现了人类最初的科学知识的萌芽。这个科学的萌芽，在一切国家中，几乎都是作为原始宗教的对立物而产生出来的——这就是我们通常所称呼的原始的、朴素的唯物主义。

原始的、朴素的唯物主义的出现，实质上就意味着人类科学的开始产生：就它的理论来说，固然是幼稚的，并且也不乏虚构的想象的东西，但整个说来，却蕴藏着各种不同的科学认识的契机。

就原始的、朴素的唯物主义所提出的基本问题来看，它是一种企图探寻宇宙万物的统一根源为何物，以及这个统一根源如何表现为各种现象的学说，因而毫无疑问，它是一种宇宙观的理论。并且，由于在这种学说中，明确地肯定了万物统一的根源就存在于我们所感知的世界自身之中，认为世界自身就是世界的原因，所以这种宇宙观还是一种原始的、处于萌芽状态中的唯物主义的宇宙观。

但是从这种原始的唯物主义宇宙观的表现形式来说，采取的却是与各种具体科学的胚胎结合在一起的形式。在一个自然观、宇宙观中，综合着各种不同的科学知识的幼芽，这是原始的、朴素的唯物主义的本质。古代人认为，从世界自身去寻求万物的统一根源，这就意味着要在世界的现象中找出一种或数种带有普遍性的基本元素来，而以此作为世界现象多样性的统一的基础。譬如在古代希腊，有的哲学家认为这种根源是水，有的认为是空气，有的认为是火；还有的人认为这种根源不止是一种元素，而是火、空气、水和土四种元素等。他们的具体说法虽各不同，他们的精神实质却是一个，这就是认为世界的根源应当在世界自身中去寻找。从他们解决这一问题的出发点来说无疑是正确的，但他们的解决却也不免是幼稚的。世界以自身为根源，这意思只是说，世界的存在和发展是以世界上各种存在的现象的内在相互依赖性为根源的，这绝不意味着世界的一切现象都是从一种或数种始源现象中产生出来的。一种存在物或数种存在物，怎么能够产生出这个世界的无限多样的现象呢？把世界的多样性归结为一种或几种基本元素的存在，它的基本现实意义，主要在于从各种现象的物理构造方面探寻物质现象的内在联系。因而，从这一方面解决世界的根源问题，实质上就已经超出了世界观的领域，而进入具体科学的领域了。在这种解释中，他们不仅提出了物理学、化学、天文学的问题，也提出了生物学和社会学的问题。但限于当时的科学水平，对这许多问题，他们当然不可能一一给予完满的说明，而只能予以诗歌式的幻想的解释。

但是，在古代认识的发展中，其中某些问题，也曾在这浑然一体的知识体系中，逐渐取得了相对独立的地位，例如物理学、天文学、动物学（属于生物学范畴）等，就是这样的。古代希腊的伟大的唯物主义哲学家德谟克利特，就对物理学、动物学有过专门的比较具体的研究。不过当时在人的认识上还没有形成这样的科学分类。

所以，原始的朴素的唯物主义，不仅是人类最初的世界观的萌芽，同时也是人类最初的各种具体科学的萌芽。正因为如此，我们把原始的唯物主义从它的本质上看作人类科学的萌芽（包括哲学科学在内），并不是过分的。

像这种浑然一体地把世界观与具体科学结合在一起的情况，应当看作人类认识发展的一个必经阶段。

如恩格斯所指出的，"当我们深思熟虑地考察自然界或人类历史或我们自己的精神活动的时候，首先呈现在我们眼前的，是一幅由种种联系和交互作用无穷无尽地交织起来的画面"[①]。这种统一的整体的图画，就是单纯凭借直观和思考，也是可能发现的。当人们还没有进入研究世界整体的各个特殊部分或方面、而物质生活条件和认识发展的水平也没有可能让人们进行这种研究时，从人们对世界的深思熟虑中所着重提出来的问题，必然首先是有关世界整体方面的，而不可能是个别的特殊方面的问题。而在

---

① 《马克思恩格斯选集》第3卷，359页，北京，人民出版社，1995。

关于世界整体方面的问题中，首先使人想到的也一定是这样的一个问题：世界上形形色色的现象，究竟从何产生的呢？它们以什么为其统一的根源呢？但同时，当人们的科学认识还没有深入世界现象的特殊性之中、还没有从对特殊性的研究中把握到各个现象的内在联系时，人们对自己提出的问题的实质，也必然是不能了解的，更不可能予以完全科学的解决。人们根据日常经验中见到的一个现象总是由另一现象产生的事实，就认为所谓世界的根源，就是直接或间接产生世界上一切现象的始源现象，这样人们便把世界的根源这一哲学问题和具体科学关于物质构造的问题混在一起了。当人们依据上述见解去描述世界各种现象的形成时，就不能不以幻想的形式提出各种具体科学的问题。

这样就形成了世界观问题和具体科学问题混在一起的人类最初的知识体系。哲学一词，其最初含义和现在的理解大不相同，它是"追求智慧"和"爱智"的意思，在这种智慧里，融化着一切知识的萌芽。最初的所谓哲学，实质上是一种知识的总汇，正是这种缺乏实验科学作基础、哲学认识与科学认识综合在一起的情况，决定了古代唯物主义哲学的自发的朴素的性质，使得它们只能在总体上正确地把握住了世界的整个图画，而不能了解到这一总图画的实在具体内容。正因为如此，在古代知识总汇的哲学中，居于主导地位的，乃是与具体科学问题混同在一起的关于世界整体的普遍观念；而在人们认识中虽然逐渐区分出了不同的独立的研究问题，也不能不从属于这种普遍的观念而包括在哲学之中。

人类认识的进一步发展，就在于要使这种"知识总汇"内在包含的差别性，逐步地在认识成果中区分为不同的知识部门，以致发展为一种独立的科学。这个知识的发展过程，必然包含下面两个统一不可分的过程：第一，对各种事物的特殊认识，逐渐在这个知识总汇中成长起来，相互区分开来，最后形成各种实证科学；第二，在各种具体科学发展的基础上，世界观的问题也必然要逐渐区分出来，最后形成独立的哲学科学。

在古代认识的发展中，也产生了与唯物主义相对立的唯心主义，它虽然更早地从具体科学问题中游离出来了，在形式上已形成了世界观的雏形（这是由唯心主义这种哲学的本质以及它与科学对立的特点决定的），但这个雏形也仍然是唯心主义地联结着当时达到的各种科学知识的幼芽，自成一个体系而与唯物主义对立着。

这就是古代哲学的一般情况。但是，在古代的认识中也并不是没有分门别类的研究，特别是在奴隶社会的后期和在唯心主义哲学中，也曾出现了认识的不同门类的区分。只是由于各种区分还处在萌芽状态中，所以总的来说那些独立性的研究问题仍被综合在哲学认识之中（和哲学认识混在一起），成为哲学内部的一个分科。柏拉图虽然事实上是把哲学看作知识的统称的，但在他的哲学中已内在地显示了这种知识的区分，譬如他曾区分了辩证学、物理学和伦理学等部分。他认为辩证学研究概念反映的对象，也就是他视为实在之本质的理念世界；物理学研究感性知觉的对象，即自然界（其中包括物理学和心理学）；伦理学研究意欲的对象、人的道德行为问题（其中包括伦理学、政治学、诗学、修辞学等）。以后亚里士多德根据这种区分做了进一步的正式的分类，他分哲学为理论的与实践的两部分，伦理学、形而上学、数学、物理学被看作理论的，而伦理学、政治学等被看作实践的学问。另外，亚里士多德又把研究世界根本原理的学问——关于存在自身的学说或形而上学从其他的知识中区分出来，看作纯粹的哲学，称为第一哲学，而称其余的关于特殊事物的知识为第二哲学。这就说明，在亚里士多德的认识中，已开始考虑到哲学与具体科学区别的问题了。当然，由于认识水平的局限，那些特殊的知识部门事实上并没有从哲学中分化出去。

从奴隶制崩溃到资本主义产生，就欧洲情况来说，在这漫长的封建社会时期，社会生活的基本特点，就是宗教教会与宗教神学思想的统治。教会垄断着一切，一切都服从于上帝，自然科学的研究，几乎从认识领域中完全被排斥掉了，仅存的则完全从属于教会。哲学没有独立的地位，被看作宗教的侍女、论证上帝和宗教教条的工具。这时的哲学对象，从自然界转移到了抽象的教义、天国,和神学完全结合起来了。在哲学中所包括的部门,也只是那些便于服务于宗教的形而上学、逻辑学、伦理学等少数部门。

中世纪哲学研究对象的改变,不是由认识发展的要求决定的,而是由宗教神学的统治造成的,因而当时也就不存在各个知识部门、哲学与科学之间的关系问题。所有这些知识部门,只存在一种关系:都处在神学的统治之下。

哲学对象的真正改变,哲学对象发展的第二个阶段,是和资本主义生产的发展、资本主义制度的确立这一历史过程相适应的。资本主义的发展以更高的生产发展水平为基础。而资本主义生产的发展,又必然要求并推动科学的进一步发展。随着资本主义在封建制度内部的生长,从15世纪下半期开始,自然科学首先大踏步地前进了。

自然认识的发展,引起了新的实验科学部门的建立。从研究比较简单的低级运动形式的科学——力学、数学、天文学、物理学等——开始,各种实证的自然科学,从原来作为综合知识的哲学中,陆续分化出来,形成独立的科学部门。

实验科学的发展,意味着人类的认识开辟了一个认识世界的新方面的途径。正如日丹诺夫同志所指出的:"这种自然科学和社会科学从哲学权力束缚下解放出来的过程,无论对于自然科学和社会科学,或对于哲学本身都是一种进步过程。"[①]

人类认识运动的秩序基本上是依循这两个方向进行的:一个是由特殊到一般,一个是由一般到特殊。人类认识的发展史的进程,也是这样的。一般的认识与特殊的认识在相对区分的基础上相互推动发展着,人们深入现象内部特殊性的认识,才能提高对现象的一般性的了解;反之,在有了一定的一般性的知识以后,又能够推动人们深入现象的特殊性的认识。认

---

① [苏]日丹诺夫:《在关于亚历山大洛夫著"西欧哲学史"一书讨论会上的发言》,6页,北京,人民出版社,1954。

识过程的一般与个别的这种相互作用的辩证关系，反映在知识联系的形式上，首先就表现为科学与哲学的分化、科学部门的分化，并在分化的基础上组成新的统一关系。古代哲学与科学的原始结合，是人们尚未深入现象的内部、停止于一般个别不分的笼统知识阶段上的认识的表现，这在缺乏具体的实验科学的条件下，是不可避免的现象。这种原始结合一方面固然表现着认识的局限性；另一方面，它于当时那种条件下也曾在人们关于某些现象个别性质的了解上起了重大的推动作用和启示作用。例如，在古代希腊的哲学思想中，包含着许多不正确的虚构，然而却也包含着某些直到后来仍有重要价值的天才猜测。但无论如何，缺乏个别知识基础的一般认识，终究不能代替对现象的具体认识。适应生产的提高，不但必须推进对世界的一般认识，也必须加深对世界的个别的具体认识，不推进其中的一方，另一方就不会得到发展。而由于一般认识首先是以个别认识为基础的，这就决定了在一般知识与个别知识相对分离的趋势下，首要的则是必须摆脱从一般认识中去获得个别事物知识的局限，必须加深并推进对个别事物的复杂性的具体认识。一般性认识的丰富与提高也正是依赖这方面认识的发展的。

很明显，从古代社会那个作为知识总汇的起点出发，人类认识进一步发展的规律必然是这样的：一方面，是深入世界各种现象的特殊性的认识中去，使各种具体的知识形成相互区别的独立科学部门，由于各门具体科学的分化使得原来的"知识总汇"的哲学解体；另一方面，科学的发展，也必然推动原来的世界观知识得到进一步发展，在各门科学所提供的新的内容的基础上，产生出新的哲学科学来。这是人类认识进步中的一个大变革，也是哲学发展的一个大变革，这个变革不但推动了人们的特殊认识的深入，也把人们关于世界共性、关于世界整体的认识提到了一个新的高度，科学的高度。所以，旧哲学——包罗万象的哲学体系解体，正是科学的哲学产生的前提。

但是，由于科学的发展本身走着一个曲折复杂的道路，适应科学逐步地发展，哲学的性质也就不是立刻改变的。科学从哲学中分化的过程，以及由这一过程所引起的哲学研究对象、哲学与科学关系的变化，在资本主义的发展开始以后，仍然经历了下面两个时期。

第一个时期是从15—18世纪。

科学在一千几百年的中世纪"黑暗时期"，由于宗教思想的独断统治，几乎没有什么发展。甚至古代所创造的那些优秀科学成果，也大部被遗弃。这就决定了，科学发展初期的问题并不是由哲学中迅速分化出来的问题（当然，某些知识部门还在更早的时候，即在奴隶社会的末期就已开始分化了。这里只是就哲学与科学发展的整个一般情况来说的），而是首先需要积极恢复前人积累的科学成果，收集事实，整理资料，为科学的建立创立基础；而更重要的，则是无论对于哲学来说或对于科学来说，必须挣脱宗教思想束缚的问题：从教会的统治中解放出来，首先取得生存的权力。

这种反宗教的共同的斗争，使这一时期的哲学和科学，处在一种携手并进、相辅相成的和谐关系之中。哲学需要科学的帮助，科学需要借助哲学奠定自己的理论基础。科学上的伟大发现，不单构成科学本身的进步，也成为哲学反对宗教的有力武器；哲学上的成就，同样推动着科学的发展。表现着这种哲学与科学未分化的事实的，是当时的伟大科学家，差不多亦同时是哲学家，如哥白尼、伽利略、布鲁诺、牛顿等；而那些著名的哲学家，也在科学的发展上做出了许多重大的贡献，如培根、笛卡尔、莱布尼茨等。

这就说明，15—18世纪这一时期，哲学仍基本上保留着古代哲学的综合知识体系的性质，基本上保留着古代哲学一般个别知识简单结合的内容。当时的哲学家，在知识部门的分类上，也没有完全脱离古代哲学家包括科学在内的哲学分类倾向。培根就仍然把哲学看作包括各种科学在内的知识总称。他依据智能的作用，分哲学为悟性的、想象的、记忆的三种。属于悟性的有人类学（其中包括政治学、心理学、生理学、伦理学）、宇宙学（其中包括形而上学、物理学、化学及各门具体的自然科学）和自然神学；属于想象的有诗学和文学；属于记忆的有自然史和人类史（包括国民史、文学史、教会史）。霍布斯也同样，他认为哲学就是人们借助合理思维所得到的知识之总和，他把哲学分为逻辑学、认识论、物理学、社会学、国家学说等。

当然，这一时期哲学与科学的结合，在形式上是和古代完全一样的，而在内容上却已有了深刻的差别。古代的原始结合，是以科学的不发达和知识极为有限为条件的，是哲学与科学的自然适应的结果。从15—18世纪世纪，由于科学的发展，已进一步加深了科学与哲学分化的裂痕，这就在其结合中不能不包含主观与客观的矛盾。知识部门中没有哲学与科学的分类，然而在实际的研究中已经开始了分工，总体的研究和个别的研究的分工。

认识的这种专门化的趋向，实际研究中所形成的这种分工，是科学与哲学分化的真正开始。但是，当科学尚处于萌芽发展的过程中时，科学与哲学的结合，仍然有相互适应的自然基础，其间所显露的只是主观与客观不自觉的矛盾的萌芽。

第二个时期是18—19世纪前半期。

到了18世纪以后，情况却不同了。这一时期科学有了更迅速的进步。特别是数学与机械学所获得的巨大成就，为自然科学的发展奠定了基础，知识领域大大扩展了，认识的内容更加深入了。原来作为哲学内容的许多问题，在发展中陆续脱离了哲学，形成独立的科学部门。特别是到了19世纪以后，许多过去未充分发展的科学，如化学、物理学、生物学等，也都成长起来了，这一时期可以说是自然科学走向成熟的时期。

如果说在前些世纪科学与哲学的综合研究，尚有科学的不发达作基础，那么，在这一时期仍然保持旧的研究方法就再没有可能了。因为认识的分化发展和专门化的趋向，无论对于科学家来说，或对于哲学家来说，要他们如古代思想家一样，超出本身研究的专门领域同时深入其他领域，已是相当困难的事情了。特别是对于哲学来说，既然其本身的许多问题已成为科学研究的专门问题，哲学再作为综合知识体系的存在基础就被推翻了。

自然科学的相继独立，事实上宣布了"哲学"的解体。哲学如果不能取消科学独立的事实，那就必须改变自己的性质。

但是，必须指出的是，由科学的分化所引起的"哲学"解体，并不是一般哲学的解体，被自然科学的发展所否定的并不是作为哲学这门科学的存在，而是哲学作为综合知识体系的那种包罗万象的性质，即旧哲学的解体。

应当说，自然科学的分化不但没有取消哲学的存在权利，并且只是由于自然科学的发展，才赋予了哲学更深入世界本质认识的可能性。自然科学的分化，不仅指出了哲学发展的新方向：既然关于世界个别方面的规律性变成了科学研究的对象，哲学就只能并必须从世界的一般性方面去研究世界；自然科学的发展在同时也为哲学专门从共性方面、统一性方面揭示世界的本质和一般发展规律创立了基础。因为只有在这种由实验科学所揭示出来的世界具体规律性的基础上，才可能对世界的一般图画做出科学的说明。

从这一意义说来，自然科学的发展，开辟了人类认识向两个方向分化的可能性，这两个方向的分化，正是表现了人类认识的深化发展：从旧哲学所包含的个别性的认识的成长中诞生了各门具体科学；以这种成长为基础，从旧哲学所固有的对世界一般性的认识的成长中又产生出了以世界共性为专门研究对象的新的科学部门，即哲学科学。

18世纪末期以来科学的猛烈发展，准备着人类认识走向新阶段的巨大变革的条件。

但是，要想实现认识发展中的这一巨大变革，不但需要自然科学特别是社会科学的更为成熟的发展，同时还必须人们能够在意识中自觉地反映出认识发展的这一规律性，意识到科学独立在认识发展中的进步意义。而这样的两个条件，归根到底仍然决定于社会生产以及在此基础上的社会的及认识的发展。我们知道，这两个条件在马克思主义产生以前的18世纪末和19世纪初期尚没有完全成熟。

资产阶级不可能完成这一认识的巨大变革的任务，虽然他们曾准备了为完成这一变革所必需的基本条件。这不仅是因为在这一时期为他们所发展起来的自然科学尚不成熟，同时还因为，他们的阶级地位决定了他们在取得政权以后，便由唯物主义转向了唯心主义，从而他们不但不可能造成社会科学充分发展的条件，并且也使他们意识不到由他们自己建立起来的自然科学在整个认识发展中的意义，特别是对哲学发展的重大意义。

因此，在这一过渡期间，资产阶级的学者们在规定哲学认识任务的问题上不能不陷入混乱的状态中。

适应科学独立的认识的分化趋势，哲学应当以什么为研究对象呢？资产阶级的学者们没有解决这个问题。

认识分化发展的客观趋势既已形成，它就必然会反映到人们的意识中来，虽然这种反映的形式和程度各不相同。从18世纪末以来，并非没有哲学家意识到认识发展的这一趋势。即使在上述观点中也表现出了这一事实：他们虽然在主观上极力抹杀科学在实际上已取得的坚固地位，然而却又不得不从科学独立的事实出发去恢复哲学的权位。当时有过许多哲学家不但承认了科学独立的客观事实，并且在不自觉中反映出了由认识发展为哲学所规定的对象。譬如，他们对科学能够这样去理解：科学是以宇宙之个别现象为对象之知识体系，"每一门科学各有其特殊研究范围。天文学是研究天上宇宙；物理学研究自然复杂作用之力；化学研究事物的元素及其配合；植物学研究植物……"对于哲学，也能够从其研究的范围上和科学区别开，认为："哲学为研究统一的根本原理之学""哲学者研究宇宙人生认识等根本原理之学也""所谓哲学，即是以整个宇宙为对象，而研究其绝对的普遍的道理之学问"等。不过所谓以世界整体为对象，对于唯心主义来说，只是意味着以上帝或绝对精神等为对象。

不管怎样，这些资产阶级的哲学家已经意识到了哲学必须从统一性方面去把握世界认识的特殊性。在这一点上，是符合认识发展之要求的。但是，虽然他们正确地理解到了这一点，他们却没有能够彻底贯彻这一点，从而完成哲学性质以及哲学与科学关系的根本变革。资产阶级的学者们，并不是单以认识世界的根本性质与普遍的存在状态为哲学任务的，除了这一点以外，在他们的哲学中，还包括在这一基础上去把握世界上各个基本领域及其中各类现象在整体中的具体联系的认识任务，即在科学之外揭示科学研究领域中的一般联系。这样一来，在他们的一般观点体系之外，就又产生了站在科学之上的所谓自然哲学、历史哲学、法权哲学、宗教哲学等部门。

我们可以以黑格尔为例。黑格尔把哲学理解为对事物的思想考察，因为黑格尔作为一个客观唯心主义者，他认为思想或概念乃是一切事物的真正本质。所谓对事物作思想的考察，就意味着要以各种具体科学作为材料，而将这些事物提高到思想或概念的普遍形式上来认识，从而揭示出其中特殊性与普遍性的必然关系。在黑格尔看来，科学的最重要缺点就是仅仅停止于关于各种事物特殊性的零碎片断的知识上面，未能体现出与思想普遍性的必然联系；然而科学却应当是一个自我封闭的圆，它必须将自己的认识在其整体性上表现出来。科学所不能完成的，就应当由哲学来完成。因此，在黑格尔看来，哲学一方面要提供出关于事物或思想的相互联系与相互制约的普遍形式；另一方面还要通过每门科学自身所包含的与别些部门的联系把科学联结为一个统一的整体。只有这样的知识，才是完备的"知识体系"，才达到了所谓思想自身的水平的概念知识。然而这样一来，各门具体科学显然就只能作为哲学的各个不同的独立部门而存在了。黑格尔所以把他的哲学区分为所谓逻辑学（即一般描述思想或概念的普遍内容或形式的科学）、自然哲学（即逻辑学在自然科学中的具体体现）和精神哲学（逻辑学在社会科学中的具体体现，这里又包括历史哲学、法权哲学、宗教哲学、美学等），就是出于这种观点。

哲学不仅要提出关于世界的普遍性或共性（或最高本质）的图画，

还要以此为基础提供出世界诸现象作为一个整体的各个具体对象的具体联系的图画，这不仅是黑格尔哲学的特点，而且是许多资产阶级哲学家共有的特点。就是后来的费尔巴哈，虽然区分了哲学与自然科学，虽然他曾说过"哲学应当重新和自然科学结合……"但他对哲学的了解，也基本上是从唯物主义的角度表现了这种观点，并未跳出这个圈子。基于这一认识，这些哲学家们虽然区别了哲学与科学，却并没有摆脱旧哲学那种包罗万象的性质，相反地，他们仍然把科学束缚在哲学无上权威的绝对统治之下，而只是采用了一个新的形式。因为既然科学本身不能达到包含于它所研究的对象的普遍联系，那么必须哲学才能达到，这样一来，哲学在科学中就无形中取得了一种特权地位，被看成最高科学、科学之王、科学之皇后，同时哲学本身也成了第一是压倒一切科学的，第二是包括了一切本质知识的，第三是具有最终完善的绝对真理性质的知识体系了，这就是所谓的哲学是"科学之科学"。

把哲学看成"科学之科学"，这一方面是由于旧哲学研究的传统习惯支配造成的；另一方面，这也是处于变革中的哲学与当时各具体科学发展水平的相互影响的自然产物。在19世纪初期以前发展起来的科学，在其发展初期的认识尚没有深入各个对象的内部联系中去，它们把世界各个相对独立的部分从原来的统一知识体系中分离出去之后，只是限于孤立的研究，这是科学发展的必经过程。这种研究所提供的知识当然只能是与某一个别科学领域相适应的"孤立"的知识。科学本身尚没有在其独立研究中揭示出世界整体的一般联系在它涉及的领域中的表现。然而科学的独立却已经把哲学推上了揭示世界一般联系的认识道路，这是一个矛盾。哲学家如果必须制定出世界整体的全面联系的图画，那就不能不涉及科学所属的范围，而代替科学家完成这一任务。

科学尚不能完成的任务，当然哲学也不能完成，然而哲学却把这样的任务完全包括在自己的内容中。这样的结果，就使这种"科学之科学"的哲学本身不能不丧失了科学的基础。既然科学本身没有达到这一点，哲学家为了要揭示这些现象的一般联系,舍此没有其他的途径,这就是:用幻想的联系去代替、弥补所缺乏的实际的联系。关于这种哲学,日丹诺夫同志说,"他们把自然科学束缚在他们自己的公式中,力图站在科学上面,把不是从实际生活中得出的,而是从他们的体系需要中得出的结论,勉强加到活的人类认识上去。在这些条件下就将哲学变成了一种博物馆,把各种不同的事实、结论、假设甚至幻想都堆在里面"[①]。他们把本来属于科学但尚未为科学解决的任务归属于自身,然后用幻想和猜测去解决它(虽然有时也有某些天才猜测的闪光);哲学不是建立在科学的基础上,而是在科学头上的一座宫殿,这就是这一时期"科学之科学"的哲学的基本实质。

如果说哲学为"科学之科学"的情况主要仍然是由科学本身之发展水平决定的,那么,当着各门具体科学,首先是自然科学在其进一步发展中,已经深入世界诸领域的内在联系,并从其自身的内容中揭示出了各个现象作为世界整体一部分的一般联系图画时,这种"科学之科学"的哲学就必然要被否定。马克思主义哲学产生的时期,正是属于这一时期。从18—19世纪,曾在许多重要的科学领域提出了重大发现,这些发现使科学从孤立的研究进入揭示科学对象的内在辩证联系的时期。19世纪以来的自然科学中的三个伟大的发现[②],就是证明。关于这三个伟大的科学发现,恩格斯作了这样的说明:"由于这三个伟大发现和自然科学的其他巨大成就,我们现在不仅能够暴露那存在于自然界个别领域内种种过程之间的联系,而且连那把这些个别领域结合起来的联系也能整个指证出来了。这样,依靠实验的自然科学本身所提供的材料,就可以颇有系统地来说明自然界这一联系性整体的总情景。"[③]在这样的条件下,自然哲学就告终了,从而具备

[①] [苏]日丹诺夫:《在关于亚历山大洛夫著"西欧哲学史"一书讨论会上的发言》,6~7页,北京,人民出版社,1954。

[②] 指细胞的发现;能的转化的发现;达尔文进化论的发现。

[③] 恩格斯:《路德维希·费尔巴哈和德国古典哲学的终结》,52页,北京,人民出版社,1954。

了概括自然科学，成就制定世界一般图画的哲学科学理论的条件。

然而资产阶级却始终不能完成这个任务，他们仍然坚持着"哲学是科学之科学"这个陈旧的观点。

资产阶级坚持这个观点，首先是由哲学的唯心主义本质所决定的。唯心主义认为，宇宙的本质是在现实世界（或叫感性世界）背后的某种超感性的精神存在之中，认为现实世界的一切因果联系，只是那种精神存在所表现出来的假象。从这种观点出发，自然就会对哲学的对象抱有下面的看法：认为除了为科学所揭示出来的关于世界各现象的普遍联系之外，哲学还必须以那种超感性的精神存在为基础，对宇宙万物做出相适应的"本质"方面的解释来。很显然，要实现这一任务，就不能不使哲学成为一种"科学之科学"的东西了。

当然唯心主义的这个捏造无论如何是抵抗不了科学所揭示出来的事实的。所以，科学日益证明唯心主义的所谓超感性存在的主观臆造性质，唯心主义的反动本质也就日益明显地暴露出来了，虽然它也有过像黑格尔那样的"严密"的理论体系。于是在19世纪后半期便产生了打着科学招牌、把主观唯心主义与不可知论结合于一身的实证主义哲学。实证主义也不可能对哲学与科学的关系以及哲学的对象问题提出正确的看法，这一点同样是由它的哲学本质决定的，并且，在实质上它还把哲学融化在各种具体科学之中，从而取消了哲学的存在。从表面上看来，实证主义也反对上帝、反对"超感性"的形而上学本体，他们宣布只有经验的东西才是真实的东西，因为只有这些东西能为科学所证实；但是，试问这个感性的经验的东西，到底是存在于我们的感觉之外还是就是我们的感觉呢？对于这个问题他们却避而不谈了。实证主义其实在这里反对的不是唯心主义，他们反对超感性的本质之存在，也就是反对现实中的普遍规律的存在，因而在他们把各个对象的特殊的研究划归各种实证科学以后，就丝毫未给哲学留下什么东西，从而高喊哲学没有存在的必要了，各门科学的本身便是哲学等。在实证主义看来，包罗万象的旧哲学的解体，也就意味着哲学的解体。

哲学与主体自我意识

到了帝国主义时代，资产阶级的哲学更加走向反动。这时，披着科学外衣的主观唯心主义取得了广泛的流行。适应这种哲学性质，人们对哲学的看法就是：把方法论与世界观相割裂，而认为哲学只提供研究问题的方法，哲学只研究我们用来认识事物的那些普遍概念；这些概念不反映任何客观事物的关系，而只是我们主观固有的逻辑方式。

这就是说，在科学发展的新形势下，资产阶级学者不能了解由于旧哲学的解体而引起的哲学性质的根本变革，虽然科学发展的新形势也在他们的看法中，通过复杂的折光有一定的反映（这种反映表现在：人们不能不把哲学与科学的关系问题提到面前试图加以解决；哲学也不能不在这种或那种形式中和对世界现象普遍关系的研究联系在一起）。

概括资产阶级学者对哲学的看法，就其实质说不外下面两种：第一，在客观上以世界现象的共性为哲学的基本范围，但却或者把共性独立化为神秘的超感性实体，或者把共性归结为人的主观逻辑方式；并在这种观点的基础上，力图把对世界本质的歪曲认识贯彻到各种现象的认识上去；第二，取消哲学的独立存在，把哲学与具体科学混同起来，然后用科学取代哲学。

总之，不管他们的具体看法有多么多，资产阶级学者都不能实现在科学认识领域中已经成熟了的历史任务——科学的发展促成了哲学的变革。

只有马克思主义哲学的产生，才完成了这一变革。马克思主义哲学既不是包罗一切科学的综合知识体系，也不是压在一切科学之上的"科学的科学"，马克思主义哲学是从共性出发研究世界，以世界整体的本质及其发展变化的一般规律为对象的科学。

但是，科学的哲学的产生，并不单纯是自然科学发展的结果。自然科学的发展，只是创立了建立哲学科学的一个方面的条件，它还必须有社会科学的基础，甚至可以说这还是问题的更重要的一个方面，即和哲学自身的变革更直接联系的一个方面。

2. 历史唯物主义在哲学发展中的形成

科学认识分化的历史结果，推动哲学必然走向与科学同等又在性质上不同于其他科学的专门学问的道路：第一，科学认识的分化发展，为哲学留下了一个专门的独立研究领域，这就是从世界的共性方面来研究世界统一性的领域；第二，各门具体科学从哲学中分化出来并具有了自己的独立的科学内容，这同时为哲学这门从共性方面研究世界统一性的哲学科学的创立，奠定了科学的基础。由实践的发展以及认识发展本身准备起来的这一认识本身的变革，就体现在马克思主义哲学——辩证唯物主义的形成之中。

从这一历史事实出发，必然要得出这一现实的结论：作为科学哲学的马克思主义哲学，如果它必须以世界的统一性作为自己的研究对象，那么在它的内容中，就必然排斥任何属于科学研究对象的特殊理论内容（历史唯物主义当然亦不能例外）。但是，马克思主义哲学，即科学的哲学之所以能够以世界的统一性作为自己的研究对象，这又必须是以各门具体科学的一定发展为基础的。这里不单是自然科学的基础，同时需要社会科学的基础。然而在马克思主义产生以前，如上面所说的，科学历史的发展，为马克思主义哲学即哲学科学的产生，准备好了自然科学的基础，却没有为哲学科学的产生准备下可以加以利用的现成的社会科学基础。如自然科学的发展一样，社会科学只有在其成熟到具有独立发展的科学基础时，才能够从哲学中分化出去。而由社会科学研究的特殊性所决定的，社会认识对哲学方法的特殊依赖性，使科学的社会科学必须与哲学科学的形成同时，借助于科学哲学的观点的帮助才能形成。这仿佛是一个矛盾：一方面自然科学的发展促使哲学必须走上以世界的统一性作为研究对象的科学道路；另一方面为哲学变革所必需的社会科学却又只能依赖哲学科学的观点之帮助才能建立起来，而这一矛盾正是科学认识发展的规律。这一矛盾表明：哲学对象的变革不单纯是缩小哲学研究范围的问题，它必须在与哲学内容变革相适应的过程中才能完成，即哲学对象的变革，同时也就是哲学内容的变革。这也就是说，自然科学与社会科学发展的不调和，构成了哲学科学变革必须解决的首要矛盾，只有建立起科学的社会历史观，才能够完成哲学科学的创造。哲学的变革与社会科学的建立成为一个问题的统一的两个方面（这里是专就哲学社会学的关系方面来说的）。

在马克思主义哲学产生以前，作为社会科学理论基础的社会学或社会历史观没有形成真正的科学。社会科学研究的对象是人类社会本身的发展，它比自然科学研究的对象要复杂得多。社会生活的发展，并不是靠自然中的那种盲目的力量的相互作用，社会的发展规律是通过人的一定的思想动机体现出来的，特别是在阶级社会要通过阶级利益的折光反映出来，这一特点就造成了人们认识社会规律的困难性。在马克思主义产生以前，社会学差不多处于完全依赖哲学理论的地位，依据各个哲学派别的一般哲学观点为转移，而抽象地从其中引申出自己的基本原理，并借此整理已获得的材料使其系统化。社会学在基本原理方面的进步，一方面依赖于阶级斗争的发展，而在理论方面则完全依赖于哲学本身的进步。在这种情况下，社会学不但根本不可能从哲学中分化出来，并且连这种分化的基础，即作为独立科学发展的基础也不具备，社会学尚处在幼稚的未成形的状态而孕育在哲学的母体之中。唯心主义哲学用纯主观的虚构来说明社会的进步与发展，这自不待言，就是以前的唯物主义哲学的社会历史观，也基本上没有摆脱主观的虚构。

这一点绝不是说，过去社会学的发展没有什么成就。相反地，如果不是就过去社会学所由出发的理论基础看，而是就它在某些具体方面的成果看，社会学以及其他历史科学的发展，也曾积累了许多有价值的甚至非常伟大的思想。例如，18世纪法国唯物主义者就提出过社会环境决定人的思想的观点；19世纪初期法国和英国的历史学家们，则更前进一步，他们曾试图从阶级斗争的观点来分析17世纪的英国革命和18世纪的法国革命，甚至达到了"财产关系决定社会制度、政治制度"的结论，而圣·西门不仅正确地指出了1789年的法国革命是第三等级反封建贵族的阶级斗争，并且还进一步看到了阶级统治的状况取决于生产发展的客观需要；英国古典经济学家亚当·斯密、李嘉图等人，创立了劳动价值学说，并力图从资本主义的经济结构出发去说明资本主义的阶级划分；等等。所有这些，都意味着在马克思主义出现以前，社会理论的发展，也取得了某些堪称巨大的成就。但尽管如此，以前的社会学却始终并未把自己置于科学基础之上，未能揭示出社会发展的根本基础，因而也就未能使社会理论变成科学的理论。

造成这种情况的原因，从社会的实际生活方面来说，是因为先前所有这些历史学家都是剥削阶级的学者，他们不论自觉或自发地总是以他们所代表的那个剥削阶级的利益为出发点的，这样使他们一触及与剥削阶级利益密切关联的问题，就不能做出客观的科学解释来；从它的理论基础方面说，这些历史学家、哲学家，他们大部分人虽在世界观（实质是自然观）上是唯物主义的，但他们借以建立他们对社会的理论的观点却是唯心主义；而从社会学问题的本身来说，上面两方面的原因集中起来，首先表现在他们从来未能科学地解决社会学当中的基本问题。

社会学的基本问题，也就是关于社会的本质问题。由于社会实质上只是在劳动生产基础上的人们的社会关系的总体，因而，关于社会的本质问题，归根到底也可以说就是一个关于人的本质的问题。唯心主义在任何时候都不可能正确地理解人，旧唯物主义也由于始终未能弄清楚人是什么的问题，因而他们也同样不能了解社会的本质①。

从17世纪的霍布斯、斯宾诺莎，直到18世纪的法国唯物主义者，他们都曾以人作为中心来说明社会，把人看作整个自然界的一个有机环节，把人的社会看作整个自然界的一个组成部分，并从这种观点来说明人及社会。把人看作一种自然的物质的东西，把社会看作物质世界的一部分，这表现了18世纪的法国唯物主义者及其先驱者们，确曾做过用唯物主义说明

---

① 这两个问题是分不开的。旧唯物主义正是因为不能从社会去了解人，才使他们既弄不清人的本质，也弄不清社会的本质。

社会和人的尝试，并且有过某些进步。但是，说人是自然的物质的东西，并从人的自然物质性把社会归结为物质世界的一部分，这不过只是找到了人及人以外的存在物的一个基本共性。如果停止于这一一般共性的了解上，又如何来说明人及人类社会区别于其他物质东西特别是区别于动物所具有的特殊性呢？

由于他们把人的物质的客观实在性仅仅归结为生物的或自然物质的存在，他们就不能不纯粹从自然方面来观察人的本质，并且又因为当时自然科学以力学最为发展，其他科学都尚处于萌芽状态中，所以他们在具体说明上，就不能不找到机械的力学规律作为说明的基础。从这一点出发，他们不能不连人的社会性也完全机械化了。例如，霍布斯认为人作为一个生物体的存在，当然是自然物体之一；由人所创造的社会，同样也是一个物体。这样，人虽具有双重的本性，即作为自然物体的自然本性和作为社会物体一分子的社会本性，无论前者或后者都受着严格的自然的或力学的规律支配。18世纪的法国唯物论者拉·美特里甚至简洁地肯定说：人是机器。在这一时期比较富有辩证法思想的狄德罗，也只试图用作用与反作用的原理说明生命现象。

单纯把人看作一个生物机体及力学的规律是不能说明人的本质的，特别是不能用来说明由人所组成的社会。人不单是一个生物，而且是有理性有思想的生物。人的任何行动都是受人的自觉的思想动机支配的。如果把人归结为一个生物活动体，如何能说明人的思想及其动机的起源呢？唯物主义认识论的基本原则是必须承认：任何认识都只能是一定的对象的反映，意识的内容就是客观的现实存在。然而人虽是一个生物的机体，却具有和生物不同的多样性的和复杂的思想观点、社会意识。这些多样化的和复杂的思想观点、社会意识，绝不是起源于人的自然机体及其生物过程的任何特性。把人单纯看作一个自然的生物，绝找不到人的思想观点、社会意识的客观根源。既不能用人的机体的生理结构来说明人的社会思想及其动机的来源，又不能用力学规律来解释这一点，于是他们只好把思想观点、社会意识看作历史最后的起因了。于是他们从唯物主义的前提出发，在贯彻这一前提中陷入不可自拔的矛盾。而为了解脱这种矛盾状况，唯一的出路，就只有把这种思想及其动机的来源归之于某种神秘的天性。法国唯物主义者正是走了这条路，他们认为，这乃是人的天性的反映和表现。

如果从这一点去理解，"天性"这个范畴可以认为是具有一定的实际意义的，即：所谓天性，也就是人的本性；而所谓人的本性，也不过就是决定人作为人而存在的那种特殊的物质性或客观实在性。但是人的客观实在性究竟是什么呢？法国唯物主义者及其先驱者们都没有而且不能够正确地予以指明。因为他们既把人看作一种生物个体的存在物，顶多把人的天性归结为人作为生物的存在以及表现在人的特殊自然气质之中的生物学的客观实在性。然而，不揭示出人能够成为人的客观实在性，用生物的本性绝不可能说明人的各种社会思想和理论的反映对象，以及产生这些思想动机和理论观点的来源。因此，他们所说的人的"天性"，对于他们只不过是一个没有客观内容的空洞抽象。这种空洞的抽象，和社会思想、社会理论起源于"无"，或起源于自身、起源于思想属性本身是没有什么分别的。人的思想、意识是没有客观来源的，而思想却支配着人的行动，正是人的这种由思想支配的行动造成了一系列的社会历史过程，这样，使18世纪法国唯物主义者不能不脱离他们的出发点，而转向与唯物主义完全相反的原则上面去。他们做出了"是意见支配世界"的结论。他们从唯物主义转向了唯心主义，在社会认识上的唯心主义观点，这是马克思主义以前一切旧唯物主义所共同具有的特点。在马克思主义以前，任何唯物主义者都不能够了解人的本质，因而也就不能把唯物主义原则彻底贯彻于社会领域之中。

应当承认，单从人的社会思想和社会理论观点起源于人的"本性"（人具有的性质）这一公式本身来看，可以并应该认为不是错误的。全部问题在于必须揭示人的"本性"的基础是什么东西，是什么决定着人具有与动物不同的根本性质，这就是关于人的存在基础的客观实在性问题。说人的思想、理论观点起源于人的"本性"，是这个"本性"的反映，这就是说，人的社会思想和理论观点是起源于人的客观实在性本身，就是人的客观实在性的反映，而由这种思想和理论观点所支配的人的行动以及所制约的一切历史过程，自然也就是由人所固有的这种客观实在性本身所决定的了。

黑格尔把人变成了观念，认为人的本性就存在于这个概念的内容之中。在他看来，人的实在性，就在于它是一种思维的实体的存在，是宇宙精神发展的一定阶段的表现。宇宙精神在这一阶段上所具有的全部关系的总和，都作为一些发展的契机而潜伏于人的这一概念内容之中，全部人类的历史，不过是这一概念所固有的一切关系和一切契机的自我表现或外在化的过程而已。而在这个所谓外在化的过程中，那些制约着人的历史行动的社会思想、理论观点，也就是人在不自觉中对自己的内在本质的自我意识，这就是黑格尔唯心主义历史观的基本实质。当然即使在这里也同样闪烁着黑格尔把人作为历史担当者的自我发展的辩证法思想。

在黑格尔以后，费尔巴哈第一个站在唯物主义立场上尖锐地批判了唯心主义对人的说明。费尔巴哈认为，人绝不是一个所谓观念的理性的存在，人是一个有血有肉并处于与自然同一关系中的"感性存在"。这当然是对的，并且，在粉碎黑格尔唯心主义的呓语这点上，费尔巴哈还是有很大的功绩的，但是，费尔巴哈只不过是把人归结为一个物质的感性存在物，此外并没有真正再向前走，因而他仍停止于18世纪法国唯物主义者的水平上面，把人仅仅看作自然的生物的存在，而没有指出区别于自然生物的真正属于人的存在的特殊基础。费尔巴哈仍然没有能够跳出在社会历史观上的唯心主义泥潭。

这说明了，把唯物主义原则贯彻于社会领域中，绝不是简单地以一般的物质性说明人的存在就可以达到的。人的意识之中，自然包括了对人的生物的自然特性的反映，而人的社会意识却在根本上有着不同于生物存在的物质根源。为了解决人的本质问题，关键问题就在于，必须找到一般的唯物主义原则和生物的一般的物质性，在社会中和在人的身上究竟表现怎样一种特殊性。

这一点，只是由马克思主义的产生才得到了解决。由于这一问题的解决，从而也就找到了正确理解全部社会生活秘密的锁钥。

在批判费尔巴哈的思想时，即在马克思所写的《费尔巴哈论纲》即《路德维希·费尔巴哈和德国古典哲学的终结》（以下简称《论纲》）中，马克思第一次提出了对人的本质问题——这个作为全部历史科学基础的根本问题的科学说明。人究竟是什么呢？人既不是理性的存在物，也并非某种自然的生物存在，马克思宣布说，人作为人的那种客观实在性，就在于他的社会实践性。当然，马克思在《论纲》中并没有直接说过这样的话，但从他的话中却完全可以看得出这个事实。他写道："……人的本质，并不是个别的个体所具有的抽象属性。就其现实性来说，它是一切社会关系的总和。"① 什么是社会关系的总和呢？这就是人在社会集体中与他人的相互作用，这种相互作用表现在每一个人的活动中。因此，人所以构成了这种关系正是由于他的社会实践，而这种社会实践的性质就构成了人的社会本质。

这样，在历史上，出现了一个伟大的思想，即把人的本质和社会实践性统一起来加以考察的思想。在马克思看来，人所以作为人而存在，首先是因为社会的存在；而社会存在的本质，又是人的社会实践。因而，任何个人的本质，也就不在于他的自然机体特性，而是在于他作为从事社会实践的一个分子所具有的那种与他人的关系。人的本质，就是他在社会实践中所具有的社会关系的总和。社会实践，这才是人的真正的客观实在性。人所以具有不同于生物的思维能力，也正是由人所具有的这个特殊本质所决定的，并且它还是在人们这种本质的形成的同一过程中形成的；人的各种思想动机，理论观点，也都不是别的，都不过是人们社会实践的产物和反映；由人的思想动机所制约的历史过程，归根到底也就不是思想的产

---

① 《马克思恩格斯文选》两卷集，第2卷，403页，苏联外国文书籍出版局，1955。

物，而是人的社会实践的结果。这样一方面克服了旧唯物主义的"天性"的空洞抽象，赋予它以唯物主义的内容；另一方面又克服了黑格尔的唯心主义神秘主义，使历史观转变为唯物主义辩证法的科学观点。

马克思在写成他的《论纲》不久，在与恩格斯合著的《德意志意识形态》一书中，又进一步明确了这一思想，把人的客观实在性从社会实践的认识进一步引申到了生产实践这一更为深刻的观点。在马克思和恩格斯看来，人的社会实践，在本质上也就是人的生产实践，即人在集体存在中积极地作用于自然的劳动生产活动。所有其他方面的实践一方面起源于这一基本的实践活动，并又从属于、服务于这一基本活动。在这一意义上可以说，生产实践的内部就把其他实践作为它所必要的一部分和一个环节而包括于自身的关系中了。

马克思和恩格斯写道："……个人所表现的他的生活，便恰是他自己。所以他是什么，是和他的生产'方法'一致，不问他是以之而作何生产，也不问以之而如何生产。所以个人是什么，是依存在他的生产之物质的诸条件。"[①]在同书的另一个地方又写道："……人们不是在自己或他人的观念中所可显现的那样，宁是如他们实际上，是怎样的那样……也就是如他们在既定的物质的与和他们的意趣不相干的诸制限，诸前提，及诸条件之下为着的那样。"[②]

马克思恩格斯这两段话的意思就是说，人的存在，就表现在他的生产实践的客观性上面，每个个人，他的本质首先取决于他在生产实践中所具有的生产关系，依存于社会生产实践的性质。如果说生命是蛋白质的存在形式，那么我们可以说生产就是作为生命的特殊现象的人的存在形式了，人就是存在于生产形式中的生命现象。所以人之能够成为人，这首先是和人的生产活动这个存在条件直接相统一的。对于社会的整体来说，同样是如此，人以此与动物相区别，人所以不同于动物的种或类是

---

① 马克思、恩格斯：《德意志意识形态》，51 页，上海，群益出版社，1960。
② 马克思、恩格斯：《德意志意识形态》，52 页，上海，群益出版社，1960。

一些个体的机械总和，人能够成为一个具有内在联系的统一的社会整体，其根本基础，就在于人的社会生产实践。因为生产是人的存在形式，这除了说明人之区别于动物的特殊物质性之外，还表明了，人首先不是作为单独的个人存在的，因为生产并不是人的孤独个体的活动，而是在一定相互关系中的人的社会的集体的活动，正由于这个集体的活动，人才能够以一个区别于动物的个体而存在。社会中的任何个人都必须是这个作用于自然的社会机体中的一部分，他在其中占据着一定的地位，同时具有与社会整体的一定关系。而他与整体的这个一定关系的总和，恰恰构成了个人的本质。因此，即使从个人的存在来说，他也同样是作为一个社会的存在物而存在的，是从他的个人方面表现出来的不断作用于自然的社会存在。

个人的存在，是他固有的社会关系的总和，这可以从两方面来看。首先，个人在社会的整体中，他必然在社会的分工中肩负一定的职能，通过这一职能而与从事其他活动的人们具有一定的关系和相互间的制约性；其次，个人在劳动过程中的这种相互制约性，是由一定的方式结合起来的，结合的方式不同，处于分工下的各个集团和个人的相互关系与其地位也就不同。例如，脑力劳动与体力劳动在阶级社会处于一种关系中，而在社会主义条件下则处于另一种关系中。每一个人由于劳动分工以及他所处的地位所决定的与他人的关系，就构成了他个人的现实本质。这就是说，每一个个人都能够从他个人这一角度表现出社会集体存在的性质。

由此可以看到，从人的生产实践性上，不单能够了解人的本质是什么，由于从社会性去了解人的性质，同时也就了解了社会的本质和人类历史发展的实质。黑格尔曾把人之异于动物的特性归结为人有思想，费尔巴哈则把思想归结为人的存在属性，只有马克思主义哲学才找到了能够把人和动物区别开来，并能够产生人的思维和作为人的思维对象的真实基础，这就是人的社会生产实践的活动。只有从这一前提出发，才能够科学地说明人们思想动机的来源、对象和第二性的基础，赋予人的一切活动起源自人的"本性"这一公式以唯物主义的科学内容。意识是存在的属性和反映这一唯物主义的基本原则第一次在社会历史中得到了科学的说明，找到了特殊的具体表现形式。

从前，人们（譬如圣·西门、亚当·斯密等）看到了生产实践在社会发展中的巨大作用，但他们却看不到生产实践就是人自身具有的一种特性，并且是构成本质的特性，因而，在他们看来，人不是由于生产实践才变成人的，相反地人却是生产实践之外的一种生物个体。这样，他们就不可能了解生产、经济的真正作用，而必然把生产实践看作人的自觉结合的产物，而把生产的发展归结于人的智慧和科学的发展。所以，在他们那里是先有了人（个体的人），然后才有人类社会，最后才有社会生产，这就是他们虽然看到了经济结构是阶级区分的基础，但到头来又不能不用精神方面的因素来解释那些重要社会现象的原因。

马克思和恩格斯则完全不同。他们把人的本质直接和社会生产实践统一起来了，认为人的存在就是社会生产的存在，人类的发展也首先是社会生产实践的发展，由此揭示出了社会生产实践自身发展的辩证法，于是就说明了阶级的起源及其发展的根据，一下子就把社会学从根本上放置于唯物主义的科学基地上了。

马克思和恩格斯从生产是人（社会）的形式出发，揭示了社会现象和历史发展的内在统一性及其基本联系，把社会历史的运动归结为生产的运动形态，并由此成功地解释了各种社会意识的起源及其演变，这就把唯物主义的原则引入历史领域之中，从而把历史研究推上了科学的道路。这就是历史唯物主义的产生。

历史唯物主义的产生，意味着使社会学或社会历史观变成了科学。历史唯物主义解决了社会生活的本质问题，这就奠定了社会科学诞生的理论基础。从这一基本认识出发，才有可能说明社会生活其他方面的各种现象的变化。历史唯物主义的建立，产生了一门新的科学，关于社会的一般联系及一般规律的科学。

恩格斯说："像自然哲学一样，历史哲学、法权哲学、宗教哲学等都是拿哲学家所臆想出的联系来代替那应当在事件中去发现的现实的联系；他们把历史，无论其全部或各个部分，看作是观念之逐渐实现，并且不言而喻的，始终只是每个哲学家所喜爱的观念之逐渐实现。从这观点可以得出一个结论，历史是不自觉地、但必然地为了实现某一种理想的、事先抱定的目的而工作的；比如，在黑格尔那里，这样的目的便是实现他的绝对观念，据他的意见，力图达到这个绝对观念的坚定志向便形成历史事件中的内部联系。这样，也就是拿某种新的、不自觉的或渐次意识到的神秘的天意，来代替现实的、还不知道的联系了。由此可见，在这里，正如在自然领域内一样，也必须从发现现实的联系来排除这种虚构的、人为的联系。这一任务，归根结底，是正于发现那在人类社会史上作为支配法则而起作用的一般运动法则。"①以实际的联系代替幻想的联系，从而发现社会发展的一般运动规律，这是马克思、恩格斯以前的任何哲学家，无论是唯物主义者还是唯心主义者，绝对不可能完成的。因为尽管他们能够把社会生活的发展以及社会各方面现象的统一性作为研究的对象，但他们却从来不能正确地理解社会生活这一特殊现象的物质基础究竟是什么。如果不能揭示出社会生活的物质基础，那么对于社会的认识，就不可能放在科学的基础之上。正如列宁在《什么是〈人民之友〉以及他们如何攻击社会民主党人？》一书中所指出的，一般地说，马克思恩格斯以前的一切社会理论，都是建立在什么是社会、什么是人性等由主观任意规定的毫无实际内容的空洞概念上面，从这些由主观规定的概念中引申出关于社会的整套理论，这种理论无科学内容是不言而喻的。19—20世纪，孔德、斯宾塞及其门徒们，建立起了一套所谓社会学的体系。资产阶级学者们把孔德及斯宾塞说成仿佛是社会学科学的创始人，在他们以后，社会学取得了作为一门独立科学的形式，但这仅仅是形式，如就其内容说，仍然并未逃出唯心主

---

① 恩格斯：《路德维希·费尔巴哈与德国古典哲学的终结》，53页，北京，人民出版社，1954。

义的主观伪造。虽然孔德主义者曾主张用生物学的方法来研究社会，如上所述，这种归结仍然是以抽象的空洞的概念为基础的。因为"生物的有机体"对人类社会的发展，如果不赋予它以主观的内容，是什么也说明不了的。只有历史唯物主义理论，才突破了这种以人为联系代替现实联系的理论，而把历史学置于科学基石之上。历史唯物主义的产生在历史学、社会历史观发展中所完成的这一变革的实质，首先就在于它第一次把握住了社会和人之所以为社会和人的那种物质基础或客观的实在性，从而第一次揭示出了在社会学或社会历史观中一向被视为基本的科学范畴的客观实际内容。依据历史唯物主义观点看来，社会不是别的，无非是物质的社会生产的运动形态而已；人也不是别的，不过是表现在物质生产形式中的生命现象而已。这样，作为社会学或社会历史观的科学，它所应当研究的对象，不外是社会生产运动以及在此基础上各社会现象的一般发展规律而已。社会学或历史学既然把握住了它所研究的对象的客观实在性，它就不再是由空洞的毫无内容的抽象社会和抽象人性出发演绎出的虚构理论了，不再是以幻想的联系代替实际联系的主观理论了，而是从现实出发，揭示客观联系及其发展规律的科学了。历史唯物主义奠定了社会学的科学基础，把社会学推上了科学发展的道路，这同时就是说，历史唯物主义本身就是这样的理论。历史唯物主义就是马克思列宁主义的社会学，就是科学的社会学的别名。

历史唯物主义的出现不仅把社会学或历史学变成了科学，与此相适应的，同时也把其他一切对社会的认识置于科学的基地上了。

在任何一个有许多同类科学共同研究的较广的研究领域中，如果与这一领域各科学相适应的那个一般的理论科学、基础科学，还基本上没有形成，没有走上科学道路，那么，这个领域内的一切其他科学部门，也必然不可能取得科学的形态，而不能不处于极其幼稚的状态之中。历史唯物主义产生以前，既然社会学这一社会科学的理论基础尚处在幼稚状态中，其他具体的社会科学也就不可能形成真正科学的内容。那时哲学仅仅通过法权哲学、宗教哲学、伦理学、美学等对社会发展其他方面的现象，做基本上是主观的和一般的理论说明。它们从未深入社会的本质之中，顶多只停止于个别材料的收集和描述上，或在个别事实的解释上表现出某些天才的猜测。这正如在达尔文的进化论没有建立以前，有关生物发展的各门具体科学都不具有科学内容和科学基础一样。人们不了解人的本质以及社会的本质，也决不会了解社会和人在特定方面的具体表现的本质。但是相反地，当社会学揭示出了所谓"人性"的客观实在性，揭示出了社会的物质基础以后，人们也就有可能科学地说明社会和人的特定方面表现的本质了。因为如果说社会在本质上不过是生产运动的形态，那么，社会的某一特定方面就不过是社会生产的特定表现或现象。随着历史唯物主义的产生，各门具体的社会科学也同时把握住了其研究对象的客观实在性，从而走上了科学发展的道路。

由历史唯物主义的产生才把社会认识置于科学基础上这一点，可以说，在马克思和恩格斯以前是没有所谓真正的社会科学的，只是随着历史唯物主义的建立，才有了真正的社会科学。因此列宁说，"正如达尔文……第一次把生物学放置到完全是科学的基础上来……一样，马克思……第一次把社会学放置到科学的基础上来……"①并曾把历史唯物主义直接称为社会科学的别名，称为唯一的科学历史观。

这就是历史唯物主义的产生所实现的巨大变革的基本内容之一。

历史唯物主义的产生，绝不是偶然的。这里不谈社会条件（包括阶级斗争），这是人们熟悉的，为了问题的集中，本文只谈理论方面。从这方面来说，历史唯物主义乃是以前的哲学发展到一定阶段上的必然产物。这里所谓以前的哲学，是包括社会历史观在内的。同时在所谓"以前的哲学发展"中，也包括其他如自然科学、各种社会科学的发展及其对哲学的作用。从这个前提出发，单就哲学的发展对历史唯物主义的作用来看，它主要表现在下面两个方面。

---

① 《列宁文选》两卷集，第1卷，99~100页，苏联外国文书籍出版局，1950年。

首先，哲学的发展与进步，特别是唯物主义的发展与进步，在前后相继的哲学观点的更替中，为社会学或社会历史观提供了能够发展的方法论基础。这个促使社会学不断进步的方法基础发展到一定的阶段，正是历史唯物主义产生的根本理论前提。

在马克思和恩格斯的时代，从一般的哲学观点的发展上看，哲学发展的成果一方面集中地表现在黑格尔的辩证法思想中，一方面集中地表现在费尔巴哈的唯物主义思想中，而由于这两个方面在科学基础和总结革命实践经验的基础上的内在统一及进一步发展，出现了马克思与恩格斯的辩证唯物主义思想。没有这种辩证唯物主义思想或唯物辩证法的思想，科学的社会学是不可能出现的；而不利用哲学发展中的这些先进的思想，用以改造社会学的唯物辩证法的科学理论与方法又是不可能达到的。

例如，17—18世纪的西欧唯物主义者，他们虽然提出了考察社会的一般唯物主义方法，但由于他们的唯物主义是机械的、形而上学的，因此，他们就不能不在所提出的正确的前提的另一方面，陷于错误之中。如他们仅仅注意到社会与自然作为统一世界整体的物质同一性，却没有看重这个同一中的差别性，正是由于这个理由，使他们陷于把人归结为生物个体、把社会归结为生物个体机械总和的简单结论中。他们不能解决社会的物质基础问题，固然也由于当时的历史条件、生产水平尚不易使人看到人与社会生产之间的内在联系的同一性，由于他们研究方法上的这个缺点，他们就根本没有可能解决这一问题了。马克思和恩格斯创造性地经过改造、发展而运用了黑格尔哲学的合理内核——辩证法，于是克服了费尔巴哈以及17—18世纪唯物主义的机械的形而上学的性质，提出了唯物辩证法的基本思想。从这一基本思想提出的研究社会的方法是：一方面要坚持社会与自然的物质的同一性；另一方面又要在其同一性中找出社会区别于自然生物的特殊性。唯物辩证法的研究方法就是必须从社会与自然的对立统一中去观察社会的方法。马克思与恩格斯第一次解决了社会及人的本质问题，除了生产的发展已明显地暴露出生产对社会和人的基本作用、阶级等条件外，这个科学的研究方法是起了决定性的作用的。只有在这个方法的指导下，才可能把社会发展中已经成熟的任务，在理论上加以解决。

其次，社会学在一般哲学观点的培育下，不单在研究方法上受哲学发展的决定性影响，社会学作为哲学的一个组成部分，在它发展中也为自己向着科学社会学的过渡准备了理论上的前提，从而也就为自己从哲学中分化出来成为一门独立的科学准备了条件。以前的社会学以及其他各种具体的社会科学的发展，不仅积累了大量的科学材料，并且也不断试图解决着社会学的基本问题，即关于社会发展基础的问题。18世纪的法国唯物主义者，在他们的唯物主义思想的指导下，不仅在出发点上把社会和人的存在，看作和自然生物同样的物质的存在，并且还根据他们的唯物主义的认识论的原则——一切观念皆起源于感觉、起源于外部世界出发，力图探寻社会理论观点的客观根源。他们曾宣称：人的一切思想观点、道德风尚都起源于社会的环境，这是一个光辉的唯物主义思想，是力图摆脱用思想和主观意识解释社会发展的一种努力。但在进一步解决社会环境的实质问题时，由于他们把社会环境只看成政治法律制度，于是又回到了一切起源于人这一自然生物的主观"天性"的相反原则中去了。继18世纪法国唯物主义之后，如前面已经指出过的，19世纪法国和英国历史学家以及圣·西门等人对社会历史的研究，已经达到了这样的认识：政治演变虽是历史事件的直接动因，但政治演变却又是由阶级关系或财产关系的演变所决定的；而阶级关系或财产关系的演变，据圣·西门的看法，是由生产的演变所引起的。普列汉诺夫在描述圣·西门的这一思想时曾写过下面这一段话："……假如迭利、米尼及基佐都指出了财产关系是整个社会制度的基础，那么，圣·西门首先异常鲜明地照明了新欧洲这些关系的历史，并继续前进，自己问自己道，为什么正是这些关系。而不是别的任何关系起这样重要的作用呢？按他的意见，回答应该在产业发展的需要中去找寻……为什么产业的需要在人类历史上有这样的决定的意义呢？对于这一问题，圣·西门回答道：

因为，生产是任何社会联合的目的……"①（但是如果问，生产的演变又是由什么决定的呢？他却又回答说是人类智慧的发展，这样，最后又回到主观因素上去了）历史上对这一基本问题研究得层层深入，终于归结到了生产和人的内在联系如何的问题上。显而易见，如果没有前人的这一切研究成果，连问题的提出都要从头开始，那么对问题的解决就很难设想了。

从以上两个方面来看，我们可以说，科学的社会学——历史唯物主义的产生，正是以前的哲学发展的结果（限于篇幅与本文的主题，这里没有谈它的社会历史原因），因而也就是全部人类认识发展到一定阶段上的必然产物。

因此，在马克思主义产生以前，社会学或社会历史观作为哲学的一个部门被包括在哲学之中，便是一个不可避免的必然现象了。

3. 历史唯物主义的建立与哲学变革的完成

没有哲学的科学方法作指导，历史唯物主义不能产生，历史学不能形成科学，这已如上述。但这绝不是说，历史唯物主义是在哲学科学建立起来以后才产生的。根据我们在第一部分中的说明可以了解，历史学科学的建立，又是哲学完成变革的必须基础之一。因此，上一部分关于哲学的发展对历史学科学的建立所起的作用，不过仅仅是问题的一个方面。在历史唯物主义的产生与哲学发展之间的相互关系中还有着同样重要的另一方面，这就是：如果没有历史唯物主义的建立，哲学走上科学的道路又是不可能的。历史唯物主义与哲学就是在这样的相互适应的关系中发展起来的。哲学的发展促成了历史学科学的形成，而历史唯物主义的建立，又使哲学在这一新的科学基础上获得了更进一步的发展。历史唯物主义的创立，把哲学唯物主义理论提到了新的水平上面，使它具有了新的面貌：第一次变成了真正的科学。

马克思主义以前的旧哲学唯物主义的基本缺点，就在于他们的机械

---

① ［俄］普列汉诺夫：《论一元论历史观之发展》，60~61 页，北京，新华书店，1949。

性、形而上学性、在社会生活上的不彻底性。旧唯物主义的这三个基本缺点，乃是旧唯物主义哲学的根本性的缺点。这就是说，旧唯物主义理论作为哲学唯物主义理论来说，并不仅仅是在某些个别方面具有缺点或片面性，譬如缺乏唯物主义的历史观等，问题在于：由于这三个基本缺点，局限了旧唯物主义理论的水平，使他们不可能达到科学的高度，不能成为科学的哲学，例如，哲学所解决的中心问题，关于世界的本质的问题，这个问题在实质上也就是人们对世界的认识的根本问题；而认识本身不单是自然发展的产物，同时是社会发展的产物，很明显，如果不解决社会生活的本质问题，就不可能解决有关认识的根本问题，当然也就谈不到彻底解决关于世界本质的认识问题了。

因此，从哲学自身的发展来说，要想把唯物主义理论提高到科学的水平上来，就不能不解决社会的本质问题。

即使对于克服旧唯物主义的机械性与形而上学性的缺点来说，也是直接和这一问题的解决关联着的。克服旧唯物主义的机械性和形而上学性，这绝不是简单地从黑格尔哲学中提取他的辩证法，使之和唯物主义的基本原则相统一起来就可完成的。要唯物主义地改造黑格尔的辩证法，就必须进一步推进唯物主义理论，在唯物主义理论的进一步发展中才可能与辩证法形成内在有机的统一，并完成新哲学的创造。当然反过来说，要推进唯物主义理论，又必须以唯物辩证法的基本思想为前提，也就是必须把这个思想运用于唯物主义问题的研究中去。

推进唯物主义、发展唯物主义的工作在有了唯物辩证法的基本思想之后，便集中在这一焦点上，即依赖于历史唯物主义的建立。马克思与恩格斯的初期理论活动完全证明了这一点。他们用了大部分精力在历史的研究上面，把分析现实社会生活作为他们批判地继承旧哲学和建立新哲学的出发点。因此，历史唯物主义的建立，对于哲学自身的发展——哲学变成科学，有极重要的意义。

那么历史唯物主义的产生对于哲学变革的影响究竟是些什么呢？

为了说明这一点，我们必须对哲学本身的内容做一番具体的分析。

如大家所知道的，所谓唯物主义的理论，实质上就是关于"存在决定意识"的一般观点和理论的体系。而所谓"存在决定意识"，在内容上基本上包括下面两个方面的问题：第一，这是说呈现于人的意识中的世界各现象以及人本身的存在，乃是反映于意识之中而存在于意识之外的客观实在，意识只不过是这种客观实在现象的反映，因而意识对于其反映的客观对象来说乃是第二性的，不依赖意识的客观实在的物质是第一性的；第二，能够反映外界对象的这种意识，不过是人这种客观实在的物质体所具有的一种属性，离开了人的存在，也就没有真正意义上的产生意识的客观实在的主体。因而，所谓存在决定意识，这也就是说意识是存在的属性并是对存在自身的反映，或者说，意识就是存在发展到一定阶段所产生的一种对其自身能够进行反映的属性。简单说来，这就是存在决定意识这一唯物主义基本原则的一般意义。

存在决定意识，作为唯物主义哲学的基本命题，它是最具有一般性的普遍适用的原理。正因为它是具有最一般性的原理（即关于解决世界整体的本质问题的原理），它就必然具有深刻的丰富内容。也就是说，这一带有一般性的基本思想，必须是在概括各种科学的材料的基础上形成的，只有这样，才能够使这一思想普遍地贯彻到各个领域中去。

然而旧唯物主义却不是这样的。这一原理对于他们来说，并不是在概括了各个基本领域的材料的基础上形成的，因而，就大大局限了这一基本思想的普遍适用性，并简化了这一思想的全部丰富内容。

首先，我们从意识是存在的属性这一方面分析。

关于意识是存在的属性这一原理，从一般意义上的了解来看，旧唯物主义和辩证唯物主义的立场是完全一致的。18世纪法国唯物主义者如狄德罗、霍尔巴赫、拉·美特里等人都把注意力放在这一方面，并曾力图从当时的自然科学材料中来说明意识作为物质的属性的意义。费尔巴哈更从"真正意义上的意识只有人才具有"这一点出发，对于意识和存在的关系，认为是人这一主体所具有的关于其本身和自然的一切映象、观念和人的存在与自然存在的关系问题。唯物主义与唯心主义的争论基本上是，由观念体系所组成的主观世界是唯一的实在，或者不以意识为转移的客观实在是观念的基础，费尔巴哈强调肯定只有把人作为主要考察的对象才能真正解决这一问题。费尔巴哈把他的唯物主义称为人本主义，就是这个道理。

  费尔巴哈在解决哲学根本问题上把人作为主要的考察对象，这无疑是一个正确的并且是一个很有历史意义的思想。但是，和他的先驱者的思想一样，费尔巴哈也没有能够了解人的基本物质性。马克思和恩格斯说："费尔巴哈比较那些'纯粹的唯物主义者'不消说是远胜一筹，因为他也认定了，人也是'感官上的对象物'；不过要放在眼外的是，他只把人看成'感官上的对象物'，而不看成'感官上的营为'……"[①]不把人的实践性作为感官上的对象来把握，从而不了解人所以成为人就因为他的实践性，这就决定了旧的资产阶级唯物主义理论虽把意识（真正意义上的）归结为人的物质属性，但由于不了解人作为实在物质体的特殊本质，也就不能了解人具有意识属性的这一事实的本质。究竟这一属性是人的怎样的本质表现呢？如果把人仅仅了解为一个自然生物的存在，就必然会认为所谓意识这个属性亦不过就是人的生物本质的表现了。意识起源于人的生物存在的本质，意识是纯自然的属性，这就是旧唯物主义的说明。

  然而这个解释是说明不了问题的。在实际上，人的本质首先并不在于它生物学的存在，而首先是在于它的社会的存在，这种社会的存在只能是它的社会实践性。人之具有意识这一属性正是由人的这一本质所决定的。我们说意识是人的属性，这实质上也就是说，意识是作为社会存在和社会意识的人所具有的属性。因为只有这一点才能把人和动物根本区别开来。

  不把意识看作人作为社会实践的"动物"才具有的属性，不能说明意

[①] 马克思、恩格斯：《德意志意识形态》，59页，上海，群益出版社，1950。

识的社会性质及其社会根源，这是旧的资产阶级唯物主义理论在"存在决定意识"这一思想上的根本缺点之一。马克思主义哲学的唯物主义和旧唯物主义的根本对立的区别之一，也正在于克服了他们这个基本缺点。

旧的资产阶级唯物主义这个缺点，表明了他们的唯物主义并不是概括了一切基本领域的事实的科学的结论，而仅仅是对自然现象（包括生物学的人的自然属性在内）的概括中所做出的结论。这个公式对于他们来说是片面的和不完善的。正因为如此，他们也就难于把这一公式贯彻到各个方面去。不了解社会学上的人的本质，局限了唯物主义基本原则的普遍适用性。同时，历史唯物主义的出现，也就不仅把社会学变成了科学，同时也把意识是存在的属性这一哲学唯物主义的公式提高到了具有普遍适用性的科学水平上面[①]。

其次，再从意识是存在的反映这一方面分析。

如果说真正意义上的意识，只是人这种客观实在的物质的属性，那么，人的意识就其反映的对象和来源来说，当然必须是人的存在和人以外的自然存在两者的共同反映了。旧的资产阶级唯物主义也是如此看的。费尔巴哈还特别强调了人作为现实的客观存在，同样是人自己的感官上的对象物。但亦如上面曾经说明过的，由于旧的资产阶级理论并不懂得人的社会实在性，所以在这一原理上，所谓意识是人的存在与自然的存在的反映，其中人的存在也只是指人的自然存在方面，而没有把真正意义的社会存在包括在内，旧唯物主义者眼中的存在，只是自然，而把存在中的社会性完全丢掉了。表面上看来，旧唯物主义也一再谈到社会，但他们却从本质上把社会的存在归结为一种自然性了。

把意识所反映的存在只归结为自然的存在，认为意识只反映自然，这一缺点的实质何在呢？这一缺点，就在于根据这样的观点，不但根本不能

---

① 然而在目前所有的哲学教本、教学大纲中，并没有对这一点予以注意，在谈到意识是物质的属性时，没有强调它不过是人的社会实践性的表现这一点。即使在历史唯物主义中也并没有予以足够的注意。

说明作为存在之反映的意识的真正本质,并且在这一原理的自身,还潜藏着不彻底性的根源,使意识丧失了真正的客观来源,而变成没有对象的反映。在这一问题上,同样暴露了,由于旧唯物主义者不能解决社会学的基本问题——人或社会的本质问题,而对哲学一般理论原理造成严重的局限性。历史观上的唯心主义,直接损坏着他们的一般唯物主义原理的普遍性和彻底性。因此,所谓不懂历史唯物主义,这一方面意味着在历史观上的唯心主义观点,另一方面就直接表现着一般唯物主义原则不能达到科学水平上面的局限性。

从科学意义说,所谓意识是存在的反映的内容应当是什么呢?从科学意义来说,这一公式必须是在自然知识和社会知识整体的概括中形成的结论,只有这样它才是彻底的和具有科学内容的,而这一点显然又必须以科学的社会学做基础。

所谓意识是存在的反映,这首先是说,人的一切思想和观念都起源于人的感性活动,感性活动体现着主体与外部世界的直接联系,它提供着世界诸现象的具体形象。

关于这一点,旧唯物主义也是这样认识的。从培根到洛克,从洛克到18世纪的法国唯物主义者,都是站在这个立场上,而与天赋观念说及贝克莱、休谟的主观唯心主义的观点形成尖锐的对立。19世纪的黑格尔亦曾承认了感性所反映的客体的存在,但黑格尔却把抽象的思想(概念)看作现实事物本质的存在,认为感性的存在物只不过是思想或概念的派生物。在反对黑格尔唯心主义观点的基础上,费尔巴哈重新诉诸感性的直观,强调与思想判然有别的具体的感性东西的客观实在性,认为这是真实的存在,人的感性活动,也就是具有感觉器官的人和客观的具体实在之间的相互作用,人的一切意识活动都是以这种相互作用为基础的,是在这种活动中体现出来的对客观实在的反映。

从意识是主观与客观之间的联系的建立、是意识者与被意识者的相互关系的建立来说,这无疑是必须依赖感性活动的,并且是感性活动的结果。但是，主体与客体所以能够建立联系的基础，感性活动所以具有如此作用的基础是什么呢？旧的资产阶级理论对这一问题却始终找不到满意的回答，然而正是这一问题才是真正解决意识的起源的关键性问题。旧的资产阶级理论只能说，这是由于客观世界作用于人的感觉器官，因而便出现了意识的反映和主体与客体联系的建立。从这种观点看来，第一，客观世界的存在，对于人来说，仅仅是一个可被感觉的对象物，而人的存在，对于客观世界来说，也仅仅是一个感觉的主体，人与世界的关系，只是一种感觉与被感觉的关系；第二，在这种关系中，人基本上处在消极的被动的地位，而客观对象处在积极的主动的地位，意识的反映只是对客观世界的作用的反映和反作用。

但是，第一，我们平日所经常看到、听到、触到即感觉到的一切东西，已是早为我们所熟知的东西了，这就是说，它们早已进入与意识的关系中，早已成为人的感觉对象了。甚至即使我们不接触它们，我们也能够在意识中回忆起它们。然而相反地，一种东西从未被人所察觉过，因而从来也没有进入与人的意识的关系之中，仅仅作为客观实在的东西而存在着，或者说潜伏地具有成为意识对象的可能性，却并没有进入人的意识之中，我们怎样区别这一种对象和上一种对象的不同呢？怎样说明从后者向前者的转化呢？第二，世界上的现象是无穷多样性的，但作为动物的感觉对象而存在的东西是极其有限的；相反地，对于人来说，作为人的感官对象而存在的东西却是极其丰富的，这个区别又如何说明呢？第三，人的感觉范围虽然比动物宽广得多，然而对于世界的客观实在的多样现象来说，又是极其有限的，人的发展使人的感官对象的范围日益扩大着，这又如何说明呢？

我们把问题这样具体地提出来，就可以更深刻地了解到旧唯物主义哲学在这一哲学基本原理上的严重局限性。很明显，上述基本事实，单纯从感觉对象的作用入手是绝不能说明的。正因为如此，旧唯物主义虽然正确地提出了哲学中的这一基本问题，对他们来说这一问题却没有得到彻底解决。

要解决这一问题,必须解决人的本质的问题。只有历史唯物主义的产生,才提供了解决这一问题的可能性。根据历史唯物主义对社会和人的了解,既然人是实践的动物,这是和动物的根本区别,是人本身不断发展的基础,那么外界对象所以能够转化为人的感觉对象,就不是因为别的,正是因为人的这种实践性。人的感性活动,首先应理解成为实践的活动。

马克思在批判费尔巴哈和一切旧唯物主义者时指出:"从前一切唯物主义——连费尔巴哈的也包括在内——所含有的主要的缺点,就在于把事物、现实、感性只是从客观方面或从直观方面加以理解,而不是理解为人的感性的活动,不是理解为实践,不是从主观方面加以理解。"①这一段话深刻地指明了缺乏唯物史观的唯物主义的实质。这一段话指明了,只有把感官的对象物从实践去了解,才能得到说明。事实上,任何现实存在的事物,当它成为人的直观对象之前,首先要成为实践的对象,然后才能转化为人的意识对象。现实事物和人的意识之间的联系是由人的实践和在实践中建立起来的。

人和动物所不同的,首先是因为人具有能动地改造自然的特性。人不是在采取自然恩赐的现成食物,消极地适应自然环境中生存的,人依靠自己的劳动在积极地变革自然中维持自己的生活。正是由于这种变革自然的活动,以及在此基础上形成的变革人本身的社会关系的活动,才使人和自然及社会的环境发生直接的内部接触,建立起内在的联系,从而把客观存在的现象转化成为人的意识对象。实践向人提出了深入认识外界对象内在本质的任务,实践同时又把外界对象的内在本质在变革活动中暴露于人的面前。人的实践越发展,即人变革自然的活动及与自然的实际接触越深刻、宽广,人的认识也越丰富、深刻,作为人的意识对象物的范围也越宽广。这也就是说,人自身越发展,人的意识也越发展。由此可见,人在自然的面前,绝不是消极的动物,正因为如此,人才有更发展的意识。认识

---

① 《马克思恩格斯文选》两卷集,第2卷,401页,苏联外国文书籍出版局,1955年。

对象的作用是在人主动的作用于自然的活动中实现出来的，意识是在人改变对象的活动中由对象的作用所引起的。即使是动物，对于自然来说，也不是绝对消极的和被动的东西。动物的意识也只能起源于动物的生物生存的现实活动，由于这种活动在本质上和人的活动不同，因而动物的意识和人的意识也就有了本质的差别。

更重要的是，人的实践不仅是把现存的自然物转化为意识的对象物的基础，人的实践本身还在不断地能动地创造着意识的对象物。人的劳动不断改变着外界对象的存在形态，同时也不断地改变着人自己的社会关系，人在改变这些对象的同时，就把它转化为我们的意识对象了。我们今天所看到的一切，其中有大部分都是人的实践的创造物。在人的意识对象中，这一方面是具有巨大比重并有决定意义的一方面。

马克思与恩格斯在合著的《德意志意识形态》一书中这样写道："费尔巴哈对于感官界之理论上的把握，一方面是局限在感官界之单纯的观照，另一方面是局限在单纯的感受……他没看到，这环绕着他的可感觉的世界不是直接由悠久所生出的……却是产业与社会状况之产物，而且在这种意义内，它在历史上是有史以来的世世代代之营为之成果，之产物……就是极简单的'感官上的确定'之对象物'例如一株樱桃树'，都只是由社会的进展，由产业与商业的交通才为他产出的。这樱桃树，和差不多全部的果木树一样，大家都知道是在几世纪前由贸易上才移植到我们的地域里来，所以是由某一个既定的社会之行动在某一个既定的时期内才出现于费尔巴哈之'感官上的确定'"。①在同一书的另一地方又写道："……费尔巴哈例如在曼彻斯特只见工厂和机器，那儿在百年以前应该是只有纺线车和手织机的，或者是在罗马大平原只发现了牧场和水源，那儿在奥古斯特时代应该是一片罗马富豪之葡萄园与别邸的。"②

这些浅显的事实，都说明一个深刻的道理，人创造着什么，同时就有

---

① 马克思、恩格斯：《德意志意识形态》，50~57页，上海，群益出版社，1950。
② 马克思、恩格斯：《德意志意识形态》，58页，上海，群益出版社，1950。

什么作为自己的意识对象物；人的"感官界"乃是起源于人的实践活动。

从社会实践使主观与客观建立起联系这一点出发，我们可以在意识是对存在的反映原理中看出新哲学与旧唯物主义的根本对立。在新哲学看来有以下几点。第一，客观世界的存在，对于人来说，不只是一个可被感觉的对象，而且是一个可被实践的对象，并且正因为它是人的实践的对象，才成了人的可感觉的对象；而人的存在，对于客观世界来说，也不只是一个感觉的主体，同时是一个实践的主体，并且正因为人是一个实践的主体才决定它成为一个感觉的主体。这样，人与客观世界的关系，就不单是一个感觉与被感觉的关系，而主要的作为基础的乃是一个实践与实践对象的关系。第二，在这种联系中，人处于积极的主动的地位，而客观世界处于消极的被动的地位；与此相适应的，在感觉与被感觉的关系中，感觉者是处于主动的地位的，这是依据历史唯物主义关于社会及人的本质的理解必然得出的结论。

同样地，从这一点也可了解，旧唯物主义虽然提出了意识是存在的反映这一公式，但对于他们来说，这并不是由自然与社会的整体认识概括出来的，而仅仅是从对自然现象的分析中得出的，因而就是具有片面性的结论。对于马克思主义哲学来说，由于历史唯物主义的出现，这同一的结论却具有不同的更为深刻的和广泛的内容，这也就是马克思主义哲学所以能够成为科学哲学的原因。顺便提到，在现在通用的教本及教学大纲中，也并不十分重视这一点。依据一般的观点，把实践的问题归结为单纯属于哲学根本问题第二方面的问题，作为认识的基础与来源进行讲授，岂不知在哲学根本问题第一方面的解决上，特别是与唯心主义在这一问题的斗争上，把实践的问题导入其中，这正是能够表明马克思主义哲学唯物主义不同于旧哲学的根本特点。

最后，由于旧唯物主义在哲学根本问题的解决上，具有上述缺点，这就造成了他们的理论在根本性质上的局限性，即直观性。

直观性乃是上述两个缺点的统一的自然结果。我们不能简单地认为

哲学与主体自我意识

旧唯物主义者不懂得理论联系实际的重要性，甚至不应当认为旧唯物主义者不了解理论的目的在于改造世界。17世纪英国的哲学家培根就曾明确地说过，要征服自然，就必须认识自然。他说："人类知识和人类权力归于一；因为凡不知原因时即不能产生结果。要支配自然就须服从自然。"[①]17世纪以后的那些杰出的唯物主义思想家，也有很多认为哲学是以指导改造自然甚至改造社会为宗旨的。然而旧唯物主义哲学本身却并不具有这种性质。这是因为理论与实践的统一问题，不单是一个理论对待客观世界的宗旨、态度问题，或者哲学家研究理论的目的问题（当然这方面是必需的），然而更重要的却是一个关于哲学理论自身的性质问题。理论对实践的指导作用，必须是从理论自身所具有的与实践的内在统一性发出的。这在"意识是对存在的反映"这一公式来说，它是否能够起到对实践的真正指导作用，首先决定于在这一理论内容中是否体现了理论与实践的统一关系。哲学理论的特点就在于它对人们的一切活动，其中最主要的是对人们从事的实际活动和其他理论活动的根本态度起着根本的指导作用，如果在关于意识根本实质的理论中，不能够表现出意识对实践的客观联系，那么这就是说这一理论本身还不是完全科学的，因而也就不能起到真正指导实践活动的作用。费尔巴哈把意识和存在的关系归结为人和人以外的存在对象之间的关系，认为意识是存在的属性，它既是人的自身的客观实在的属性，又是人以外的客观对象的产物，但费尔巴哈却忽略了，对外界对象的联系能够建立起客观基础，就把人的能动的实践性完全抛掉了。试想，这种科学性与实践性处于分离中的理论，把人看作消极的而把自然看作积极主动的力量的理论，应用到实际中如何能指导人的实践呢？这种消极的理论只能使人们产生对客观实际的消极的态度，而绝不会指导人们从人的主观能动性、实践性出发并把它当作一个实践着的对象去把握。所以马克思在《论纲》中说："所以结果竟是这样：能动的方面，竟是跟唯物主义相反地被唯心主义发展了，但只能被它抽象地发展了，因为唯心主

---

① ［英］培根：《新工具》，8页，北京，商务印书馆，1984。

义当然不知道有真正现实的活动、真正感性的活动。"[①]这就是说，正是旧唯物主义所缺乏的这一方面，即人的主观能动作用一方面，被唯心主义转化为纯粹意识的能动性而表述出来了。

这一问题只是在马克思主义哲学中，才找到了正确的表现。因为理论与实践的这种统一关系，既然是体现在马克思主义哲学唯物主义理论的内容之中的，这就是说，马克思主义的哲学完全统一了科学性与实践性，而只有在这种统一中，才能真正产生出对实践的指导作用。例如，从马克思主义哲学观点看来，意识是存在的属性，这就是说它是存在在发展中具有了物质实践性的自然产物；意识作为存在的反映也同样，意识不过是人对外界对象能动作用的观念表现而已。从这里很自然地可以了解到关于意识是实践发展所必要的一个起着服务作用的条件的道理。从这里也很自然地决定了人们必须从主观能动作用出发去把握客观对象的态度和立场。因此，当我们说马克思主义哲学是以改造世界为任务的科学，这绝不是说这一任务仅仅是由于无产阶级革命斗争的需要而强加在哲学身上的，同时是从马克思主义哲学自身内容中自然产生出来的结果，因为这正是这一哲学的科学性（或科学性与实践性的统一）的表现。

以上说明了由于缺乏唯物史观所造成的旧唯物主义哲学所具有的基本缺点（至于其他的缺点没有必要在此一一列举）；同时也说明了历史唯物主义的产生在马克思主义哲学的一般原理上所起的影响作用。

把上面的分析归纳起来，可以做出下面的结论：

旧唯物主义理论在历史观上的唯心主义，这一方面表明了他们的唯物主义理论在内容上的不彻底性，同时也表现了他们的唯物主义理论的片面性。由于缺乏科学的社会知识（社会科学）的基础，这就使他们的唯物主义不能成为包括一切领域在内的完备的唯物主义理论。旧唯物主义理论在实质上只是关于自然界的唯物主义，而非概括了自然和社会这一世界整体的唯物主义。在哲学根本问题的解决上，旧唯物主义所了解的存在，只是

---

① 《马克思恩格斯文选》两卷集，第2卷，401页，苏联外国文书籍出版局，1955年。

自然的物质存在，不包括社会的物质存在；旧唯物主义所了解的意识，也只是生物的意识，并不是真正意义的人的意识（如人的社会理论，政治法权观点，宗教、道德、艺术等观点就在事实上包括不进去）。

旧唯物主义的理论所以不是科学的理论，这不单是因为在他们的哲学中缺少关于历史发展的唯物主义理论这一部分，而主要是说，由于缺少这一科学基础，使他们的唯物主义作为哲学理论来说，在性质上就是有局限性的，它并不具有普遍适用的内容，并且是没有得到彻底解决的理论。旧唯物主义理论在形式上，当然也具有一般的世界观的外貌，并且他们自己也把类似如"存在决定意识"这样的原理说成是关于整个世界的存在的最高原则，但这只不过是他们主观地从外面人为地加给这些原理的论断，他们既然还处在对社会的主观虚构的认识中，也就没有能力把他们的世界观提高到科学的水平上来。

同时，由于关于社会的理论尚没有作为科学理论形成起来，他们不可能创造出统一的关于世界各个领域的一般的哲学理论体系，这就决定了旧唯物主义哲学在构成上必然是由两部分结合成的，即：一部分自然观，另一部分社会观；决定了旧唯物主义哲学内部的自相矛盾性，在自然观上是唯物主义的，在社会观上是唯心主义的，即半截性。在这种情况下，把具有特殊内容的社会学作为一个组成部分包括在哲学中，用来补充他们并非普遍的一般哲学理论体系，乃是不可避免的。

历史唯物主义的产生完全改变了哲学发展的这种矛盾情况。历史唯物主义的产生，意味着哲学的发展具备了社会科学的理论基础（虽然社会学，社会历史观并非全部社会科学），这首先使克服旧唯物主义哲学在基本理论上的那些缺点有了可能。马克思主义哲学唯物主义依据历史唯物主义而把哲学基本原理提高到了科学水平上面。由于历史唯物主义的创立，提供了概括自然与社会的普遍本质而形成统一的唯物主义世界观的可能。历史唯物主义把唯物主义理论贯彻到社会领域的研究方面，从而就把一般唯物主义的原理扩展到了一切方面，使唯物主义成为具有真正科学概括性质的哲学理论。

我们在第一部分提出的哲学对象发展中的矛盾，由历史唯物主义的产生克服了，哲学走上了真正意义的从世界的共性研究统一世界的科学发展的道路。

这个新的哲学，即科学的哲学就是辩证唯物主义。

4．辩证唯物主义是马克思列宁主义的哲学，历史唯物主义是马克思列宁主义的社会学

上面关于科学的历史，主要是哲学历史发展的叙述，表明了：马克思和恩格斯从唯物辩证法的基本思想出发，在总结革命实践经验以及继承先前理论遗产的基础上，由于解决了社会及人的本质问题，以及利用了自然科学发展中的最新成就，从而就实现了哲学发展中的根本变革。而这一变革不单是在哲学发展的方面，同时表现在社会学发展的方面，表现在自然科学的发展方面。由于自然科学的发展与本文没有直接关系，这里仅从哲学与社会学的发展来说。

关于存在与意识的关系问题，固然是哲学的根本问题，这一问题还在几千年以前就为人们所注意并加以研究了，但这一问题的正确提出不过是近代哲学发展中的事，而这一问题真正的科学解决，却又只是百年前的事了。

在哲学史上第一次明确地认识到存在对意识的关系问题，并正确地把这一问题归结为本质上是人的问题，应当归功于费尔巴哈。费尔巴哈从意识是存在的反映、意识是存在的属性一点出发，抓住了解决这一问题的关键，他把这种关系看作人的感觉对客体的关系问题，具有感觉的人这一物质实体对人以外的物质实在的关系问题。费尔巴哈以人对人的关系为哲学的出发点，以人和自然为哲学认识的最高对象。马克思对这一点曾指出：费尔巴哈"奠定了真正的唯物论和真实科学的基础，因为费尔巴哈同样把'人对人'的社会关系当作理论的基本原则"[①]。能够意识到这一点，在

---

① 马克思：《黑格尔辩证法和哲学一般的批判》，8页，北京，人民出版社，1955。

哲学的发展上是有重大意义的。第一，关于人（主体）与人自身的意识的关系问题，正是存在和意识的关系问题以及解决这一问题的中心实质问题。存在和意识的关系问题，虽然是直接关系于解决世界的本质的基本问题，但如果不把它归结到人的本质的问题，这一问题的中心以及解决这一问题的关键就还没有找到，因为如果脱离了人对世界现象的感觉问题，也就根本无所谓哲学的根本问题了。存在和意识的关系——关于世界的本质问题，只有在人对世界的认识中，即在所谓认识论的范围内才是一个最根本的问题。第二，如果不把人的本质问题提出来，那么存在与意识的关系问题虽具有普遍的意义，却并不具有真正意义上的世界观性质。在此以前的唯物主义哲学家们，对于存在与意识关系问题的研究，向来是从自然开始停止于自然，这就使他们一方面不可能彻底解决这一问题，同时也不可能把哲学提到科学世界观的高度。费尔巴哈正确地提出了这一问题，这就为正确地解决这一问题并根本改变哲学的性质提供了可能性。

但这一问题费尔巴哈却是解决不了的。如前所述，他把人的社会性的问题提出来了，却只能从自然性方面去加以解决。解决这一问题，就成为马克思主义的伟大功绩。从费尔巴哈的哲学到马克思主义哲学的发展，也就是从人本哲学向实践哲学的发展。在哲学史上，马克思主义哲学第一次从人及社会的本质的立场上解决了哲学的根本问题。

这里需要我们着重指出的就是：马克思主义哲学的产生，由于从人的本质问题方面彻底解决了哲学基本问题，这一变革的实质不仅在于唯物主义哲学的根本内容上，这一点在前面已经分析过了，同时，由于这一问题的解决也把哲学对象及哲学社会作用的根本变革彻底完成了。这两方面的统一，才是哲学科学与旧哲学的根本区别之所在。

在马克思主义哲学产生以前，旧唯物主义哲学体系事实上都是由自然观和社会观两个部分组成的，这是不可避免的。而在马克思主义哲学中，由于把社会历史观中的唯物主义基础，内在地概括在一般唯物主义世界观的内容之中，这就使马克思主义的辩证唯物主义能够成为真正意义的以世界整体的统一性为研究对象的世界观科学。

所以，对于马克思主义哲学来说，它不再是分割为几个独立部分的各个独立理论的综合体系了。马克思主义哲学和任何科学一样，它亦不过是研究世界的一个方面的科学，所不同的，只是这一个方面不是关于世界的某一个性方面的规律，而是世界的基本方面，即共性方面。

这就是说，马克思主义的辩证唯物主义哲学不仅在内容上和旧哲学不同，在研究对象上、从而在哲学这门知识体系的性质上也和旧哲学根本不同。

由于马克思主义哲学解决了人及社会的本质问题，这同时也把社会学推上了独立的科学发展的道路。

如前所述，在马克思主义以前关于历史的理论（如同自然哲学以及其他各种"哲学"一样）是在哲学中作为哲学的一个部分发展的。这是由于在社会学或社会历史观尚没有奠定自己的科学基础时，即当人们还没有把握住如人、社会、人性等基本范畴的客观内容时，社会学绝不可能脱离对哲学的直接依赖而独立发展，在这时只能用主观虚构、从哲学体系的一般理论中引申出的幻想的联系来代替现实的联系。不但社会必须如此，任何一个新东西，总是要在旧东西内部孕育成熟以后才能产生出来，自然科学在其未成熟以前也曾经经历了这同样的过程。

然而历史唯物主义的出现，根本改变了这种情况。关于社会及人的本质的问题的科学解决，这就意味着奠定了认识社会复杂现象的科学的方法和理论基础。由于历史唯物主义否定了旧哲学在社会了解上的幻想的虚构，而使社会学第一次切实地把握住了它的研究对象的客观实在性，这样，历史唯物主义的产生，同时也就取消了旧的所谓历史哲学。

历史唯物主义，即科学的社会学是以社会的统一性为研究对象，以揭示社会发展的最一般规律为任务的科学。恩格斯曾对历史唯物主义作过这样的说明："……我在英文中也如在其他许多文字中一样，用'历史唯物主义'这一名词来表示这样一种对于全世界历史进程的观点——这种观点认为一切重要历史事变的基本原因和决定力量，乃是在于社会的经济发展，生产方式与交换方式的变更，由此产生的社会之划分为阶级，以及这些阶级之间的斗争……"[①]而关于历史唯物主义的全部实质，最明显的叙述是在《政治经济学批判》一书的序言中。

现在我们把这变革的两方面统一起来，就完全可以做出这样的结论，马克思与恩格斯对于历史唯物主义的创造，事实上是一举完成了双重的任务：一方面，解决了在社会学或社会历史观发展中的基本矛盾，从而就把社会学推上了科学的发展道路；另一方面，在社会历史观变革的同时，又解决了在哲学发展中所遗留下来的根本矛盾，从而也把哲学推上了科学的发展道路。而这变革的两方面的实质正是在于：历史唯物主义与辩证唯物主义在相互适应的统一中形成，同时，也就是它们在科学部门上彼此分化的开始。如果说在哲学的变革过程中，没有辩证唯物主义的观点，不会有历史唯物主义，没有历史唯物主义的形成，也不会有作为科学的哲学的辩证唯物主义产生；那么，由于在形成以后它们所各自确定的不同研究对象以及不同的科学性质，又使他们必然要各自走上相对独立的科学发展道路。

从后一方面来说，它们彼此的分化同样是由它们的统一及其相互作用的关系所决定的。

就它们的科学内容来说，第一，历史唯物主义虽然是为了完成哲学的变革（从对哲学的作用这一角度说）并作为哲学本身的发展而产生出来的，但是在解决哲学矛盾同时所确定的历史唯物主义对象却远远超出了哲学内容的范围。历史唯物主义作为一门已形成的科学，正如现在通用的定义中所表明的，它是"关于整个社会、关于社会发展的最一般规律的科学"，历史唯物主义对于其他社会科学来说是研究一般规律的理论科学，而对于哲学来说却又是研究个别规律（世界之一部分社会的规律）的具体科学。第二，特别是由于历史唯物主义的产生所改变的哲学对象，直接排

---

① 《马克思恩格斯文选》两卷集，第2卷，103页，苏联外国文书籍出版局，1955年。

斥着把历史唯物主义科学包括于哲学内容之中。以前的哲学把社会历史理论包括在自身内容之中，这在哲学本身的不发展中就存在着必然性，既然辩证唯物主义已经形成为真正以世界的共性为研究对象的科学，在这种情况下仍然把社会学包括在哲学之中，就不但会束缚了社会学的发展，同时亦将损害了哲学科学的性质。

就哲学与社会学的发展要求来说，第一，如果说在社会学未形成一门科学以前，它不被包括在哲学体系之中就不能前进一步，那么，在它具有了自己的活动基地以后，就只有从哲学中分化出来作为一门独立的科学才能得到发展。因为它要想彻底突破以幻想的联系代替现实联系的局限，就只有通过自身对社会发展的特殊研究来揭示出社会发展的规律性。历史唯物主义进一步发展的方向，必须是在哲学观点指导下通过具体的研究来丰富自己的内容。第二，对于哲学的发展也是如此。哲学曾经借助于历史唯物主义而实现了走上科学道路的根本变革，但是，如果说哲学作为科学的发展还在开始阶段，这和历史唯物主义作为科学的发展亦处在开始阶段是相适应的，那么，哲学的进一步发展，现有的处于开始阶段的历史学就不能完成提供哲学以历史理论材料的任务了，哲学的发展要求更为发展的社会理论作为自己的科学基础。历史唯物主义的分化和曾经从哲学中分化出来的自然科学一样，也是为哲学的发展所要求的。

认识发展的规律决定了形成科学以后的辩证唯物主义与历史唯物主义必须处于新的关系中。辩证唯物主义，这是马克思列宁主义的哲学，也就是哲学科学的别名。历史唯物主义，这是马克思列宁主义的社会学，亦即社会学科学的别名。历史唯物主义与辩证唯物主义的关系应当是：从一般意义上说，就是关于社会和历史的理论科学和哲学的关系，具体说就是社会学和哲学的关系。

这就是辩证唯物主义与历史唯物主义作为科学由它们的内容所决定的客观关系。我们如果想要真实地反映它们的关系，就必须从这种关系出发去了解它们的联系形式。

在说明了辩证唯物主义与历史唯物主义、哲学和社会学的历史关系及其作为独立科学部门的关系以后,现在我们就有可能回头来说明在本文开始时所提出的问题,有可能提出关于辩证唯物主义与历史唯物主义关系的一般论断是否正确的问题了。

如果考虑到上面所分析的一切内容,我们会很自然地看出关于辩证唯物主义与历史唯物主义关系的这种说法的矛盾,如说:"马克思主义哲学的对象就是客观世界和人类思维发展的最一般规律,即马克思主义(按:这里显然脱落了哲学二字)是一门研究自然界、社会和认识发展的最一般规律的科学。……历史唯物主义是整个马克思主义哲学的不可分离的部分,它所研究的是社会历史发展的最一般的规律。"[①]这里一方面承认哲学是研究世界的一般规律的科学;另一方面也承认历史唯物主义是研究社会发展的一般规律的科学,但同时又说历史唯物主义是马克思主义哲学不可分割的一部分,究竟是怎样的一部分呢?究竟根据什么理由必须把历史唯物主义包括在"哲学"之中呢?这既没有反映出辩证唯物主义与历史唯物主义的历史变化关系,又没有反映出两者科学内容之间的固有关系。在亚历山大罗夫主编的《辩证唯物主义》一书中也是这样论断的。例如,该书一方面肯定了"马克思主义哲学——辩证唯物主义——是共产党的世界观""辩证唯物主义研究自然界、社会以及认识的变化和发展的最一般的(随时随地起作用的)客观规律,并给客观世界的各种现象以唯物主义的解释",但同时却又说:"马克思主义的哲学学说——辩证唯物主义和历史唯物主义……""辩证唯物主义和历史唯物主义是苏维埃社会中占统治地位的世界观。"于光远在他所写的《学习马克思列宁主义哲学》一书中也是这样论断的。他说:"哲学和任何一门自然科学或社会科学不同,它的任务不是去解释某一类自然现象或社会现象,找出它们发展变化的规律,而是去解释整个世界(包括自然现象、社会现象和精神现象)……哲

---

① 朱天顺:《辩证唯物主义的对象的统一性》,载于《光明日报》1955年11月2日。

学要回答的问题是：'世界整个说来究竟是怎么一回事'……"①当然这是非常正确的，但作者又说："到了马克思哲学产生出来之后，哲学的对象就很明确了。它主要包括辩证唯物主义和历史唯物主义。"②（这里对象又显然应为组成部分）

不能不说，这实在是令人难以理解的自相矛盾。如果我们不反对哲学对象是世界的一般规律，那么，历史唯物主义显然就不是哲学的一个组成部分。

二、哲学对象探究

（一）论哲学科学的对象和体系

1955—1956年写成的关于历史唯物论的论文，是我对哲学对象问题的最初思考。此后，虽因这篇和其他一些文章中的观点招来了不愉快甚至不幸，1959年底到1960年对刘丹岩教授和我展开了全面的"批判"，说我们宣扬"分家论"，妄图阉割马克思主义哲学的一整块钢铁，刘丹岩教授在这种重压下于1964年郁郁离世；但我并未改变观点，也未放弃思考和研究，只是不再写文章了，党的十一届三中全会以后，学术思想逐渐活跃起来，于是我又开始写文章，而且按照文章的观点着手写书了。③

---

① 于光远：《学习马克思列宁主义哲学》，4页，北京，人民出版社，1956。
② 于光远：《学习马克思列宁主义哲学》，29页，北京，人民出版社，1956。
③ 这篇文章就是在事隔25年之后，配合写作《马克思主义哲学基础》一书，就哲学对象问题公开发表的第一篇文章，刊于《社会科学战线》1982年第1期。

1. 哲学是一个历史概念

哲学这个概念很古老了。人类进入文明时期以后就尝试着运用自己的理性去理解周围的事物和现象，从那时起，哲学就作为与原始幻想意识相对立的最早的理论思维，同科学一起诞生了。然而对于哲学，却又从未有过一致的看法，也不存在为大家所公认的定义。不同时代不同派别的人们，不仅哲学观点互相抵牾，对于哲学研究的对象、内容，也是各行其是的，以致"什么是哲学"这个看来十分简单的问题，对于哲学家们却往往成了甚感头痛的大难题。

其实，这种情况并没有什么好奇怪的。哲学是一种历史性的理论，哲学的对象和内容是随着历史发展而不断变化着的。这里本来不存在什么"先验"的规定，因而也不会有超越历史时代、囊括各派观点的关于哲学对象的统一定义。这对前科学发展阶段的哲学来说，尤其如此。对于哲学不应该这样去提出问题：按照哲学的"本性"它"应当"以什么为研究对象、包括何种内容？合理的认识只能是历史地提出问题，并做出历史的回答。

哲学的历史性，并不意味哲学没有统一的性质，各个不同时期以及各派不同的哲学既然都叫作哲学，它们之间当然不能没有共同之处。同其他各门科学比较，哲学始终属于知识阶梯的最高层级；不论内容如何，哲学总要具有寻根究底、追本溯源的性质，这就是由知识分工所决定的哲学的共同性质。哲学思维也因此向来被称为探求最高原理的最高"智慧"，但这只能看作一个十分抽象的规定。如果进一步探问，何谓智慧，根抵在哪里以及怎样去寻求本源，认识立刻就进入分歧了。这种抽象的规定只能够表明哲学作为社会意识的一种特殊形式具有的特点，并不能给予哲学这个学科的对象和内容以确切的概念。

人的一切认识包括科学知识在内，都处在变化之中。哲学由于它在知识分工中的特殊地位则更加富于变化性。马克思曾把哲学称为"自己时代精神的精华"。作为时代精神的精华的哲学只能从已有知识的总和中提炼出来。一个时代的具体知识如何，最高智慧的状况也就如何。人们对周围的事物尚缺乏科学的理解，这时的最高智慧就只能是幻想的意识；在人们对事物仅有十分笼统的知识时，哲学也不会摆脱直观的性质，而一旦人们的认识深入事物内部的联系中，形成了各种不同的知识部门，哲学也必须随着改变自己的认识方式，重新划定自己的研究范围。哲学又同时属于一定社会体系的意识形态，还要跟随人们的社会关系的变化而变化。这就使它具有了更为明显的历史性。

纵观认识发展史，哲学的对象和内容在马克思主义产生以前大体上经历了四个阶段的变化。

第一，最初产生的古代哲学与科学知识尚未分化，属于笼统直观的认识，所以称作"智慧"（或爱好、追求智慧）。按照亚里士多德的解释，当时把这种学问称作"智慧"主要是为同两个东西区别开来：（1）同原始神话的幻想意识相区别，哲学寻求的是对自然的合于理性的解释；（2）同实用性的知识和技能相区别，智慧注重于事物所以如此的原因的理解。在这样了解下的哲学，无异于包括一切理论学科在内的"知识总汇"。当时数学和物理学（自然科学）都被公认为哲学的有机部分，后来又列入了逻辑学和伦理学。古代哲学以广义的自然为对象，它把人及其认识都看作自然的一部分。从其性质和内容而论，我们可以称它为"自然哲学"。

第二，中世纪的欧洲，哲学已失去独立的意义，变成了维护基督教神学的工具。它不再研究自然，而是以超自然的来世天国为对象。这种转变明显地表现了社会斗争尤其是阶级斗争对哲学的重大影响。古代的哲学成果在中世纪也并未完全泯灭。为了论证教义、教条，经院哲学家们十分注重逻辑问题的研究。逻辑学成了这一时期哲学理论的核心内容。

第三，17—18世纪，刚刚兴起的资产阶级在意识形态领域面临的主要任务，是要把哲学和科学从神学的禁锢中解放出来。当时的哲学家们提出了"要用自己的眼睛去认识自然"的响亮口号。于是，哲学又回到古代的提法。笛卡尔说，哲学一词就是"表示关于智慧的研究"。霍布斯也认为，"哲学也就是对智慧的研究"，即探求物体运动的原因的知识。在注重哲学与神学相区别而非与科学的区别一点上，近代哲学与古代是一致的。但是，这个时期的历史条件和科学状况与古代已经大不相同。以实验为基础的自然科学诞生了，而且有些部门已经建立起完备的理论形式并走上了独立发展的道路。因此，哲学虽然仍被称作智慧，它的实际内容却变化了。近代强调的是哲学和科学的实用价值，以此区别于中世纪"不生育"的神学，而不是古代所注重的智慧的那种非实用性。由于科学的推动，近代哲学不满足于对自然的笼统直观的认识，要求对它进行分解的研究。所以在以自然为对象的近代哲学中，"本体论"的问题成为核心内容，认识论的问题也被提到了重要地位。

第四，18世纪末到19世纪中期，随着资产阶级政治统治的逐步确立、生产和科学的急剧发展，哲学面临的任务更加复杂化了。科学的全面发展暴露出了认识自身的大量矛盾，要求哲学必须深入研究人类认识的本性，说明科学知识的起源。在这种情况下，一方面，认识论问题成了哲学的核心内容，思维与存在的关系这个哲学最高问题也逐渐为人们所认识，成为哲学自觉地探讨的中心课题。另一方面，由于实证科学纷纷自立门户，同时夺走了原来属于哲学的地盘，那种包罗万象的"知识总汇"性质的哲学实际上已濒临瓦解，这就迫使哲学不能不调整自己的内容，重新考虑研究的对象。在这一时期，哲学家们对于这种情况的认识互不相同，采取的处理办法也各有区别。

康德继洛克之后，把哲学引向研究人类理性自身的活动，着重探讨了科学知识所以可能的先天条件。他提出，真正的哲学就是"先验的哲学"，只有在认识论的基础上才能建立本体学说。康德的观点具有很大的片面性，但在这里也反映了认识发展的历史趋势。所以他在认识论方面提出的问题，对后来的哲学发生了重大的影响。黑格尔把哲学定义为"对于事物之思想的考察"。在他看来，理念是实在的本质和灵魂，唯有哲学能够认识理念、把握真理，科学以理念的外在表现为对象，所以只能从哲学中去取得真理。黑格尔建立了历史上最后一个凌驾于科学之上的包罗万象的绝对真理的体系。但这个体系也有它的意义。他的哲学以逻辑学为核心，而这个逻辑学又同时是本体论和认识论。黑格尔把这三者在唯心论的基础上统一起来了，这符合认识的规律，因而也是他对哲学做出的一个重大贡献。费尔巴哈面临着要在德国条件下否定神学与思辨哲学的统治、恢复唯物论的权威的任务，他关于哲学的提法与近代初期相近，强调"哲学是关于存在物的知识"。不过，这里也反映了新时代的精神。他以人为哲学的主体和核心，明确提出了人的存在、幸福所寄托的对象，就是哲学研究的对象，这就是人和自然。费尔巴哈称他的哲学为"人本学"，企图在人身上找到思维与存在统一的基础。提出这一任务，是一个重大的理论贡献，但他未能完成这个任务。

在古典形态的哲学以外，当时人们的思想陷入了一片混乱，面对科学分化的事实曾经提出过各式各样的看法。有的人主张，哲学地盘既然被瓜分了，也就没有存在的必要，只要科学就够了。这是一种取消哲学的论调。也有的人认为，哲学只能在科学之间的夹缝中去求取生存，应当以研究中间问题为任务。还有的人宣称，哲学的职能仅仅在于联络科学，通过它可以把各种知识结合成一个完整的系统，以及其他种种观点。

这就是在马克思主义产生以前，哲学对象和内容变化的大致情况。这种变化并不像某些人所认为的那样，充满了任意性，"并没有一种进步过程的性质"。事实恰恰相反。这种变化通过不同观点的偶然性，体现了人类认识的规律性的发展过程。从笼统直观的智慧走向对事物的分析研究，由此使"知识总汇"趋于瓦解，这里表现了人类的认识只能通过分化而不断发展的运动规律。科学分化所否定的并不是哲学本身，只是它的那种包罗万象的性质。正是这种科学的分化，为哲学走上科学的道路奠定了基础。哲学研究的重点从自然哲学开始，经过神学走向本体论、认识论，最后进到人本学，则表现了哲学认识从自发走向自觉的发展过程。也正是在这个发展过程中，哲学逐渐明确了人类认识的基本矛盾，找到了从总体去认识世界的特有的内容和形式，从而才把自己同实证科学区别开来。

到19世纪中期，哲学变革的条件已经孕育成熟，当时出现的思想混乱正预示黎明将至，哲学非发生一个根本性的变革不可，这个变革通过马克思主义哲学的产生而实现了。

2．马克思主义哲学对象变革的实质

马克思主义哲学既达到了科学形态的哲学，它是以往哲学的优秀传统的继承和发展，又是全部旧哲学的否定。马克思主义哲学使哲学变成了科学，它的产生是人类认识史上的一次伟大的革命。这个变革不仅表现在哲学的基本观点、哲学同科学的关系、哲学的性质与哲学的作用几个方面，也表现在哲学的对象和内容方面。

在讲到哲学由于现代唯物事义即马克思主义哲学的产生所引起的变革时，恩格斯曾简捷地称旧哲学为"哲学"，说："哲学在这里被'扬弃'了"；至于马克思主义哲学，恩格斯指出，"这已经根本不再是哲学，而只是世界观"①。恩格斯还说过："马克思的整个世界观不是教义，而是方法。它提供的不是现成的教条，而是进一步研究的出发点和供这种研究使用的方法。"②恩格斯并且指出，随着唯物主义与辩证法的结合，那种凌驾于其他科学之上的哲学就成为多余的了，"这样，对于已经从自然界和历史中被驱逐出去的哲学来说，要是还留下什么的话，那就只留下一个纯粹思想的领域：关于思维过程本身的规律的学说，即逻辑和辩证法"③。

恩格斯的分析表明，由于马克思主义哲学的产生，原来作为绝对真理认识的那种包罗万象的哲学终结了，那种由头脑中构造世界模式的玄想哲学终结了，那种凌驾于科学之上的特殊的科学的哲学终结了，它的内容除了思维过程及其规律的一部分之外都归并于实证科学之中；现在哲学变成了世界观，变成了认识论，变成了方法论，一句话，变成了建立在科学基

---

① 《马克思恩格斯全集》第20卷，151页，北京，人民出版社，1973。
② 《马克思恩格斯全集》第39卷，406页，北京，人民出版社，1974。
③ 《马克思恩格斯全集》第21卷，352页，北京，人民出版社，1965。

础上的世界观、认识论和方法论的统一体，这就是马克思主义哲学在对象和内容方面变革的实质。

明确了这一点之后，现在的问题就是：怎样去理解哲学是世界观、认识论、方法论的统一的含义呢？作为世界观、认识论、方法论统一体的哲学，它的研究对象应当是什么呢？这两个问题是紧密联系着的，对前者认识不同，关于后者的答案也便不同，所以关键的问题是必须弄清三者统一的含义。

列宁曾经明确地提出，辩证法、逻辑和唯物主义的认识论是同一的。他说，在《资本论》中，逻辑、辩证法和唯物主义的认识论，"不必要三个词：它们是同一个东西"[①]。我们这里讲的世界观、认识论、方法论的统一，与列宁讲的在本质上是相同的。差别仅仅在于，一个是从理论的性质和作用的角度说的，一个是从理论的内容和形式方面说的。就内容而言，世界观、认识论和方法论都可以说是辩证法，即一个是客观辩证法，一个是认识辩证法，一个是思维辩证法。这三者只有在理论思维彻底贯彻了辩证法的前提下，才能够统一起来。而在理论的来源和形式方面，它们又可以说都是认识史的概括和总结，并都要表现为一系列范畴的逻辑体系。

马克思主义哲学强调世界观、认识论、方法论的统一，主要是针对旧哲学中三者的分裂状态提出的。在旧哲学中，通常把理论划分为本体论、认识论和逻辑学三个部门。这三个部门在大多数哲学中都被看作互不统一、彼此独立的部门。本体论属于存在的学说，主要研究世界本原或万物本体的问题，认识论是关于认识的学说，研究认识的能力、限度和知识的构成、源泉等问题；逻辑学是关于思维的学说，主要研究逻辑思维的形式和规律问题。历史上唯有黑格尔把它们结合起来，建立了三者统一的哲学体系。

本体论、认识论与逻辑学三者走向统一乃是历史和逻辑发展的必然趋势。三者所以必然直向统一，主要是由于两点原因决定的：一是由于哲

---

① 《列宁全集》第38卷，387页，北京，人民出版社，1959。

学认识的深入发展而暴露出的思维与存在的矛盾的推动；二是由于科学认识的深入发展而日益尖锐的科学与哲学的矛盾的推动。旧日所谓本体，被了解为隐藏在现象背后的一种永恒的存在，它是万千变化中唯一实在的东西，又是一切存在的最后根源。人们只要认识本体，就是掌握了宇宙的秘密，再也没有不可解释的现象了。旧哲学家们自诩掌握了绝对真理，就是以这一学说为基础的。然而这样的东西却又属于超经验的存在，并非感官的对象，这就形成了一个不可克服的矛盾：人们认识到的东西没有实在性，实在的东西认识又无法达到。在康德哲学中意识与存在的矛盾达到最尖锐的程度，由此引出了后来趋向统一的哲学运动。黑格尔克服康德二元论的矛盾，依靠唯心辩证法实现了思维与存在的统一。但是黑格尔又使哲学陷入新的更大的矛盾，他建立了一个形而上学的包罗万象的终极真理的庞大体系，这个体系非但没有克服形而上学的本体论，尽管他把它同认识论、逻辑学结为一体——反而把它推向极端，使哲学与科学的矛盾达到最尖锐的程度。恩格斯说："就哲学是凌驾于其他一切科学之上的特殊科学来说，黑格尔体系是哲学的最后的最完善的形式。全部哲学都随着这个体系没落了。"[1]

上述历史表明，所谓三者统一，并不是仅仅属于形式上的联结问题，而是要从内容实质上把它们变成一个东西，从而克服意识与存在的对立，克服哲学与科学的对立。当自然界已归于自然科学的研究对象，人类社会已归于历史科学的研究对象，哲学的任务也就限于运用实证科学提供的材料，从中概括和总结对客观世界的认识规律，为科学提供理论思维的观点和方法。这样的哲学，必然是世界观、认识论与方法论的统一体。

科学的哲学是关于认识的理论，也是关于客观世界的理论。只有符合客观对象的性质和状态的认识理论，才是科学的理论。哲学作为普遍的方法论科学，它所提供的认识规律和思维规律，必然与自然和社会即客体自身的运动规律相一致。在这个意义上，哲学就是世界观，如恩格斯关于辩

---

[1] 《马克思恩格斯全集》第20卷，26页注，北京，人民出版社，1973。

证法所说的，它不过是"关于自然、人类社会和思维的运动和发展的普遍规律的科学"[①]。然而，自然、社会和思维的普遍规律，并不是与自然科学、历史科学揭示的规律不同的单独一套规律。这种规律就存在于实证科学所揭示的自然规律与社会规律以及科学在揭示这些规律的过程中所表现出的认识规律之中。哲学不是也没有在科学之外另搞一套。哲学所提供的自然、社会和思维的普遍规律，不过是对思想史的概括和总结，它所表现的仅仅是科学在一定的发展阶段上所达到的认识的成果，它的作用也只在于为人们自觉地依据客观规律去认识各种事物提供方法论的指导。就这一意义说，世界观与认识论、方法论并无分别，它们都是关于如何认识世界的理论，世界观也就是认识论和方法论。

世界观、认识论、方法论三者的统一，表明哲学的性质和对象发生了根本性的变化。哲学已不再是旧意义上的哲学，我们也就不能再用了解旧哲学的观点去了解它，这在对待"世界观"的问题上，尤为重要。

世界观不等于旧哲学中的本体论部分。本体论这种理论属于科学尚不发达、人们对外界事物的认识还未摆脱幻想意识影响的历史阶段的产物。一味追求事物的绝对存在的那些"本体论"的提法，如世界的本原是什么、万物的终极要素是什么、存在的永恒本体是什么等，既不符合科学观点的要求，也不符合辩证认识的基本规律。所以在后来，它的一部分内容便为逐渐发展起来的实证科学所取代，而另一部分内容则为日益兴起的认识论理论所否定。恩格斯说哲学变成了"世界观"，这句话首先就意味着，追求万物本原或本体的那种理论被否定了，哲学再也不能沿着"本体论"的方向去研究问题了。

能否说"世界观"也是以整个世界为研究对象的，它同样要回答"世界的本原是什么"，说明"世界到底是什么"等问题，只是观点有所不同呢？我认为不能这样说。随着哲学性质发生了变化、哲学观点发生了变化，对于问题的提法也不能不发生变化。"整个世界"只能是全部科学

---

① 《马克思恩格斯全集》第20卷，154页，北京，人民出版社，1973。

共同研究,当然是各从不同的方面去研究的对象,不可能成为任何一门科学的独立的研究对象;"说明世界到底是什么"也必须由全部科学来回答,而且还要在它的长期发展的过程中逐步去实现。至于"世界的本原是什么"的问题,如果承认世界是无限的、并没有一个时间上的开端,这个问题就不能成立了;如果本原被了解为万物的起源和发展,那么,这个问题也应当由科学去解决,而不是哲学能够解决的。恩格斯曾明确地指出:"如果世界模式不是从头脑中,而仅仅是通过头脑从现实世界中得来的,如果存在的基本原则是从实际存在的事物中得来的,那么为此所需要的就不是哲学,而是关于世界以及关于世界中所发生的事情的实证知识;由此产生的也不是哲学,而是实证科学。"[1]按照恩格斯的分析,哲学也不能从综合科学材料中,为整个世界建立什么统一的体系。哲学不应当再走知识总汇的老路。建立这样的体系不仅对于一定时代的人们来说不可能达到,而且也不应当由哲学去单独承担,"一旦对每一门科学都提出了要求,要它弄清它在事物以及关于事物的知识的总联系中的地位,关于总联系的任何特殊科学就是多余的"[2]。

世界观,顾名思义当然要研究客观世界,这一点是毫无疑问的。但必须考虑到,在马克思主义哲学中世界观同时也就是认识论。从这一点出发我们就会了解,它对客观世界的研究方式与旧哲学不同,也与实证科学有区别。世界观直接面对着的不是经验的世界,它也不是从客体自身的内部联系中运用经验的方法去研究世界的。世界观是利用经过科学总结的材料,把世界作为科学认识的对象,从它与意识的关系中去研究客观世界的。恩格斯从对哲学历史发展的总结中,明确提出了思维对存在的关系的问题是哲学的基本问题。意识与存在的矛盾既是认识论的基本矛盾,也是世界观的基本矛盾。在科学的基础上从意识与存在两者的关系中去研究意识与存在的本质,这是哲学区别于实证科学的特有的认识方式。由于意识

---

[1] 《马克思恩格斯全集》第20卷,39页,北京,人民出版社,1973。
[2] 《马克思恩格斯全集》第20卷,28页,北京,人民出版社,1973。

与存在这一矛盾只是在人们认识世界的过程中产生的矛盾，它并不属于客体自身存在的基本矛盾，哲学从这样的研究中能够回答的，当然只能是世界作为认识对象所具有的本性、本质的问题，而不是世界作为自在客体的起源、本体的问题。但是，意识与存在的矛盾既然是人类对客观世界的认识活动的基本矛盾，那么，哲学对这一矛盾的解决以及由此所揭示的世界的本质和规律，也就是一切科学认识的基础和出发点。哲学虽然不能具体回答"世界到底是什么"以及万物是怎样起源和发展的问题，它却为我们具体地认识"世界到底是什么"以及万物的起源和发展的过程，指出了正确认识的途径，提供了科学认识的方法。各门具体科学只有遵循哲学指出的这一道路和提供的科学方法，才能得出上述问题的正确答案。这就是世界观、认识论所具有的巨大的指导作用。

变革以后的哲学也要探讨"本原"的问题。恩格斯讲到哲学的基本问题时，曾经指出它的第一个方面的问题就是要回答"什么是本原的，是精神，还是自然界？"就这一意义说，马克思主义哲学同样具有寻根究底、追本溯源的性质。但也很明显，这里讲的本原并不是本体论意义上的本原，而只是世界观和认识论意义上的本原。恩格斯是就"思维对存在的地位问题"使用本原概念的，它讲的只是精神与自然界在两者的关系中谁是谁的本原的问题[①]。回答这一问题所要解决的是如何认识世界的问题，而不是世界自身的起源的问题。列宁就曾明确地把这一问题归结为"解答我们认识的泉源问题"，认为唯物论与唯心论就是依据对这一问题的不同解答而划分的[②]。所以不能用"世界的本原是什么"来代替这里的本原问题。

哲学从自然哲学、"经院哲学"、本体论哲学、认识论哲学、"人本学"哲学转变为世界观、认识论、方法论统一的马克思主义哲学，是一个合乎规律的发展过程。如果说由于近代科学的蓬勃发展，旧哲学一一被

---

① 参见《马克思恩格斯全集》第21卷，316页，北京，人民出版社，1965。

② 参见《列宁全集》第14卷，274页，北京，人民出版社，1957。

否定了，那么马克思主义哲学就是科学发展的产物。只是到这时，在科学发展的基础上，哲学才找到了自身的确定的研究对象，迈上了科学发展的道路，成为认识世界和改造世界的锐利武器。自古以来人们就把哲学看成一切智慧中的最高的智慧，只有在科学发展的基础上转变为世界观、认识论、方法论相统一的这种哲学，才真正称得起这样的智慧之学。

3．关于马克思主义哲学的体系问题

在一种哲学学说中，观点和内容是首要的和根本的，体系属于思想内容的逻辑结构，相对而言总是居于次要的和从属的地位。但这并不意味着体系的问题不值得去考虑或重视。

既然观点和内容必须通过一定的逻辑结构去表现，那么体系的问题就不能看作纯属外在的形式问题。事实上，每一种理论体系都是一定的理论思想的体现。我们不应当抛开内容把主要的精力用于体系方面，或者为体系而去构造体系；同样地，也不应当不去认真研究体系的问题，努力做到内容与形式的完整统一。

恩格斯讲过这样的话，黑格尔的体系是哲学的最完整的体系，也是这种尝试的最后一次巨大的流产，在黑格尔以后，体系学就不可能再有了。这里显然是指那种建立包罗万象的所谓绝对真理体系的幻想。如果我们不去奢望这样的体系，不把体系绝对化，那么，建立体系就还是必要的。

做到内容与形式的统一并不容易，这本身也需要一个认识的过程，不可能一蹴而就，也不可能一劳永逸。历史上从来没有永恒不变的体系，我们也不应当把某一个体系僵化起来。内容可以有不同的形式，一种学说也可以有不同的体系。几种体系相互切磋、比较，借以找出一种表现内容更恰当的形式，是很必要也很有益的。

马克思主义哲学的各个观点之间有着内在的不可分割的联系。正如列宁所形容的那样，它的各种观点是由"一整块钢铁"铸成的。由马克思和恩格斯所创立的这个哲学，可以说是认识史上最严谨、最科学的思想体系。但是，作为一种学说的思想体系同它的理论表达形式之间，还是有着

某种差别的。马克思主义的经典作家们在与不同的敌对思潮做斗争中，曾经以不同的理论形式表达过这个哲学。例如，关于辩证法的内容，在不同的历史阶段就有多种不同的讲法。马克思和恩格斯也曾打算用正面论述的形式写一本阐述这个哲学的专著，他们为此做了大量的研究工作，可惜这个愿望未得实现他们便先后去世。列宁在这一方面的研究工作也未能最后完成。这样，就形成了在经典著作中马克思主义哲学存在多种不同的理论表述形式而没有一种是系统完整的形式的状况。

我国目前通行的哲学教科书的体系，基本上是从苏联引渡来的，它是在十月革命以后的漫长时期中逐步形成和定型的。这个体系全面地概括了马克思主义哲学的基本观点和内容，可以给予人们一个比较系统和完整的概念。多年以来，这个体系在传播马克思主义哲学，对广大干部和群众进行理论教育上起了重大的作用。这些都必须肯定，但也不能认为，这个体系已很完善、没有缺陷因而无须进一步改进了。这个体系表现的主要是20世纪50年代以前人们对马克思主义哲学的认识水平。时至今日，历史前进了，理论发展了，人们对马克思主义哲学的认识水平更加提高了，与此相适应，哲学教科书的理论体系也应当加以改进。这种改进对于马克思主义哲学的发展也是非常必要和有益的。

最近一个时期以来人们对体系问题的议论渐渐多起来，这说明改革势在必行。但是怎样去改革？这就需要弄清改革的原则和现有体系存在的主要问题。

我以为，体系的改革必须服从更好地体现马克思主义哲学的科学内容和革命精神，这是总的原则。依据我们前面所进行的分析，既然马克思主义哲学是科学的哲学，在它的内容中已把世界观、认识论和方法论彻底统一起来了，由此出发，我认为下面的几点当是不言而喻、必须做到的：

第一，必须充分估计科学不断分化以及由此导致"知识总汇"必然走向瓦解的历史事实和发展趋势，绝不能把马克思主义哲学再搞成凌驾于科学之上的和包罗万象的某种"特殊科学"的理论体系；

第二，要始终坚持从意识与存在的关系出发处理一切哲学内容，真正做到世界观、认识论、方法论（或者说，辩证法、认识论、逻辑学）三者的统一；

第三，要用全面的观点去处理马克思主义哲学与先行哲学的关系，真正做到马克思主义哲学既是全部旧哲学的否定，又是人类优秀思想传统的继承与发展，这里包括贯彻逻辑与历史统一的原则；

第四，必须把唯物论与辩证法内在地统一起来、辩证唯物论与历史唯物论内在地统一起来，充分体现出马克思主义哲学作为完备彻底的唯物论哲学的"一整块钢铁"的性质和特点，不能搞外在的拼接；

第五，必须体现马克思主义哲学随着实践和科学不断发展所获得的强大生命力，及时总结和概括科学取得的新成果，解答实践提出的新课题，不断以新的内容去充实它、丰富它。

在我看来，目前的体系的不足之处，主要表现在这样的一些方面。下面仅举几例。

这个体系在结构上，唯物论理论与辩证法观点是放在两个部分分别加以叙述的，认识论与历史观也是各自独立，界限分明的。这种安排对于说明问题当然有其方便之处。但是，讲唯物论不涉及辩证法内容，讲辩证法不涉及唯物论内容，怎能充分地体现马克思主义哲学的根本特点呢？离开辩证法的纯粹唯物论，那不过是唯物论的最一般的原则，它不可能把马克思主义的唯物论同旧唯物论区别开来。以目前教科书中"世界的物质性"一章为例。这一章阐明的观点，归纳起来不外这样几条：世界是物质的世界，运动是物质的根本属性，空间和时间是运动着的物质的存在形式，物质运动有它自己的规律性。这就是这一章所阐明的全部理论观点。这一章的任务是要讲明马克思主义哲学对于世界的总的看法、总的观点。可是这些代表马克思主义哲学对于世界的总的看法的观点，近代法国的"百科全书派"和德国的费尔巴哈早已讲过了，甚至连问题的提法也是基本一样的。马克思主义的唯物论同近代资产阶级的唯物论，在唯物论的基本原则上当然应当一致，否则就不成其为唯物论了。问题在于，这里阐明的不是对意识与存在的关系的看法，这里才是表现唯物论共同原则的地方，而是对于世界的总的看法，即表现不同形态的唯物论哲学的区别的地方。辩证法部分的情况要好一些，但也同样存在着类似的问题。

目前，不会有人公开主张把马克思主义哲学搞成"知识总汇"的理论体系。但要彻底摆脱已流行2000多年的这一传统的影响，却也并不容易。因为，改变哲学包罗万象的状况，属于哲学性质、哲学对象的根本变革，并不是从哲学中只要去掉那些早已属于独立科学部门的内容就做得到的。不从意识与存在的矛盾出发处理哲学的各种内容，从而把哲学真正变成世界观、认识论、方法论的统一体，这个问题就不能得到彻底的解决。我认为目前教科书的体系在这一问题上做得也不够彻底，很有改进的必要。这里首先表现在对哲学基本问题的处理上。在绪论部分，依据经典论述明确指明意识与存在的关系问题是哲学的基本问题，这是完全必要的。但在绪论以后的正文里并没有把意识与存在的关系问题摆在"基本问题"的地位上，并没有自始至终地坚持从这个基本问题出发去处理各种内容。由于没有彻底贯彻这一点，也就不可能真正做到世界观、认识论、方法论三者的统一，其中一些部分也不能不包括许多本应归入实证科学的知识内容和理论内容。

科学的发展总是一个方面在走向分化，另一个方面又趋向统一，随着不断的分化，统一的形式也要不断地更新。这个规律同样支配着哲学与科学之间的关系的变化。适应近代以来科学不断分化的趋势，我认为哲学应当向一体化的方向发展。世界观、认识论、方法论的统一，就是这一趋向的表现。我们在处理体系问题上，必须考虑到这一发展趋向。当然，我们讲哲学只能一个问题一个问题地去讲，而不能用一句话讲完哲学。所谓"一体化"并不是说不能把内容划分成不同的问题。这里主要是说，在区分问题时，必须以体现内容的完整性、观点的统一性为前提。举例来说，目前体系中对辩证唯物论与历史唯物论的内容的划分，我认为就不够合适。

　　唯物史观学说的创立是马克思主义对人类思想史做出的最伟大的贡献之一。由于它的创立，一举解决了两个方面的重大课题：一方面，它把唯物论哲学贯彻到底，使唯物论第一次成为包括社会生活在内的完备、彻底的理论，因而哲学变成了科学；另一方面，它同时又为人类认识开辟了一个新的科学领域，把关于社会历史的理论变成了科学。据此而论，辩证唯物论与历史唯物论作为完整统一的唯物论学说，它们本是内在地结合在一起的，并非互相并列的关系。辩证唯物论的内容中，就应当内在地概括着历史唯物论的基本观点。像目前的体系这样，把两者并列起来，不仅不符合它们固有的本质关系，而且还会在一定程度上损伤辩证唯物论的内容。另外，历史唯物论作为唯物论的社会历史学说，又牵连着整个社会科学理论。正像列宁所说的，既然唯物史观把社会理论变成了科学，那么也就可以说，"唯物主义历史观始终是社会科学的别名"[1]。历史唯物论的这一部分具有特殊性的内容，当然不应当归入哲学中去，而应当发展成为马克思主义的一般社会学理论。现在的体系没有分别这种情况，把历史唯物论一股脑儿地归入哲学，这不仅使哲学的内容变得很庞杂，也影响了社会学理论的发展。

　　现有体系在整个结构上，不是依照世界观、认识论、方法论三者统一的原则来安排的，这是这个体系的主要缺点。这三个部分的内容在现在的体系中都有，而且三个部分的内容之中也都贯穿了相互联系。但这并不等于就是三者的统一。如我们在上面所分析的，三者的统一意味着哲学性质和哲学对象的根本变化，并不是只要在一个体系中包括三个部分的内容，就是三者统一了。如果这就叫作统一的话，那么它在旧哲学中早就实现了。旧哲学中的这三个部门，彼此之间也并不是毫无联系的。真正做到三者的统一，必须是不论其中的哪一个部门都同时具有三个方面的性质，都可以说既是世界观，又是认识论，又是方法论。只有做到了这一点，才能

---

[1]　《列宁全集》第1卷，122页，北京，人民出版社，1955。

使得马克思主义哲学不论就其总体的性质来说，还是就它的各个部分的性质来说，都与旧哲学根本不同。有人把这种看法叫作三者的"同一论"。三者的统一也可以说成三者的同一。在马克思主义哲学中三者本来就是同一的，我们也正是应该把三者看作同一的。说它们是同一的，并没有错。但是，不能认为一讲同一就意味着必然排除差别；或者看到差别性的时候，就不承认其间的同一性。就哲学的变革来说，主要的倾向是见异不见同，异中无同，所以必须从异中去强调同，这绝不等于要同不要异。现在的教科书中，有一些问题仍然沿用着旧哲学中"本体论"的提法。这些提法与马克思主义哲学的基本观点是互不相容的。这种状况应该说就是由于贯彻世界观、认识论、方法论三者的统一不够彻底而造成的。

改革哲学体系的问题是一个十分复杂的问题，需要从事哲学工作的同志协力研究，共同解决。我在这里提出的看法仅属一孔之见，目的在于提出问题，引起讨论。

（二）论马克思主义哲学的对象[①]

1. 有必要明确几个原则

在我们关于马克思主义哲学对象的理解中，无例外地都体现着某种更带根本性的思想原则。在哲学对象问题上的不同观点，是和对原则的不同认识有着密切的关系的。我觉得这些原则问题也需要讨论清楚。这些问题明确了，会有助于具体问题的解决。

在我看来，应当明确的至少有下面几点。

（1）我们研究马克思主义哲学的对象，应当立足于不仅哲学观点屡经变化，哲学对象也处在历史的变化之中，而非永恒不变的基点之上。

哲学的不同性质，不但表现于不同的观点和不同的理论形式中，也体现在以什么问题为主要内容、研究对象的区别上面。在历史上，哲学的性

---

① 这是一篇应《哲学研究》编辑部之邀，针对问题讨论而写的专稿，发表于该刊1985年第5期。

质经历了不同的变化，曾经有过包罗万象的作为知识总汇的哲学，有过同神学公开结合的经院哲学，还有过强压在科学头上的所谓"科学的科学"的哲学。这些哲学的性质不同，与此相应地它们所包含的内容和研究的对象也有很大的区别。马克思主义哲学同这些哲学的性质都不同，它作为科学形态的哲学，当然在研究对象上同以往的哲学也不能没有重大的区别。

对于马克思主义哲学的科学性，显然不能这样去理解，似乎是由于它对先前哲学在认识还不很发达的情况下提出的那些不可能有科学答案的问题，给予了科学的解答，这样去理解就把问题过于简单化了。旧哲学所以是非科学的，不但因为它们的理论观点具有这样那样的片面性，还因为它们关于哲学许多问题的提法本身是不科学的。它们提出的追求原初物质、最后基质和为世界建立完善体系的那些纯粹本体论的问题，就是如此。马克思主义哲学在彻底贯彻唯物主义和辩证法观点，当哲学变成具有科学性质的理论时，不能不同时改变这些提得不正确或不恰当的问题。这样，随着马克思主义哲学的产生，哲学观点变革了，哲学性质不同了，哲学的内容和对象也发生了重大的变化。正因如此，今天才会在马克思主义哲学对象的问题上发生争论，才有必要去深入探讨它究竟发生了哪些变化。如果从哲学对象永恒不变的前提出发，这样的讨论当然就无甚必要，也无甚意义。而这样，马克思主义哲学与旧哲学除了理论观点有所不同，也就无须去区别和说明它们在理论性质上的不同了。

我们对于哲学性质的变革，当然也可以用认识的变化去加以说明，即认为对象是不变化的，对于这一对象人们经历了一个从不认识它到认识它的发展过程，由此形成不同性质的哲学，这也是一种不失为具有某种道理的解释方法，因为人们对对象的认识确实是有变化的。问题在于，对象本就是认识的客体，作为科学研究的对象，也就是科学所意识到的客体。一种对象人们对它无认识，这就意味着它尚不是人们意识的客体，人们还没有把它作为对象去认识，尚未变成意识客体的东西，它怎么能够称得上是那时哲学研究的对象呢？我们也可以这样去理解，这时这一对象是作为抽象的对象存在着，哲学虽然还没有把它从其他对象中区别出来，但早早晚晚必然会以它为对象。事情如果真是这样的话，那又会遇到另一个回避不了的问题，这就是要回答：究竟是什么因素预先规定了哲学的不变的对象？在我看来，对这一问题只有两种可能的回答，或者把这种因素归之于客观世界固有的差别性，或者诉诸认识自身固有的本性。关于前者，客观世界固有的差别性无限多，我们今天认识到的不过沧海一粟。如果把世界固有的差别都说成是我们今天科学研究的对象，尽管有许多我们还不认识，那就势必要否认科学的发展。关于后者，人的认识本性正在于它随着实践的深入而不断发展，把客观世界的未知的关系不断转化为自己的对象。从这一本性得出的结论，只能使对象随着认识的变化不断变化，而不可能是别的。如果认为后来达到的知识成果，都早已是它的客体即研究对象，认识还有什么发展呢？所以，无论前者或后者，两种答案同这一看法的前提，即用认识的变化和发展去说明对象的不变性，都是相抵触的。

这里有两个问题需要说明。第一，我们必须坚持对象的客观性质。对象作为客体，必然是意识以外的存在，否则就不成为对象，即使意识自身作为对象也同样如此。但又须看到，作为人们的认识对象，又绝不是与意识无关的存在，即不可能是纯粹的自在客体。对象作为意识到的客体，不能不表现着人们意识的某种成果，包括人们对它的一定看法。由于这一点，所以一门科学研究对象的确定往往总是同这门科学的发展状况和程度相适应的。随着科学的发展，对象从不甚确定到逐渐确定，而在认识深入以后，随着新学科的生长，又须回过头来重新确定对象的范围。在研究对象上追求一劳永逸，是既不符合科学发展的事实，也不符合认识发展的规律的。我们不能以对象是变化的否定它的客观性，同样地，也不能以它的客观性否定它是变化的。

第二，哲学的发展不是只有间断性，而是在间断性中始终保持着连续性，我们对哲学的对象也必须这样去看。哲学必须研究其他科学无法解决的有关认识全局的那些带有根本性质的问题，这是各个历史时期各种哲学所共同的。哲学理论就因此具有了寻根究底的性质,一向被看作一切智慧中的最高的智慧。但这不等于哲学对象是不变化的。最高智慧的内容取自人类在一定时代所达到的知识总和,人们以什么为根和底决定于时代认识的水平。在认识发展的不同阶段,人们所理解的具有根本性质的问题不同,哲学的具体内容和研究对象也便不同。我们不能以间断性否认连续性,同样地,也不能以连续性否认间断性。

(2)应当立足于哲学对象的演变是一个规律性的过程,它的变化不但表现了哲学自身前进运动的规律,而且表现着人类全部认识不断走向深化的发展规律。我们要理解和说明马克思主义哲学对象的变革,就必须找出促使它变化的规律,绝不能就事去论事,就这一哲学去论这一哲学的对象。

哲学对象的不同当然与哲学观点的分歧有着密切联系。从一种对象变到另一种对象,包含有大量偶然因素的作用。但也同其他一切事物一样,在形成不同哲学对象的偶然因素中,贯穿着某种必然性。

哲学虽是哲学家创立的,但哲学家却不能随心所欲地去确定自己哲学的研究对象。这不是说他做到这点不可能,而是说,他这样确定的对象如果与其时代认识发展的要求完全相悖,它就不会为人们所承认,因而也不会在现实中起到哲学应起的作用。只有当他所确定的对象符合社会斗争的需要、哲学自身发展的状况和人类认识在这一时代所达到的水平等条件时,才能为人们所承认,尽其哲学的作用,这些条件就是决定哲学对象变化的基本因素。而在这些条件中,我认为起着主要决定作用的是人类认识发展的规律这一因素。

具体地说,哲学应当研究什么对象,是由赋予它的任务和应起的作用决定的;哲学的任务和作用则决定于知识体系的分工和它在这种结构中所处的地位;而知识的结构和分工又是随着人类认识水平的提高而不断变化的。人类认识在不断前进,知识结构在不断变化,这就决定了哲学的地位和任务以及研究对象都是可变值,而不是不变值。由此我们也可以了解，所谓哲学对象的变化，其实质就是适应认识的分化发展和知识结构的变化，对于哲学与其他知识部门的相互关系所做的一种调整。适应古代未分化的笼统直观认识条件下的知识结构，哲学与科学不可能清楚地区别开来，哲学必然具有知识总汇的性质。在近代认识已发生分化，但分化得尚不充分，适应这种具有矛盾性质的知识状况，哲学当然也不可能彻底摆脱包罗万象的性质，于是变成了"科学的科学"。中世纪与神学相结合的经院哲学，在当时神学统治一切的认识条件下，也是具有必然性的。

对于马克思主义哲学的性质和对象，我们也必须从这一观点去认识，不应当仅仅从它是唯一科学的哲学这一抽象的原则，或者仅从经典作家的论述去证明它是如何或应该如何。如果我们把马克思主义哲学放到整个人类认识发展的过程中去了解，那就可以看到，它的产生和变革不仅是必然的，而且它以什么为对象也不是可以由我们随意确定的。

（3）在上述基础上，经典作家的论述当然是我们认识这一问题的重要依据。特别是我们研究的是马克思主义哲学，马克思和恩格斯作为这一理论的创始人，对他们的观点，我们必须首先研究清楚，并且作为我们认识和发展这一理论的基础和前提，这应当是毫无疑义的问题。

问题发生在，在经典著作中，关于马克思主义哲学对象有多种提法，这些提法看来并不完全一致，究竟应当遵循哪一种提法呢？这是一个原则性的问题。我认为有必要把问题挑明，以便于求得妥善的解决。

在马克思和恩格斯的思想之间，不可能是毫无差别的，在他们自己的早期思想和后期思想之间同样存在很多差别。要掌握马克思主义哲学的科学观点，必须采取研究的态度，不应拘泥于他们讲过的一字一句。但在马克思主义哲学形成以后的著作中，我认为马克思和恩格斯关于这一哲学的对象的基本思想是很明确的，并且具有一贯性。不同说法不是表现他们在这一问题上的观点不一贯或不一致，而是表现着问题本身的复杂性和多面性。所以，我们必须全面地去理解这些思想，立足于它们一致性的基点上，对不同的提法做出统一的理解，而不能依据其中的一种提法，去否定他们的另一种提法。

还有一个问题有必要加以说明，就是如何看待现有哲学教科书内容的问题。应当肯定，现在教科书中那些定型化的内容，是依据经典作家的论述，从经典著作中的内容引申而来的。我们讨论马克思主义哲学的研究对象，不能不考虑到这些内容以及它所体现的研究对象。但也必须看到，教科书的内容是在一个特定的历史条件下逐渐定型的，它表现的主要是那一时期的学者们对马克思主义哲学经典论述的理解和认识。它是否充分反映出了马克思主义哲学对象变革的实质，这不是不可以讨论的问题。教科书不能成为我们讨论对象问题（即进行学术探讨）的经典依据。我们研究哲学对象问题并不是为了给现有的内容找出一个完备的定义，因而不能认为与教科书的见解有出入，就是离经叛道。

总之，我认为，人类认识规律（包括认识史）、经典论述和教科书内容，在这三者中，前者是后者的依据，后者只是前者的反映，我们可以借助后者去理解前者，但不能把它们的根本关系颠倒过来，依据后者去判定前者。

2．马克思主义哲学对象变革的实质

马克思主义哲学改变旧的研究对象，是解决在近代认识发展过程中形成，而为资产阶级哲学未能解决的哲学与实证科学矛盾的必然结果。

从历史上看，哲学对象的每一次变革，都是解决在认识发展中已成熟的某种矛盾的结果，这些矛盾是从知识结构发生的变革中产生和形成的。这些矛盾解决了，就会改变哲学的对象和性质，推动认识的进一步分化和发展。由于面临的认识发展中的矛盾的内容不同，因而形成的哲学在对象和性质上也便不同。古代和近代哲学的两次重大变革，就是如此。

古代的情况是，在哲学作为理论思维的形式产生时期所要解决的，不是哲学认识与科学认识（它们是理论思维内部的两种形式）的矛盾，而是理论思维与原始宗教的幻想意识之间的矛盾、与感官直接认识和实用知识之间的矛盾。这是理论思维从其他认识中分化出来的初始阶段。当时人们

提出的问题是："什么是真正的智慧？"那时人们所做的回答则是："智慧就是有关某些原理与原因的知识。"从解决这样的矛盾中形成的古代哲学，自然要把一切理论性的知识成果都包括在自身以内，而哲学当然也就具有了知识总汇的性质。在那时科学尚处在萌芽状态，与此相适应的，哲学认识与科学认识的区别也只能以萌芽的形式表现于哲学内部的学科分类中。

近代的情况便不同了。近代初期，哲学虽然也面临着与中世纪发展起来的宗教神学的矛盾，哲学家们仍然必须为解决现世智慧和来世智慧的矛盾而进行斗争。但从那以后，主要问题已开始转向哲学认识与科学认识的矛盾。随着15世纪下半叶近代自然科学的兴起和发展，人类已从对自然笼统直观的认识，进入分门别类的专门研究，自然科学陆续从原来的知识总汇中分化出来，形成许多独立的科学部门。科学的分化改变了人类知识体系的结构。原来奠基于笼统直观的那种知识总汇的理论已陷于瓦解，必须在新的基础上重新调整知识部门之间的关系，其中特别是作为总体认识的哲学与各门实证科学的关系，这就是近代哲学所面临的主要矛盾。

资产阶级哲学家必须去解决这一矛盾，而他们又不能完全解决这一矛盾。他们不能摆脱这一矛盾，因为实证科学的发展已使哲学再也无法维持过去那种包罗万象的内容和对科学的那种统辖关系。他们不能完全解决这一矛盾则是因为，当时科学虽已分化，但分化得尚不充分，还没有提供促使哲学从理论内容到理论形式实现根本变革的足够条件；同时，资产阶级狭隘的阶级偏见也限制了哲学家的头脑，很多人并不甘心放弃相沿多年的固有领地和世袭权力。这种特定的矛盾状况，就形成了所谓"科学的科学"的哲学理论。哲学家们承认科学在事实上的独立地位，却不承认科学可以达到事物的真理。在他们看来，实证科学只能对事物做出经验性的描述，要掌握真理还得依靠哲学。这样，哲学就变成超越一切科学之上而又统治着一切科学的一种特殊科学，它想依靠自己的逻辑思辨，就能为科学提供关于世界及其统一联系的完整体系。

解决资产阶级哲学未解决的矛盾和资产阶级哲学自身陷入的矛盾，

就是马克思主义哲学所面临的主要课题。"科学的科学"这种哲学把近代内容同古代形式矛盾地结合起来，它与近代科学发展的要求，以及由于这种发展所改变了的近代知识结构是不相适应的，而且成为科学和人类认识发展的严重障碍，这是它存在的主要问题。由于这一点，资产阶级哲学不仅为自己规定了许多本不应由哲学来解答的问题，同时在自己的体系中还充满了主观虚构的内容。所以，所谓解决矛盾，其实质就是按照近代已变化了的知识结构，在哲学与科学之间建立一种新的统一联系。而做到这一点，也就意味着根本否定那种传统的包罗万象的哲学，创立与科学具有明确分工又紧密联系的崭新的哲学。马克思和恩格斯所说的"哲学"终结了，新理论"已经根本不再是哲学"而只是一种"世界观"，就是对当时时代这一客观要求的反映。

很明显，由此建立的新的哲学，必须满足下述要求：在一个方面，不仅必须承认自然过程和历史过程已归属实证科学研究、不再属哲学专门对象的事实；而且还须承认：（1）自然和历史过程的规律既不能再依靠笼统直观去认识，也不能凭借思辨的冥想去认识，只能通过实证的研究方法才能把握；（2）实证研究方法不但能够揭示自然、历史过程不同领域的具体规律，而且能够也应当同时去揭示这些不同领域的统一联系；（3）关于这些过程的知识，哲学只能从实证科学中去获取，实证科学尚未达到的东西，哲学也不可能达到。集中起来说，这一要求就是：在新的知识体系中，哲学与科学已有明确分工，哲学无须越俎代庖，以揭示自然和历史的实证规律为自己的任务；哲学也不能超越实证科学，以揭示科学尚未达到的"隐秘本质"或为自然、历史建立统一体系作为自己的任务。

在另一个方面，随着实证科学的发展，深入研究理论思维的任务越来越突出了。要正确把握和整理大量的实际材料，把握和理解研究对象的本质，透过现象揭示事物运动的规律，都要求必须善于处理主观与客观的关系，掌握理论思维的科学观点和方法。研究理论思维的观点、方法问题，是从新的知识体系中提出的客观要求，而这也就是新的知识分工为哲学所规定的基本任务。

这两个方面的要求，属于同一问题的两个不同方面。知识体系的分工在否定适合旧体系的那种哲学理论的同时，也为新哲学规定了适合自己性质的新的任务；实证科学的发展在促使包罗万象的哲学走向瓦解的同时，就为建立科学的哲学理论提供了必要的知识基础。这里体现了人类认识作为一个整体结构的内在规律：一般知识与个别知识只有经过分化才能达到更高形式的统一；哲学理论只有帮助各门科学走向独立、获得科学形态，在这个基础上才能确立自己独立的研究对象，并把自己也变成科学。

在事实上，与知识结构变化的同时，哲学自身的内容已经在变化，为迎接新的任务准备着必需的条件。以德国古典哲学为转折，思维与存在的关系问题日益成为人们思考的中心，哲学理论已在实际上把探讨两者统一规律的问题作为自己的主要任务。只是由于条件不成熟，哲学才陷入重重矛盾之中。一旦条件成熟了，哲学的变革就是势所必然的事。马克思主义哲学就是顺应科学和哲学发展的趋势，依据认识规律的要求，自觉地建立起来的具有科学性质的理论。这样的哲学，在理论性质和研究对象上自然都与旧哲学不同。

3. 关于哲学对象的提法和理解问题

马克思主义哲学对象变革的实质如此，怎样表述变革后的这一对象呢？

在研究这一问题时，我以为应当立足于马克思和恩格斯在确立新哲学的研究对象时对上述的要求是充分自觉的，而不是不自觉的。在他们从研究对象方面为这一新哲学所下的定义中，已经体现了上面所谈到的那些变革的内容。所以，在这一问题上首先应当以他们的论述为基础。

我认为，恩格斯多次讲到，后来为列宁多次引用过的这段话，即"关于自然、人类社会和思维的运动和发展的普遍规律的科学"[1]或"关于外部世界和人类思维的运动的一般规律的科学"[2]，应当看作对马克思主义

---

[1] 《马克思恩格斯选集》第3卷，484页，北京，人民出版社，1995。
[2] 《马克思恩格斯选集》第4卷，243页，北京，人民出版社，1995。

哲学研究对象的基本定义。这一定义显然是不完全的，而且也不能完全排除理解上的歧义，但这是任何"定义"不可免地都会具有的缺点。所以虽然需要其他定义作为补充，也需要对它做出解释和说明，但这并不影响它作为基本定义的地位和性质。恩格斯这一定义原是用来说明辩证法对象的，由于辩证法在马克思主义哲学中也就是认识论和逻辑，从世界观、认识论和方法论统一的观点去看，把辩证法的定义看作马克思主义哲学的基本定义也是合适的。

这里重要的问题是，如何去正确理解定义的实质的问题。恩格斯把自然和人类社会包括在定义之中，似乎是从客观规律的意义上把马克思主义哲学的对象规定为世界的整体，即以整个世界的运动规律去与实证科学的局部规律相区别，现在的许多书就是这样理解和解释的。可是恩格斯自己又反复强调，自然与历史领域已经归入"实证科学中去了"，给哲学留下的只有一个"纯粹思想的领域"[①]。恩格斯还明确地说过，各门实证科学都应该研究它们在关于事物的知识的总联系中的地位，"关于总联系的任何特殊科学"都是多余的。[②] 看来，这不是很矛盾吗？所以，过去我们往往是引用前面的话，对后者就只好弃置不顾，强调后面的思想，又不能不抛弃前面的定义。我自己的思想也曾经历过这样一个反复的过程。

我觉得统一这一矛盾正是打开局面的症结所在。经过思考以后我认为，这两种说法不但不互相抵牾，恰恰是相互规定、相互补充的。只有把两者统一起来，从前者去理解后者，从后者去理解前者，才能把握住马克思主义哲学在研究对象上与旧哲学的真正区别、与实证科学的本质区别。

按照认识发展规律，在近代知识体系分工中，哲学的任务是为各门实证科学提供理论思维的观点和方法，而不是为人们提供关于自然和社会的现成知识。据此而言，哲学当然应该属于理论思维的科学，而非实证性质的科学，这就是科学为哲学留下的"纯粹思想的领域"的含义，这是哲学

[①] 《马克思恩格斯选集》第4卷，257页，北京，人民出版社，1995。

[②] 参见《马克思恩格斯选集》第3卷，364页，北京，人民出版社，1995。

与一切实证科学的区别所在。理论思维的观点和方法应当取自何处？很明显，它不能来自哲学自身的思辨。如果这种思维观点和方法是科学的，它就只能取之于理论思维的内容。而理论思维的内容就是自然和社会（包括思维活动自身），即各门实证科学所研究的对象。只有与思维内容相结合的思维范畴，与外部世界运动规律相一致的思维规律，才能指导人们按照客观世界的本来面貌去认识客观世界，即成为科学的思维观点和方法。这种与外部世界相一致的思维规律，也就是支配自然、社会和思维运动的普遍的规律，这一方面又表现了哲学与实证科学的统一联系。哲学只有从总结各门科学认识的成果中才能认识这样的普遍规律，只有来自科学才能对科学起到哲学的指导作用。正是哲学与科学的这种联系，表现了马克思主义哲学与旧哲学的根本区别。旧哲学研究思维规律，或者把它变成脱离了客观内容的纯粹形式（如康德），或者仅仅从思维中引申出来然后强加于自然和社会（如黑格尔），都未能正确地解决外部世界的运动规律和思维运动的规律的统一性问题，因而使哲学陷入非科学的纯思辨理论。马克思主义哲学揭示出外部世界运动和思维运动的普遍规律，从此才把理论思维奠立在客观规律的基础上，为人们提供了进行理论思维的科学的观点和方法。

我们必须从普遍规律去理解理论思维科学，同样地，也必须从理论思维科学去理解普遍规律，这样去理解或不这样去理解，所认识的"普遍规律"有很大不同。离开了理论思维科学这一前提，哲学在性质上同实证科学无异，它们的区别就变成不过是所研究的规律的普遍性大一点和小一点而已。从实证的观点去理解哲学的普遍规律，所谓自然、社会和思维的运动的普遍规律，只能是世界整体的运动规律，哲学研究这样的规律，当然也就意味着要从汇总科学成果中为整个世界建立一个统一体系，为世界的运动、发展勾画出完整的图景。这样一来，马克思主义的哲学同包罗万象的旧哲学也就没有什么根本区别了。从理论思维科学的观点去理解则不同，理论思维解决的不是有关世界整体的知识性问题。而是如何去正确认识世界的观点和方法问题，即如何对待和处理主观世界和客观世界的关系问题。从这一观点去理解，所谓自然、社会和思维的运动的普遍规律，就不仅仅是比科学规律普遍性更大的规律，主要是指思维与自然、社会共同遵循的那种规律，主观世界与客观世界相统一的规律，使我们的认识与外部世界达到一致的规律，也就是思维反映存在的运动的规律。

进一步分析，什么是普遍适用于所有一切领域、一切对象的规律？究其实质，它不过是关于规律的规律，这种规律所揭示的只能是一切科学规律的普遍内容和实质，这种规律的意义也只在于为一切科学认识提供把握其规律的观点和方法。从这一意义说，最普遍的规律也就是思维（思维的形式和内容相统一的）规律。反过来说，思维规律也一定是最普遍的规律。因为只有适用于一切领域、一切对象，即适用于思维的一切内容的那种规律，对人的思维活动才具有普遍有效性。从这一意义可以说，唯有思维规律，才是真正意义的最普遍的规律。我们这样的理解，就从对象和性质上不仅把哲学与实证科学区别开来，也把马克思主义哲学与旧哲学区别开来了。

对普遍规律必须这样去理解，这不是我们望文生义和主观的引申。恩格斯自己就是这样说明和解释的。

恩格斯关于普遍规律有两种提法，一是相对于自然、社会和思维的关系而言的，一是相对于外部世界和人类思维的关系而言的（引文见前）。这两种分项法的本质内容是一样的。但有了前一种提法，在另外地方又使用了后一种提法，我认为这不是纯粹偶然的。在两种提法中，后一种提法以哲学基本问题为核心内容，更能体现哲学理论的本质，只有从后者去理解前者，才能把握普遍规律的真正本质。在这一意义上可以说，后者是对前者本质的补充说明。后来在列宁的著作中，对恩格斯的两种提法虽然都引用过，但他自己则比较多地使用二分法，如"世界和思维的运动的一般规律"[①]。三分法也有其特殊意义，因为自然运动与社会运动也有重大差

---

① 《列宁全集》第38卷，186页，北京，人民出版社，1959。

别，以致在历史上的很长一段时间，人们能够承认自然规律，却不承认社会运动同样有规律。标出社会运动，突出三个领域的运动规律在根本性质上的一致性，在特定场合是很必要的。但从理论思维的角度进一步去探究，人们为什么不能把自然和社会看作统一的呢？这不是因为别的，主要还是因为社会运动牵连到人的活动，而人的活动又同意识、思维的作用分不开。归根到底，矛盾还是集中在意识与存在两者的关系问题上。

恩格斯在阐明辩证法规律的实质时，就明确讲到了这一点。他说："我们的主观的思维和客观的世界服从于同样的规律，因而两者在自己的结果中不能互相矛盾，而必须彼此一致，这个事实绝对地统治着我们的整个理论思维。它是我们的理论思维的不自觉的和无条件的前提。"[①]按照恩格斯的说明，很清楚，辩证法理论揭示普遍规律的目的和意义，就是为了使人们能够自觉地依据这一规律，实现和保证理论思维的这一前提。

哲学作为社会意识的一种特殊形式和知识体系中的一个特殊部门，它涉及的范围很广泛，包括的内容也很复杂。为了全面把握它的内容，应当区分出不同的层次。按照通常的理解，哲学史属于哲学学科，美学、逻辑学、伦理学等也属于哲学学科。在各门具体科学中还包括许多具有哲学性质的问题，这些也包括在哲学之中。此外，在认识发展过程中总要不断生长出一些新兴的学科，其中不能归属于任何已有学科而又暂时不能独立的学科，往往也附属在哲学之中。我认为不把哲学的范围理解得很死，是很必要的。这正表明哲学是一个开放的体系，它与其他各种意识形态和各个知识部门都具有密切联系，它们在内容上相互渗透、相互转化，并在相互促进中不断发展。上面所讲的对象，只是指哲学中最高层次的基础理论部分的研究对象。哲学基础理论的性质，规定着整个哲学学科的性质。我们明确了基础理论的对象，才能了解其他分支学科是在什么意义上被包括在哲学学科之中的，在什么意义上又应当把它们看作独立的学科。关于这一问题，这里不再多说。

---

① 《马克思恩格斯全集》第20卷，610页，北京，人民出版社，1973。

4. 对几种看法的一点想法

依据上述认识,我认为在目前讨论中关于哲学对象的各种不同看法,都各有所见,都含有某种合理的思想,这是我们把讨论推向深入、通过讨论在一些问题上达到一致认识的一个很好的基础。但也毋庸讳言,分歧还是很大的,只有展开深入的讨论,消除分歧,才能走向统一。本着这样的精神,拟就其中几种看法谈一点个人的想法。

说哲学转向思想领域,不再以整个世界为研究对象,这种看法从科学分化和知识结构变化的观点来说,是完全对的。我们为了突出马克思主义哲学在研究对象上的变革,必须强调指出这一点。但在作这样的理解时,不能从不再以整个世界为对象得出哲学已不研究存在规律的结论。我们不能把"思想领域"仅仅理解为思想形式领域。哲学始终是在内容与形式的统一中去研究思想范畴的;不以存在规律为基础,也无法掌握能够使我们的认识与客观世界取得一致的那种思维规律。

以整个世界为对象和以客观世界为对象这两种提法并不相同。"整个世界"是与世界的局部领域相对而言的,"客观世界"是与主观世界相对而言的。整个世界是人类全部认识在无限发展过程中的认识对象,对它只能逐步去达到。旧哲学曾经奢望达到这一点,这使它们陷入了主观虚构的认识。马克思主义哲学对旧哲学的否定,就包括否定它们这种不切实际的幻想,从而根本改变问题的提法。至于说哲学不是直接研究客观世界,而是通过实证科学提供的材料间接地研究客观世界,这当然是很对的。但这只是研究方式上的区别。事实上,哲学研究思维的规律,也不是通过观察、实验的方法去直接研究思维活动的,而只是从总结科学获得其成果的认识经验,即从总结认识史中去认识的。这样去理解,也并不意味哲学重复地以实证科学的对象为对象。哲学是从与思维规律的关系中去研究存在规律,从与主观世界的关系去研究客观世界的,它与科学的研究角度不同、研究方法不同,在对象上也就不完全相同。

认为哲学基本问题就是哲学对象的看法,也有一定的合理性。这种看法抓住主观与客观两个方面的关系，突出了哲学的核心内容，在论证哲学与实证科学的区别和联系方面，是很有说服力的。但思维与存在的关系问题既然叫作哲学的基本问题，以它来代替哲学研究的对象那就显然不合适了，这两个问题的关系极其密切。然而作为哲学的基本问题，就意味着它只是哲学内容中的核心内容，本身具有不完全性，不能以它代替全部对象。此外，这种看法也不能表明哲学对象的历史性和马克思主义哲学对象的特殊性。思维与存在的矛盾是古往今来一切哲学都要加以解决的基本矛盾，如果认为这就是马克思主义哲学的研究对象，那么这种哲学与先前的哲学在对象上就不存在什么重大的差别，也就无须去谈论马克思主义哲学对象的变革问题了。

那么，能否说马克思主义哲学的对象是整个世界的普遍本质和普遍规律呢？我觉得这个提法同前面所引恩格斯的定义是不相同的。恩格斯所讲的普遍规律是相对自然、社会和思维三个分项说的，很明显，它的着重点在三个分项的相互关系上，而非指三者合成的整体。自然、社会和思维三者合起来，虽然看来它已包括了世上所有现象，但它与整个世界这一概念并不相同。前者是以人为主体，对人的活动所涉及的几个主要领域的分类，究其实质来说，表现的是人类活动中的基本矛盾关系。人生活在社会中，自然是人类社会生存的基本条件，人是以思维为工具去认识人所生活的环境，并在思维指导下从事改造自然和社会的实践活动的。人要顺利地实现人的活动，就必须认识构成人的活动的这些基本要素或方面的关系，这就是自然、社会和思维三项分类的根据和来源。所以，把自然、社会和思维三项交换成整个世界，是不妥当的。在我看来，通常所讲的"思维和存在这对范畴概括了整个世界的两类最基本的现象，因而它们之间的关系体现着整个世界的一般本质"，这个说法也不妥当。思维与存在是以人类活动为基点所做的分类，它们之间的关系表现的是人类活动（具体地说，主要是认识活动）的基本矛盾关系。如果从"整个世界"着眼，作为它的"两类最基本的现象"的，绝不会是思维和存在，体现"世界的一般本质"的也绝不会是思维与存在之间的关系。道理很简单，因为对于整个世界来说，思维的产生和存在犹如昙花之一现。我们可以设想没有思维的世界，却不能设想失去了构成其本质的一个方面的因素还能存在的那种世界。我认为，这里的问题主要在于，把人类对世界的认识问题变成了纯粹本体论的问题，这就不能不陷入一系列的矛盾之中。而这也正是旧哲学曾经陷入的那种矛盾。

至于对整个世界我们能不能认识这一问题，恩格斯的观点和态度是很明确的。他说："世界表现为一个统一的体系，即一个有联系的整体，这是显而易见的，但是要认识这个体系，必须先认识整个自然界和历史，这种认识人们永远不会达到。"① 这段话可以表明，恩格斯所说的自然、社会和思维绝不可能是在"整个"世界这个意义上讲的。

我认为，我们也不能从人是人类一切活动的主体，得出人或人类历史的发展是哲学的专门对象的结论。哲学是否应以人为专门对象，这一问题的实质是，要确定人是不是人的一切认识中的最高对象，关于人的理论是不是制约着其他一切理论的最高原理。毫无疑问，人的问题是人类认识中的最重要的问题之一。就知识的总体划分，一大类是关于自然的知识，另一大类就是有关人的知识。这点恰恰表明，人是一个极其复杂的对象，需要许多学科去研究人。在有关人的各种原理中，正如有关自然的原理一样，它也区分为不同的层次，包含着不同性质和内容的各种原理。其中的大部分问题，包括人的本质和人类社会的发展等问题在内，只有通过实证的研究方法才能得到具体认识，这些都应属于实证科学的对象而非哲学的对象。要认识人，还有一个怎样去认识人（包括人的本质和人类社会的发展）的问题，这才是在关于人的理论中最高的原理，应当属于哲学研究的内容。而这一原理又不但涉及人这一对象，还涉及自然对象，它在实质上是人文知识与自然知识的总结和概括。所以，笼统地说哲学是关于人或人类社会发展的理论是不符合近代知识的分类的。

---

① 《马克思恩格斯全集》第20卷，662~663页，北京，人民出版社，1973。

在马克思主义哲学产生时，解决人的本质和人类社会发展的问题确实是哲学中最重要的并具有关键性的一个问题。所以马克思在一个时期曾经集中精力专门研究了人类的历史发展问题，由此创立了唯物史观理论。创立唯物史观，这是马克思对人类思想做出的最伟大的贡献之一。没有唯物史观，也就不会有马克思主义哲学。但这并不意味着唯物史观揭示出人类社会发展的规律，从此就把哲学变成了仅仅是关于人类社会发展的理论。从科学意义说，创立唯物史观，正如列宁所指出的，它主要是属于社会科学中的天才思想[1]。恩格斯把发现人类历史发展的规律，同达尔文发现有机界发展规律相提并论，认为它们具有同样巨大的意义[2]，这也不是偶然的。至于从哲学方面说，唯物史观的创立使哲学成为科学理论，主要是由于它把唯物主义贯彻到社会生活和社会历史领域中，从此才找到了科学地解答哲学基本问题的现实基础，有可能使唯物主义成为奠立在自然和社会科学理论基础上的完备彻底的理论，所以马克思和恩格斯并未把他们的哲学活动仅仅限于研究人类社会的问题上。他们完成了唯物史观理论的创造以后，就以此为基础，进一步具体研究了更为广泛的领域中的问题，包括自然观的问题、认识论和辩证法的一般性问题，等等。所以，我认为唯物史观在马克思主义哲学中占据非常重要的地位，不看到这一点就不能理解马克思主义哲学的本质和意义；但由此把马克思主义哲学归结为唯物史观理论或认为主要就是唯物史观理论，也是不符合马克思主义哲学创立过程的历史的。

---

[1] 参见《列宁全集》第1卷，122页，北京，人民出版社，1955。

[2] 参见《马克思恩格斯全集》第19卷，372页，北京，人民出版社，1963。

三、辩证法理论溯本

（一）论恢复辩证法思想权威[①]

思想解放，就其本质来说，就是要摆脱使主观脱离客观、认识脱离实际的那一切人为的限制和枷锁，做到彻底地从客观实际出发，按照客观规律去认识问题和处理问题。马克思主义哲学特别是它的辩证法理论，揭示了事物发展的普遍规律，是指导我们深入实际、发现真理的唯一的科学观点和科学方法。我们越解放思想，就越需要辩证法的指导，越会感到掌握这一实事求是方法的迫切性。

我国的历史证明，革命和建设事业的发展，同我们的广大干部和群众的马克思列宁主义、毛泽东思想的理论水平和思想水平的不断提高是紧密联系着的。今天要把我国建设成为现代化的社会主义强国，创造性地解决实现四个现代化过程中遇到的各种新问题，我们的辩证法水平非有一个大的提高不可。因此，有必要广泛地开展对辩证法问题的研究、学习和宣传，进一步恢复和发扬马克思主义辩证法的思想权威。

在这里，就总体而论，我认为有三个关系问题应当首先弄清楚。这就是：辩证法同形而上学的关系问题，主观辩证法同客观辩证法的关系问题，自发辩证法同自觉辩证法的关系问题。

1．辩证法是对发展的全面观点

辩证法和形而上学的根本区别何在？它们处于怎样一种关系中？

我们通常讲，辩证法是一种发展观点，这种说法在一定意义上是对的。辩证法和形而上学的分野就发生在发展的问题上。形而上学作为反辩证法观，归根结底是歪曲、否定了事物的发展，所以也可以说它就是一种反发展观。

[①] 本文是"文化大革命"后为从理论思想上总结历史经验和教训而写的，载于《社会科学战线》1980年第1期。

但从另一方面看，形而上学同样是关于发展的观点，而且有时也可以公开承认发展。在这一意义上，这种讲法又显现出了局限性。

古代形而上学却直截了当地否认了事物的发展，不但不承认事物从一种质态向另一种质态的转变，连空间位移这种简单的运动也矢口否认，这说明古代的形而上学是十分简单、粗鄙的理论。流行于17世纪和18世纪的形而上学则不同，它不否认物体在空间的机械运动，只是不承认事物会有性质上的根本变化。到了20世纪初，以庸俗进化论形式出现的形而上学又进了一步，不但承认机械运动，也承认事物的进化、发展，而且它还特别以进化观点为标榜。在现代，形而上学有着多种形式，流行的辩证法的时髦名词，如飞跃、否定、斗争等，几乎没有什么是不可以为它们采用的。

适应条件，形而上学的形式不断变更，但有一点却是不会变的，就是它们从不能认真地运用全面的观点亦即对立统一的观点去理解运动和发展，而总是用某种片面的观点去说明事物的发展过程。所以列宁在总结辩证法同形而上学的对立时，便称它们为两种不同的"发展（进化）观点"，这两种发展观点的对立就在于："认为发展是减少和增加，是重复；以及认为发展是对立面的统一（统一物之分为两个互相排斥的对立面以及它们之间的互相关联）。"①

事物不断发展的事实，从经验和直观是容易认识到的。但要理解并从思想上确认这一事实，却必须具有全面性的即对立统一的观点才能办得到。发展是一个事物走向与它自身相反的事物的变化过程，这两个事物是一种矛盾关系。如果它们之间没有对立，那么事物就是没有什么根本性的变化，因而也就谈不上发展；如果它们之间只有对立没有同一性，它就不会是由一个事物变化而来的，同样谈不上发展。辩证法的对立统一观点就是一种全面性的观点，它从同一性中发现了其中包含的对立，从互相对立的事物中发现了贯穿于内部的统一联系，把一切事物和过程都看作既对立又统一的，这样就正确地反映出了事物的发展过程。因此，列宁总是称辩

---

① 《列宁全集》第38卷，408页，北京，人民出版社，1959。

证法为"最完整深刻而无片面性弊病的关于发展的学说"①。

相反地,如果运用片面的观点,把事物变化过程的复杂联系割裂开来,使它变成孤立的存在,那么,矛盾不见了,事物的运动也变成不可理解的了。古代的形而上学连简单位移这样的运动都不承认,并不是因为他们没有看到运动的事实,主要就是因为他们不承认矛盾是真实存在的,由于不能理解这是矛盾所造成的。他们的思维方法是这样的:要说有运动存在,就得承认矛盾,而矛盾是不可理解的,所以运动也不可能是真实的。后来的庸俗进化论,尽管在口头上表示同意发展原则,由于它否认对立面的转化,排除了矛盾,结果还是否认了发展,它们的同意只是一种窒息真理并使真理庸俗化的同意。形而上学就是一种片面的、死板的、枯竭的发展观。

全面性是由一个一个的"片面"因素结合而成的,辩证法和形而上学之间也并没有一条不可逾越的鸿沟横隔着。辩证法和形而上学在观点上是互相对立的,在内容上又是互相贯通、互相渗透、互相包含着的。形而上学的内容,作为因素包括在辩证法里,辩证法的内容,分别来看也没有不能为形而上学所采用的。例如,运动、静止,量变、质变,对立、统一,平衡、不平衡,相对、绝对,等等。形而上学之为形而上学,只在于它割断了这些对立着的概念之间的联系,把它们孤立起来使之变成了绝对化的东西。例如,脱离运动讲静止、脱离对立讲统一、脱离相对讲绝对,或者反过来,离开静止去了解运动,离开统一去了解对立、离开绝对去了解相对等。同样地,辩证法与形而上学的对立,也只是表现在对待这些互相对立着的概念的关系上的观点不同,这就是始终坚持从它们的对立统一联系中去理解它们,例如,从运动中去了解静止,从对立中去了解统一,从相对的事物中去了解绝对性,或者反过来也是一样。

由于辩证法和形而上学在内容上是互相渗透、互相贯通着的,它们之间就也可以发生转化的联系。在一定的条件下,形而上学可以转化为辩证

---
① 《列宁全集》第19卷,2页,北京,人民出版社,1959。

法，辩证法也可以转化为形而上学。如果我们把对立着的方面放到统一联系中去了解，那就可以消除形而上学给予它的片面性，使它走向辩证法；反过来，如果我们把对立面之间的统一联系加以割断，使它们变成孤立、僵死的存在，也同样可以使全面性的观点片面化，把辩证法变成形而上学。

辩证法和形而上学的关系既然就像西方一句俗语所说的那样，"从伟大到可笑只有一步之差"，如果我们这样做，也会通过我们之手把辩证法转化为形而上学。他们讲"斗争哲学"，我们是否一定要讲"同一哲学"呢？显然不能，我们还是要坚持对立统一的哲学。他们讲"反作用"决定的时代，我们是否连反作用在一定条件下对一定方面的决定性意义也不应承认了呢？当然也不能。我们还是要按照辩证法去坚持作用与反作用的对立统一关系，应当具体分析他们的错误。要克服的是他们在思想方法上的片面性，而不是被他们讲过了头的那些问题本身。

就方法论而言，真理绝不能存在于极端里面，不论属于哪个方面的极端，当然它也不可能是两个极端的中项，真理只能是对立面统一的认识。在强调一个什么问题、纠正某种错误倾向时，必须坚持辩证法的对立统一观点，避免陷入否定其他的另一极端，或走向相反的另一错误倾向。我们自觉地按照辩证法去对待问题，这一点应该是可以逐步做到的。

2．辩证法是实事求是的认识方法

辩证法是干什么用的，应当怎样去运用这种方法？

从现象看，辩证法可以和唯物论结合，也可以和唯心论结合，历史上既有唯物论的辩证法，也有唯心论的辩证法，似乎可以为任何目的服务。但从辩证法这种方法的本质说，它只是一种实事求是的方法。辩证法同唯物论相结合，这是它们固有的本质联系的自然实现。屈从于主观需要，同唯心论相结合，是对辩证法的歪曲的运用，虽然这种理论在历史发展的一定条件下也是不可避免的。

认识活动的目的，是为了使主观思想同客观实际达到一致，达到了这种一致，才能发挥出人的能动性，使行动得到成功。所以，实事求是、从客观实际出发、主观符合于客观，就成为唯物论哲学的基本要求，但要达到这一点，却并不是一个像说起来那样轻松、简单的问题。客观事物既然有着多方面的联系，而且处于永恒变化的过程中，那就有一个怎样去认识事物才能达到思想和实际状况相一致的问题。从事物的哪种情况出发，才算是从实际出发呢？眼睛看到的情况还是思想到的情况，本原的状态还是变化后的状态？这里就有了不同的认识观点和认识方法的区别。古代辩证法，就是作为引导人们透过事物外表去深入了解事物内部关系的直观经验的初步总结而产生出来的认识方法，因而和唯物论、科学天然地结合在一起。赫拉克利特就把他的辩证法——关于"逻各斯"的认识，称作"智慧"，以区别于那种违背客观事实的所谓暧昧的知识。

事物的辩证法是支配事物发展过程的内部本质联系，而我们却只能通过概念的辩证联系去揭示事物的内部关系、反映事物的运动过程。从这一意义说，客观的辩证法必须转化为主观辩证法的形态，才能成为进一步认识事物的工具和方法。我们运用辩证法去认识事物和处理工作，也就是使主观辩证法再次向客观的辩证法的转化过程。

主观辩证法和客观辩证法在内容上是一致的。恩格斯说，所谓主观辩证法，即辩证的思维，"不过是自然界中到处盛行的对立中的运动的反映而已"[①]，但这两种辩证法在表现形式上却是很不同的。思维反映对象只能依照它固有的逻辑规律、通过概念的形式来进行。这种反映具有下面的特点。第一，事物是具体的多样性的，概念作为大量事物的缩写则略去了它的丰富的内容。思维反映对象也只能利用这样的简约化的形式，否则，它就不能把事物的本质同事物的现象区别开来，从大量偶然性的联系中揭示出它的内在规律。但由此也就决定了思维的粗糙化、简单化的特点，在运用它去认识事物时必须通过对事物个性的具体分析，以生动的血肉去补充它、丰富它。第二，事物是非常生动的，永远处于流动变化过程之中，而思维则必须先把事物的联系和过程加以割断，形成一个个孤立的概念，然

[①] 《马克思恩格斯全集》第20卷，553页，北京，人民出版社，1973。

后再通过对立概念转化成联系的形式，才能反映出事物的相互联系和运动过程。思维对事物的这种反映形式，在总体上和趋向上同事物的运动过程是相适应的，而在局部，就概念的隔离性、凝固性、僵化性和概念之间转化联系的灵活性来说，却又和事物的性质很不相同。

思维在概念上运动的这种特点，就使得我们在把客观辩证法转化为思维辩证法，或反过来把主观辩证法转化为客观辩证法时，不仅必须遵守一定的条件，而且可能会出现两种不同的结果，即：使它们更加接近，或者使它们脱离开来，甚至把它们的关系完全颠倒过来。哲学方法论上的不同观点，正是以此为认识根源的。坚持在客观基础上主观辩证法与客观辩证法的统一的观点，就是唯物辩证法；把主观辩证法和客观辩证法的关系颠倒过来，就形成了唯心辩证法；停止于思维隔离性阶段，把概念的凝固性特点绝对化，就是形而上学；不顾辩证运动的客观过程，主观随意地运用概念的灵活性，就变成了诡辩论。

由此可以了解，辩证法按其本性来说虽然只是实事求是的方法，如果运用得不当，也可以使它转化成为主观主义的方法。列宁就曾指出过，在历史上辩证法不止一次地成了通向诡辩论的桥梁。黑格尔把充满了主观虚构的唯心论的思辨方法强加给自然和社会，也是属于对辩证法的歪曲的运用。

运用辩证法的观点去认识问题、处理问题，既然是一种使主观辩证法转化为客观辩证法的活动，那就必须严格遵照主观辩证法与客观辩证法固有的联系去进行。主观辩证法是一种工具，我们借助它的指导深入事物内部的联系，揭示事物的客观的辩证法才是我们的目的。这样，首先就要有一个科学的态度。只能使主观辩证法去适应客观辩证法，绝不能强迫客观辩证法去适应主观辩证法。就这一意义说，辩证法这个武器只有肯实事求是、追求真理的人才能够掌握并运用得好，那种有哗众取宠之心而无实事求是之意的人是不可能掌握也不可能运用得好的。其次观念形态的辩证法仅仅是客观辩证法的概括的反映，一般只能大致地包括个别，不能完全包括个别。任何一个运用辩证法去认识事物的活动，哪怕很简单的活动，都是一种具有创造性的科学活动。我们认识的结论，只能从对事物的具体分析中得出来，绝不能从主观辩证法的概念中现成地拿来。从这一意义说，辩证法理论仅仅是一种对事物进行具体分析的方法，它并没有给我们提供关于任何一个事物的具体结论，因此我们也就不能把它当作现成的公式去到处套用，这是运用辩证法的一个基本原则。列宁说："马克思主义的真髓和活的灵魂：对具体情况的具体分析。"①后来毛泽东同志把这一点又进一步发挥为关于事物矛盾问题的"精髓"的理论，明确指出不懂得共性个性、绝对相对的道理，不按照它们的辩证关系去运用对立统一观点，就等于抛弃了辩证法。②

3．马克思主义辩证法是自觉的和科学的思维方法

什么是自觉的和科学的辩证法，怎样去对待自发的辩证法理论？

辩证法的规律是普遍存在的，只要人们能够面对现实，又善于动脑思考，就能对辩证法有所认识。在历史上，不论中国外国，东方西方，在人类进入文明发展阶段以后，逐渐地都产生了辩证法理论。这样从经验直接产生的理论，叫作自发辩证法。自发辩证法是辩证法史上初期阶段的认识，属于辩证法理论的原始形态。

自发的辩证法只有进一步提高到自觉的阶段，才能逐渐形成科学的辩证法理论。在自发辩证法和自觉辩证法之间，横亘着一个形而上学的统治阶段。自觉的辩证法是在克服了形而上学思维方法以后，适应科学发展趋势而建立起来的理论。黑格尔的唯心辩证法是从自发认识进入自觉发展阶段的初期的理论形态。黑格尔关于概念的内部矛盾以及概念之间流转变化的联系的研究，对于克服形而上学片面的思维方法，自觉地运用辩证法的概念，做出了重大的历史贡献。但是，他颠倒了思维辩证法和客观辩证法的关系，使辩证法具有了神秘性质。他的辩证法还不是科学认识的工具。只有在科学发展的基础上，从总结人类认识史的优秀成果和同形形色色形

---

① 《列宁全集》第31卷，144页，北京，人民出版社，1958。

② 参见《毛泽东选集》第1卷，320页，北京，人民出版社，1991。

而上学的斗争中产生的马克思主义哲学，才使辩证法具备了自觉的科学形态，为人类认识世界和改造世界提供了一个科学工具和革命武器。

自发辩证法和自觉辩证法在对世界总体的观点上是一致的。黑格尔曾说过："没有一个赫拉克利特的命题，我没有纳入我的逻辑学中。"①但它们又是在性质上根本不同的两种辩证法理论。

自发辩证法仅仅是对自然现象笼统直观的结果，属于直接经验的简单总结；自觉辩证法则是科学思想的结晶，哲学和科学长期发展的产物。自发辩证法是尚未掌握事物本质的辩证关系，也未同形而上学思维方法彻底分化的理论；而自觉辩证法则是深入了事物本质自身的辩证关系，自觉地同形而上学划清了界线，并且把经验的认识提升到了概念的系统理论。直观的理论只能用于直观的认识。依据自发辩证法人们可以对事物的运动过程有一个轮廓的了解，却不能深入对象内部，具体了解事物本质的辩证关系，所以在转向对事物进行分析的认识时，免不了仍要陷入片面的形而上学；只有自觉的辩证法理论才能指导人们去深入认识事物内部的本质关系，同时又可以避免陷入形而上学的片面性。

自发辩证法提高到自觉的辩证法是历史发展和认识发展的必然趋势，不实现这一飞跃，就不能彻底克服形而上学，辩证法也不能成为科学认识的工具。

当然，进入自觉的科学辩证法以后，那些自发的辩证法认识也并不完全失去它的意义。人类在长期实践中积累的经验总结，往往成为接受和理解科学辩证法理论的思想基础，和把辩证法原理运用于客观实际的经验的中介环节。但是也必须看到，自发的辩证法原理虽然包含着丰富的辩证法因素，而且语言简练、形象生动易于掌握，但它终究是不科学的。只有把它提高到科学的辩证法理论，用科学的观点去理解它、掌握它，才能正确地发挥它的作用。如果反过来，不是用科学观点去理解自发的思想，而是把科学理论降低到素朴认识，那就也会走向片面性，甚至引向形而上学。

---

① ［德］黑格尔：《哲学史讲演录》第1卷，295页，北京，商务印书馆，1959。

毛泽东同志曾经提出，"辩证法应该从哲学家的圈子走到广大人民群众中间去"。这是推动哲学解放、普及哲学理论的一个伟大的战略思想。为了使广大群众理解并掌握唯物辩证法这一科学武器，毛泽东同志在通俗地阐明它的各项基本原理时，经常运用我国历史上从自发辩证法基础上形成的、已为广大群众所熟知的那些通俗生动的格言和成语，如"一分为二""两点论""相反相成""物极必反""两条腿走路""不是冤家不聚头"以及"矫枉必须过正"等。通过这些形象生动的语言，使那些一向被认为艰深抽象的哲学道理变得深入浅出、通俗易懂了。今天我们的中学生都晓得对事物要做一分为二的分析。毛泽东同志在推动使哲学成为广大群众手中的尖锐武器的哲学解放中做出了伟大的贡献。

自发辩证法作为辩证法的理论，基本上达到了对立面统一的认识。对于事物，它超过通常意识，能够不仅看到正面情况，而且注意到了隐蔽着的相反的倾向或因素，这是它优越于形而上学观念，能够给人的思想以重大启发的地方。但是，自发辩证法作为自发性的理论，它的认识仅仅是依据有限的经验，从局部现象上描述了对立统一的某些表现。它没有抓住事物对立统一的本质，因而也就不可能反映出对立统一的全面关系。列宁在谈到辩证法关于存在与非存在同一即对立统一的原理时，向我们明确地指出："希腊哲学家们接近这种思想，但他们没有掌握这种思想，没有掌握辩证法。"[①]列宁这里说的希腊哲学家，包括亚里士多德，也包括赫拉克利特这样的自发辩证法思想家。说他们"没有掌握辩证法"，显然是指他们并未达到对对立统一原理的自觉的科学认识。朴素辩证法的思想，只是片断地反映出了事物的对立统一联系。就其一点、一段或一个侧面而且限于现象表现来说，他们的思想是辩证法的，可以具有重要的指导意义；如果把这一点、一段或一个侧面上的正确认识加以夸大，当作关于对立面统一联系的基本原理，那就会陷于片面性，走向事情的反面。拿"一分为二"来说，这个命题是古代人从直观的经验总结中提出的，它反映出了自

---

① 《列宁全集》第38卷，416页，北京，人民出版社，1959。

然和社会辩证发展过程中的一种普遍现象，即事物都是相反相成的，所以在发展中统一物能够分化，而且必然分裂为互相对立的两个方面。这个命题否定了僵死统一的形而上学观念，是辩证法的。但这个命题也只限于这个侧面的关系，它并未反映出对立面之间辩证联系的全部内容，也未包括向对立面转化的多种情形。有分必有合，有对立必有同一，有一分为二必有合二为一。从这一意义说，这个命题是不完全的，如果把它同其他命题绝对对立起来，它还可以变成片面的。素朴认识之为素朴认识，就在于它没有从本质上反映出事物的全面关系。我们不能要求素朴辩证法的一个命题包括辩证法对立统一的全部内容。同样地，我们也不应当用朴素辩证法的命题去取代马克思主义辩证法的科学概念或科学原理。我们认为，朴素观念就是素朴观念，可以把它提高为科学理论，但绝不能用它（无论一分为二、合二而一或一分为二与合二而一相加）去取代科学理论。"矫枉必须过正，不过正不能矫枉"这个命题的局限性更要明显了。对于矫正某些事情的偏狂来说，例如，扳直弯曲了的铁条，或破坏根深蒂固的旧社会制度的群众革命斗争，它无疑是适用的。在这些场合，超过应有的限度、采取某种过激的行动，是允许的，不可避免的，有时也是必要的。但对于另一些事情来说，例如，矫正人民内部出现的偏差，调整不适当的路线、方针和政策，它就不完全适用了。在这些场合，不但不需要过火行动，往往必须力戒过火行动。特别是在指导思想上，这里差之毫厘，下面就会谬之千里，绝对不允许把"过正"作为"矫枉"的普遍的方法论。林彪和"四人帮"曾经就是打着"矫枉必须过正"的旗号，把对敌斗争的办法搬到党内来，在同志之间制造残酷打击、无情斗争，在群众组织内部煽动内战、大搞打砸抢，颠倒了敌我，混淆了阵线，破坏了历史传统，为他们篡党夺权制造了有利条件。

我们祖国有着丰富的哲学历史遗产，我们的广大干部和广大群众在长期实践中积累了丰富的斗争经验，这些都是我们宝贵的思想财富，必须很好地加以总结和利用。但是必须在马克思主义哲学的指导下去提高它们，使它们上升到科学理论，只有这样，才能既充分地发挥它们的作用，又能用以丰富马克思主义哲学的内容。这是对待历史上和现实中自发辩证法认识的科学态度。

（二）论辩证法就是认识论[①]

1. 辩证法就是认识论的含义

继马克思和恩格斯之后，列宁在进一步研究、探讨辩证法学说的实质时，提出了许多对于推进唯物辩证法理论的发展具有重大贡献的论断和思想。"辩证法也就是（黑格尔和）马克思主义的认识论"[②]，就属于这类著名论断中的一个。

对于列宁这个论断，通常都是从认识论必须包括辩证法的方面去理解的，这当然是对的。必须把辩证法运用于反映的过程和发展，必须从辩证法去理解认识学说的内容和实质是毫无疑问的，旧唯物论的根本缺陷就表现在这里。由于不能把辩证法应用于反映论，致使它们的理论变得极端片面。列宁这一论断具体指明了马克思主义的认识理论与形而上学唯物论的认识学说的根本区别。

但这只能看作列宁这一论断的一个方面的含义。我认为，这个论断还具有另一个方面的含义。是否承认必须把辩证法运用于反映的过程和发展，这不仅关系着对认识学说的理解，会影响认识论的性质，也关系着对辩证法学说的理解，要影响辩证法理论的性质。像上面所说的那样仅仅从认识学说方面去理解这句话，还不能算全面地把握了列宁这一论断的内容。

事实上，列宁在《谈谈辩证法问题》一文中说这句话时，针对的也并不仅仅是旧唯物论的认识学说，它还针对着当时流行于马克思主义者中间的被歪曲了的辩证法理论。在这篇短文的一开头，列宁就批评了普列汉诺

[①] 这篇文章是针对教科书沿着普列汉诺夫的道路把辩证法变成"本体论"的观点而写的。原文载于《社会科学战线》1983年第2期。《新华文摘》1983年第8期全文转载。

[②] 《列宁全集》第38卷，410页，北京，人民出版社，1959。

夫一些人把辩证法的对立面的同一仅仅"当作实例的总和……而不是被当作认识的规律（以及客观世界的规律）"的错误。在辩证法就是认识论这句话的后半句，列宁又再次指出，"正是问题的这一'方面'（这不是问题的一个'方面'，而是问题的本质）普列汉诺夫没有注意到，至于其他的马克思主义者就更不用说了"①。只是在这之后，列宁才讲到形而上学的唯物论不能把辩证法应用于反映论的缺陷。这就可见，不懂得辩证法是认识论的，不只有形而上学的唯物论者，还有以辩证法家自居的包括普列汉诺夫在内的马克思主义者。列宁提出这一论断，应该说矛头同时针对两者，而首先是针对那些所谓辩证论者的。

就这一论断的一般含义来说，所谓辩证法是认识论，就是强调要把辩证法与认识论统一起来。这里也应当包含两个方面的意义：一方面，应当从辩证法去理解认识论的内容；另一方面，也必须从认识论去理解辩证法的性质。只有在两者的统一中，辩证法和认识论才能够都成为科学的理论。

如果进一步去分析它们的内容，那么我们还会看到，这两个方面不仅不能分割开来去理解，而且简直可以说就是一个问题。所谓辩证法是认识论，这就是说，辩证法也是以解决认识论的基本问题即思维与存在的统一为任务的。辩证法不但应当揭示出自然和历史运动的客观规律，更为重要的，还必须把这种规律运用于人类的思维活动和认识的发展过程，以便解决客观世界的运动在概念的运动中的反映的问题。只有这样的辩证法，才能够是彻底的辩证法。而像这样以解决思维反映存在的问题为内容的贯彻到底的辩证法，当然同时也就是认识论。认识论要把思维与存在统一起来，也脱离不开这样的理论，必须以辩证法为自己的内容。这样，在解决哲学的基本问题的理论中，彻底的辩证法与彻底的认识论便汇合起来，成为一个东西了。

在我看来，这就是列宁所说的辩证法就是认识论这一论断的基本含义。

按照列宁的论断，思维与存在的关系作为哲学的基本问题，它既是认

---

① 《列宁全集》第38卷，407~411页，北京，人民出版社，1959。

识论的根本问题，也是辩证法的根本问题。哲学基本问题并不是仅仅依靠唯物论的认识论就能完全解决的，如果不懂得思维在怎样的形式中才能反映出客观世界的运动，即不掌握思维运动与存在运动的统一的规律，是不可能把思维与存在彻底统一起来的。同一问题的反面当然也就是说，辩证法与认识论一样，也应当以解决思维与存在的统一问题为宗旨。旧唯物论所以是片面的，就因为它缺乏辩证法，不懂得运用辩证法去解决思维与存在的统一问题。这样的理论尽管在认识原则上是正确的，这种缺乏内容的原则不过只是一个空洞的论断，并不能成为科学认识的方法。普列汉诺夫自诩为马克思主义的辩证论者，关于辩证法写过近千页的东西，同样也不懂得把辩证法运用于人类思维的运动。正如列宁所指出的，他在近千页论述辩证法的著作中，关于"作为哲学科学的辩证法本身"，即黑格尔分析辩证思维的大逻辑及其思想，却"一字不提"。[1]普列汉诺夫使辩证法退回到了黑格尔以前的状态，同时也就把马克思主义的认识论降低到直观唯物论的水平。

列宁提出辩证法是认识论，就是要求必须从哲学基本问题的高度去认识辩证法的性质。自觉的辩证法，必须把辩证法的发展原则与唯物论的统一原则结合起来，运用发展观点去解决思维与存在的统一问题。在《哲学笔记》中，列宁就是这样提出问题的："如果一切都发展着，那末这点是否也同思维的最一般的概念和范畴有关？如果无关，那就是说，思维和存在不相联系。如果有关，那就是说，存在着具有客观意义的概念的辩证法和认识的辩证法。"按照列宁的提法，这里可以归结为两个原则，一是发展原则，二是统一原则。这两个原则是紧密结合不可分开的。统一原则只有在发展原则中才能得到贯彻，发展原则也只有贯彻了统一原则才能够是彻底的。所以列宁指出，马克思主义的辩证唯物论哲学"必须把发展的普遍原则和世界、自然界、运动、物质等统一的普遍原则联结、联系、结合

---

[1] 《列宁全集》第38卷，307页，北京，人民出版社，1959。

起来"①。

2. 辩证法——思维反映存在运动的理论

列宁非常赞赏黑格尔讲过的一句话。黑格尔说,"从来造成困难的是思维,因为思维把一个对象的实际上联结在一起的各个环节彼此分隔开来考察"②。列宁认为这句话说得很对。

列宁赞赏这句话,因为它道出了问题的症结所在。实际上,所谓辩证的与不辩证的问题,主要是同思维的反映活动联系在一起的。

就外部世界来说,客观辩证法支配着整个自然界,一切事物无例外地都处于运动的过程中,而且只能在运动过程中存在。如果我们承认没有不运动或都处于运动过程中的事物,那就应当说,在自然界,不论事物怎样存在或者处于怎样一种状态,都是合于辩证法的。在这里,没有辩证的与不辩证的区别,只可能有事物在运动过程中的本质与现象、必然趋势与偶然因素等表现形式上的分别。现象与偶然性的存在使得统一的辩证规律在具体表现上出现了差别性和多样性,但它并不改变规律。相反地,它们自身也属于为实现规律所不可缺少的必要因素。

只有当我们运用思维去再现事物的运动过程时,才会出现辩证法与形而上学的区别。因为思维对事物的反映,属于人所特有的能动性的活动。事物只有经过改造即观念化以后,才能够移植到人的头脑中来。事物总是生动的和具体的,而概念则属于干枯的一般性。人们运用概念的形式去表达事物,正如列宁所指出的,"如果不把不间断的东西割断,不使活生生的东西简单化、粗糙化,不加以割碎,不使之僵化,那末我们就不能想象、表达、测量、描述运动。思维对运动的描述,总是粗糙化、僵化"③。人们不能不用概念去反映事物。抽象概念是全面反映事物运动的认识发展中的一个必经阶段。但是,认识在这里如果停止于抽象概念的阶段,把概

---

① 《列宁全集》第38卷,280~281页,北京,人民出版社,1959。
② 《列宁全集》第38卷,285页,北京,人民出版社,1959。
③ 《列宁全集》第38卷,285页,北京,人民出版社,1959。

念具有的隔离性、僵化性绝对化起来，那么，我们的认识就会通过僵化的概念使事物失去运动的性质而脱离现实事物，这就是形而上学。

当然，人的思维也是由辩证的发展规律支配着的。就思维的自然过程来说，不论遇到何种阻力，辩证规律终究会给自己开拓出前进的道路来，在这一点上是与客观辩证法相同的。但由于思维是一种能动的反映活动，它既然可以在反映活动中通过概念把事物变成僵死的存在，从而使认识脱离客观事物，那么，也只有通过它自身同样的能动活动克服形而上学之后，才能使认识回到辩证运动的轨道上来，实现主观与客观的统一。在这一点上，便与客观辩证法不同了，这就是恩格斯指出过的，在自然界中，辩证的规律"是不自觉地、以外部必然性的形式、在无穷无尽的表面的偶然性中实现的"，而人的头脑则可以自觉地应用这些规律，这样，"概念的辩证法本身就变成只是现实世界的辩证运动的自觉的反映"。①

思维是从事物的本质的层级上反映事物的运动的。要透过现象抓住本质，就必须运用概念。认识与实际的不一致，不在于概念具有隔离性和僵化性，问题主要在于人们在思维的抽象中把概念的隔离性和僵化性绝对化了。形而上学对事物的歪曲反映，就是由这种绝对化造成的。因此，克服形而上学，并不是要我们抛弃概念，回到直观的现象中去，而是要求我们必须正确地运用概念，通过符合概念本性的思维运动的特殊形式，去反映现实事物的运动，这就是辩证法必须完成的任务。

概念作为事物本质的抽象的反映形式，它不可能像事物那样在生动具体的现象中以流变的方式去运动。概念既然舍去了现象，并把处于运动过程中的事物隔离开了，那么，要它再现运动，就必须在对立的概念之间建立起联系，从联系引申出转化，通过转化使对立的概念达到同一。概念由于自身的矛盾的本性而与对立的概念发生联系、不断地向对立的概念转化并与对立概念达到同一，这就是概念从本质的层级上对事物运动作抽象反映的特殊运动形式。

---

① 《马克思恩格斯选集》第4卷，243页，北京，人民出版社，1995。

辩证法与形而上学作为两种对立的发展观点，它们的分歧不是发生在事物表现于直观中的运动，而是发生在运用概念的逻辑去表达事物运动的问题上面。就运动的经验事实而言，古代和近代的形而上学都不否认。他们所不能承认的，是事物的本质也处在生灭变化之中，而这点就同他们从思维上不能理解运动有关。古代爱利亚派的芝诺之所以否认运动，是因为在他看来，运动是一种思维无法理解因而完全不能接受的矛盾。至于"感觉的确实性"的运动，他一点也不否认。近代的形而上学大多也是沿着"运动＝矛盾＝荒谬"的公式得出否认运动的结论的。

辩证法发展史表明，单纯依靠经验去描述运动，既不能驳倒形而上学，也不能真正掌握辩证法。古代早期的思想家们试图把运动加以对象化，竭力去寻找人们可以直观到的最富于变化性的事物作为万物的本原。他们始而以水，继之以无限物、空气，而后又以火为这样的本原。他们的思想天然地是辩证法的。赫拉克利特对这些变化的经验事实做了初步归纳。这种总结在古代条件下达到了很高的水平，是思想史上一项重要成就。虽然如此，从思维的高度来说，他们并不真正理解运动。他们不知道如何运用概念的逻辑去表达运动。在思维方法上，他们一方面肯定了变化的经验事实，另一方面却又把这些事物看作不过是本原物的变体或变形，真正存在的只有水或火。这里就表现了思维与经验的矛盾。按照他们的思维方式，如果只有本原物是真实存在的，其余的一切仅仅是它的变形，那么，事物在本质上就是没有发生变化，所谓存在也就只能是一个"一"。爱利亚派的"存在是一"的观点，正是这种思维方式的必然结果。

自发辩证法陷入的困境，说明仅凭经验把辩证运动的观念贯注到思维中去，是"此路不通"的。辩证的思维不能依靠自发性去达到。于是，在近代便出现了寻求辩证法其他途径的尝试，这就是黑格尔所走的道路：从总结人类思想史的成果中去分析概念的矛盾本性，探索辩证思维的规律。

黑格尔突破思维的传统观点，在思想史上第一次建立起了庞大的概念辩证法的理论体系，这才使思维与存在两个系列的运动有可能在自觉的意识中协调起来。对于这两个运动系列的关系,黑格尔完全弄颠倒了。尽管如此,黑格尔在辩证法史上的伟大功绩仍然是不可磨灭的。马克思主义经典作家一致肯定黑格尔是历史上的一位伟大的辩证法家,是十分公正的。

黑格尔在概念之间建立起全面的、生动的联系,使向来被视为僵化的概念活动了起来。正如列宁所分析的,"对通常看起来似乎是僵死的概念,黑格尔作了分析并指出:它们之中有着运动。有限的?就是说,向终极运动着的!某物?就是说,不是他物。一般存在?就是说,是这样的非规定性,以致存在＝非存在。概念的全面的、普遍的灵活性,达到了对立面同一的灵活性,这就是问题的实质所在"①。

概念之间的这种联系并不是人为的、从外面加予的。如果概念之间的联系必须依靠人工去为它们建立起来,那是很容易做到的。但这样的联系并不能表现概念自身的运动。按照黑格尔的观点,变化必须出自概念的本质自身。这样,就必须把联系建立在每一个概念的内部去。在黑格尔看来,每一概念的本质自身,就包含了与它相对立的概念的联系,后者是前者本质规定的一个要素。所以,概念自身本质的展开,就自然地过渡,转化为另一个概念。黑格尔就是运用这种方法描绘出一幅概念流动变化的活生生的图画。

在黑格尔的概念学说中充满神秘的、虚构的内容,但这幅图画作为思想史的总结,却其中体现了事物运动与概念运动相统一的辩证法思想。列宁说,黑格尔研究了"客观世界的运动在概念的运动中的反映"②。黑格尔把辩证法提高到了一个新的发展阶段。我们要掌握辩证法,只能在黑格尔所达到的成果的基础上继续前进,绝对不能丢掉黑格尔已获得的内容。普列汉诺夫等马克思主义者所不懂的正是这一点。普列汉诺夫醉心于从自然界和历史中为辩证法选取实例,不知道应当把辩证规律理解为认识的规律和客观世界的规律(两者统一的规律)。他把辩证法变成单纯经验事实

---

① 《列宁全集》第38卷,112页,北京,人民出版社,1959。
② 《列宁全集》第38卷,190页,北京,人民出版社,1959。

的归纳，使它完全失去了科学思维方法的作用。不懂黑格尔的辩证法，也就是不懂马克思主义的辩证法，就是根本不懂辩证法。辩证法是什么？按照列宁关于辩证法的理论就是认识论的观点，我们可以说，辩证法也就是思维反映对象的运动的理论。这个理论的基本内容，如列宁所说的，就是研究（1）一切概念的毫无例外地相互依赖；（2）一切概念的毫无例外地转化；（3）概念之间对立面的同一。由于概念的流动表现在思维方法上的关键，是在对立的概念中建立联系、转化和同一，所以列宁又说："辩证法是一种学说，它研究对立面怎样才能够同一，是怎样（怎样成为）同一的，在什么条件下它们是同一的、是相互转化的，为什么人的头脑不应该把这些对立面当作僵死的、凝固的东西，而应该当作活生生的、有条件的、活动的、互相转化的东西。"①

3．辩证法——外部世界和人类思维的运动的一般规律的科学

概念的运动，就其形式来说，与外部世界的运动有区别。但在本质内容，即支配它们运动的规律性上，则是完全同一的。我们研究概念运动的特殊形式，正是为了如实地去反映外部世界的实在的运动。研究区别，着眼点在统一。因为概念与实在是处于对立的统一关系中的，我们只有通过一致中的区别，才有可能把握它们的统一性。

前面说过，黑格尔把辩证法推进到一个新的发展阶段，然而他对概念与实在的关系的处理却是完全错误的。他的错误不仅是颠倒了两者的关系，而且由于这种颠倒，既歪曲了实在的性质，也歪曲了概念的性质。在黑格尔看来，物质作为感官事物是彼此外在、缺乏自身统一性的。这样的事物不仅凭借他物才有其存在，它的运动也只能在变灭中不断重复已有的东西。黑格尔认为，唯有概念是某种具体的共相、以矛盾为其本性，所以辩证的运动仅仅属于概念所固有的特性。由于脱离了客观实在的基础，黑格尔所讲的自行分化、自行回复统一的所谓概念的辩证运动，完全变成了神秘的东西。黑格尔的辩证法只能说是为辩证法走向科学提供了一个思想

---

① 《列宁全集》第38卷，111页，北京，人民出版社，1959。

基础，对这种理论必须加以改造，才能使之变成科学的理论，这就是马克思主义哲学所面临的任务。马克思、恩格斯和列宁为了改造黑格尔的辩证法，都做了大量的工作。

所谓改造，就是要把黑格尔的概念辩证法置于外部世界辩证运动的基础上去重新加以理解，同时运用黑格尔所提供的辩证的思维方法揭示出贯穿于自然和历史过程中的同样的辩证规律。这一工作，实质上是一个重新创建辩证法理论具有创造性的科学工作。按照科学的观点，辩证法乃是自然界和人类历史的实在的发展规律，而辩证的思维不过是客观实在的运动规律的自觉的反映而已。从黑格尔的辩证法到马克思主义的辩证法，是哲学发展史上的一个具有革命意义的飞跃。

但是，否定黑格尔哲学绝不意味着要改变辩证法的认识论性质，使辩证法退回到黑格尔以前的那种单纯描述客观事实的经验理论。批判黑格尔是为了在他奠定的基础上更向前进，为了把辩证法的发展原则与唯物论的统一原则彻底地统一起来。这一点，普列汉诺夫那些马克思主义者是完全不懂的。

列宁提出辩证法就是认识论，强调马克思主义与黑格尔辩证法的一致性，就是为了反对普列汉诺夫这些马克思主义者从否定黑格尔走向倒退的片面观点，这句话并不意味列宁否认或不重视马克思主义与黑格尔在辩证法理论上的区别。问题是，普列汉诺夫等人恰恰在应当突出同一的地方制造出区别，因而把马克思主义的辩证法和唯物论降低到与黑格尔以前的理论相同的水平，这是绝对不能允许的。至于马克思主义与黑格尔都认为辩证法是认识论，他们对这种认识论的性质、基础的理解，却是完全对立的。在论到辩证法应当是一种什么样的认识理论时，列宁不仅指出了马克思主义与黑格尔观点的不同，而且尖锐地批判了黑格尔颠倒主客关系，把辩证法变成游离于自然和历史之外的纯思辨理论的根本错误。按照列宁的观点，正是"事物的辩证法创造观念的辩证法，而不是相反"[①]。

[①] 《列宁全集》第38卷，210页，北京，人民出版社，1959。

我们理解列宁关于"辩证法也就是（黑格尔和）马克思主义的认识论"的论断，必须把握两方面的内容，即不仅是思维辩证法与客观辩证法的统一，而且是以客观辩证法为基础的统一。只有这样理解的辩证法，才不仅能够达到黑格尔的水平，而且能够远远超过黑格尔所达到的水平。

按照这样的理解，辩证法必然归结为就是研究一切运动的最普遍的规律的科学。恩格斯就是这样给辩证法下定义的，辩证法即"关于自然、人类社会和思维的运动和发展的普遍规律的科学"[①]。

这里发生一个问题。辩证法是认识论，认识论以认识运动的规律为对象，它与"辩证法是关于自然、社会和思维的运动和发展的普遍规律的科学"的说法是什么关系？两者能够同一起来吗？

在目前的教科书中，把两者看作相互对立的，讲辩证法只引用恩格斯的普遍规律的定义，回避辩证法是认识论的提法，或者仅在讲认识论（狭义）时提到，我认为这样处理它们的关系是不正确的。这两个提法不仅不是互不相容的，而且必须从它们的统一中才能真正把握马克思主义辩证法的性质和内容。

列宁说辩证法是认识论，按照马克思主义的观点，认识论所研究的认识规律本来是以外部世界（自然界和人类社会）的运动规律为基础的，两者不过是统一规律的不同的表现形式。正因为马克思主义揭示出了两者的统一性，它的认识学说才能够成为科学的理论而远远高出于黑格尔。从这方面说，认识论也就是世界观，两者是同一个东西。另外，所谓贯穿一切领域的"普遍规律"，指的就是把思维的运动与外部世界的运动统一起来，使两者达到一致的规律。这种规律也就是思维正确反映存在的规律即认识的规律。事实上，只有贯穿于思维和存在两个运动系列的那种普遍规律，才能够成为认识的规律；同样地，也只有认识的规律，才能够是真正的普遍规律。此外，我们从科学成果中概括出来普遍规律，并不是为了给人们提供什么新的知识，它也不能起这样的作

[①] 《马克思恩格斯全集》第20卷，154页，北京，人民出版社，1973。

用。普遍规律的意义只在于为人们进一步去认识各种具体规律提供一种指导，使原来自发的认识提高为自觉的认识，即尽其认识规律的作用。这两个提法，"认识论"和"普遍规律的科学"，应该看作相互补充的关系，后者指明了前者的内容和对象，前者揭示出了后者的性质和作用。只有从两者的统一中，才能把握马克思主义辩证法作为科学的世界观、认识论和方法论的实质。

恩格斯关于"普遍规律的科学"提法是在19世纪70年代提出来的；列宁关于辩证法是"认识论"的论断写于1915年。列宁在同一时期写的文章中引用过恩格斯的上述定义[①]。这说明列宁不是用"认识论"的提法否定恩格斯，而是要补充恩格斯的定义。这样做的必要性，从普列汉诺夫等人对恩格斯观点的片面理解中，就可以了解到。

作为哲学对象的"普遍规律"的含义，可以从两个方面去理解。一方面，相对于各门具体科学的规律而言，哲学规律是普遍地适用于一切科学领域的，因而叫普遍规律。与此相反，各门科学的规律对于哲学来说就是特殊规律。在这个意义上，哲学研究的普遍规律就意味着最普遍的规律，而普遍也就是最高共性的意思。另一方面，相对于外部世界和思维两个运动系列的关系而言，哲学研究的是支配这两个系列的运动的统一规律，即思维的运动与存在运动共同的遵循的规律。这种规律相对于两个系列的运动来说也是普遍性的，因而叫普遍规律。在这个意义上，普遍规律也就是表现思维与存在关系的统一规律的意思。

这两种理解都是对的。但是，对于哲学来说，第二种含义是基本的。必须把第一方面归结到第二方面，即从第二方面去理解第一方面的含义，才能把握哲学及其研究的普遍规律的实质和特点。如果抛开第二个方面，仅仅限于从各门具体科学的特殊规律的关系去理解，那就有可能曲解哲学，因为各门科学的规律也是有普遍性的，凡是规律都具有普遍性。如果说哲学规律与科学规律仅在普遍性的大小上不同，那么，这里就只有量的

---

① 参见《列宁全集》第21卷，35页，北京，人民出版社，1959。

区别，很难说明哲学与实证科学在理论性质上的不同了。实际的情况是，哲学规律与科学规律的普遍性当然不同，但它们不仅在普遍性的大小上不同，同时还具有质的不同。这个质的不同就在于，哲学是从主客观的关系去研究存在的规律和思维的规律的。哲学的普遍规律，也就是思维的运动与存在的运动相互关系的规律。没有哪一门科学是研究这样的规律的，一旦它提高到主客观的关系上去研究，那就进入哲学领域，变成哲学问题了。

与此相联系的，我们说辩证法理论是思想史的概括（包括对各门科学成果的总结），这句话也应当从上述的意义上去理解。思想史也包括两个方面的内容。一是科学所获得的关于客观规律的知识；还有一方面是，科学在取得客观知识的理论活动中所体现出来的认识规律。所谓思想史的概括，不是仅指对客观规律的知识进行总结。果然如此，那样的哲学理论就不过只是科学知识汇编，而哲学的所谓总结顶多不过起了一个联络官的作用。不仅要去总结科学已获得的成果，还要总结科学获得这些成果的理论活动，从两者的相互关系中发现出如何按照事物的本性去把握对象的认识规律，这才是哲学的任务。思想史上的那些重大科学成果，是这两个方面内容相结合的结晶。哲学就是通过思想史的结晶去总结并认识支配着思维与存在两个系列的运动的普遍规律的。

恩格斯在《自然辩证法》中就是这样解释哲学的"普遍规律"的。在恩格斯看来，辩证法属于思维科学。他说："我们的主观的思维和客观的世界服从于同样的规律，因而两者在自己的结果中不能互相矛盾，而必须彼此一致，这个事实绝对地统治着我们的整个理论思维。它是我们的理论思维的不自觉的和无条件的前提。"[①]按照恩格斯的观点，辩证法所揭示的普遍规律不是别的，而是使思维与存在两者统一起来的规律。在恩格斯给辩证法下的定义中，除了上面引证过的把自然、社会与思维并列起来的三分法的定义外，在更多的场合是采用二分法，即明确地把思维同外部

---

① 《马克思恩格斯全集》第20卷，610页，北京，人民出版社，1973。

世界并列起来去说明普遍规律，如："辩证法……关于外部世界和人类思维的运动的一般规律的科学。"①列宁著作中的提法就划一了。列宁引证恩格斯的，是这里的二分法的定义。列宁自己在说明辩证法时，也总是突出主客观的关系，如说："世界和思维的运动的一般规律""认识的规律（以及客观世界的规律）"。②

三分法的定义也有它的意义。因为自然的运动与人类社会的运动是有区别的，历史上很长一段时间人们只承认自然规律，不承认社会历史有规律，定义中单独列出社会一项，突出三者辩证运动规律的一致，在一定场合是很必要的。但从理论思维的角度分析，人们所以不能把自然与社会两个领域的运动统一起来，不是因为别的，主要是因为社会历史的运动牵连到人的活动，而人的活动又同意识的作用联结在一起，归根到底，矛盾还是集中在意识与存在的关系上。所以，运用二分法突出认识论的根本矛盾，既可以概括自然与社会的关系的实质，又能够鲜明地表现出辩证法理论的本质，相对地比较来说，作为定义是更为合适的。

辩证法思想的历史发展，清楚地表现了认识不断前进的逻辑。对于黑格尔所取得的成果弃之不顾不对，不从黑格尔的成果继续前进也不对。全部问题都集中在一点上，就是必须从认识论的基本问题出发，把主观辩证法与客观辩证法统一起来。

4. 辩证法——最全面最丰富最深刻的发展学说

列宁的辩证法理论是直接继承马克思和恩格斯的思想。马克思和恩格斯奠定的理论基础，就是列宁思想的出发点。他们在基本原则和基本观点上不可能有根本的不同。把列宁思想同马克思和恩格斯的思想对立起来的做法，是不正确的。

但这也不是说，列宁只是重述了马克思和恩格斯的思想。许多思想在马克思和恩格斯的著作中虽然已经有了，把这些未加阐发或尚处于萌芽

---

① 《马克思恩格斯选集》第4卷，243页，北京，人民出版社，1995。
② 《列宁全集》第38卷，186、407页，北京，人民出版社，1959。

状态的思想发挥出来，使之形成明确的科学论断或系统理论，这就是一个重大的发展。更何况列宁在自己的时代的条件下，在回答社会生活提出的新的课题时，进一步以新的内容大大地丰富了这个理论，使马克思主义辩证法不仅具有许多新的特点，还富有了某种新的形式。这样说，并不算夸大。应当充分肯定，列宁对马克思主义辩证法的发展做出了伟大的贡献。

构成列宁具有新特点和新形式的辩证法理论的基础之一，就是"辩证法也就是……认识论"这一科学论断。马克思和恩格斯的辩证法中已经包含这一思想，但未得到充分发挥。列宁不只是把这一思想变成了明确的科学论断，还曾尝试以此为基础去完成辩证法理论体系的创造。《谈谈辩证法问题》短文可以看作这一辩证法理论的纲，"辩证法的要素"则是为这一理论草拟的一个已具雏形的体系要点。可以说，这一论断是列宁科学地总结马克思和恩格斯的辩证法理论，总结黑格尔以及哲学史上全部辩证法理论得出的一个基本结论，又是列宁进一步阐发和发挥辩证法思想的基本出发点。列宁在其他方面提出的那些对于推进辩证法理论具有重大贡献的思想和原理，也是以此为基础的。

马克思主义哲学是完备的唯物论。所谓完备，第一，它把唯物论贯彻到底，使自然和社会在唯物论的基础上统一起来，它是包括社会生活在内的彻底的唯物论哲学；第二，它吸收德国古典哲学的成果，用辩证法即"最完整深刻而无片面性弊病的关于发展的学说"丰富了唯物论，从而不仅在内容上而且在形式上彻底贯彻和实现了思维与存在的统一原则。

马克思和恩格斯奠定了这两个方面的基础，因而成为新哲学的创始人。也应当承认，在当时的历史条件之下，他们的理论活动的重点是放在第一个方面即唯物史观的创建上面，在这一方面，他们提出了成熟的并且相当完备的理论系统。至于第二个方面，在他们形成了唯物辩证法的基本思想之后，便立即把它作为武器用于改造政治经济学、改造历史科学，用分析自然科学以及工人阶级斗争的政策和策略等问题。关于辩证法理论自身的创建工作，他们并没有做完。马克思曾经打算写一本论述辩证法的书，恩格斯也曾为写出这样一部著作做了大量准备工作。可惜的是，更为紧迫的任务使他们终未实现这一夙愿，不得不把这一工作留给马克思主义的继承人去完成。

列宁对辩证法的研究工作，就是马克思和恩格斯未竟事业的继续。

列宁依据辩证法就是认识论这一原则，更全面地探讨了唯物辩证法理论。

第一，列宁进一步研究了主观辩证法与客观辩证法的关系，在彻底贯彻唯物论和辩证法的基础上，使马克思主义关于思维与存在相统一的理论更臻于完备了。列宁不仅强调而且具体贯彻了把发展的普遍原则与统一的普遍原则结合起来的观点。这两个原则的彻底结合，就是马克思主义哲学与一切旧哲学所以不同的根本内容。

如果说马克思和恩格斯在他们的时代特别注意于把发展的原则贯彻于对自然与历史的观点中去，那么，列宁除了这个方面之外，注意力更集中于去研究与存在的运动相适应，应当如何把发展的原则贯彻于人们的思维和认识活动中去的问题，这就是列宁作了进一步发挥的关于认识过程的理论、关于真理的理论、关于辩证思维的内容和形式的理论即逻辑理论等。由于列宁的研究，马克思主义的辩证法和唯物论在理论内容和理论形式这两个方面都深化了，并且进一步体现出了它们的统一。

第二，列宁发挥辩证法是认识论的思想，还在哲学理论的对象、内容和体系等问题上，进一步贯彻了辩证法、认识论、逻辑学三者相统一的原则。

按照列宁的认识，辩证法的规律既然是思维与存在两个系列的运动的普遍规律，那么，它必然同时既是世界观的研究对象，又是认识论、逻辑学的研究对象，辩证法、认识论与逻辑学在理论原则上就应当属于同一门科学。列宁明确地指出，"在'资本论'中，逻辑、辩证法和唯物主义的认识论都应用于同一门科学……"[①]列宁就是依据这个统一的原则去阐述、发挥马克思主义哲学的基本理论的。

[①] 《列宁全集》第38卷，357页，北京，人民出版社，1959。

列宁的这一观点表明,作为一门科学的哲学理论必须是这三者的统一构成的。三者的统一,显然不是指本来是三个东西其间具有某种统一联系,而是说,在哲学的基本理论中三者就是一个东西。这一个东西同时具有三个方面的性质和内容:就理论内容说,是辩证法;就理论形式说,是逻辑;而就其理论的性质说,又是认识论。在基本理论原则中必须如此。马克思主义哲学不能由几个彼此分立和独立的东西拼合而成。当然,统一并不妨碍对它的内容从不同侧面进行专题研究,三者所以必须统一,是由思维与存在必须彻底统一的观点决定的。彻底发挥辩证法和彻底贯彻唯物论的结果,必然要导致在思维内容和思维形式及其关系上的统一的理论。列宁从三者统一的原则对马克思主义哲学的阐发,进一步从理论形态上体现出了马克思主义哲学与旧哲学的根本区别。

第三,依据辩证法就是认识论的原则,列宁进一步阐明了唯物辩证法的实质。

列宁从客观世界的运动在思维运动中的反映这一更全面的观点去研究辩证法,特别强调要抓住辩证法认识表现在两头的性质。列宁指出,辩证法的认识集中起来可以归结于一点,就是对立面的统一。列宁说:"可以把辩证法简要地确定为关于对立面的统一的学说。这样就会抓住辩证法的核心,可是这需要说明和发挥。"又说:"统一物之分为两个部分以及对它的矛盾着的部分的认识……是辩证法的实质(是辩证法的'本质'之一,是它的主要的特点或特征之一,甚至是它的最主要的特点或特征)。"①

在另一方面列宁又强调,把辩证法的认识扩展开来,它的内容又是无限丰富的。列宁多次用类如"最全面、最丰富、最深刻的发展学说"②这样的概念来表达辩证法的本质。

按照列宁的观点,辩证法的内容贯穿在一切方面。客观存在的一切事

---

① 《列宁全集》第38卷,407页,北京,人民出版社,1959。
② 《列宁全集》第21卷,35页,北京,人民出版社,1959。

物都是辩证地运动着的（事物辩证法）；思维对存在的反映活动也是辩证地运动着的（思维辩证法）；从存在上升到思维的认识活动是一个辩证的过程（认识过程辩证法）；把主观辩证法运用于进一步去揭示客观辩证法的活动同样必须辩证地进行（理论应用的辩证法）。这一切领域的无比丰富的辩证法内容都是不可穷尽的，人们只能通过无数的相对真理会逐渐认识它。按照这样的观点，马克思主义辩证法学说就是一个开放的体系；人们对辩证法的认识自身也是在辩证地发展着的。列宁说，"辩证法是活生生的、多方面的（方面的数目永远增加着的）认识，其中包含着无数的各式各样观察现实、接近现实的成分……"①

总结上述我们可以得出结论：明确提出辩证法也就是马克思主义的认识论，这是列宁对马克思主义辩证法理论做出的重大贡献，我们学习马克思主义辩证法，必须包括列宁所发展的这一内容；只有从辩证法是认识论出发，才能把握辩证法的丰富内容，只有这样把握的辩证法，才是马克思主义的辩证法理论。

---

① 《列宁全集》第38卷，411页，北京，人民出版社，1959。

四、矛盾理论探进

(一) 对研究矛盾问题的若干想法[①]

近几年来,人们才有可能对马克思主义哲学基本理论问题和某些重大现实问题展开深入的讨论。在这里,关于矛盾的理论就是讨论得比较多、争论也很热烈的一个问题,这种讨论非常有益。它推动了学术研究,启发人们重新思考了许多问题,也加深和提高了我们的理论认识。通过讨论所取得的重要成果,必须充分肯定。

但毋庸讳言,讨论也暴露出我们对马克思主义辩证法矛盾理论的理解和认识还不够深入,争论的问题并不都是很有意义,分歧的观点也不都是涉及实质问题的。应当承认,我们的研究工作只是刚刚开始,有待今后进一步引向深入。

为了更好地开展讨论,我想就所见到的有关方法方面的几个问题,提出来供思考、研究。所提实属一孔之见,只能作为参考。

1. 矛盾是一个经验性概念,还是反映本质关系层次的概念

长期以来人们对这个问题不大去想,似乎并无很大分别。在我看来,这两种理解的区别很大,作何理解关系也十分重大。过去由于未能很好理解这点,人们往往就把矛盾变成从大量经验实例中归纳出来的普遍原则(而不是如列宁所说的当作认识的规律),把马克思主义辩证法降低到黑格尔以前的经验理论(即自发辩证法)的水平,而不能充分体现作为辩证思维的科学方法的基本精神。人们学了矛盾理论只把它当作结论性的知

---

① 这篇文章是在1984年年底针对近些年来国内在矛盾理论研究中存在的问题,为了推进矛盾理论研究工作深入发展而写的。在这篇文章中主要是提出问题,除必要说明,内容没有展开。原想就提出的问题陆续写一批专题性论文,只完成了一个题目,就为体系问题的研究打断,再无机会转到这个课题上来。期望在今后三年能完成未做完的工作。

原文载于《国内哲学动态》1985年第3期。同年第5期《新华文摘》全文转载。

识、现成的套语去用，也同这种情况有关。

应当看到，矛盾并不是一个直接的经验事实，矛盾概念在认识史上也不是从归纳经验事实中直接形成的。人们直观到的是千差万别的事物及其处于流动变化中的事实，为了理解和说明这一事实，即为了从事物的运动过程中去把握它的本质，从事物的本质去说明它的自身的运动，才产生了矛盾的概念。所以矛盾概念不是用来描述现象关系的，而是在更高层次上属于思维反映事物本质关系的概念。

更进一步说，在理性思维范围内，矛盾概念也不能仅靠从运动事实的直接推论产生出来，它只能从总结和概括认识史中产生出来。因为，理解就在于运用概念的形式来表达，而概念按其自然本性说，都具有隔离性和凝固性的特点。矛盾概念作为事物本质关系的反映形式，它不能不关系到反映事物本质关系的那些概念。只有具备了能够打破一切概念的凝固性、隔离性的条件，才能形成表达事物本质关系一般性质的矛盾概念。而真正的矛盾概念，不仅反映着一切事物的本性，也必然表现着一切概念的本性。所以，矛盾概念的形成同时就意味着思维方式的改变，这样形成的矛盾概念的主要意义也就在于，通过掌握这一概念人们就可以建立一种辩证的思维方式。

如果这样去认识问题，那就必须说：只有把矛盾理解为反映本质关系的概念，我们才是真正理解和掌握了自觉辩证法的科学理论，才能摆脱自发的经验辩证法理论的局限性，我们所运用的矛盾概念才能具有世界观、认识论和方法论的意义。

2. 矛盾是一个实体概念，还是一个关系概念

这两种理解也有重大分别。矛盾就是对立面之间既对立又统一的关系。对立面只能依附某种载体而存在，矛盾当然也就必然是实体中的关系或实体间的关系。但实体内部或两个实体之间可以包含多种多样的关系（包括多种矛盾关系）；作为矛盾关系的对立面只能在相互规定中存在，失去一方另一方即不存在，而实体之间则具有相互独立的特点。这样，我

们又不能把矛盾同实体混同起来。

但在矛盾概念的应用中，人们却往往把它与实体混同起来，即把矛盾实体化或经验化。由于这种混同，就使得有关矛盾的许多重要原理变成不可理解的了。例如，矛盾的解决是否必然包含对立面的克服，即一方消灭另一方？矛盾的转化是否必然是各向自己的对方变化，直至达到对立面的同一？为什么不能有由永远并存的两个对立面组成的矛盾？如此等等。人们举出像工业与农业、领导与群众这类"矛盾"来证明，在这里任何一方也不会消失，它们是永远共存的，因此矛盾的解决就不是必然同克服对立面相联系。确是如此，矛盾的解决并不一定同实体的消失、消灭相联系。因为构成矛盾关系的对立面同两个相异的事物并不完全是一回事。但矛盾的解决则必须同对立面的克服相联系，否则，矛盾就变成僵死的东西，不会成为事物运动的源泉了。

上面所举的例子，实际上只说到两个实体，并未分析出它所包含的具体的矛盾关系。从矛盾关系出发，绝不会得出否认对立面相互克服的结论。实体未消失不等于矛盾未更新，这正像生产力与生产关系一样，只要人类社会存在，就不能缺少任何一个方面；但谁也不会否认，这里的矛盾关系在不断更新。正是在对立面的不断克服，即旧的不断消失新的不断产生之中，才推动了人类社会的不断发展。

3．矛盾与关系是否一回事，能否说现实中的任何一种关系都是矛盾

矛盾属关系范畴。如果把这一论断引向极端，认为从现实中举出任何一种关系都可以称作矛盾。比如说，"相反相成"这种关系是矛盾，"相辅相成"这种关系也是矛盾；对立面的关系可以称为矛盾，非对立面的关系，比如两个相异事物或并立事物的关系，也可以称为矛盾——在我看来，就很不妥当了。

我认为，矛盾是在规律层次上反映本质关系的概念，这种本质关系必须是对立统一的关系。矛盾是关系的本质，但本质与现象并不是直接同一的，它在现象领域的个别表现，却是可以主要表现为对立关系或主要表现

为统一关系的，所以又不能把矛盾同关系看成等同的，"相辅相成"就主要是属于统一这一面的关系。如果把这类关系也称作矛盾，那就不存在矛盾关系与非矛盾关系的区别，在理解矛盾问题上无论怎样去看都可以是辩证法。这样就很难理解，世上还怎样有形而上学呢？

难道矛盾不是无所不在的，"差异"不就是矛盾吗？矛盾确是无所不在的，"差异就是矛盾"这一论断也是对的。但不能忘记，辩证法的普遍命题并不是无条件的（即不是抽象的真理）。这个条件就表现在毛泽东所引用的列宁讲过的一句话中："就本来的意义讲，辩证法是研究对象的本质自身中的矛盾"。一切事物的本质都是矛盾，事物本质中的差异也就是矛盾。既然没有不具有本质的事物，也没有不包含差异的本质，这就充分说明了矛盾是无所不在并且贯彻始终的，丝毫没有损伤矛盾的普遍性。相反地，只有这样（从本质关系）去理解矛盾，辩证法才不致变成"套语"，而成为从本质关系去分析经验事物的具体分析的科学方法。

4. 构成事物本质的矛盾关系是一种静态的存在，还是一种动态的存在

这个问题看起来答案是很明显的。矛盾既然是事物运动的动力和源泉，那么，它自身就应当是更加富于生动性、变化性的。如果矛盾自身不是动态存在，由此怎么能说明事物的运动和变化呢？实际上，人们在对矛盾关系的分析和对矛盾关系概念的理解中，却往往把它看成一种仅属静态的存在。

我认为，在关于"同一性"概念的讨论中，就有这种情况。毛泽东同志曾把同一性规定为相互依存（统一体）和相互转化两种情形（状态）。这里不谈对同一性概念应作何规定的问题，只想指出一点，即毛泽东同志把相互转化看作矛盾关系存在的一种重要状态单独列出来，是符合列宁、马克思和黑格尔的思想，合于辩证法的。然而经过讨论的结果，在一些书中讲对立面的同一添加上了"直接同一"，却取消了转化，比较好的情况是只保留一个转化的趋向与可能。据说，因为"转化是依存的否定、统一的破裂，属于矛盾变动性的范畴"，所以不应当用来说明对立面的同一。

这样的理解，它不是把对立面同一的关系看成死的存在了吗？

关于同一性的相对性和斗争性的绝对性的讨论也表现了这种情况。由于未从动态去理解矛盾关系，只从静态把同一性与斗争性看作矛盾具有的两个本质属性，因而就很难理解上述原理的意义，认为要说绝对两者都是绝对的，要说相对两者也都有相对性，甚至认为把绝对性与相对性概念引进矛盾关系足以造成思想混乱，无甚意义等。

5．能否因为需要提高对同一性的地位和作用的认识，就必须把它看作与斗争性同等的矛盾运动的动力

过去一个时期我们对对立面统一的地位和作用认识不足。这种情况应当纠正，但是否一定要让同一性与斗争性平起平坐，才算提高了它的地位？例如说：同一性与斗争性一样，也是推动矛盾运动的动力；或者认为有些矛盾主要靠斗争推动，有些矛盾则主要是靠同一性推动的？这个问题关系到如何认识矛盾的"动力"，如何认识同一性与斗争性的不同内容和性质，值得我们去进行深入的思考和研究。

6．能否由于矛盾解决的方式和结局具有多样形式，就否认矛盾的解决必须包括相互克服、新旧交替和内容更新

过去一个时期关于解决矛盾方式的认识过于简单化，通常只强调一方吃掉另一方、打倒另一方，不承认对立面可以融合，也不承认"调和"在调解矛盾关系中的作用，这种片面性需要纠正。现在的讲法比较全面了，指出解决矛盾的形式多种多样，解决的结局也可以各不相同。但能否由此就认为，矛盾双方克服是解决，双方融合是解决，双方并存也是解决？这样岂不走向了另一个极端，双方不论处于怎样一种状态都可以叫作解决，果然如此的话，那还有什么解决与未解决的区分？我觉得这也是值得思考的一个问题。

解决，就意味着旧的矛盾终结，让位于新的矛盾，这里必须包含否定、克服、更新、交替。与此相联系的，矛盾内容有更新，也就必然能够区分出新的与旧的两个方面。至于如何判断新旧，那是需要从发展过程中去做具体分析的。但能否因为不易判断，就否认在矛盾内容和对立面前划分新旧的必要性呢？我认为显然不应当如此。

7．矛盾的特殊性是矛盾普遍本质的表现，还是矛盾普遍本质的否定

对于研究矛盾特殊性的意义，大家都很清楚，这里毋庸多说。社会主义社会出现很多与阶级社会不同的矛盾，有待我们去进行研究和掌握。这里问题是，在这种研究中怎样处理矛盾特殊性与矛盾普遍性的关系呢？我们能不能脱离开矛盾的本质关系，在矛盾本质关系之外去寻找现实矛盾的特殊性呢？如果我们寻到的新型矛盾竟然不具有"对立性"或不包含"斗争性"，即属于非对立统一的关系，马克思主义辩证法关于对立统一的基本原理岂不就失去了普遍真理的性质，人类认识史上引进对立统一观念以及为此而进行的反形而上学斗争岂不变成一场误会了吗？

划分矛盾类型是一件具有意大重义，但又十分困难的工作。我的意思不是认为区分矛盾不同类型不可能或不必要，主要是想说明，在划分矛盾类型中必须坚持矛盾理论的基本原理，处理好矛盾普遍性与矛盾特殊性的关系，不能从是否包含对立，同一性斗争性何为主要动力，对立面能否长期并存等因素中去分类。

8．怎样才能把握矛盾，必须靠具体分析，还是也可以依靠抽象推论

我们从矛盾是无所不在的这一普遍原理就可以断言，一切事物都包含矛盾。但这能否看作把握了现实事物中的矛盾呢？显然不能。我们都知道马克思主义的一条原理，就是要具体地分析具体的事物。认识矛盾也如此，只有具体分析才能把握具体矛盾。马克思主义关于矛盾的原理就属于具体分析现实矛盾的方法，而不是用作演绎推论现实矛盾的前提，但这必须把矛盾理解为反映本质关系而非描述经验事实的概念，才能够做到这一点。如果把矛盾原理看作实例总和，即使我们在思想上承认进行具体分析的必要性，用起来仍然免不了当作套语和抽象推论的前提。

我觉得抽象地谈论现实矛盾的情况是大量存在的。例如，在讨论中所讲的工业与农业、重工业与轻工业、政治与经济、红与专、自由与纪律

等所谓矛盾关系，往往并没有通过具体分析真正抓住其间的矛盾关系，只是按照惯例由于它们是两个相异事物，而且其间又存在关系，便指证为矛盾。人们所以从它们之间具有的相互促进，相互推动的关系得出了一种不具有对立性的新型矛盾关系的认识，也是从抽象推论引申出来的。如果我们认真地去具体分析它们的矛盾关系，我想得出的结论一定是另一样的，所以我觉得怎样才能把握矛盾这个问题也是值得深思的一个问题。

9. 能否因敌对者歪曲地利用过某一原理，我们就必须放弃原来的理论

20世纪70年代，一些人采用把真理夸大一步使之变成谬误的办法，歪曲地利用过辩证法的许多命题。例如，"发展是对立面的斗争""对立面的斗争是绝对的"就是典型一例。他们把这一原理接过去，搞出一个"斗争哲学"，完全抹杀对立统一的意义，给我们的国家、党和广大群众带来了深重灾难。

对于这种"斗争哲学"必须彻底批判、彻底清除。但我们不能因为清算"斗争哲学"，连同原来是正确的原理也一同批掉了。发展是对立面的斗争，在与同一性的关系中斗争性是绝对的这些原理并没有错，仍然必须坚持。我们如果因被敌人玷污过就放弃这些原理，还怎么能成为辩证法者呢？他们强调斗争贬低统一，我们就突出统一减弱斗争；他们讲当今属于"反作用决定的时代"，我们就要说反作用在何种情况下也不能起决定作用；如此等等。"对着干"是走极端，不是辩证法。从一个极端跳向另一个极端，会使我们自己也陷入片面性之中。我觉得我们在对待一些理论问题的态度中，或多或少地受到过痛恨情感的影响，这种情感是可贵的，但不能从情感出发来处理理论问题，而必须以科学态度来处理。

10. 在实践上运用矛盾理论犯过错误，这一理论是否必然是错误的或有缺点的

理论和实践的关系十分复杂。在通常情况下，实践失败了，证明指导这一实践活动的理论就是错误的。但这里还可能存在一个理论与实践结合得如何的问题。从理论向实践转化需经一系列中介环节，在这里出了毛

病，也可能导致实践失败。此外还可能存在实践中完全违背了理论因而导致错误的情况，所以不能因某人实践上的错误，便怀疑他所倡导的理论也一定有问题。在这一问题上，同样必须采取科学分析的态度。

我觉得我们对待毛泽东同志的《矛盾论》就应采取这样的态度。我不认为《矛盾论》中的话句句是真理，或者其中的内容、论述一点缺点和错误也没有。但我认为它的基本内容、基本原理和基本思想是直接继承列宁《哲学笔记》中的思想而来；而列宁的《哲学笔记》又继承并发挥了马克思、黑格尔的基本观点，即从总结认识史而来。我们绝不能因为毛泽东同志在实践上有过错误，便否定《矛盾论》或降低这本著作在理论上的意义，轻率地抛弃其中的基本原理，我认为我们采取这种态度，对于我们研究辩证法理论是非常必要的。

（二）论对立面的同一与转化[①]

近来围绕对立统一规律展开的讨论，反映出对矛盾概念特别是同一性概念的理解很不相同。有人主张，同一性概念不应当包括转化，或者最多只能包括转化的趋向与可能，转化本身不能算是同一性；有人主张应当在同一性概念中增添"相同点"或"直接同一"的内容；也有的认为，"同一性"就是指对立面的相互依存和直接同一；如此等等，见解不一。

按照过去的理解，对立面的统一、同一或同一性，指的是具有相互排斥倾向的对立方面之间的相互一致、相互渗透、相互贯通、相互联结和相互同一等关系。把这些内容概括起来，可以基本归结为两种情形：一是矛

[①] 这篇论文写于1980年。从1979—1980年国内学术界掀起讨论辩证法问题的热潮，《矛盾论》中各项基本原理遭到质疑或批评，几乎无一幸免。1980年年底在北京由中国辩证唯物主义研究会发起召开了全国辩证法讨论会。会上更把辩证法问题的争论推向高潮，各种意见针锋而对、侃侃而辩，可以说相当热烈。会上我有两次发言，当时属于少数派——"保守派"，显得颇为孤立，但我并不感到气馁。这篇文章就是根据发言整理而成，收入这次会议编辑的论文集《唯物辩证法讨论集》，广西人民出版社于1982年8月出版。

盾双方相互依存共处于统一体中；二是矛盾双方各向其相反方面的转化。现在讨论中提出的问题，从总体上看可以归结为四个字：一减一增，就是要从原来的同一性概念中去掉相互转化，代之以对立方面的直接同一。在我看来，这就是目前对同一性概念发生争论的焦点。

能不能从同一性中去掉转化？在转化之外加上直接同一合适不合适？这个问题很值得讨论。这不仅关系到对矛盾概念的理解，我认为在一定意义上也关系着能否在矛盾理论上彻底贯彻辩证法的观点的问题，所以有必要讨论清楚。

我认为，不能把对立面的相互转化从同一性概念中拿出去代之以直接同一，这不仅是指转化的趋势与可能，而且就指转化本身。下面，就从"直接同一"和"相互转化"的关系谈起。

1. 转化以外不会有"直接同一"

互相对立的方面有某种共同点，这是没有疑问的。世界中的一切现象都是处于运动中的物质的现象，连任何两个哪怕是看来很无关的现象都能找得出某种共同之点，更何况构成矛盾关系的对立面之间，列宁和毛泽东都肯定了这一点，他们所讲的"一致性"应当就是这个意思。过去一些人讲矛盾关系只讲异不讲异中有同，这不符合辩证法，今天提出"相同点"的问题来纠正这种片面性，我认为是有必要也有意义的。

不仅如此，我认为，互相矛盾着的对立方面不只是包含着某些相同之点，还可以达到"直接同一"，也就是说，在一定的条件下互相对立的东西又可以成为同一的，以致可以把它们等同起来。我们讲辩证法也必须包括这个内容，否则，就是还未讲到底。就这一意义来说，一些同志提出"直接同一"这一概念，也是有意义的。

但是，对立着的方面怎样能够达到"直接同一"呢？在这一点上，就开始分歧了。我认为，对立面是在转化的联系中达到直接同一的，而且只有在转化中才可能有直接同一。例如，坏事与好事，真理与谬误，它们在一方面是对立的，坏事不同于好事，真理不同于谬误，并且两者是正相反对的；但在另一方面，又可以说坏事就是好事，真理就是谬误。这怎么可能呢？这只是指，在一定的条件之下，坏事可以转化为好事，真理可以转化为谬误，在转化中对立面达到了直接的同一。辩证法所讲的存在就是非存在、生就是死，都是在这个意义上说的。

提出"直接同一"概念的同志也承认，这里讲的同一不是形而上学的抽象的同一，而是包含着差别与对立的同一，本来是对立的东西怎么又可以是同一的？如果这里只是指对立的东西中包含着某种相同点而言，那就只是相互渗透或相互贯通的意思，而不是说的"直接同一"，在这种情况下，"同一"就还没有引申到底；如果要把对立面的同一引申到"直接同一"，简直可以说这个就是那个，那就只有从相互转化中才能加以理解和说明。而这样一来，所谓"直接同一"也不过就是说的"相互转化"，只是改换了一个名词而已。所以我认为，从同一性概念中去掉相互转化，换上直接同一，或在转化之外另列一项直接同一，都是不必要而且不合适的。这样的改换，不能增加新的认识内容，反而会使本来明确的概念变成与形而上学不易划清界限的模糊的和不确切的概念。

2."联系也就是转化"

什么是转化？转化这个概念具有十分广泛的含义。就事物来说，它可以指从旧事物向新事物的转变，即通常所说的质变、飞跃。我们现在论的是对立面之间的关系。就对立面的关系来说，它指的是这样的一种性质，即处于对立关系中的每一个方面既是它自身又是自身的他物，所以在一定的条件之下，它便否定自己取得对方的规定性。这就是通常所说"走向反面"的意思。用一句话说，所谓转化，也就是对立面达到了同一，或达到了"直接同一"。例如，个别与一般本是对立的，我们应该说"个别不是一般"。但在命题中，却又必须说"个别是一般"。这就是列宁所指出的，"任何个别（不论怎样）都是一般"，"任何个别经过千万次的转化而与另一类的个别（事物、现象、过程）相联系"[①]的意思。再如生和

---

① 《列宁全集》第38卷，409页，北京，人民出版社，1959。

死是对立的,在生命过程中它们又不断地取得对方的规定性,以致可以说"生就是死,死就是生",这就是对立面的相互转化。

从这个意义说,转化所表现的正是对立面之间的联系,而且是更为深刻和生动的联系。列宁在谈到联系和转化的关系时讲过这样一句话:"联系也就是转化。"[①]这句话当然不是说,联系和转化这两个概念毫无区别。联系的概念显然要比转化概念的内容广泛得多,我理解列宁这里的意思主要在于要区别开辩证法与形而上学对"联系"的不同观点,列宁强调,我们理解联系这个概念在内容上必须包括转化,而且只有把联系引申到转化上去理解,才能把外在的联系了解为内在的交互关系,才能把向来视为僵死的联系变成活生生的联系,因而也才能从形而上学进入真正辩证法的认识。辩证法观点的本质就在于,它对一切概念的了解,都要能够从中引申出发展来,转化表现的联系正是这种生动的富于变化性的联系。

那么什么是"同一性",它是否也必须包括转化?由于目前的争论发生在这个概念本身,这里先不说这个概念应当包括什么或不应当包括什么内容,我们需要首先弄清楚问题的思想实质。有一点应当是没有争议的,这就是:同一性概念来自对立面的统一关系或同一关系,同一性的本质就在对立面的"同一"上面。现在就来看看,从辩证法观点应当怎样去了解"同一"。

矛盾或对立统一的概念是从运动过程去认识事物及其本质而产生的一个概念。当我们把事物的本质放到运动过程中去加以理解时,这个概念就是认识的必然结论。我们只有承认事物的本质自身是包含着差别和对立的,这些对立着的方面又具有统一或同一的联系,才能打破凝固的"自身同一"和僵死的"相互对立",把事物理解为生动的、可变化的。所以从思维方法上说,辩证法的本质就是要把同一理解为对立的,把对立理解为同一的,要在同一中去求对立,在对立中去求同一,掌握这一点是很难的。形而上学者习惯于"非此即彼"的思维方式,他们就做不到这一

[①] 《列宁全集》第38卷,192页,北京,人民出版社,1959。

点。我们以从对立去认识同一为例。按照形而上学的观点，对立就是对立不是同一，同一只是同一也不是对立。要它承认对立着的东西同时又互相联结、互相依存、不可分开已属相当困难。而在我们看来，仅仅承认这一点，还不足以彻底打破僵死的对立。相互对立的东西不仅不可分割地联系着，还可以成为"同一"的即变得相互等同，这对形而上学的思维就更难想象了，无论如何不会承认的。然而在对立面之间只有达到这种"同一"的理解，矛盾关系才能够是活的、生动的、可变化的而不是凝固的、死板的，辩证法的认识才算是彻底的而不是半途而废的。这种认识不要说形而上学家，连古代亚里士多德这样的辩证法思想家也难于理解。他就不懂得怎么可以说事物存在同时又不存在（例如，一个人同时又可以是一艘船）？正是为此，列宁才说他经常在兜圈子，并没有真正理解对立面的同一。

这里可以看作表现着辩证法认识的不同层级。列宁在论到黑格尔的辩证法思想时说过这样一段话："……从一定观点看来，在一定条件之下，普遍是个别，个别是普遍。不仅是（1）一切概念和判断的联系、不可分割的联系，而且是（2）一个东西向另一个东西的转化，并且不仅是转化，而且是（3）对立面的同一……"[①]列宁的话清楚地表明，仅仅承认对立面的不可分割的联系，还只是辩证法认识的第一个层级；必须继续前进，承认对立面的相互转化，才能达到辩证法认识的更高层级；而且在列宁看来，只有承认了相互转化，从转化才能真正达到"对立面的同一"的认识。这里用公式来表示就是：

联系→转化→对立面的同一

列宁所以批评亚里士多德未掌握对立面的同一思想，就是由于他不懂得从相互转化去理解对立面之间的同一关系，因而辩证法思想贯彻不到底。

由此应当得出什么结论呢？我以为不论对"同一性"做何种理解，必须把对立面的统一关系引申到转化、在对立面的同一关系里必须包括相互

---

① 《列宁全集》第38卷，188页，北京，人民出版社，1959。

转化，这点是十分清楚的。甚至可以说，这正是在对立面的同一问题上辩证法与形而上学的一个重要分水岭，也是进入彻底辩证法认识的一个重要关口。讲对立面的同一如果只讲到相互依存的联系，未讲到相互转化的联系，那就是还未走到底，不啻半途而废，算不上彻底的辩证法。

3. 同一性必须包括相互转化

据我所看到的材料，确定"同一性"概念的内容并明确地把它归结为包括矛盾双方共处于统一体中和在一定条件下各向反面转化两种含义的，首先是毛泽东同志的《矛盾论》。在这之前，没有这样明确地分析过。这样，就发生一个问题：《矛盾论》作的这种概括，是对唯物辩证法理论的发挥，还是一种曲解？这是值得我们深入研究的问题。

在我看来，虽然以前的辩证法著作没有明确地规定同一性概念的两种含义，但这个思想是早已有之的。在哲学史上，凡是可以称作辩证论者的伟大思想家，都讲到过这两个思想。

古代伟大的辩证法家赫拉克利特最先从直观认识到，一切事物都是由对立的东西构成的，所以说出了"相反者相成：对立造成和谐"的思想。他还认识到，互相对立的东西又是同一的，他用这样的方式表达了这个认识，说：日和夜"其实是一回事""善和恶是一回事"，甚至说过，"我们存在而又不存在"[①]，这就是从经验上对于对立面相互转化联系的最早概括。毕达格拉斯就不同，他承认对立面的依存，却不懂其间的转化，所以表述的矛盾是凝固的，连黑格尔也承认，他对范畴的理解是非辩证的、属于一种僵死的规定。在古代的条件下，赫拉克利特的思想是异乎寻常的，人们之所以称他为"晦涩的哲学家"，和他的这个思想当有密切关系。当然，赫拉克利特对于事物的稳定性一面注意得很不够，后为克拉底鲁利用，发挥成了诡辩论，这个历史教训也应当记取。

黑格尔作为近代唯心辩证法的大师，他要从精神的自我发展中引申出世界的一切，于是把矛盾规定为精神的本性。黑格尔致力于突破概念的凝

[①] 《古希腊罗马哲学》，19~27页，北京，生活·读书·新知三联书店，1957。

固性，特别发挥了这个思想：互相对立的概念不仅离不开对方，只有在对方中才有自己的规定性，而且始终处在走向自己对立面的运动中，通过转化与对方达到同一。列宁指出："对黑格尔来说，这里主要的也是把转化指出来。"①例如，在黑格尔看来，什么是"一般存在"？就是这样的一种非规定性，以致存在＝非存在；什么是"有限的"？有限是一种按其本性来说"超越自己，否定自己的否定，并成为无限"；如此等等。列宁评价说，在黑格尔的《逻辑学》中，"概念的全面的、普遍的灵活性，达到了对立面同一的灵活性"，列宁认为这就是黑格尔主义的思想实质所在。②

马克思直接继承了黑格尔辩证法思想的合理因素，《资本论》采用的方法就是这种矛盾分析的方法。恩格斯在把辩证法运用于自然科学领域时特别强调，必须打破旧的不变的对立，消除严格的不可逾越的分界线。他指出，"理由和推断、原因和结果、同一和差异、外表和实质这些固定的对立是站不住脚的，由分析表明，一极已经作为胚胎存在于另一极之中，一极到了一定点时就转化为另一极，整个逻辑都只是从前进着的各种对立中发展起来的"，并且认为"这种相互转化把范畴的一切固定性都结束了"。③至于列宁，如我们在前面曾经引证过的，关于对立面转化的思想讲得更加明确。列宁认为，概念的关系就等于转化、等于对立面的同一。他在"辩证法是什么"的标题下，依照下列次序列举了三个要点："……一切概念的毫无例外的相互依赖……一切概念的毫无例外的转化……概念之间对立面的同一。"④这可以看作列宁关于对立面的"同一性"概念的具体说明。正是根据这样的理解，列宁才做出了"联系也就是转化"的论断，提出了为大家所经常引用的关于辩证法内容的著名原理："辩证法是一种学说，它研究对立面怎样才能够同一，是怎样（怎样成为）同一的——在什

---

① 《列宁全集》第38卷，188页，北京，人民出版社，1959。
② 《列宁全集》第38卷，112页，北京，人民出版社，1959。
③ 《马克思恩格斯全集》第20卷，545~546页，北京，人民出版社，1973。
④ 《列宁全集》第38卷，210页，北京，人民出版社，1959。

么条件下它们是同一的、是相互转化的,——为什么人的头脑不应该把这些对立面当作僵死的、凝固的东西,而应该当作活生生的、有条件的、活动的、互相转化的东西。"①

这就很清楚了,《矛盾论》对同一性内容的概括,指出它包括相互依存和相互转化两种基本含义,完全符合人类认识史上辩证法家们的思想。它特别标出要把对立面的相互转化包括在同一性中,正是抓住了辩证法思想的精华。相反地,在这样一本论述辩证法对立统一思想的著作里如果不把转化包括进去、不给予转化以重要地位,那才真正值得我们去批上问号。

我们再进一步探究一下,这种概括是否符合客观事实?

对立面的同一关系有多种表现形式,概括为两种,当然是不完全的。但我认为这和概念"定义"的不完全性具有同样的性质,它对人们的认识仍是有意义的,问题在于分类本身是否科学。

我认为《矛盾论》的概括符合事物本身的性质。第一,它抓住了同一性的两极表现,对认识具有典型意义。相互依存的统一体属于对立面在维持一定对立关系中的联结状态;相互转化则表现着对立面更深一层的联结关系,即上面所说的"直接同一"关系。抓住了这两极,其他的形式也就不在话下,自然都会包括在内。连"直接同一"都承认了,还有什么同一关系承认不了的!相反地,如果只承认相互依存的那种统一性,却并不一定会包括其他的各种形式。第二,这两种形式体现了对立面的具体的、生动的联系的内容和特点。相对区别而言,依存属于静态(不显著的变动状态)中的联系,转化属于动态(显著的变动状态)中的联系。两者统一起来,表明了矛盾在其整个存在期间的不同联结状态,表明了这种联结关系本身就是可变动的、在不同阶段具有不同形式的。

不能说对"同一性"只能作如此概括不可以从另外的角度进行分类,只能如此去认识不可以有新的认识。肯定这种二分法的合理性,并不排除其他认识的可能。任何概念都不是只有一种划分方法,更何况我们的认识

---

① 《列宁全集》第38卷,111页,北京,人民出版社,1959。

还要不断前进、不断发展。辩证法本来就是活生生的、多方面的认识，它永远不会在什么阶段上终止。即就《矛盾论》中对于同一性特别是其中的转化的具体解释来说，也不是没有再加研究、商榷的必要了。但我认为，我们的认识只应当沿着更深刻、更全面、更准确地反映事物的辩证内容的方向前进，而不应该抛弃已有的思想成果，简单地回到早为历史否定了的认识中去。在我看来，从相互转化去理解对立面的同一，就属于辩证法认识的一个重要成果，这个成果没有理由把它丢掉，回到以"直接同一"去替换它。

4．要从运动过程去理解同一性

"转化是对立面相互依存的破裂、相互联系的分离，正好属于同一性的否定，怎么能把它包括在同一性之中呢？"我以为，理解这点很简单。

在相互转化中"破裂"的只是相互依存的统一体，"否定"的只是保持外部对立关系的联系状态，而不是对立面的"联系"本身。恰恰相反，正是由于打破了这一切"联系"，才使对立面有可能进入更深一层的和更直接的"联系"中去。如果讲对立面的"联系"，我们倒是应该说，恰好在相互转化中对立面才真正达到了紧密的联系，在这时紧密到此方和彼方都不好区分了。例如，原来真理和谬误是对立的，真理是真理，谬误是谬误。在这种情况下它们也有联系，相互之间都要以对方的存在为自己存在的前提，这叫作相互依存。在相互转化中这种联系是要破裂的，但破裂以后不是不联系了，而是联系得更紧密了，以致在两者之间可以画上等号，原来的真理成了谬误，原来的谬误成了真理，这个就是那个，那个就是这个，怎么能说这不是"同一性"呢？

对这个问题的理解所以发生困难，是由于我们只能理解处于外部对立关系中的"联系"，不能理解达到了真正同一关系的"联系"，只承认前者是联系，不承认后者是联系。因此在着手研究问题之前，便把"同一性"概念限定在只能用于"相互依存的统一体"身上，排除了包括其他联系的可能，这样当然就会以为"统一体"的破裂也就是"同一性"的消失，难以理解相互转化也是同一性的内容，而且是它的更重要的内容了。

实际上，"对立面的同一"这个提法只有用于相互转化上才有意义。"同一性"（如"自我同一"）原是形而上学的一个用语。黑格尔从转化的意义使用在对立面的关系上，从此赋予它以变动性的内容，才变成了辩证法的概念。恩格斯在讲思维与存在的统一关系时使用了黑格尔的这个术语，把哲学基本问题的第二个方面称作思维与存在的"同一性"问题。所以必须使用这个概念，因为讲对立面的统一关系，这个词更能体现统一的辩证内容。列宁曾经考虑过使用"统一""同一"或"联系"哪一个词更为合适的问题。虽然列宁认为使用"统一"也许更好些，但却始终也未抛弃"同一"这个词，并认为"在一定的意义上两个名词都是正确的"。①列宁还经常用"同一"去注解"统一"。我理解这里的原因，就是同一比统一在某种情况下能够表现对立面间更深一层的联系内容。如在转化中的统一联系，仅仅用"统一"这个词就难以完全表达出来。列宁肯定它们都正确却又加上了"在一定的意义上"这个限定词，我认为这是由于"同一"这个词与形而上学观点本就有着某种因缘关系，如果不从对立面的转化的意义上去使用它、理解它，例如，了解为现存关系的直接同一，那就有可能混同于形而上学的思想。

"转化属于矛盾的变动性，变动性是绝对的，怎么能把它包括在同一性中？果如此，同一性岂不也成为绝对的了？"我承认，转化体现着矛盾关系的变动性。但是，有哪一种矛盾关系不处在变动中？相互依存的统一体不是也包含着变化吗？我们只能说它的变化不显著而已。转化并非从它变动性的意义上被包括在同一性中，正如依存也并非从它静止性的意义上被包括在同一性中一样，这里讲的是对立面的统一联系，问题要看其中有无统一联系。在这一点上，如前所述，转化和依存是同样的，它们都表现着对立面间的统一联系，而且转化表现的还是更深一层的联系。如果说前一种联系是"对立面的依存"，那么后一种联系才真正达到了"对立面的

---

① 参见《列宁全集》第38卷，407~408页，北京，人民出版社，1959。

同一"。

同一性本身非指变动性也非指静止性。但我们讲矛盾关系，却正是讲的事物所以会处于静止状态或显著变动状态的内容和根源。如果说矛盾的斗争性是引起事物变化的动力，那么矛盾的同一性就是事物在运动中所以能够表现为不同状态的内在根据。事物所以会出现静止（量的变化）的状态，是由于它内部的矛盾方面处于相互依存的统一体中；事物在另一种条件之下所以能够表现为显著变动（质变、飞跃）的状态，就是由于对立面发生相互转化，结束了先前外部对峙的联系状态，进入直接同一的联系状态。我们必须把同一性放到矛盾的运动过程中去理解。如果同一性不是活的，没有不同的联系状态，事物怎么会活起来，出现不同的运动状态？所以绝不能由于转化体现着变动性，便把它从同一性中排除出去。

从思想方法上说，那种非要把同一性放在运动过程之外才能加以理解的想法，也不符合辩证思维的要求，这无异于我们只能承认僵死的同一。有的同志说，辩证法与形而上学的区别主要在于是否承认"对立的"同一，而不在于是否承认同一中包括转出，所以排除了转化的同一照样可以是生动的、可变的。辩证法讲同一当然只能是对立的同一，我承认这种认识是辩证法的。但什么是排除转化呢？排除转化，就是只承认保持外部对立关系的联系，不承认对立面直接同一的联系，只承认各方是各方，不承认它们会走向反面。试问，对立着的方面不具有走向反面（即转化）的性质，统一体怎能瓦解，对峙的局面怎能结束，矛盾关系怎能发生变动，这岂不是把"对立"关系凝固化了吗？或者说，靠斗争就能改变局面，但是斗争也得在矛盾方面能够走向反面的基础上去起作用。如果各方始终只是各方，斗争也不会使它们凭空消失，或者像耍魔术一样使它们一下子变成完全不同的东西。所以，排除了转化的那种同一性不可能是彻底辩证法的，在逻辑上最后必然导向不变论。

认为同一性包括转化，就会把同一性变成绝对的，这是不必要的担心。首先，转化固然包括变动性，但它作为显著的变动状态只是运动的一种特殊形态，正如静止作为不显著的变动状态也是运动的一种特殊形态一样。我不明白，怎么会认为转化这种运动是绝对的呢！再说，同一性不能存在于运动过程之外，同样地，运动变化也不能在同一性之外存在。事情应当是：正由于同一性处于运动过程之中，所以它的每一种联系状态（相互依存和相互转化）才都是有条件存在的、相对的；而不论是相互依存也好或相互转化也好，它们都处在变动之中，它们所具有的变动性本身就是绝对的、无条件存在的。这就是说，绝对的东西只能在相对的东西里面存在，绝不可能设想它能够在相对的东西以外单独存在。果然如此，就会变成绝对的不成其为绝对，相对的也不成其为相对了。在我看来，从同一性中排除转化（变动性），认为它只能包括"转化的趋势与可能"，这种观点却容易把同一性绝对化。因为论到"转化的趋势与可能"，那是无论在什么条件下都能存在的，不必限定什么特殊的条件。

对立面的同一不在转化之中，只能在转化以后，而那时形成的同一性已属新的对立统一体，怎么能包括在原来的同一性中呢？转化以后形成的新的统一体当然不能包括在旧有的同一性中。但我们说的转化中的同一并不是指的新的统一体，正是原来存在的对立面间的同一、旧有矛盾的运动过程。

所谓转化中的同一，这个问题是这样提出来的：互相对立的方面是否仅仅具有外部联结的统一关系，或者还能进一步达到直接同一，即各自走向反面彼此取得对方的规定性？如果承认这是可能的，后者的同一就是转化。在这里对立面并没有改换，矛盾仍然是原来的矛盾，只是统一关系变化了。转化中的这种同一与新的矛盾统一体如果说有关系的话，它们的关系只能是：必须经过转化中的这种同一，才能不仅改变原有的矛盾关系，而且改变组成旧矛盾的对立方面，从而形成新的矛盾关系及其对立方面。这里表现着新旧两个矛盾的内在联系，但也说明，不先经过旧有对立方面的彼此转化，是不可能过渡到新的矛盾统一体的。正是基于这一点，才必须把对立面的相互转化包括在同一性概念以内。

"对立面的转化不属于同一性范畴,应当把它单独列为一项"。对立面的转化有自己的特殊内容,根据一定的实践需要把它看作独立的范畴不是不可以的。但我认为,目前提出来的使它独立的理由都并不合适。如果因为它包含变动性就不能归于同一性,依照这个理由,相互依存也不能算作同一性了,因为那里也包含变动性。人们或者可以说,相互依存的变动性并不显著,而相互转化的变动性非常显著,两者在这点上是不相同的。这里确实有区别,但这并不能构成同一性与非同一性的区别,我们不能说只有不显著的变动性才可以称作同一性。如果说它们都叫作同一性,可以在同一性里边把它们区别开来,这样便又回到了原来的问题上面。因为在原来的同一性概念里,它们本来就是被区别开了的。

再者,把相互转化独立出来,矛盾的属性变成三足鼎立的局面,即相互统一、相互斗争、相互转化,这就会发生一个必须讲清它们之间的相互关系的问题。对立面之间只有相互统一(同一)和相互排斥(斗争)两种关系,这是大家都承认了的。在这里相互转化属于什么,与前面两种关系怎样区别?或者认为它是相互统一与相互斗争的一个结果,在它内部同时包含着这两者,这似乎可以把它们区别开来,并标出了相互转化的独特内容。仔细想来也不妥,在相互依存的统一体中同样是既有统一又有斗争,它也只能是统一与斗争的一个结果。同时,这也没有说出来转化除了统一与斗争的内容之外,还能表明对立面间的什么新的关系。如果认为转化本来就不代表对立面间的新的关系,它只是统一与斗争的一种特殊状态,那么,我们就还得回到原来的起点,按照矛盾的基本属性把转化中的斗争内容归于斗争性,统一内容归于统一性。斗争是贯穿在矛盾运动的全过程的,矛盾的不同状态主要决定于对立面的不同的统一关系。这样,相互转化就只能放到与相互依存同级的地位,我们也只能在这两者之间去找区别。为了说明这两者的同级性质,必须有一个能够概括两者共同内容的更高范畴。这个范畴用什么词来表达是可以讨论、研究的,甚至不使用"同一性"这个词也可以,但总得有一个词去说明。在我看来,这两者的共同内容是对立面的统一联系,既然过去已习惯于用"同一性"一词来表现这种联系了,就没有必要去改换新词。

总起来说,我认为如果我们把对立面的联系理解成为具体的、活生生的联系,那就不能把对立面的相互转化从同一性中排除出去,也不应当在转化之外去另加什么"直接同一"。讲"联系"不引申到转化的联系,就不能认为把辩证法贯彻到底了;在转化之外去谈"直接同一",那样则会把同一变成凝固的东西。这些认识可能有片面性,提出来的目的是同大家讨论,期望通过讨论把我们对辩证法的认识共同提高一步。

(三)论矛盾关系的基本概念[①]

近年来,有关矛盾的问题讨论得比较多,意见分歧也比较大。这些分歧主要反映人们对问题的观点和认识不同,也有一些属于纯概念之争。在关于概念的争论中,有一些是有意义的,有些意义并不很大,甚至有的是无谓之争,白白消耗了我们的许多精力。讨论中还有这样的情况,许多在观点和认识上的分歧主要也是由于使用概念不同,或对概念含义的理解不同所造成的。因此我认为有必要对有关矛盾关系的一些基本概念进行专门研究。如果我们能够在基本概念的理解上尽量求得统一,使这些概念规范化,大家都在相同的意义上使用它们,那就不仅可以减少许多无谓的争论,而且那些看来分歧很大的不同观点也有可能逐渐统一起来,使我们对辩证法的认识大大提高一步。

使有关矛盾关系的概念规范化,我认为在今天是具备基本条件,有可能做到的。只要我们依据古典著作和经典著作,从认识史上研究清楚矛盾概念的思想实质,就能够对它的含义有一个确切的了解。

---

① 这是在讨论矛盾问题中,为了澄清在运用概念上的某些混乱状况而写的专题论文。1984年11月中国辩证唯物主义研究会和中国社会科学院哲学研究所联合在北京召开矛盾问题讨论会,会上我做了中心发言,会后写成此文。这次讨论会决定出版论文集,此稿被收入文集,但时过三年文集并未印出来。这篇稿子因而也未得发表。

1. 理解矛盾概念的思想前提

对矛盾概念的理解只能够统一在辩证法思想上。辩证法的概念如果不能反映辩证法思想的实质，那就不能认为是具有科学性的。这一点我想大家都不会有疑义。因此我们必须先来研究清楚体现在矛盾概念上的辩证法原则是什么。为了弄清这点，有必要简略地回顾一下，在认识史上矛盾概念是怎样产生和形成的。

第一，矛盾概念，是人类认识发展到一定水平而产生的一个不可避免的逻辑结论。千差万别的事物处在运动、变化之中，这是任何人都可以直观到的一个经验事实。如何去理解、把握、表达这一事实呢？在人们进一步的思考中就会发现，一个事物能够变成和它本质不同的另一个事物，表明这一事物原来的本质就不会是绝对的纯一，只能把它理解为自身存在矛盾的。变化过程中的两个事物之间一方面必须是对立的，被产生出来的事物如果与原来事物没有什么本质的差别，这里就没有发生什么变化；这两个事物同时又必须是同一的，如果被产生的事物与产生的事物没有同一关系，后一事物不是从前一事物中产生出来的，这里也谈不到变化和发展。所以，当人们把事物放到运动过程中去理解它的本质，把运动看作由事物本质所决定的自生运动时，就会不可避免地导出对立又统一的观念，形成矛盾概念。

第二，矛盾不是直接的经验事实，矛盾概念也不是仅仅从综合和归纳经验事实中形成的。归纳永远不完全，它必须结合演绎才能使人们的认识具有必然性。矛盾这个概念是人们依据观察到的经验事实，进一步运用思维抽象进行推论的结果。因为不运用矛盾的概念，人们就无法理解也无法说明事物运动变化的事实。所以无论在西方或在东方，当人们摆脱宗教神话幻想意识的束缚，开始运用理性思维去说明自然界运动变化的事实，在这时都得出了这一结论，尔后这一结论又为认识史所揭露的大量科学事实所不断证实。

第三，就理性思维的范围来说，由于矛盾主要是用来表达事物运动过程的本质关系的概念，它又不可能仅从运动变化的客观事实中直接推论出来。矛盾概念产生的必然性，主要存在于运用概念反映事物及其运动的思维活动中。所谓理解就是用概念的形式来表达，概念就其本性说，都具有隔离性和凝固性的特点，正如列宁指出的："思维对运动的描述，总是粗糙化、僵化。"①"矛盾"概念的产生绝不只是有关矛盾一个概念的问题，作为对事物矛盾关系本质的把握，它必然要关联到反映不同事物本质关系的一切概念。只有在具备了能够打破反映事物本质或本质关系的一切概念的凝固性，使一切对立的概念都建立起转化的联系这种条件下，才能形成一般的矛盾概念；而真正的矛盾概念，其主要作用也就表现在，它在一切相关的概念间建立起了对立统一的联系，从而使概念变成了能够从本质关系上表达事物运动过程的活的形式。所以，矛盾概念的形成，就意味着人们的思维方式发生了变化，标志着人类认识从初级阶段已进入更高的发展阶段。

从人类认识史来看，矛盾概念的形成主要经历了两个发展阶段。第一步，是从运动的直观进入经验性的矛盾概念。赫拉克利特是这一阶段认识的典型代表。他超脱直观观念，首先在经验性的概念之间建立起了对立统一的联系。例如，说日和夜是一回事，善与恶是一回事，生和死是同一的，存在和非存在是同一的等，这一步表现了人类认识发展中的一个飞跃。但达到经验概念的对立统一认识还是比较容易的，最难者也是更重要的，是在概念的本性中建立起对立统一的联系。这一飞跃主要是在德国古典哲学，尤其是黑格尔的哲学中实现的。黑格尔总结了认识史由一和多的对立统一关系进到同和异、个别和一般、抽象和具体、肯定和否定的对立统一关系的思想成果，把对立和同一结合起来，建立了概念的辩证法理论。黑格尔的矛盾概念，表达的是一切概念的本质内容，是关于一切概念的本性的概念，所以它表现了与传统的形而上学根本不同的一种新的更高层级的思维方式。黑格尔作为近代最大的辩证法思想家，他的主要贡献就

---

① 《列宁全集》第38卷，285页，北京，人民出版社，1959。

在于此。

从矛盾概念产生、形成的过程可以了解，"矛盾"是用来表达、说明事物运动过程的概念（非孤立的静止事物），是属于反映事物本质层次上的关系的概念（非事物现象层次上的关系），是以思维的抽象概念形式把握事物运动过程本质关系的概念（非用作经验描述的观念）。如果我们承认这几点是认识史的客观事实，而且承认它表现着辩证思维的本质，那么，我们所理解的矛盾概念就必须满足下面几个条件。

第一，从矛盾概念中必须能够导引出发展的事实和结论，绝不应从它只能导引出僵化的和凝固的事实和结论；为此，矛盾关系本身也就必须被理解为生动的、能动的，而不能把变化排除在矛盾关系之外，使它凝固化和僵化。

第二，我们所理解的矛盾概念必须能够说明事物运动的主要根源在于它所具有的本质自身，而非其他力量作用的结果；为此，矛盾就只能被理解为首先属于事物本质自身的关系，不能把它现象化，理解为实体性存在。

第三，通过矛盾概念必须能够打破一切概念所具有的凝固本性，使概念活动起来，而不能对于矛盾以外概念的理解照样具有凝固和僵化的性质；为此，就要把矛盾理解为反映一切概念的辩证本性的思维方式，最富有灵活性的概念。

人类认识史是辩证法理论的来源和基础，辩证法的概念是认识史精华的结晶。上述几条原则就是认识史所表明的矛盾概念的辩证法的思想实质。对矛盾概念含义的理解只有符合上述思想实质，才能够是辩证法的概念；矛盾概念进一步地演变和发展也只能贯彻上述辩证法的要质，而绝不会违背或抛弃上述想想实质，否则它也不成其为辩证法的概念了。

2．矛盾的模型

由于对现有概念已经发生不同的理解，而且分歧很大，要使它们统一起来，仅有一些抽象原则还难以做到。这里不妨借用自然科学理论经常使用的方法，也为矛盾建立一个模型，按照上述原则通过模型去探讨有关各个概念的含义。这或许会对概念的统一起一定的作用。

作为事物运动本质关系的矛盾,如果我们把它当作一个对象去看待,它应当由哪些部分构成?包括些什么因素呢?这就是矛盾的模型。

不论何种事物的矛盾,它总要包含下面几个要素:

第一,构成矛盾关系的因素、成分、属性;

第二,矛盾关系的内容;

第三,由关系而形成的一定的结构形态;

第四,引起结构形态变化的动力系统;

第五,矛盾形态的更新和交替。

有关矛盾关系的那些基本概念,所反映的无不是这几个不同因素或部分。只是过去由于多种原因这些概念的含义很不确定,以致使用起来歧义很大。我认为要求矛盾的规范化,就应当依据上述模型去研究它们的本质、确定它们的含义。

依据上述原则和模型,有关矛盾关系的概念应具有什么含义呢?

3. 对立面或对立方面

这是属于矛盾组成因素的概念。一切矛盾都是由对立着的方面构成的,所谓"矛盾"也就是指对立方面之间的对立统一关系。

对立面,根据上述原则和模型应指,包含事物本质自身或事物之间构成矛盾关系的两个相反的倾向、因素、成分。列宁称它为"矛盾着的、相互排斥的、对立的倾向"或"两个互相排斥的对立面"。[①]它通常表现为事物自身的肯定性的因素和否定性的因素,即两个相反的因素。

构成矛盾的对立面是否只能是两个?不是。在现实中,矛盾的情况极为复杂。一个矛盾往往不止于两个对立方面。一个事物中也不止一个矛盾,常常是许多矛盾交织在一起,它们的对立面形成一种多极关系网。从对立面的性质分析,构成矛盾关系的主要是肯定与否定两个方面,在矛盾运动中起主要作用的也主要是这两个方面。所以,在理论上通常讲两个方

---

① 《列宁全集》第38卷,408页,北京,人民出版社,1959。

面就可以把握矛盾的基本构成了，这就是列宁讲的"统一物之分为两个部分"和毛泽东讲的"一分为二"。但说矛盾可以一分为三也并不错，不能认为这样讲就是违反了经典作家关于矛盾的基本思想。

对立面是构成矛盾关系的成分，它只有依附于某一载体才能存在。对立面可以表现在不同事物上，也可以表现在事物的不同属性、因素之上。

对立面不能脱离实体存在，也不能在实体以外存在。作为实体的事物也总是包含着矛盾并处于某种矛盾关系之中，因而具有对立面的性质。没有无矛盾的实体，也没有不依附实体的矛盾，这表现了对立面与实体之间的密切联系。但对立面本身并不是实体，矛盾属于关系范畴，不是实体范畴。两个事物具有对立面的性质不是因其是实体，而是因其具有对立统一关系才成为矛盾构成因素的。

对立面与作为它的载体的两个实体的关系不同。两个对立方面只能在两者相互规定中存在，各自不具有独立性，这是对立面所具有的根本性质。作为载体的两个实体则不同，它们可以分开存在，其中之一不必以另一个为自己存在的前提。具有婚姻关系的双方作为夫与妻是不能相互独立存在的，失去一方另一方也不存在，但作为男人和女人的两个实体则失去一方另一方仍可存在。两个实体之间可以发生多种矛盾关系，还可以同其他事物发生各种矛盾关系，因而它们往往成为许多不同性质对立面的载体。一个人可以是儿子、丈夫、教师、乘客、观众等，在他身上随着矛盾的解决、变化对立面不断更新、消失，他作为人虽然也在变化但并不一定跟着消失。此外，两个实体之间所发生的也不都属于矛盾关系，它们还具有其他内容的关系；作为两个对立面之间的关系则必须是矛盾关系。

不能把构成矛盾的两个对立方面同两个相异事物等同起来。把它们等同起来，按照两个相异实体的关系去理解矛盾关系，就会把不属于矛盾的关系误认为矛盾关系，以现象中的某种关系代替本质层次上的关系，从而歪曲矛盾关系。我认为，像下面这些看法，说"矛盾未必对立"，认为除了相反相成的矛盾，还可以有"相辅相成"的矛盾或"并立性矛盾"，认为不是一切矛盾都必然包含"新与旧的斗争",都需要"一方消灭另一方,一方克服另一方"等观点,就是由此产生的。前一段就"差异就是矛盾"的命题,关于是否任何两个相异的事物都具有矛盾关系的问题发生了激烈争论。实际上"差异就是矛盾"这一命题的提出是有条件的、不是无条件的。"就本来的意义讲,辩证法是研究对象的本质自身中的矛盾",对象本质自身的差异,或本质的差异,当然都是矛盾。这里讲的本来是对立面间的关系,并非任何两个相异事物的关系。弄清了这一点,问题就解决了。

4. 对立、统一

矛盾是对立面之间的关系,对立和统一就是表示矛盾关系内容的两个概念。

矛盾关系必然同时具有既对立又统一的两面关系。在这个意义上,对立和统一也可以看作矛盾的两个基本属性,两者缺一不可,也不能分开单独存在。

对立面本来是相反的两个因素,它们之间所发生的当然首先是相互对立、相互排斥、相互否定的关系。但由于对立着的方面属于同一本质中的因素,它们都是本质的规定,同出一源,所以又必然是互相制约、互相渗透、互相一致、互相转化、同时发生着统一的关系。理解对立与统一关系的关键在于,必须从它们属于同一本质自身的关系这一前提出发去把握它们的内容,只有这样,才能把对立看作统一中的对立,统一看作对立的统一,做到如列宁引用黑格尔的思想时所说的,"辩证的东西'在对立面的统一中把握对立面'""'思辨思维的本性……完全在于:在对立环节的统一中把握它们'"。[①]

辩证法所以不同于形而上学的思维方式,主要就表现在这里。它从统一去规定对立,又从对立去理解统一,因而才能够从对立中引申出统一,从统一中引申出对立,把事物的本质把握为矛盾。如果在思维方式上对立

---

① 《列宁全集》第38卷,97、115页,北京,人民出版社,1959。

和统一始终处于外在联结关系中，即使现实矛盾摆到眼前，人们也会把它瓦解，看不到矛盾。

统一中的对立具有不同于两个相异事物对立的特点。

第一，只有统一中的对立，才能直接构成相反，具有相互排斥和否定的关系。性质相同又处于同一本质中，是构成相反的前提。正因为相同，所以才相反。这就与那种抽象的不同、对立区分开来了。

第二，在相反关系中的对立，只能与对方相对立，而不是随便同任一相异的东西对立。对立的双方都是具有选择性的，因而对立关系同时也就是依存关系和统一关系的形式。

第三，统一中的对立所发生的排斥和否定关系，由于受统一关系的制约，都是具有特定内容的。排斥和否定，并非一律让对方不存在，或同对方离异；按照自己要求迫使对方改变存在状态，也是排斥和否定。不同性质的矛盾或同一矛盾处于不同发展阶段，对立的内容都各不相同，这才能说明对立不是抽象的，而是具体的，不是凝固的，而是自身变动的。

同样地，对立的统一也同抽象的同一具有根本不同的特点。

第一，只有对立中的统一，才具有不可分性，构成相反相成的关系。因为每一方都只能在与对方的对立中存在，当然对方就成为它自己存在的前提和条件。

第二，由于统一是对立的统一，怎样对立着，也就怎样统一着，这样的统一关系也是具有确定的内容的。对立面之间可以具有共同点、相互包含、相互渗透、相互联结、相互依存等种种统一内容，绝不只是一种内容即简单合一的关系。所以，同对立关系一样，统一关系也不是僵化的、凝固不变的，随着对立关系的变化，统一的内容也处在不断变化之中。

第三，对立方面对自身说是一种肯定性，由于它只能在与对方的对立中存在，所以它同时又是对对方的肯定、对自身的否定。处于统一中的对立面，每一方都是肯定与否定的统一，这就是对立面相互转化的内在根据。在对方的强大作用下，对立面最终会向自己的对立方面转化了去，达到与对方直接合一。

我觉得，这样理解的对立关系、统一关系才能够都是有条件的、相对的、具体的、处于变动中的，而不是抽象的、僵化的、绝对的；才能从事物本质中的矛盾关系引申出事物运动、变化的结论，说明事物自己发展的源泉。在认识史上，那些杰出的辩证法思想家，都在不同程度上表达过这样的观点。例如，赫拉克利特说的"对立造成和谐"；亚里士多德从一和多的关系中引申出的同中之异形成正对反的思想；黑格尔关于必须从对立环节的统一中去把握它们，以及认为有限以无限为规定性的观点等。

不能把对立关系与统一关系分割开来去把握，更不能把不包含对立（或统一）的统一关系（或对立关系）当作矛盾关系。那种认为除了"相反相成"的矛盾以外，还可以有"相辅相成"的矛盾的观点，在我看来就是忽略了这一点。

矛盾属关系范畴，但许非随便从现实中抽出任何一种关系，都可以看作矛盾关系。矛盾是在规律层次上的本质关系，它必须是既对立又统一的关系。我们可以说，一切关系的本质都是矛盾关系。但现象与本质并不是直接同一的，本质在现象领域的个别表现可以主要是统一或主要是对立的关系，所以不能由矛盾是普遍存在的，便得出结论说凡是现实中的关系都是矛盾关系，相反相成是矛盾关系，相辅相成也是矛盾关系。相辅和相成表现的都是统一关系的一面，相辅相成即意味着统一的统一，即"双方相互促进、相互推动"。这种关系应当承认在现实中是存在的。但如把这样的关系也叫矛盾关系，那就没有矛盾关系与非矛盾关系的区别，在理解矛盾问题上无论怎样去看都是辩证法，不存在形而上学的问题。不仅如此，还必须修改马克思主义关于矛盾是"对立面的统一"（即相反相成）这一基本定义。国外有的学者确实提出了这一问题，认为已往关于矛盾的定义没有抓住矛盾的本质属性，不具有普遍性，建议用"差别统一"来代替"对立统一"。当然这也是一种见解，不可理解的是，按照"矛盾未必对立"的原则所了解的所谓"差别统一"的矛盾，怎能成为事物自己运动的源泉呢？如果这也能说明和理解事物的发展，人类认识史上引进对立统一、相反相成的观念以及为此而进行的长期斗争岂不变成一场误会了吗？

5．同一性

对立统一关系既然属于事物本质的关系，那么与事物存在的状态相对应，矛盾也必然具有一定的结构、表现为一定的形态。矛盾的结构形态就是作为实体的事物的结构形态的内在根据。

矛盾是事物运动变化的源泉和本质内容，由对立统一关系形成的矛盾的结构形态也不可能是凝固不变的，而且应当更富于变化性。这样，我们对于矛盾的结构形态就必须从静态和动态两方面去理解和分析。同事物的状态一样，矛盾形态也应包含相对稳定和剧烈变动的两种状态。前者是矛盾存在期间的形态，后者是矛盾走向解体中的形态。矛盾的运动就表现为从前一种形态转变为后一种形态而最终让位于新的矛盾。

我们应当用什么概念来表达处于变动过程中的矛盾的结构形态呢？正是在这一点上，目前的分歧较大，尚没有一个能为大家公认的概念，需要我们进行深入的研究和讨论。

我认为，在经典著作中已经包含了解决这一问题的基本思想和观点。列宁在《哲学笔记》中提出，"事物（现象等）是对立面的总和与统一"[1]；同时又指出，"不仅是对立面的统一，而且是每个规定、质、特征、方面、特性向每个他者的转化"[2]。这里表明，列宁已从形态方面研究了矛盾关系，而且把对立面的统一理解为处于变动过程中，在其不同发展阶段具有不同的形态。列宁在论到概念间的辩证关系时明确指出了三种情况，"概念的相互依赖……一个概念向另一个概念的转化……概念之间对立面的同一"[3]。三种情况，从依赖走向转化，由转化达到同一，正是表明了矛盾关系在动态中不同阶段的状况。列宁关于矛盾关系在不同阶段

---

[1] 《列宁全集》第38卷，238页，北京，人民出版社，1959。

[2] 《列宁全集》第38卷，239页，北京，人民出版社，1959。

[3] 《列宁全集》第38卷，210页，北京，人民出版社，1959。

的不同状态，没有使用一个词去加以概括，经常是用"对立面的统一"或"对方面同一"关系来表示的。

毛泽东同志在《矛盾论》中关于对立面统一关系的分析，明确地把它区分为"两种情形：第一、事物发展过程中的每一种矛盾的两个方面，各以和它对立着的方面为自己存在的前提，双方共处于一个统一体中；第二、矛盾着的双方，依据一定的条件，各向着其相反的方面转化"[1]，而且以"同一性"这一概念概括了两种情形。我认为《矛盾论》的这种分析是直接继承和发展列宁的思想，完全符合列宁观点的。其中的第一种情形就是列宁所说的"相互依赖"状态；第二种情形的相互"转化"与列宁的提法完全相同。列宁特别重视转化问题，认为只有把联系引申到转化，才能说明运动。列宁的思想是从黑格尔的思想而来。列宁指出，从联系引申到转化然后从转化去说明对立面的同一，这就是黑格尔的主要的东西，是他对辩证法的主要贡献之一[2]。

根据上述，"同一性"这一概念（及其含义）既然符合列宁和黑格尔所阐明的辩证法思想，而且我们已使用多年，早为人们所熟悉，我认为可以用作表示矛盾结构形态的专门概念，不必去另寻概念，至少从目前理解到的内容来说可以如此。在《矛盾论》中，同一性概念有时与统一关系概念混用，由此常常引起一些不同理解。这个问题并不难解决，只要讲清关系，对两者的含义作适当区分就不会产生歧义。

重要的问题是，一些学者因为转化属于矛盾关系变动性的概念，认为"同一性"中不应包括转化，这是值得讨论的。在我看来，只要大家同意以同一性来表示矛盾关系的结构和形态，同一结构和形态是动态中的存在，这一问题也可以得到解决。因为大家都认为"转化"是表示矛盾运动状态的重要概念，没有见到有人公开主张把"转化"从矛盾关系的概念中排除出去。

---

[1]《毛泽东选集》第1卷，327页，北京，人民出版社，1991。
[2] 参见《列宁全集》第38卷，188、192页，北京，人民出版社，1959。

6. 对立面的斗争或斗争性

事物运动、变化的源泉和动力是矛盾。从这个意义说，矛盾自身就是一个动力系统。但矛盾也有其存在、发展的过程，在这个过程中表现为不同的形态，这就是同一性的状态。从矛盾自身的变化说，也应当有引起它的结构形态发生变化的动力。

引起矛盾关系变化的动力，不能在矛盾关系以外存在，只能是矛盾关系自身；它也不可能是对立面间的某一片面关系，对立面之间的所有关系都对矛盾运动起着推动作用。

对立和统一是矛盾关系的基本内容。对立着的两个方面都在自己的基础上同对方发生既对立又统一的关系。由于对立面从两种正相反对的倾向出发，它们之间发生的对立统一关系就必然形成一种相互作用的活动。正是这种相互作用的力量，成为矛盾关系中永不安定的因素，总是否定对立方面已建立的旧有关系，趋向于一种新的矛盾关系，这就是推动矛盾关系发生变化的动力。

对立面间的对立关系与统一关系不可能是完全平衡的；构成矛盾关系的对立面在矛盾中的地位及其具有的力量也不可能是完全等同的。这些因素的变化就决定了在不同发展阶段对立面相互作用的不同内容，推动矛盾从一种状态走向另一种状态。

如何表述矛盾运动的这一动力因素？在马列经典著作中向来是以"对立面的斗争"或"斗争性"概念来说明矛盾运动的动力的。在最近几年的学术讨论中，许多学者提出，对立面的统一或同一性对矛盾的运动也起推动作用，也应看作动力；还有的认为，在一类矛盾中主要依靠斗争解决问题，而在另一类矛盾中则主要依靠同一性解决问题，等等。这样，对"斗争性"作为动力概念就产生了疑义。

毫无疑问，"斗争"是从社会领域中人与人之间的冲突借用来的一个概念，赫拉克利特最先使用了这一概念。在赫拉克利特的用语中，斗争具有明显的社会冲突的内容和性质，他的提法是："应当知道，战争是普遍的，正义就是斗争，一切都是通过斗争和必然性而产生的"，"战争是万物之父，也是万物之王。它使一些人成为神，使一些人成为人，使一些人成为奴隶，使一些人成为自由人"。①黑格尔的辩证法主要是关于概念的理论。在概念间的对立统一关系中，黑格尔没有使用过斗争一词，强调的是对立物的"相互否定，或是相互扬弃"。在他看来，肯定物本身就是否定性，而"否定性则是自己运动和生命力的内在脉搏"。黑格尔所说的否定性，就是指能够使矛盾超出自身、引起自身变化的力量。但在讲到社会现象中的矛盾时，黑格尔也使用过斗争，在这里斗争与矛盾同义。

马克思曾把共存和斗争并列，认为它们是两个对立方面所以构成矛盾关系的基本内容②；恩格斯在论述自然事物的矛盾运动时，认为它主要决定于对立面的"相互作用"，这种相互作用即包括对立面之间的依存、联系与排斥、分离的关系③。马克思和恩格斯论述社会现象的矛盾运动，无例外地都以矛盾斗争来加以说明。在列宁著作中，斗争一词用得较为广泛。他明确地提出"对立面的统一（一致、同一、同等作用）是有条件的、暂时的、易逝的、相对的。相互排斥的对立面的斗争则是绝对的，正如发展、运动是绝对的一样"④。但列宁所讲的斗争，已非社会冲突意义上的斗争，它主要指引起矛盾运动（即改变具有相对稳定性的对立面统一状态）的那种变动力量，所以有时对斗争一词加上引号，以示区别。毛泽东同志在《矛盾论》中关于矛盾斗争的论述，与列宁的思想是基本一致的。

根据上述可以了解，对立面的"斗争"或"斗争性"一词到列宁时期，已成为用以表示矛盾关系相互作用的变动力量，具有一般含义的哲学范畴，不再是仅指社会冲突的社会学或政治学概念。我们今天也没有必要抛弃这一概念，去另寻它词。至于人们在使用这一概念时往往赋予它以社

---

① 《古希腊罗马哲学》，26、23页，北京，生活·读书·新知三联书店，1957。
② 参见《马克思恩格斯全集》第4卷，146页，北京，人民出版社，1958。
③ 参见《马克思恩格斯全集》第20卷，410~411页，北京，人民出版社，1973。
④ 《列宁全集》第38卷，408页，北京，人民出版社，1959。

会冲突的内容，这是另一回事。在人类认识史上，从一个领域借用某一转义词用以表达一种具有普遍性的事物，这种情况并非个别事例，而是屡见不鲜的。我们也不能因为搞"斗争哲学"玷污斗争一词，便从此弃置不用。只要我们对"斗争性"概念加以正确阐释，说明它与社会斗争的联系和区别，就可以消除曾经产生过的误解。

至于如何去正确地阐释"斗争性"概念的含义，我觉得这倒是值得讨论清楚的。我认为，如果我们把斗争性作为表示推动矛盾变化的动力概念，那就应当纠正流行甚广的某些看法。

第一，不能把斗争性仅仅了解为对立面的相互排斥、相互离异的一种力量和倾向。恩格斯说，正是"相互作用构成了运动"[1]；并认为自然科学证实了黑格尔的一个思想："相互作用是事物的真正的终极原因。"[2]对矛盾关系变动的原因也必须这样去了解。推动它发生变化的，不只是吸引一面，也不只是排斥一面，只能是包括两者在内的对立面的相互作用。只有这样的相互作用才能构成矛盾中的否定性的力量，使矛盾超出自身关系，不断改变已形成的结构形态。

我们通常是用相互排斥来说明斗争性的，这样的解释并不错。相互排斥也就是相互作用，相互作用也总是以相互排斥为主要内容的。但我们对相互排斥的说明，常常只限于对立面的相互排斥，即从相互统一、相互吸引、相互依存的反面解释为与对方离异、使对方不存在，这就过于狭窄了。这样的讲法忽略了，由于统一关系不同，对立面相互排斥的内容总是具体的。使对方不再存在是排斥，使对方改变原来的存在状态也是排斥；破除依存关系是排斥，改变旧有的状态建立新的依存关系也是排斥。这样，从相互作用去理解相互排斥，它就既包括对立关系也包括了统一关系，它的作用变成了主要是排斥对立双方旧有的依存关系、趋向于新的依存关系，真正成为矛盾中的一个否定力量。这样的理解同黑格尔所强调的

---

[1] 《马克思恩格斯全集》第20卷，409页，北京，人民出版社，1973。
[2] 《马克思恩格斯全集》第20卷，574页，北京，人民出版社，1973。

"否定性"的含义是完全一致的。按照这样的理解，对立面的统一包括在动力系统之内，对矛盾的运动具有推动作用。由此也可以解决关于统一与斗争何为动力的争论。

第二，不能把斗争性仅仅了解为矛盾的破坏力量，它也是矛盾存在的基础和矛盾的建设力量。矛盾的运动不只表现在瓦解矛盾上面。当对立双方的作用尚未得到充分发挥，矛盾还潜存着巨大的能量时，它不但不会走向瓦解，还需要巩固和发展，这也是矛盾运动中必要的阶段。在不断更新统一内容中以加强对立双方的依存关系，同样要靠斗争性去实现。

第三，斗争性和斗争形式是有密切联系但并不相同的两件事，不能从某一种特定条件下的斗争形式去理解对立面斗争的本质；也不能反过来，从矛盾斗争具有多种多样的形式，否定矛盾斗争的本质内容。对立关系和统一关系结合在一起才能形成相互作用，所以也不能仅用对立的形式去理解斗争性。

这里有一个问题需要说明。列宁在《谈谈辩证法问题》一文中同时提出了两个论断：一个是"发展是对立面的统一"；一个是"发展是对立面的'斗争'"。[①]这两个论断在不同意义上表达了两种不同的内容。前一论断是从发展观去说明辩证法如何理解事物运动、发展的本质和内容的。按照辩证法的发展观，运动不过是矛盾的表现，或者说运动也就是存在着的矛盾本身。后一论断则是从根源、动力去说明，在辩证法看来运动和发展是怎样造成的，由什么力量引起和推动的。所以不能把这两个论断看成似乎列宁承认有两种动力，一些发展由统一引起，一些发展由斗争引起，从而把统一和斗争对立起来。

7. 矛盾的解决

矛盾最终都要走向瓦解，为新的矛盾所代替，这就是矛盾的解决。没有永恒不变的矛盾，也没有不能解决的矛盾。矛盾作为事物运动、发展的根源，就是通过它的不断解决又不断产生而实现的。

---

① 《列宁全集》第38卷，408页，北京，人民出版社，1959。

现在关于这一问题的看法也很不相同，在我看来主要有两种倾向值得提出来。一种意见认为对立面之间并非都是"一方消灭另一方，克服另一方"，有许多矛盾的对立双方是可以在相互结合中永远长存的，这即是所谓"可结合性的矛盾"，这种看法实质上是认为世间存在着无须解决或不可解决的矛盾。与此相反的一种意见认为，矛盾解决的方式多种多样，对立面的一方克服另一方是解决，对立面"相互合作""相互融合"是解决，达到对立面的"协调""平衡"也是矛盾的解决。按照这种观点，对立面无论处于怎样的关系、达到怎样的结局都可以看作矛盾的解决，所以解决与不解决也就没有什么原则区别了。两极相通，在我看来这两种观点的本质是一样的，它们都是要否认只有通过对立面的相互克服才能解决矛盾，才能称得上是矛盾的解决。

矛盾的解决，属矛盾关系更新的概念。一种矛盾解决了，意味着原有对立面所形成的对立统一关系为新的对立统一关系以及组成此关系的对立成分所代替，即旧的矛盾让位于新的矛盾，所以解决也是属于新旧矛盾交替的概念。

事物不能没有矛盾而存在，不等于矛盾不能解决、不能消失。旧的矛盾解决了、消失了，会有新的矛盾产生出来、取代它的位置，只有在这个意义上的矛盾永存，不会有由相同对立面组成的相同对立统一关系的永存。道理正如只有在生与死的交替中才会有永恒的生命一样，物质也只能在矛盾不断解决和不断产生的运动中才有其永恒存在。有人说，像领导者与被领导者、自由和纪律这类矛盾，与人类社会共长久，就可以看作不是对立面相互克服，而是永远相结合地存在的，这里明显是把问题抽象化了。如果具体地提出问题，考虑到组成领导者与被领导者的具体成分及其间的具体关系，那就会看到，不仅其间怎样对立和怎样统一的关系的内容在不断更新和变化，构成这一矛盾的对立方面也在不断更新和变化，因而才会有社会政治生活的发展。

解决与更新分不开，而更新就得有所克服。什么也不克服，怎么会有新陈代谢呢？所以矛盾的解决必须有对立面之间的克服。对立面与其所构成的对立统一关系是相互适应的。对立面的性质如何，它们所构成的对立统一关系的性质也如何。旧的对立统一关系消失了，为性质不同的新的对立统一关系所代替，与此相应地原来的对立面也随之消失，代之而起的只能是新的对立方面。从这一意义说，矛盾的解决，必然包括组成此矛盾的对立面的消失。至于是一方吃掉另一方，还是双方融合或同归于尽，那只是解决的方式问题。不论解决的方式如何，最后双方都要终结，让位于新的对立方面。一方消灭了另一方，它自己也不再存在。如它与其他的对立面结合成新的矛盾关系，这时存在的也已不是原来的对立面而是新的对立面了。

在这一问题上，我们所以会产生矛盾的解决不一定必然同对立面被克服相联系的看法，主要是由于在分析某些矛盾时没有把作为矛盾构成因素的"对立面"，同对立面所依附的载体事物（如工业与农业）区分开而造成的。

是否一切矛盾都含有新旧内容，一切对立面都能区分新旧两个方面呢？一些同志认为，并非所有矛盾皆如此。他们举出像南极与北极、吸引与排斥、工业与农业之类的矛盾反问：怎样区分它们的新旧，我们能说哪一方是新的、哪一方是旧的？这样提出问题，确是很难回答。问题又出在抽象化上面。新旧概念是从发展的概念引申出来的，脱离开发展过程，抽象地去分析，当然难以区分。如果要从抽象的意义上去分析，应当这样提出问题：是否一切矛盾都是发展的源泉，它们本身也都处在永恒发展之中？有没有与发展无关的矛盾？这样提出问题，才能得出正确的结论。发展是新陈代谢，有发展就要有新旧交替。对于矛盾来说，对立统一关系如果处在运动之中，它就必然会有新旧关系的分别；组成矛盾的对立面对于变化的关系所持的态度，总要有肯定与否定的区别，决不会完全相同。当然新与旧的区别是相对的，对立方面的新旧性质可以变化，确定新旧性质也要根据具体内容去作具体分析。但是如果承认没有处于运动之外的矛盾，那就必须认为一切矛盾都含有新旧内容，一切对立的方面都可以区分为新与旧。所以必须在矛盾关系及其对立方面之间区分新旧，主要的意义就在于，只有这样才能彻底贯彻辩证法的发展观点。

8．矛盾的相对性和绝对性

相对与绝对是从稳定性与变动性两个方面描述事物（矛盾）运动过程的概念。只有从相对性与绝对性的统一，才能说明事物（矛盾）是过程中的存在，所以这两个概念用于矛盾关系上是完全必要的。

列宁明确地提出，对立面的统一是相对的，对立面的斗争是绝对的。毛泽东同志继承这一思想并做了进一步的发挥，论证了同一性的相对性和斗争性的绝对性。前一阶段很多学者对此提出了疑义。他们认为，同一性与斗争性都是矛盾不可缺少的基本属性，只要有矛盾存在，就既不能没有斗争性一面，也不能没有同一性一面；具体而言，在矛盾存在的不同阶段，同一性改变了形态，斗争形式也各不相同。因此要说斗争性是绝对的，同一性也应看作绝对的；要说同一性是相对的，斗争性也有相对性的一面。有人还由此对在矛盾关系中是否有必要引进绝对性与相对性两个概念提出异议，认为引进这两个概念只能造成混乱，说明不了任何问题。

这个问题的产生，我认为也同过去在矛盾关系上使用概念含义不够确定有关系。相对性、绝对性本是用来说明存在的过程性的两个概念的，处于过程中的事物的某一确定形态只能在一定条件下存在，因而是相对的。同一问题的反面，从一种形态转变为另一种形态的运动过程当然就是无条件的，绝对的了。形态的相对性以过程的绝对性为前提，过程的绝对性也只能存在于形态的相对性之中，两者缺一不可。这两个概念的含义及其意义都是很清楚的。矛盾既然只能在过程中存在，矛盾的每一确定形态当然是相对的，而表现过程，从一种形态向另一种形态转化的变动性自然是绝对的。列宁在说明两者关系时，就特别言明了，斗争的绝对性"正如发展、运动是绝对的一样"。

但由于以往缺少表达矛盾关系存在形态的概念，同一性与对立面的统一两个概念经常通用；而斗争性概念的含义又往往同对立、排斥等概念混同，这样一来，同一性和斗争性的关系，很容易理解为矛盾的对立（关系）与统一（关系）的关系。对立和统一作为矛盾存在的两个基本属性，并不表示矛盾存在形态和运动过程的关系，当然难以划分哪一方是绝对的、哪一方是相对的。对立与统一应当都是相对的，只有两者统一的矛盾才能是绝对的。

关于同一相对、斗争绝对的这场讨论从另一个方面说明了研究矛盾关系概念、求得概念规范化的必要性和重要性。如果我们从矛盾存在形态和矛盾变动力量两个意义上确定了同一性和斗争性概念的含义，关于同一性是相对的、斗争性是绝对的这一命题，我相信原来持异议的同志是都可以同意的。

9. 矛盾关系类型

矛盾类型属于矛盾分类的概念，即对矛盾概念的外延进行划分。矛盾普遍存在，但存在的矛盾又各不相同。按照矛盾特殊性对矛盾进行分类，不仅是必要的，而且具有十分重要的意义。

划分矛盾最重要的是选定划分基础。根据实践需要，可以选定各不相同的基础对矛盾进行多种分类。如：自然矛盾、社会矛盾、认识矛盾；内部矛盾、外部矛盾；对抗性矛盾、非对抗性矛盾；敌我矛盾、人民内部矛盾等。划分可以矛盾内部关系为基础，也可以矛盾的外部关系为基础。前两者即依矛盾存在领域而划分，后两者则是依矛盾关系的本同性质而划分的。但不论哪种划分，都是为了说明对立统一关系的内容和性质的特殊性。

矛盾概念所表现的本质属于一切矛盾的共性内容；划分矛盾属于第二个层次内容的区分。对矛盾进行划分是为了找出特定条件下对立统一关系的具体的内容和不同的表现形式，找出对立面之间是怎样相互统一又怎样相互斗争的具体特点；绝不是要在一般矛盾关系之外去寻找非对立统一的关系，或不包含对立面的斗争的矛盾。对矛盾进行分类必须坚持贯彻马克思主义辩证法关于矛盾的基本原理，绝不能失掉一般矛盾的本质属性。

近年来，在研究社会主义社会矛盾的特殊性时，国内外许多学者对矛盾分类进行了有益的探索，提出了很多有价值的思想。当然这里也存在一些值得研究的问题。我认为最大的一个问题就是，在具体划分矛盾类型时，脱离了矛盾的本质关系。有的依据是否具有对立统一关系划分为"相反相成"（如正确与错误）和"相辅相成"或"并立性矛盾"（政治与经济）两类矛盾；有的依据矛盾不同动力划分为"同一性为主"（工业与农业）和"斗争性为主"（先进与落后）两类矛盾；有的依据解决矛盾的不同结局划分为"可结合性矛盾"（红与专）与"不相容矛盾"（美与丑）等。这些划分，以"矛盾未必对立""斗争性不是唯一动力""对立面可以长久共存"等思想为前提，显然是违背马克思主义辩证法关于矛盾的基本原理的。

在我看来，这个问题的产生与矛盾关系概念含义不够确定同样有密切关系。概念不确定，就分不清本质与非本质、普遍本质与特殊表现之间的区别，很容易把两者混同起来，以致在不知不觉中失掉了本质内容。

确定有关矛盾关系基本概念的含义，不是要否定矛盾概念的灵活性，恰恰相反，正是为灵活性运用概念创造条件。只有确定了概念的含义，才有可能正确地灵活运用概念。本文提出这一问题并谈了自己的一点看法，意在抛砖引玉，希望能引起讨论，逐渐求得问题的解决。

（四）论矛盾问题的"精髓"学说的意义 [①]

毛泽东同志在发展列宁关于对立统一的学说是辩证法的核心和实质这一原理的同时，又进一步提出了共性个性、绝对相对辩证统一的道理是事物矛盾问题的"精髓"的学说。他指出，矛盾的普遍性和矛盾的特殊性的关系，就是共性和个性的关系。共性与个性、绝对与相对是互相联结而存在的，共性包含于一切个性之中，无个性即无共性，"这一共性个性、绝

---

① 这篇文章写于1978年，发表于《哲学研究》1979年第1期。其中一小部分载于1979年2月21日《吉林日报》。

对相对的道理,是关于事物矛盾的问题的精髓,不懂得它,就等于抛弃了辩证法"①。

关于矛盾问题的"精髓"的学说,是毛泽东同志对马克思主义辩证法理论做出的最为突出、最为重要的贡献,也是他能够创造性地回答和解决当代无产阶级革命实践中所提出的那些重大课题的主要哲学基础之一。

坚持理论与实践统一,从客观实际出发,对具体问题进行具体分析,是马克思主义哲学的根本观点和根本特征。这个问题仅仅在以改造世界作为宗旨的马克思主义哲学中才存在,才能够提出来。

我们知道,古代哲学,它们都是对自然界的笼统直观的认识,对它们说来,根本谈不到对事物的具体分析。近代资产阶级在反封建的斗争中,提出了机械唯物论和唯心辩证法哲学。当时,资本主义的经济关系已从根本上否定了封建的经济关系,在社会上取得了相当的优势,问题主要集中于必须建立一个同经济关系的变革相适应的上层建筑。资产阶级哲学的任务,主要是要为这种既成的历史现实进行辩护和做出论证。因此马克思说,资产阶级的哲学家们"只是用不同的方式解释世界"②。他们用以辩护的基本方式:是把自己的阶级的要求,诉之于自然的"永恒的原则"。在他们看来,人类历史所以会出现封建专制这样不合理的社会制度,那是由于人们没有认识到这个"永恒的原则"。一旦发现了这一"永恒的原则",人类历史也就进入绝对合理的"永恒"状态,这就是资本主义的社会。所以他们总是到处抛掷"永恒"的字眼,什么永恒的正义、永恒的人性、永恒的真理,等等。这样的哲学的任务,当然也谈不到对历史事实做出具体分析的问题,黑格尔是讲发展的,他试图从精神的自我运动中引申出现实的一切,证明资产阶级要求的合理性。然而这样一来,辩证的发展法则,在黑格尔手中却完全变成了用以剪裁事实的概念的规定、僵死的公

---

① 《毛泽东选集》第1卷,820页,北京,人民出版社,1991。以下凡本文引自《矛盾论》的引文,不再注明出处。

② 《马克思恩格斯全集》第3卷,6页,北京,人民出版社,1960。

式和证明的工具。黑格尔唯心论哲学的立场，从根本上否定了对现实事物作具体分析的可能。

马克思主义哲学和旧哲学有本质上的区别。它是彻底的唯物论，彻底的辩证法，是唯物论和辩证法在科学基础上的统一。这样的理论，根本不承认历史上有什么一成不变的永恒的原则，因而也就不是可以简单地去套用的"哲学历史公式"。说到永恒原则，唯物辩证法只承认一条，那就是认为，物质世界是处于永恒的运动、发展和变化的过程之中的。而这一原则要求于我们的，正是需要打破那种把自然、历史和认识看成一成不变的形而上学的观念；打破那种从概念出发，把原则当成抽象公式，遇事一套了事的主观主义的方法。马克思主义哲学作为科学的世界观理论，它所提供的，不是关于具体事物的现成答案，而是指导我们深入客观实际、探寻事物的具体运动规律的科学的观点和方法。马克思主义哲学成为无产阶级认识世界和改造世界的强大思想武器，其意义也正是在这里。

关于必须把马克思主义及其哲学、当作指导认识的方法，研究历史的指南和改造世界的思想武器的问题，经典作家都做过明确的论述。马克思早在他的革命活动和理论活动的初期，就公开声明过："我们不想教条式地预料未来，而只是希望在批判旧世界中发现新世界。"[①]当时流行着一种看法，以为共产主义是一种从一定的理论原则出发做出来的结论。恩格斯明确指出，这种看法是"大错特错了"，共产主义"不是从原则出发，而是从事实出发。被共产主义者做为自己前提的不是某种哲学，而是过去历史的整个过程，特别是这个过程目前在文明各国的实际结果"[②]。这说明马克思和恩格斯从一开始就反对把哲学原理当作"套语""证明工具"，反对从原则推论出现实、强迫事实去迁就理论。后来，他们又多次反复地强调，不要把他们的学说当成教条，而要看成行动的指南，在运用这些基本原理时，必须进行具体分析，"随时随地都要以现存历史条件为

---

① 《马克思恩格斯全集》第1卷，416页，北京，人民出版社，1956。
② 《马克思恩格斯全集》第4卷，311~312页，北京，人民出版社，1958。

转移"①等。

　　列宁在同修正主义和机会主义的理论斗争中，把马克思和恩格斯关于理论与实践相统一的思想，进一步具体化了。在列宁的时代，如何运用马克思主义的基本原理去创造性地解决革命实践发展中提出的新问题，曾经成为马克思主义者同修正主义斗争的中心课题。列宁一方面坚持马克思主义的理论基础和基本原理；另一方面又强调，绝不应当把马克思主义看成死的教条、一成不变的学说，而应当看成"活的行动指南"。列宁提出了一个著名的命题："马克思主义的真髓和活的灵魂：对具体情况的具体分析。"②这一命题把理论同实践相统一的原理在马克思主义理论中的重要意义，从理论上做出了明确的总结，并把它提高到方法论的根本原则。在捍卫列宁主义基础的斗争中，斯大林同样十分强调，对具体情况必须进行具体的分析。他指出，在运用辩证法原理观察社会现象时，要"一切以条件、地点和时间为转移"③。马克思、恩格斯、列宁和斯大林都是善于把普遍原理具体运用于革命实践和科学研究的模范。但是限于当时具体斗争任务的要求，在讲述辩证法原理时，他们更多的是注重于关于矛盾的普遍性的问题，关于矛盾的特殊性方面的问题，则没有充分加以发挥。毛主席提出的矛盾问题的"精髓"的学说，就是对马克思、恩格斯、列宁和斯大林关于必须从实际出发、对具体问题作具体分析的思想的进一步具体化、系统化和理论化。这一学说，不仅具体阐发了他们提出的各项基本原理，而且在总结历史经验的基础上，以新的思想和原理极大地丰富了它的内容，使它成为关于具体分析的方法的系统理论。

　　毛泽东同志在辩证法理论方面的创造性发展，是和中国革命发生在一个特殊的环境下，经过长期的、复杂的艰苦斗争取得了极其丰富的经验这一事实密切联系着的。旧中国是一个经济落后、政治黑暗、阶级矛盾异常

---

① 《马克思恩格斯全集》第18卷，104页，北京，人民出版社，1964。
② 《列宁全集》第31卷，144页，北京，人民出版社，1958。
③ 《斯大林文选》两卷集上卷，183页，北京，人民出版社，1962。

复杂的半殖民地半封建社会。这样的条件，使得理论与实践的统一问题，具有了格外尖锐的性质。我国革命初期，曾经反复出现过"左"倾和右倾的错误路线。它们或者生吞活剥马列主义的词句、生搬硬套马列主义的原理，或者根本背弃马列主义的基本理论原则。只有毛泽东同志和以毛泽东同志为代表的马克思主义者，坚持运用马列主义的立场、观点和方法，从具体分析我国的历史状况、社会矛盾、革命特点和特殊规律中，去确定中国革命的路线和方法。毛泽东同志的正确路线，起初是遭到机会主义者的反对的，因而使中国革命受到了严重的挫折。自从遵义会议批判了王明路线，确立了毛泽东同志在全党的领导地位以后，才使中国革命步入胜利发展的轨道，接连不断地取得一个又一个伟大的胜利。我国革命的失败与胜利最后都集中在一点上，如他所总结的："马克思列宁主义的普遍真理一经和中国革命的具体实践相结合，就使中国革命的面目为之一新。"[①] 这就是毛泽东同志特别地重视理论必须和实践统一起来这一问题的根本原因。他反复地向我们指出，"马克思主义必须和我国的具体特点相结合并通过一定的民族形式才能实现"[②]。他把理论与实践的统一生动地比作"有的放矢"，要求我们必须做到"实事求是"，即"应当从客观存在着的实际事物出发，从其中引出规律，作为我们行动的向导"[③]。

后来，在1937年，为了彻底纠正机会主义路线的错误，清除主观主义方法的影响，加强党的思想建设，毛泽东同志写了《实践论》与《矛盾论》两部伟大哲学著作。一方面，把理论与实践的统一作为马克思主义认识论的根本问题，进行了全面系统的阐述；同时，从方法论上把共性个性、绝对相对的辩证统一，提到了矛盾问题的"精髓"的地位，做了系统的发挥。

毛泽东同志提出的"精髓"学说，是对唯物辩证法理论的重大发展。

---

① 《毛泽东选集》第3卷，796页，北京，人民出版社，1991。
② 《毛泽东选集》第2卷，534页，北京，人民出版社，1991。
③ 《毛泽东选集》第3卷，799页，北京，人民出版社，1991。

（1）他抓住辩证法的核心，明确提出了运用辩证法去认识问题，就是掌握矛盾观点、学会分析矛盾的方法。毛泽东同志指出，"这个辩证法的宇宙观，主要是教导人们要善于去观察和分析各种事物的矛盾运动，并根据这种分析，指出解决矛盾的方法"。他的分析，具体阐明了马克思主义辩证法的根本性质和作用，也为我们指明了掌握和运用辩证法这个武器的实质内容。毛主席说，"矛盾是普遍的、绝对的，存在于事物发展的一切过程中，又贯穿于一切过程的始终"。辩证地认识事物，就是认识事物内部的矛盾性，这是研究任何事物发展过程所必须应用的方法。他教导我们："中国共产党人必须学会这个方法，才能正确地分析中国革命的历史和现状，并推断革命的将来。"

（2）毛泽东同志从总结历史经验中，揭示出了把辩证法的矛盾观点运用于具体革命实践的规律性，指出它的关键就在于：必须从思想上处理好共性个性、绝对相对的辩证关系。

所谓"精髓"的学说是从什么意义上提出来的，它要解决的主要问题是什么？马克思主义哲学从来不抽象地提出问题。任何原理，哪怕是看起来很抽象的原理，也总是有其现实的内容和含义的。所谓矛盾问题的"精髓"，主要地就是如何掌握与运用辩证法对立统一的观点，去分析并解决革命实践中的具体矛盾这一问题相关联的。掌握辩证法，这不但是说要树立一切事物都具有矛盾的观点，更重要的还要懂得如何运用这种观点去分析事物的具体矛盾。当我们提出这样的问题时，关于运用辩证法理论的方法问题，即如何使理论与实际相结合的问题就突出出来；而在这里，能否正确地理解和处理共性个性、绝对相对的关系，就成为关键性的问题了。

毫无疑问，了解辩证法理论的基本观点和主要内容，对于掌握和运用辩证法这一方法是绝对不可少的。连辩证法是个什么、对立统一法则是怎么回事都不清楚，如何能谈到对辩证法的运用呢！但是，如果我们弄不清共性个性的互相联结关系，不了解普遍存在的矛盾是寓于矛盾特殊性之中，即共性包含于个性之中、绝对性存在于相对性之中的道理，那就不会懂得现实中的矛盾是怎样存在着的，不会懂得如何去具体地分析具体的矛盾，不会懂得应该用怎样的方法去处理不同的矛盾，因而也就不能在实际斗争中坚持贯彻并具体运用辩证法的对立统一观点。从这一意义说，即使我们记熟了辩证法的许多条文，了解矛盾法则的许多结论，也还是毫无用处，这就是毛泽东同志所说的"不懂得它，就等于抛弃了辩证法"的意思，也就是毛泽东同志提出的"精髓"学说的基本含义。

共性个性、绝对相对是反映现实事物普遍联系的两对范畴。辩证法所阐明的一切范畴，例如，肯定否定、原因结果、内容形式、本质现象等，对于我们具有普遍的认识论的意义和方法论的意义，因而应当说，都是重要的。为什么单单对这两对范畴的辩证统一的理解，成为我们掌握矛盾观点，运用矛盾方法的关键了呢？就其主要点来说，这是由于，这两组范畴除了同其他各组范畴共同具有的意义之外，还特别表现了理论和实际、普遍原理和具体事物、永恒的发展过程和事物暂存状态之间的辩证统一联系。而这些，对于我们的辩证的认识活动，即把普遍的发展观点，矛盾观点运用于具体事物的分析上去，是具有特殊重要意义的。

在现实中，只有具体的事物，没有抽象的事物。具体的事物，总是一般与个别、共性与个性的对立统一。而理论却只是对现实具体事物的一种概括的反映。当我们从感觉上升到概念，抓住事物的内部的联系时，就把事物的本质和现象区分开来，把许多特征作为个别的和偶然的东西舍弃掉，而把事物转变为一般的东西了。列宁说："感觉表明实在；思想和词表明一般的东西。"又说："任何词（言语）都已经是在概括。"[①]应当认为，这种从个别区分出一般、由具体上升到抽象的活动，是完全必要的。只有经过科学的抽象，才能抓住事物的本质，发现事物的规律，更深刻地认识事物。但也正因为这一点，在我们运用一般原理时，只有把它和具体事物的个别特点统一起来，才能够使得从客观实际中抽出来的理论，重新和客观实际结合起来，发挥它对进一步认识具体事物的指导作用。一

---

① 《列宁全集》第38卷，303页，北京，人民出版社，1959。

般原理通过什么道路从客观实际中抽出来的，还须通过什么道路还回到实际中去，尽管其中具体的联结方式是相反的。从这一意义可以说，我们的一切理论活动、都离不开共性和个性、绝对和相对的辩证统一联系。这一点特别是在把理论运用于具体实践的活动中，显得更为重要，人们在这里也往往最容易加以忽视，弄出毛病。共性个性的统一、绝对相对的统一，是使理论与实际重新结合起来的中介、通路、关隘和桥梁，不从思想上处理好这个统一关系，不可能做到使理论与实际很好地结合起来，充分发挥理论对实际活动的真正的指导作用。

陈独秀和王明在具体政治路线上不同，但在世界观和方法论上，却同属于主观主义和形而上学。把共性和个性割裂开来，使主观同客观相分裂，使理论与实践相脱离，是一切机会主义者共同的特征。毛主席在批判教条主义者的错误时指出，他们既不了解矛盾的普遍性寓于矛盾的特殊性之中，也不了解研究当前具体事物的矛盾的特殊性对于指导革命实践发展的重要意义，因而从来不动脑筋具体地分析任何事物，总是陷入"抽象的研究"，千篇一律地使用一种公式到处硬套，这就只能使革命遭受挫折，或者将本来做得好的事情弄得很坏。

（3）毛泽东同志总结了历史的经验，包括马克思、恩格斯、列宁和斯大林所创造的经验在内，关于如何对事物进行具体分析的问题，作了全面深入的论述，同时提出了系统的具体分析的方法。

毛泽东同志指出，分析事物的矛盾运动，必须从客观的实际运动所包含的具体条件出发，注意分析不同运动形式、不同发展过程、不同发展阶段上的矛盾的特殊性，以及这些矛盾各个方面的不同特性、不同地位和具体联结关系；注意分析主要矛盾和次要矛盾、矛盾的主要方面和次要方面的特殊性；注意分析矛盾的同一性和斗争性相互联结中的条件性和无条件性的辩证统一关系；注意分析在不同条件下矛盾斗争不同形式的区别，等等。

实事求是地去认识事物，对具体问题作具体的分析，这两者是统一的。具体分析的方法，就是从实际出发去认识事物的方法，因而也就是"实事求是"的方法。辩证法是关于自然、人类社会和思维的运动与发展的一般规律的科学，它的规律无例外地适用于世间一切对象，是放之四海而皆准的最为普遍的规律。但是，由于天地万物是五花八门、千差万别的，概括性越大的原理，和实际事物之间的距离也越大。辩证法的原理，正由于它适用于一切对象，却因此反而不能现成地直接套用在任何一个对象上面；正由于它的普遍适用性是无条件的，因而在运用它时却必须和具体条件结合起来，做到原则性和灵活性的高度统一。这些说明，从客观实际出发，对具体问题进行具体的分析，是唯物辩证法的本性所决定了的；辩证法关于矛盾普遍性的原理，绝不能够代替对矛盾特殊性的具体认识，它只是为我们从事物本身去发现它所固有的内在矛盾，指明了一个正确的认识途径和认识方法。

毛泽东同志所发挥的唯物辩证法理论，曾经是指引我们取得了民主革命和社会主义革命与建设的伟大胜利的锐利思想武器，它也必将指引我们在新的历史时期取得社会主义革命和社会主义建设的彻底胜利！

（五）论研究社会主义社会矛盾问题的原则[①]

研究社会主义社会的矛盾，第一，必须认识它所具有的特殊性；第二，还要注意贯彻矛盾的普遍性。这两个方面必须互相结合。只有认识了矛盾的特殊性，才能把握具体矛盾，并贯彻矛盾的普遍性；反之，只有坚持了矛盾的普遍性，才能够真正找到矛盾特殊性的所在，并把握特殊矛盾的本质。

所谓认识矛盾的特殊性，简单地说，就是要找出特定条件下对立统

---

① 这篇文章是根据我在全国社会主义社会辩证法问题讨论会上的发言整理成的。这次讨论会于1983年11月在广东省东莞市召开。文章先在《学术研究》1984年第5期上发表，同时又收入会议论文集《社会主义社会辩证法研究》（广东人民出版社，1985年3月出版）。

一关系的具体的内容和不同的表现形式，即找出对立面之间是怎样相互统一又怎样相互斗争的具体特点，它绝不是要我们在矛盾一般关系之外去寻找非对立统一的关系，特殊的矛盾只能是普遍矛盾的特殊表现。现实的矛盾无论怎样特殊，也不能够特殊到失去一般矛盾的基本属性即对立统一关系。我们研究社会主义社会那些不同于阶级社会的矛盾关系，必须坚持这一原则，绝不能因为特殊就背离了唯物辩证法关于矛盾的一般原理。

近些年来，无论在国内外，都有一些学者试图从同一性与斗争性的不同关系中去说明社会主义条件下非对抗性矛盾与阶级社会对抗性矛盾的区别，这种研究是必要的。但他们认为，非对抗性矛盾是以同一性为主的矛盾，对抗性矛盾是以斗争性为主的矛盾。这样来区分两种不同性质的矛盾，就令人费解了。按照这种区分，在非对抗性矛盾里似乎已不是由斗争性推动矛盾的运动，而是同一性成了矛盾"发展的内部源泉"，这种看法显然与辩证法关于矛盾运动的基本原理相抵触。后来，这种看法进一步扩展到对立与统一的关系上面，又引申出一种"矛盾未必对立"的理论。有些学者提出，客观现实中存在两种矛盾，一种是"相反相成"的矛盾，另一种是"相辅相成"的矛盾。关于后一种矛盾，具体说法不一，有的称为"相异相成"的矛盾，有的叫作"并立性矛盾"。不论哪种提法，大都认为在这种矛盾里，矛盾着的双方并不互相对立，而是双方"趋向"一致，并在发展中"相互促进、相互推动"，共同前进的。与此相联系，关于超越矛盾的途径和方法，也提出了不是一切矛盾都必然包含"新与旧的斗争"，不是都需要"一方消灭另一方，一方克服另一方"的观点。他们认为"相辅相成"的矛盾就不包含相互克服，也无须克服，它们通过"相互合作""对立面的融合""调整、调节平衡"，就可以解决矛盾。而且对于这类矛盾来说，还是只有"双方一致了才能解决"，有的同志还声称这是矛盾解决的新形式。

我觉得，如果这样去研究社会主义社会矛盾的特殊性，那就不但不贯彻矛盾的普遍性，反而恰恰背离了矛盾的普遍性。这种研究的结果，已使社会主义社会矛盾的特殊性特殊到同辩证法关于矛盾的基本概念相矛盾了。矛盾是"对立面的统一",这是马列主义经典著作中人所共知的一贯思想。列宁说,"辩证的东西'在对立面的统一中把握对立面'"。[①]现在对立已不存在了,"矛盾未必对立",只剩下和谐、统一的一面,它们怎么矛盾得起来,怎么能够称得上矛盾呢!"相辅相成"等于统一的统一。称"相辅相成"为"矛盾",岂不是在逻辑上也有点自相矛盾吗?

在这里只存在两种可能性:或者马克思主义经典著作关于矛盾是对立面统一的提法错了。正如有人指责的那样,这种提法仅仅概括了阶级社会中敌对阶级之间的矛盾关系,并没有抓住一般矛盾的本质特征。如果是这样,那当然必须修正"矛盾"的基本原理,重新制定矛盾的定义;或者马克思主义经典著作关于矛盾的原理并没有错,而是我们把非矛盾关系当成了矛盾关系,我们所讲的那种"相辅相成"的矛盾并非真正的矛盾关系。如果问题是这样,那就应当考虑我们用以研究社会主义社会矛盾问题的方法是否正确,有必要改变我们的观点和研究方法。

有些学者确实走上了第一条道路。他们认为,已往关于矛盾的定义没有抓住矛盾的本质属性,并不具有普遍性,应当加以修改。有的人建议用"差别统一"来代替"对立统一",把差别统一看作辩证法理论的核心,基本定义改变了,不能不牵连到一系列的基本原理也必须跟着改变。于是,关于斗争是矛盾运动的动力,关于同一性的相对性和斗争性的绝对性等已为人所熟知的一些基本理论都相继发生动摇,甚至还株连到辩证法关于"静止是相对的、运动是绝对的"这样一些最基本的原理,对此也有人提出了异议。这条路走得通吗?我认为走不通。这样走下去,辩证法还能剩下什么,这样的辩证法理论还怎能具有革命批判的精神?因此,我认为只能从第二种可能性去作考虑。

矛盾为什么能够成为事物发展的源泉和动力,而且是事物"自己运动"的源泉和动力?按照黑格尔、马克思和列宁的观点,不就是因为它表

[①] 《列宁全集》第38卷,97页,北京,人民出版社,1959。

现了每一事物的本质都不是单纯的和纯粹的，它除了具有与事物现有性质相同的肯定因素之外，还包含有对本质自身的否定因素，即于相成中寓有相反，在自身中包含"破坏"自身的因素吗？没有本身构成事物本质之一部分的这个否定因素，事物不会变成与自己性质不同甚至相反的、另一个事物，也就不会有事物的发展，不会有事物"自生地运动"。所以黑格尔说，"和自身同一的观念包含着对它自身的否定、矛盾"①。列宁很赞赏黑格尔这样的思想。列宁是这样说明辩证法的"辩证法'对自身的破坏'"②。列宁认为，只有把发展理解为"对立面的统一"，这种观点才是活生生的，才能提供"理解一切现存事物的'自己运动'的钥匙"③。如果我们从矛盾中去掉对立，使矛盾失去否定因素（即相反），矛盾双方变成一面倒，趋于一个方向，它怎么"破坏"自身关系，怎么还能推动事物由旧向新变化？这样就恰好落入列宁用来形容形而上学的那种"死板的、贫乏的、枯竭的"观点中去了。④

事物本质中包含的肯定因素与否定因素，从发展过程看，就表现为新与旧的对立和斗争。矛盾斗争的结果，肯定让位于否定，事物也随着由旧变新。斯大林说过，事物含有的内在矛盾"都有其反面和正面，都有其过去和将来，都有其衰颓着的东西和发展着的东西，而这种对立面的斗争、旧东西和新东西之间的斗争、衰亡着的东西和产生着的东西之间的斗争、衰颓着的东西和发展着的东西之间的斗争，就是发展过程的内在内容，就是量变转化为质变的内在内容"⑤。这一论断应当认为是具有普遍性的。斯大林对辩证法理论的总体表述有很大的缺点，但这句话并没有说错。

---

① 《列宁全集》第38卷，213页，北京，人民出版社，1959。
② 《列宁全集》第38卷，336页，北京，人民出版社，1959。
③ 《列宁全集》第38卷，408页，北京，人民出版社，1959。
④ 《列宁全集》第38卷，408页，北京，人民出版社，1959。
⑤ 《斯大林文选》两卷集上卷，181~182页，北京，人民出版社，1962。

毛泽东同志也讲过"新陈代谢是宇宙间普遍的永远不可抵抗的规律"①的话，事物的新陈代谢根源于矛盾关系的更新变化，没有新旧方面的斗争，就没有矛盾内容的更新，也就没有事物的发展和新陈代谢。

矛盾的解决总要同"克服"联系在一起。不克服点什么，不否定点什么，就不会有更新，不会有由旧质态向新质态的变化。更新的内容和形式是多种多样的，这里不存在固定不变的模式。但是，只有经过一方对另一方的某种克服，一方对另一方的某种否定，矛盾关系才能发生变化，矛盾内容才能有所更新，这点则是普遍的。矛盾双方的"结合""调整""平衡"属于稳定矛盾，它是在现有矛盾关系的范围内对双方不适当的位置的调节。在事物发展的一定阶段上，这种调节是非常必要的。不是任何时候都必须去解决矛盾，在矛盾尚未充分发挥它所蕴含的潜在能量，尚未达到必须以新的矛盾去取代它的时候，就不应当着手去解决。此时，通过调整使矛盾双方处于协调、平衡的关系中，也是事物发展过程不可缺少的环节。但很明显，这样的协调、平衡，并非矛盾的解决。最后要解决矛盾，还需依靠克服、否定。说有一类矛盾不必通过克服，仅仅依靠调整关系就能得到解决，这在理论上是难以自圆其说的。

那么，我们怎样去解释像政治和经济、工业和农业、轻工业和重工业、红与专和理论与实践这类矛盾方面的相互促进、共同发展的事实呢？在这些矛盾的不同方面中谁是新的、谁是旧的，怎样相互克服和否定，难道可以只要工业不要农业、只要实践不要理论吗？上面讲到的关于"相辅相成"矛盾的说法就是以这类矛盾为根据而提出来的，所以对它们必须做出解释。

像这样抽象地提出问题，对矛盾的双方确实难以区分新旧，也很难谈论谁克服谁。必须承认，这里列举的矛盾都是相互结合、协调发展的。它们与另一类诸如生与死、真理与谬误、剥削阶级与被剥削阶级等矛盾的发展状况确实有很大不同。早在20世纪50年代末期中国共产党就提出了发展

---

① 《毛泽东选集》第1卷，323页，北京，人民出版社，1991。

国民经济的一系列并举的方针。"并举"就是协调的发展。对这类矛盾提出"并举"方针，是完全正确的。不能设想，没有农业或农业极端落后，工业还能得到高速发展；反之亦然。但同样很明显，这些矛盾所包含的对立统一关系，仍然要靠矛盾斗争推动其发展。在这点上与其他一切矛盾是完全相同的。

相互促进、共同发展是矛盾运动的结果，也是这类矛盾运动采取的形式。如果分析造成这一结果的根源，那就可以看到，它们的共同发展只能在双方矛盾的无数次产生又无数次解决中表现出来。贯穿在这里的道理，我们只要想想生产力与生产关系是怎样相互推动、共同发展的，就可以了解。在历史上，从来没有过只有生产力而无相应的生产关系，或者只有生产关系而无它所适应的生产力的状况，这两个方面无论在何时，都是共同存在着的。就这一意义说，在生产力与生产关系之间，我们似乎也难以划分出新旧区别，谈论一方克服另一方的问题。然而我们却都承认，生产力与生产关系是在矛盾的不断产生和解决的相互斗争中发展的。它们从古代的低下水平发展到今天这样高的程度，就是靠新的生产力不断克服已经变旧的生产关系，然后又在新建立的生产关系中不断发展生产力，即在生产力与生产关系新旧不断交替中实现发展的。对于生产力与生产关系的运动可以这样理解，对于其他矛盾，为什么就不能同样去理解呢？当然，我们可以说，其他那些矛盾具有不同于生产力与生产关系的矛盾的特殊性，但这里涉及的是矛盾的普遍性而非矛盾的特殊性问题，离开这个普遍性，怎么能正确把握特殊性呢？

对于这些矛盾所以会出现不同理解，原因固然很多，我觉得这和下面几个关于矛盾的基本理论问题过去搞得不很明确有直接的关系。

第一个问题，矛盾是个关系范畴，还是个实体范畴？

这是一个有分歧的问题。我认为矛盾是个关系范畴。矛盾就是对立统一的关系，关系虽然不能离开实体，矛盾关系既存在于事物内部构成实体的本质，也存在于事物之间构成实体之间的基本关系。但矛盾并不等于就是实体，并不都是由不同实体构成的。矛盾只是实体所包含的一种关系，不是它的唯一关系。不同实体构成矛盾，也不是因为它们的实体性，而是因为它们之间具有对立统一关系。我们平常说的矛盾即事物、即世界这句话，只是指矛盾不存在于事物之外，事物也不能没有矛盾而存在，即没有矛盾就没有事物、没有世界的意思，绝不是指矛盾就等于实体。

明确了这点就可以了解，所谓克服矛盾，是指克服实体内部或实体之间的对立统一关系，并非指克服实体。随着矛盾关系的改变，实体的地位要发生变化，实体自身也要跟着更新，但在解决矛盾的过程中实体不一定非消灭不可，这是两个有密切联系却非完全同一的问题。如果不消灭实体就不能改变矛盾关系，克服矛盾与消灭实体便统一了；否则，两者是可以不相统一的。就像我们对待敌人，不投降的要消灭他的肉体，投降了就不必非消灭肉体不可，但敌我矛盾关系在这两种情况下都必须加以改变。

工业和农业作为国民经济的两个基本部门，谁都不可缺少，谁也不能被完全克服掉，但它们之间的矛盾却要不断地去克服。随着矛盾关系的变化，它们各自在不断更新，相互之间的关系也在不断提高，这就是它们相互促进、共同发展的内在的内容，其他那些矛盾，如理论与实践、红与专，也都是这样发展的。过去我们混淆了关系与实体，一谈克服就想到消灭实体，以致"克服"变成了令人忌讳的字眼。

第二个问题，是否任何一种关系都可以看作矛盾，有没有非矛盾的关系？

这是分歧更大的一个问题。我认为矛盾是一种关系，但矛盾与关系并非同义的概念。可以说矛盾是关系、联系的本质，一切关系都要包含矛盾，也都可以归结到矛盾这一本质关系上来，但不是任何一种关系都可以直接说成是矛盾。如果是那样的话，世界上就变成只有一种关系即矛盾关系，而人们思想中会产生形而上学也就成为完全不可理解的现象了。就概念来说，矛盾是表现事物的存在和发展的本质与规律的具体性概念，它必须同时包含既对立又统一的内容。列宁说过，辩证法要求从相互关系的具体的发展中来全面地估计这种关系,而不是东抽一点,西抽一点。如果我们把事物抽象化,从表面现象中东抽一点西抽一点,那样得出的关系就绝不可能是矛盾关系。

人们所以从工业与农业、政治与经济等关系中得出"相辅相成的矛盾"或"并立性矛盾"这类非矛盾关系的矛盾概念,在我看来就是因为在这里把问题抽象化了,本来只抓到对立统一中一个侧面的关系,尚未触及它们的真正矛盾,却把这种非矛盾性的关系当作了矛盾关系。这样就势必扩大矛盾概念,混淆矛盾关系与非矛盾关系的界限。

抽象地看问题,永远不会把握真正的矛盾,只有对事物进行具体分析才能把握矛盾。对待像工业与农业这类事物,要了解它们的矛盾,必须找到使它们矛盾起来的那些结合点,比如,投资多少、技术水平高低或发展速度快慢等。找到了结合点,我们就可以看到,它们总是这样矛盾着的:不仅既有对立又有统一,而且对立就存在于统一中,统一也是对立中的统一。脱离开事物发展的具体过程,也不可能认识矛盾着的不同方面总有新旧之别。即使对于生产力与生产关系,把它们抽象化也难说谁新谁旧。如果我们把矛盾放到事物发展的具体过程中去,那就可以看出,在发展中总有代表新生事物和处于守旧地位的两个方面,只有通过新旧方面的斗争,矛盾关系才能不断更新。

难道"差别"不也就是矛盾吗?连差别都是矛盾,还有什么关系不是矛盾关系呢?确实,马克思主义经典作家讲过差别就是矛盾的话。不仅马克思主义经典作家讲过,黑格尔也讲过类似的话,这里重要的是必须弄清楚差别就是矛盾这句话的含义。列宁说,"就本来的意义说,辩证法就是研究对象的本质自身的矛盾"[①]。毛泽东同志在《矛盾论》一文的开首就引用了列宁这句话,可见这个思想是辩证法理解矛盾问题的前提。按照这一思想,作为矛盾的差别主要是指事物同一本质中的内在差别,并不是并立事物的外部差别。而本质的差别或本质中的差别也就是统一中的对立,是

---

① 《列宁全集》第38卷,278页,北京,人民出版社,1959。

尚未展开的对立统一关系。并立事物的外部差别也可以构成矛盾，那也是因为它包含着对立统一关系，绝不仅仅是因为它们"不同"便构成了矛盾关系。

人类认识的历史是很耐人寻味的。在一个相当长的时期，人们不承认矛盾，认为只有犯了逻辑错误，思想才会陷入自相矛盾。什么矛盾都不承认，当然也就谈不到辩证法。从康德、黑格尔以后，矛盾逐渐被承认了。辩证法提出差别就是矛盾的命题，就是要表明，矛盾不仅构成一切事物的普遍本质，而且贯彻于事物发展过程的始终。现在关于矛盾普遍性的道理，已为越来越多的人所承认。但是，我们如果循此继进，把问题推向极端，认为无论从事物中抓出什么关系来都是矛盾，那又会走向反面，取消辩证法与形而上学的区别。因为把非矛盾的关系纳入矛盾，就会使矛盾概念失去矛盾的本质，人们认识事物也就容易犯形而上学的错误了。

第三个问题，什么是矛盾的斗争，是否发生于对立面之间的一切关系都可以看作斗争？

"斗争"原是从社会上的战争、冲突借用来的一个概念。最初，赫拉克利特使用的就是"战争"一词。既然它已成为哲学范畴，那就应当从更广泛的意义上去理解，不能再局限于社会的斗争。过去一个时期一些人把"斗争"同"打倒"等同起来，似乎非置对立面于死地不可才是斗争，这是不正确的。但在批判了这种狭隘的观点之后，也不能走向另一个极端，认为对立面之间的什么关系都是斗争。现在有一种说法，认为对立面之间的"融合"也是一种斗争，这就把斗争性扩大到与同一性没有区别，混淆了两个不同的概念。

斗争是与同一性相反的一种矛盾关系，斗争性是推动同一性及其存在状态发生变化的一种力量，这是把握斗争这一概念含义的一个基本原则。矛盾的变化，主要是指矛盾关系和同一状态的变化，或指"旧的统一和组成此统一的对立成分让位于新的统一和组成此统一的对立成分"[①]。斗争

[①] 《毛泽东选集》第1卷，307页，北京，人民出版社，1991。

性就是推动矛盾关系发生这种变化的变动力量,在矛盾关系的变化中,不同的矛盾方面总是分别代表新旧两种不同的统一关系或统一状态的,所以斗争便经常表现为两个对立方面之间相互排斥、相互否定、相互克服的关系。

社会主义社会的矛盾,对立统一关系不同于阶级社会的矛盾,对立面之间的斗争当然也与阶级矛盾(包括通过敌对阶级关系表现出来的矛盾)不同。我们研究的矛盾特殊性,是它的主要内容之一。在研究斗争性的特殊性时,也必须掌握一个"度",这就是:必须从与同一性相反的关系中去理解斗争。社会主义社会的矛盾要变化,同一性的关系或状态要改变,就不能没有否定、克服,即斗争。至于否定、克服的内容和形式,当然是与阶级社会的矛盾不同的。社会主义社会矛盾斗争的特殊性应当主要表现在这里。

总之,我们研究社会主义社会的矛盾,必须始终依据矛盾普遍性的基本原理去认识它的特殊性。在这里,既不能把矛盾原理当作公式,生搬硬套到任何具体事物上去,也不能抛开矛盾的一般原理去认识特殊性。唯物辩证法关于矛盾的原理是从人类认识史中总结出来的科学成果的最高结晶,正如列宁所指出的,它是我们的"认识的规律",也是"客观世界的规律"[①]这一原理的作用,主要在于为我们认识各种事物的本质,为研究一切事物的发展过程提供了一个进行理论思维的科学观点和科学方法。如果我们没有通过深入地研究掌握大量实际材料,这一原理是毫无作用的,在这种情况下我们对具体事物的矛盾仍然会茫然无所知。但是,在我们深入实际面临大量具体材料之时,如果没有掌握矛盾的思维方法,不善于从统一中去发现对立,那么我们就会看不到真正的矛盾,即使看到了但在思想中也不能正确地反映出来。所以普遍性与特殊性的统一,应当是我们研究社会主义社会矛盾问题时刻遵循的一个基本原则。

---

① 《列宁全集》第38卷,407页,北京,人民出版社,1959。

五、相关理论问题刍议

（一）坚持真理问题上唯物主义与辩证法的统一[①]

对于绝对真理与相对真理，向来就存在着不同的理解。例如下面这样的看法是早就存在着的：认为相对真理只是对客观世界规律性不完全正确的反映，或者是尚包含某种错误因素因而需要在实践发展中被修正的认识；认为绝对真理是在人的意识中全面地、完备地反映出了客观世界所固有的内部联系和规律性的真理，或者是对现实的某一特定领域、方面的绝对完善的认识，绝对真理也就是不变的真理，或是在将来也不能被推翻的真理，等等。近来在我国学术刊物上关于真理问题的讨论中，许多文章都批评了认为相对真理包含有错误的这种观点。我认为对这种看法的批评是完全正确的。不过，在具体了解上，还有许多分歧，值得进一步讨论。特别是对绝对真理的理解，我们不能把相对真理看成包含错误的认识，那么能不能把绝对真理看成"对于整个宇宙运动规律"（或是对它的某一领域某一方面，这都一样）"洞察幽微、包罗无遗的"因而是终极不发展的认识呢？也就是说，我们不能从认识与对象的一致、不一致的不同关系去区分绝对真理与相对真理，那么能不能从真理认识的发展不发展、变化不变化的不同性质去区分绝对真理与相对真理呢？绝对真理与相对真理的区分的实质和基础是什么呢？这更是值得进一步深入研究的问题。

对绝对真理与相对真理的不同理解，不简单是一个如何给这两个范畴规定定义的问题。它直接关系着对绝对真理与相对真理相互关系的认识，关系着对马克思列宁主义提出绝对真理与相对真理问题基本实质的理解，因而也就是关系着如何在真理问题上彻底贯彻唯物主义观点和辩证法原则的问题。在绝对真理与相对真理范畴理解上反映出的分歧，首先也就来自对这些问题的不同认识上。

[①] 这是1962年写的一篇文章，发表于《吉林大学学报》1963年第3期。

本文准备着重从绝对真理与相对真理的辩证统一关系及其区分的实质意义方面，谈谈对这两个概念的理解问题。

1. 绝对真理与相对真理关系问题的基本实质是什么

马克思主义哲学在论到真理问题时，把它明确地区分为这样两个问题：关于客观真理或真理的客观内容问题；关于绝对真理与相对真理的相互关系问题。在承认客观真理的基础上，又进一步提出绝对真理与相对真理的相互关系问题，这里就标志出了马克思主义哲学在处理思维与存在统一关系问题上的辩证唯物主义特点，它与旧唯物主义有原则区别；而在绝对真理与相对真理关系问题的基本观点上，又和一切唯心主义、不可知主义、相对主义等彻底划清了界限。

承认认识是对外界自然的反映，这是唯物主义认识论的基本看法。从一般意义说，这个看法在旧唯物主义中很早就已经达到了。但是，马克思主义以前的唯物主义哲学却从来不能正确了解认识之反映的辩证本性。面对客观世界运动发展的事实，作为这个世界的主观反映的认识，却是僵死不动的，是一次确定便永不变化的。由于它们缺乏辩证法的发展原则，特别是不能把发展观点贯彻到认识论领域中去，贯彻到真理认识上去，它们也就不能坚持思维与存在的彻底统一原则，完全科学地解决物质与意识的关系问题。

马克思主义哲学在认识论领域所实现的革命变革，其根本实质就是把认识的理论放在了社会实践的基础之上，并在这个基础上彻底贯彻了唯物辩证法的发展原则，这里不仅是指思维与存在的一般反映关系，而且包括反映与被反映者的一致关系在内。在马克思主义哲学看来，认识对客观实际的反映不是僵死的照相，主观与客观的统一也不是呆板的统一。辩证唯物主义认为不仅从不知到知、从不正确的认识或不完全正确地认识到真理的认识是一个发展的过程，而且达到了和客体一致的真理认识，同样处于发展过程之中，它只能是在相对真理与绝对真理的矛盾统一中日益深入客观真理的过程。马克思主义哲学所运用的绝对真理与相对真理这两个范畴，正是表现着这样的辩证法内容：真理认识与客观世界是一致的，又是矛盾的，正是这种矛盾的统一，使得真理必然处于永恒的发展之中。而这两个范畴的重要意义，也就在于它们在思维与存在相统一的基础上进一步更具体地贯彻了辩证法原则，在思维与存在的关系问题上把唯物主义的"统一原则"和辩证法的"发展原则"彻底统一起来了。

这看来似乎是矛盾的，真理的认识既然是已经达到了和客体符合一致的认识，它就应当是认识的完成了。形而上学唯物主义的哲学家们正是这样了解的，他们只承认或者是谬误即认识与对象不相一致，或者是真理即认识与对象完全一致，此外就不再有别的了。而正是在这里表现着唯物辩证法和形而上学、唯物主义根本不同之处。从辩证法观点看来。真理作为与谬误相对立的认识，它是与对象一致的，但这种一致乃是具体的历史的一致，是包含着矛盾的不断产生又不断解决的一致，因而也就只能是在发展中的一致。主张相对真理作为发展着的认识必然包含错误的观点的同志，从思想实质上说，也正是忽略了这一特点。按照这种观点看来，绝对真理是不变的，因为它是与客体完全一致的认识，相对真理既然需要发展，当然必须是不完全正确的认识。可是这样也就根本违背了马克思主义哲学关于绝对真理与相对真理关系问题提法的基本实质，恰好把与客体符合一致的真理认识排除在发展过程之外。用从错误或不完全正确的认识走向真理的发展，来代替真理的发展问题，这无异于根本取消了绝对真理与相对真理的关系问题。

列宁曾经指出过："人类思维按其本性是能够给我们提供并且正在提供由相对真理的总和所构成的绝对真理的。科学发展的每一阶段，都在给这个绝对真理的总和增添新的点滴，可是每一科学原理的真理的界限都是相对的，它随着知识的增加时而扩张、时而缩小。"[①]马克思主义哲学承认真理的内容是客观的，承认客观世界完全能够为人类所认识——人类认识以绝对的自然为对象，这个对象的存在是无条件的，它向认识的转化是

---

① 《列宁全集》第14卷，134页，北京，人民出版社，1957。

无条件的，人对真理的认识符合这个对象并日益深入这个对象也是无条件的——这就必须承认真理的认识是具有绝对性的；但是，马克思主义哲学又认为人的认识对象是一个无限发展着的自然，而人类又只能在一定的历史条件下即社会实践发展的一定水平和科学知识发展到一定水平的条件下进行认识，人在每一历史阶段的具体认识都不能不由于历史条件的限制及对象发展的限制而使它与绝对的自然的符合具有历史性，因而，马克思主义哲学又不能不同时承认，每一历史阶段的人类知识都具有相对性，它与客体符合的界限是历史的、有条件的。人们只能以不断发展的认识去反映不断发展中的世界，而每一这样的发展，都更深入地反映了客观世界，这就是绝对真理与相对真理这两个范畴所表现的实在内容。

从这个关系看来，绝对真理与相对真理当然绝不能使它们分割开来，而是必须承认它们的统一。只有承认相对真理，才能阐明认识与客体符合一致的历史的和发展的性质；又只有承认绝对真理，才能表明真理认识在发展中与绝对的自然的一致关系，即真理内容的客观性。如果否认其一，而把另一个绝对化，那就必然走向形而上学独断论或相对主义的错误泥淖中去。

从这个关系看来，对于绝对真理与相对真理的统一关系，也只有在这样的前提下去了解才是正确的：这里所说的真理的发展，是在认识与实际相一致的范围内说的；而这里所说的认识与实际的符合一致，又只是处于不断发展中的一致关系。在真理问题上存在着两个对立面的关系，一是真理与错误的对立关系，一是真理的相对性与绝对性的对立关系。相应地也就有两种发展，从错误走向真理的发展过程，和真理自身的发展过程。在实际认识中，这两个对立面和两种发展，是一个统一的过程，但却表现着唯物主义与唯心主义、辩证法与形而上学两个不同方面的斗争内容，我们在作理论概括时，不能不明确地把它们区分开来。如果不能把发展的性质引申到认识已经和实际达到了一致的那种关系上去，就不能认为是把辩证法的观点贯彻到底了；而如果不能从认识与对象的一致关系中去了解真理的发展，对于真理这样的辩证法观点，也不可能是彻底唯物主义的。

2．绝对真理与相对真理是怎样统一的

从实际看来，人们可以承认绝对真理与相对真理，并且承认它们是统一的，对统一的了解却可能很不一样。而由于对它们的统一关系了解得不同，对绝对真理与相对真理这两个概念的本质也就产生了不同的理解。因此，要达到对绝对真理与相对真理了解上的一致，必须弄清它们的实际关系是怎样的。

所谓关系，从本质上说，也就是对立统一。

绝对真理和相对真理，或者绝对和相对，它们在性质上和在概念含义上的矛盾、相互排斥，是明显的。绝对的，一般是指无条件的、唯一的、永恒存在着的东西说的；相对的，一般是指有条件的、暂时的、在消逝中存在的东西说的。对于认识与实际的一致关系来说，即从真理问题上说，绝对与相对就是指这种一致关系在发展中的界限、性质的条件性、无条件性的对立关系来说的。列宁在论到绝对真理与相对真理问题时，是这样提出问题的："如果有客观真理，那末表现客观真理的人的表象能否立即地、完全地、无条件地、绝对地表现它，或者只能近似地、相对地表现它？"①这个提法是以辩证唯物主义观点为基础的，但也考虑到了这个问题的历史状况，因而才从这种显现于外部的对立关系提出问题。而独断论和相对主义，就正是由于在思想方法上把这种关系作了绝对化的了解，才得出了或者是绝对或者是相对，或者是绝对真理或者是相对真理的错误结论。

然而，处于对立中的矛盾着的不同方面，又具有统一性，矛盾着的方面只能在和对立面的统一中，才有它的存在，这是辩证法所揭示出的一切事物的普遍关系。绝对与相对的关系同样如此，它们也不能彼此脱离单独存在。所谓无条件存在的东西，唯一的绝对的东西，它们之所以能够成为普遍的绝对的和无条件的东西，只是因为它们是存在于各种不同的有条

---

① 《列宁全集》第14卷，120页，北京，人民出版社，1957。

件而存在的东西里边的。如果我们说的是现实存在的东西而不是臆想中的东西,那么一切无条件的存在,都必须以有条件存在的东西为基础和前提,反过来也如此。有条件存在的东西,它们的条件性,作为一种有限的存在,同时也就是对它自身的否定。因而,有条件的东西也只能在与无条件的东西的统一中才有它的存在——它的规定性就是以这种否定性为基础的。

恩格斯说:"在辩证法哲学看来,并没有什么一成不变的、绝对的、神圣的东西。辩证法哲学认为一切和任何事物中都有着不可避免的灭亡的印迹;在它看来,除了不断的发生和消灭的过程,除了无穷的由低级进到高级的上升过程以外,没有任何东西是永存的。"① 绝对和相对所表现的正是这种关系,它们不过是同一发展过程以及这个过程中的同一个存在的两方面属性。它们的性质虽然是恰恰相反的,它们的存在却又是统一的。

从客观世界方面来说,世界是由不依赖于意识而客观存在着的各种现象及其过程所构成的总体。世界中的每一具体事物和每一具体过程,都是在一定条件下存在的,因而都是有限的、相对的;但世界的总体存在,每一具体事物的发展,和每一具体过程向另一过程的推移,却是无条件的、永恒的因而也是无限的、绝对的。世界就是通过这无数相对的具体事物和具体过程的永恒发展才有它的绝对存在的,这一点说明绝对世界的存在同时又具有相对性,绝对性存在于相对性之中。另外,由于每一具体事物和具体过程都只是统一的绝对世界的一个部分和一个阶段,因而所谓事物存在的相对性不过意味着:在每一具体事物内部都存在着否定它自身的矛盾,这个矛盾就促使事物不断地超出自身的界限之外,而过渡到另一事物、另一过程。没有事物的这种转化、推移和发展,便没有具体的事物存在,也就无所谓事物的相对性。这一点则又说明有条件存在的东西,又须以事物的无条件的绝对发展为存在的基础,相对性中存在着绝对性。

---

① 恩格斯:《路德维希·费尔巴哈和德国古典哲学的终结》,6页,北京,人民出版社,1959。

再从主观认识方面来说。人对客观世界的认识能力，是在人们改造外部自然界和人类社会关系的斗争中形成的，也是在这个斗争基础上不断发展着的。只要人类社会存在，只要人类社会实践不断发展，人类的认识将无穷地深入客观真理这一点就是无条件的、绝对的。但是如恩格斯所指出的，人的"拥有无条件的真理权的认识"只能实现于"完全有限地思维着的个人中"[①]，每一历史时代和每一个人的认识要受到客观条件和主观条件的限制，在这种认识中所表现出来的它与客观实在一致性的界限，当然又不能不是有条件的、相对的。这一点说明人类对世界的无条件的绝对的认识，是通过各个具有相对性的认识而实现的，绝对的真理存在于相对的真理之中，并通过相对真理而实现。同时，由于各个不同的相对认识，作为真理的认识都是对同一个绝对的自然的反映，这种相对性当然也只是意味着：每一个这样的认识都不是对客观真理的穷尽，它与客观实在的一致是有一定界限的，由于这个矛盾认识必须不断发展，但在发展中的每一个这样的认识，又都表示人类的知识向更完全更深刻地反映客观真理前进了一步。因而，认识的这种发展，使各个不同的具体认识具有了相对性，而又正是在各个相对认识的这个发展中表现了认识的绝对性。这一点则又说明在相对真理的认识中，就包含着绝对真理的认识，人们通过相对真理而认识着绝对真理。

这两个方面的矛盾，就是绝对真理与相对真理具体统一的基础。从这个基础出发去认识它们的关系，很明显它们是绝不能分割开的。

第一，相对性与绝对性是人们认识客观真理的同一发展过程的基本矛盾的两个方面，它们同时存在于同一认识过程中。绝对真理表现着真理认识发展过程的性质、方向和本质，真理的发展就是人类日益完善地掌握客观真理的过程。相对真理则表现着这个过程在实现中所采取的方式和必经的步骤、阶段，这就是人类只能通过各个具体的认识即相对真理的不断积累，去认识处于发展中的绝对世界。

[①] 《马克思恩格斯选集》第3卷，427页，北京，人民出版社，1995。

第二，相对性和绝对性也统一在每一具体的真理认识之中，它们构成每一客观真理所具有的两个方面的矛盾属性。这是由上面一方面决定的。和发展过程只能通过各个具体事物而存在同样，发展过程所具有的矛盾也必然具体体现在它的各个具体事物的属性之中。既然客观世界和人的认识都是不断发展的，那么每一真理认识的适用界限必然是有条件的，在这个界限以内，它与对象是一致的，超出这个界限，它与对象就是不一致或不完全一致的了。相对真理所表现的就是真理认识的这种条件性、真理与绝对的世界的一致的近似性（即在一定界限内的一致）。但是这种有条件的真理认识包含着不依赖于人和人类的客观内容，它正确地反映出了客观世界的某一方面、某一部分或某一过程的客观规律性，这一点却是无条件的，绝对的。绝对真理表现着真理与绝对自然的符合，真理具有客观内容这一方面的属性。

概括科学发展的事实，可以看到有两种主要的发展情况：一种是主要由社会实践的发展所制约的向更深的本质和更广的范围的前进运动；一种是主要由客观过程的推移，发展所制约的从旧事物的认识向新事物的认识的发展。自然科学对原子的认识的发展，是前一种的典型例证；马克思列宁主义关于社会主义革命理论的发展是后一种情况的典型例证。而不论哪一种情况，它的认识发展的每一步及其所达到的每一个成果，都同时表现着绝对和相对这两方面的属性。这里只就社会主义革命理论分析一下。这虽是一个人人熟知的例证，却具有极为典型的意义，并且最能说明问题。恩格斯在19世纪末期资本主义尚未发展到帝国主义阶段的时代，关于社会主义革命曾做出了必须在几个国家同时发生才能取得胜利的结论，这个结论后来为列宁的社会主义革命可以单独在一国取得胜利的结论所代替。在列宁的时代资本主义已发展到帝国主义阶段，资本主义在政治上、经济上发展的不平衡规律，使得帝国主义国家间的矛盾尖锐化了，这就有可能在资本主义阵线最薄弱的那一环上首先突破它，使社会主义革命取得胜利。这两个结论是不同的，它们都只在各自的历史条件下才适用，这说明这两个结论真理性的界限是历史的、有条件的，因而具有相对性。但是对于社会主义革命规律性的无条件的绝对的认识，却并不存在于这两个相对真理之外。这种绝对的认识只能存在于它们之中，并表现于从一个向另一个的不断发展。这就是说，这两个不同的结论作为客观真理来说，又具有绝对的内容：恩格斯的结论在恩格斯时代就是唯一正确的认识，它也可以说就是表现于这个条件下的绝对真理；列宁的结论在帝国主义条件下也是唯一正确的认识，在这个条件下这也就是绝对的真理。马克思列宁主义关于阶级斗争和帝国主义的理论也具有同样的性质。在帝国主义和一切剥削阶级已在全球被消灭的情况下，这个理论当然便不再适用了，因为客观情况已改变了它所适用的条件，这是它的相对性的一面。但是在帝国主义和阶级斗争仍然存在的条件下，这个真理就绝不会失掉它的指导意义。而且即使阶级被彻底消灭了，在人们认识阶级社会的历史时，仍然只有它是正确的指导原则，这就是这个真理的绝对性的一面。

3. 绝对真理与相对真理概念的本质及其区分的逻辑基础是什么

从上述看来，绝对真理与相对真理根本不是两个真理，也不是真理发展的两个过程。同时，从它们对立统一关系的基础来说，也并不是反映认识与对象的一致和不一致，或认识的发展与不发展的性质不同的两个概念。作为概念来说，无论是相对真理或是绝对真理，它们都表现着真理认识与客观对象的一致关系；无论绝对真理或相对真理，它们也同样都表现着真理认识所具有的那种发展性质。这里所以必须提出这样两个不同的概念，如上所说，只是为了反映出真理认识和这种认识的发展的矛盾内容：在马克思主义哲学看来，第一，真理与对象的一致乃是具体的历史的一致，是处于发展过程中的一致；第二，真理认识的发展又只是属于认识与绝对的自然的符合一致关系的发展。

因此，绝对真理与相对真理的矛盾就只是发生在认识与对象的"一致"关系和这种一致关系的"发展"性质这两方面的统一中；它们的对立，从合理的意义上说，也就只能是这样的两种关系：在发展中的一致关系

（因而是相对的），和一致关系的不断发展（因而又是绝对的）的对立。

如果这种认识不错的话，那么这也就应当是理解绝对真理与相对真理这两个范畴区分的基本前提，而绝不能单纯从真理的"性质"一方面和单纯从真理的"发展"关系一方面去了解这两个范畴的区分。但在实际中，我们却常常是比较习惯于对立概念的较为单纯的划分方法，而不惯于用对立面的统一关系作为划分概念的基础。单一基础的划分方法在一定范围内是很适用的。但对于类如绝对真理与相对真理这样的范畴关系来说，却不能不表现出很大的局限性。我认为在理解绝对真理与相对真理问题上的许多困难，都是这样出现的，某些错误看法的产生，也和这点有关。认为相对真理是包含有错误的真理，和认为绝对真理是不再发展的真理这两种看法虽然不同，它们却都是从一个共同基础出发来区分绝对真理与相对真理的。这个共同基础就是：真理的性质和真理的发展的割裂；离开发展过程去了解真理的性质一方面，脱离真理性质去了解真理发展的一方面。而由于真理的性质与真理的发展这两方面在前提中已经被完全分割开了，那么它们的统一便出现了这样的局面：绝对真理是不再发展的，发展中的相对真理又是不完全与对象一致的。例如，从相对真理包含有错误因素的观点进行分析，就必然会导引出上述的逻辑结论。他们虽然在问题的提法上和形而上学者不同，承认真理的发展，但是既然要发展那种真理认识，即相对真理，包含有错误的认识，那么这里所讲的发展就只不过是或者属于从错误认识走向正确认识的发展，或者属于从包含错误因素的不完全的真理走向完全真理的发展。归根到底，真正真理的发展是不存在的，发展不过是由错误带给真理的。混淆两个不同发展过程的结果，必然是否认真理认识的发展。对于那种已经剔除了错误的真理认识，即已经达到和客体一致的认识，从这种观点看来，就是不再发展的。他们只承认前一种发展，不认为后一种过程也是发展。

马克思主义哲学的方法论有这样一条基本原则，即必须在对立面的统一联系中去阐明处于两极对立中的逻辑范畴的本质。把上述两个矛盾方面统一起来，也就是说，我们在阐明绝对真理、相对真理概念的本质时，绝不能离开它与对立面的统一联系，而是必须从制约着它们各自性质的统一联系中，去了解它们的本质。具体地说来就是以下几点。

第一，绝不能从认识与对象的一致关系之外去了解相对真理。绝对真理与相对真理属于同一个客观真理，作为反映客观真理在发展中两个矛盾方面的概念，它们不应当在真理的性质上相对立，这并不是说真理的性质没有矛盾了，没有绝对性与相对性的对立了。但这是属于真理与错误的矛盾关系问题，而不属于绝对真理与相对真理的关系问题。当然，在相对真理和绝对真理的对立统一关系，与真理和错误的对立统一关系之间，也是有联系的。例如，如果越出了相对真理适用的界限，把它用于新的领域，它就会转化，失去真理的意义，变成错误，这说明相对真理的真理性是有条件限制的。可是，相对真理的这个局限性，它没有反映出事物其他方面的事实或规律性，这并不属于相对真理本身的错误。正是为了具体表明真理与错误的这个分别，才有运用相对真理这一概念的必要。无论如何，我们不能把相对真理同包含有错误的那种认识看成一个东西。同时，也不能因为错误在一定条件下可以和真理联系在一起，或者由于在实际中真理认识常常是经过错误认识而达到的，便把这两种相对性，把真理的相对性和真理与错误对立的相对性混同起来，从而模糊了真理与错误的根本界限。在经典著作中谈到主观与客观的一致关系时，曾多次使用过"近似的一致"这种提法，但这绝不是在真理范围内指真理中必然含有某种主观的错误成分来说的。像列宁所做的分析就十分明确地表明，"我们表象的对象和我们的表象有区别，自在之物和为我之物有区别，因为后者只是前者的一部分或一方面，正像人自己也只是他的表象所反映的自然界的一小部分一样"[①]，近似性只是表明人的认识在无限地深入绝对自然的过程中，它向绝对自然接近的界限（深度和广度）总是历史的、有条件的意思。

第二，也不能从真理的发展过程之外去了解绝对真理。

---

① 《列宁全集》第14卷，116页，北京，人民出版社，1957。

相对真理是变化的，这似乎没有不同的看法。但绝对真理是不是就不发展了呢？这个问题的答案本来也应当是毫无疑问的。因为马克思主义哲学与独断论者的不同，正在这一点上。在马克思列宁主义经典著作里曾经多次阐明过"真理是过程""认识是思维对客体的永远的、没有止境的接近"的思想。认为绝对真理是不发展的，即最后完成了的终极认识，显然是违背辩证唯物主义原则的。

然而事实上并非如此，这里有几种说法都是值得我们具体研究的。一种说法是从能否被推翻这一点去区分绝对真理与相对真理。有的同志说，相对真理是可以被推翻的，绝对真理则是"不能被推翻的"，因而它也就是"不变的""永恒的"真理。这种区分方法是否符合马克思主义哲学的原理呢？

首先，我认为这个划分本身就是极其混乱的。这里的"不能被推翻"的性质究竟指的是什么呢？如果它指的是包含有客观内容因而被保留于真理认识总体中的那种意义的认识，那么，真正说来，除了那种在任何条件下都不是真理的错误外，并没有可以被推翻的真理。在这个意义上，上面提到的恩格斯关于社会主义革命所做的结论，也并没有被推翻，因为它同样是构成关于社会主义革命的绝对的总的认识的一个不可缺少的部分。相反地，如果所谓"不能被推翻"的性质指的是那种即使在真理适用条件范围以外也还能同样保持其真理意义的认识，那么，这又没有什么真理是不能被推翻的了。因为这样的抽象真理，这样的超时空和在任何条件之外存在的真理，真正说来，是根本不存在的。

至于谈到"永恒的真理"，恩格斯对这一点曾做过很明确的分析。马克思主义者承认认识的发展有它不同于自然的特点。真理认识的发展包含着一个积累的过程，那些正确地反映了历史事实和客观规律的论断，有着"不变"的性质，因而马克思主义哲学承认永恒真理的存在。但是，马克思主义哲学却不是在真理可以处在发展过程之外或客观真理已被穷尽的意义上谈论真理的"永恒"性的；而只是在客观真理的意义上，即它是对客观事实或历史规律的正确反映的意义上承认永恒真理的。如果以"拿破仑死于1821年"这一论断为例，我们从列宁在下面一段话里的问题提法上就可以清楚地看到这个区别。列宁在反驳波格丹诺夫时说："如果你不能断定'拿破仑死于1821年5月5日'这个命题是错误的或是不确切的，那末你就得承认它是真理。如果你不能断定它在将来会被推翻，那末你就得承认这个真理是永恒的。"①从这个关系看来，永恒真理或不变的真理并不是在相对真理之外的某种特殊真理，只要是客观真理，它就具有不可被推翻的性质，就具有这种永恒性。但是，永恒的真理既然只是意味着真理所包含的客观内容的绝对性，这种真理当然也是存在于相对真理之中，并同时具有相对性一面的。就以"拿破仑死于1821年5月5日"这一真理来说，它也同样表现着历史条件的限制。这里的年月日是以地球上的公元纪年为准的，而人对纪年的认识本身就具有相对性，不同历法的存在就说明了这一点。人们都熟悉这样的事实：以公历计算和以我国阴历计算一个人的生日，其周年日期在实际中是有很大差距的，有的甚至可以相差一月以上。从这一意义上可以认为，在与相对真理的统一中，马克思主义哲学承认"永恒的真理"在相对真理之外，马克思主义哲学是不承认那样的不变真理的。也就是说，马克思主义哲学根本不承认处于发展过程之外的真理。

另一种说法，是把绝对真理了解为"对于整个宇宙运动规律洞察幽微、包罗无遗的认识"，由于它是最后完成的认识，因而实质上也就是不再发展的认识；或者是把绝对真理看作在相对真理之外独立存在的关于世界某一方面、某一过程的完满认识，"如果某一科学原理、定律或理论是绝对真实地和完善地表现了它所描述的客观对象或客观规律，那么它就是绝对真理"，虽然"这种真理除去一些极平凡的事例之外，一般是不能完全实现的"，但至少这一部分在理论上总是存在的，这种脱离相对性的绝对真理当然也是不再发展的。

认为可以有脱离相对真理独立存在的绝对真理，这点在上面已经分析过，是不正确的；把绝对真理表述为绝对完善的认识，这样的定义同样是

---

① 《列宁全集》第14卷，131页，北京，人民出版社，1957。

不正确的。

所谓对世界的绝对完善的认识意味着什么呢？第一，这意味着认识的最后完成；第二，这意味着世界永恒发展过程的终止。而无论前者或是后者，在现实上这都是不可能的。马克思主义哲学既不承认发展可以有终结，也不承认客观世界可以为人的认识所穷尽。恩格斯早就指出过这一点："认识了自然界的所有现象是处在有系统的联系之中，这就推动科学从整体并且从个别部分，到处去证明这种有系统的联系。可是对这种联系之恰如原状的、毫无遗漏的科学的陈述，对我们所处世界体系的确切思想反映的形成，这对于我们以及对于所有时代都是一件不可能的事。"①那么，要想穷尽整个世界是不可能的，对于世界的一个方面或一个过程是否可能呢？例如说："在一定条件下，由于人们的实践已达到高度的水平，而我们所研究的事物又是足够简单的话，那么或许可以认为对于某些问题的认识，已经是绝对真理。"从世界的整体转到它的局部，问题的范围虽不同了，但问题的本质却并没有改变。难道世界的整体不能处在无限发展过程之外因而为认识所穷尽，它的部分却可能处于发展之外而为人的认识所穷尽吗？难道历史条件对人们认识的局限作用只适用于对于世界整体的认识，人们对于世界部分或个别方面的认识可以超出于它的限制之外吗？列宁在《唯物主义与经验批判主义》一书中明确地指出过：人类对于客观世界的认识永远不会终止于一点，不论是对于无限宇宙的认识，还是对于物质世界的局部的认识。列宁引证狄慈根的论述说："'科学的对象是无穷无尽的'，不仅无限大的东西，连'最小的原子'也是不可度量的、不可彻底认识的、不可穷尽的，因为'自然界的各个部分都是无始无终的'。"②随后，列宁进一步指出："辩证唯物主义坚决认为，日益发展的人类科学在认识自然界上的这一切里程碑都具有暂时的、相对的、近似的性质。电子和原子一样，也是不可穷尽的；自然界是无限的，而且它无

---

① 《马克思恩格斯选集》第3卷，376页，北京，人民出版社，1995。
② 《列宁全集》第14卷，275页，北京，人民出版社，1957。

限地存在着。"①马克思主义哲学绝不能采取形而上学者的理论原则。形而上学独断论者认为可以有不变的完满的认识存在，这是和他们在"本体论"上否认发展的形而上学观点相呼应的。他们认为可以为认识所穷尽的那些部分，也就是那些被认为处于发展之外的永恒不变的部分，如绝对本体，不变的属性等。辩证法不承认世界上有这种不发展的东西存在，也就不能承认有处于发展过程之外的认识存在。

正由于这种终极的认识是不存在的，所以即使承认绝对真理是不脱离相对真理的，对于绝对真理的这样的表述方法也是不恰当的。列宁和毛泽东同志都对绝对真理和相对真理有过明确的说明，他们指出："绝对真理是由发展中的相对真理的总和构成的"②"马克思主义者承认，在绝对的总的宇宙发展过程中，各个具体过程的发展都是相对的，因而在绝对真理的长河中，人们对于在各个一定发展阶段上的具体过程的认识只具有相对的真理性。无数相对的真理之总和，就是绝对的真理"③。"绝对真理是对于整个宇宙运动规律洞察幽微、包罗无遗的认识"这个提法，和"绝对真理是由发展中的相对真理的总和构成的"这个提法并不相同。在后者中当然包括整体和部分的关系。但它是指发展中的整体和部分的关系。而前者的整体即绝对完善的认识，则是以认识的终结、世界的被穷尽为前提的，因而是一个封闭的整体，这怎么可以认为是相同的呢！

列宁和毛泽东同志在这里通过发展过程的总体和其部分、阶段之间的关系来说明绝对真理与相对真理的关系，当然并不是无意义的。绝对与相对的关系，在发展中所表现出的对立统一联系，从本质上说也就是部分和其整体的那种关系。因为无论相对与绝对，部分与整体，它们和类如上和下、善和恶、剥削阶级与被剥削阶级等矛盾都不同。它们不是两个具体东西的对立。在现实中与某个相对东西直接对立的，只是另一个相对的东

---

① 《列宁全集》第14卷，277页，北京，人民出版社，1957。
② 《列宁全集》第14卷，326页，北京，人民出版社，1957。
③ 《毛泽东选集》第1卷，295页，北京，人民出版社，1991。

西。绝对的东西只不过是各个相对东西之间的一种统一关系和发展关系，即许多相对东西在彼此否定中的统一联系和它们在发展过程中的总体关系。而这正是部分与整体在发展过程中所表现出的那种对立统一联系。所以在马克思列宁主义经典著作中不仅曾用它来说明绝对真理与相对真理的关系，而且也曾反过来，例如，列宁在《哲学笔记》中，用绝对与相对来表述过世界发展的整体与其各部分之间的关系。

但这里是有前提的。它是以"绝对的总的宇宙发展过程"为基础，以"发展中的相对真理"为条件的。作为发展过程的整体，当然是无限的，不尽的。因而"无数相对的真理之总和，就是绝对的真理"的提法，就不但和独断论者的终极完善的绝对真理的提法不同，而且从根本上和它划清了界限。

在马克思主义经典著作中从来找不到关于绝对真理是完满无缺的认识的这种定义，这也不是偶然的。因为马克思主义哲学了解的绝对真理和相对真理的统一，绝不是独断论者的绝对真理概念和相对主义者的相对真理概念的单纯结合。在把这两个被分裂的对立面从它们的内部联系中统一起来以后，这两个对立方面的性质也就发生了根本变化。因而马克思主义哲学在把绝对真理与相对真理结合起来的同时，不但彻底克服了不可知论者、唯心主义者和形而上学者在真理问题上的片面观点，也彻底埋葬了它们的一切概念。在马克思主义经典著作中，仅仅在需要具体揭露唯心主义和形而上学真理观的荒谬性时，才有利用他们的原有概念以反对他们的错误观点的情形。凡是正面阐述绝对真理与相对真理概念本质的地方，从来都是从它们的统一联系中进行分析的。[①]这正是辩证法所要求的。用"绝对完善的认识"去说明"无数相对的真理之总和"，看来似乎是具体阐发

[①] 有时可以听到一种说法，认为在马克思主义经典著作中没有为绝对真理与相对真理规定明确的定义，只是阐明了它们的辩证关系。其实不是经典著作中没有明确的定义，例如，"无数相对的真理之总和，就是绝对真理"就是很明确的定义，只是他们不习惯于从对立面的关系中去规定对象本质的这种定义。归根到底，还是没有完全理解辩证法思想方法的本质。

了后者的内容，使绝对真理的概念变得单纯易解了，其实这正是曲解了绝对真理的辩证法内容。某些对绝对真理的误解，例如，这种说法："绝对真理是存在的，但是达不到的；人们只能通过相对真理去接近它，永远不能认识绝对真理"——把绝对真理变成一种可望而不可即的遥遥悬于彼岸世界的假定存在，这种看法的产生，就和绝对真理的上述"定义"有关。

因此，坚持在真理问题上的唯物主义与辩证法统一的原则，就必须从绝对真理与相对真理的统一关系中去阐明它们的本质，必须在真理与对象一致关系的基础上去了解相对真理的发展内容，必须从真理的发展过程中去了解绝对真理与客体绝对一致的关系；而绝不能使它们脱离开来，在相对真理之外追求绝对真理的单独定义，在绝对真理之外去说明相对真理的发展。

从这个原则来看绝对真理与相对真理，那么，绝对真理也就是发展中的无数相对的真理之总和，这个概念所表现的不过是人们对无限发展的物质世界的无限发展的认识过程，以及在这个过程中每一真理认识所达到的与绝对世界更前进了一步的符合一致关系的内容；而相对真理也就是在绝对真理的长河中人们对某一具体阶段的认识，这个概念所表现的也不过是人类在认识无限发展过程中对于客观世界各个方面、各个部分及各个过程具体认识所具有的历史界限，即我们的知识接近和深入客观世界的一定界限的内容。

我认为只有从一致和发展的统一中，从绝对真理和相对真理的统一中所了解的绝对真理、相对真理概念，才能说明真理认识发展过程的本质，才能给科学指出发展的正确途径，也才能彻底和独断论者、相对主义者、不可知论者、唯心主义者以及一切其他种种错误观点在原则上彻底划清界限。

（二）马克思论个体活动与历史规律的关系[①]

马克思1846年12月28日写给巴·瓦·安年科夫的信，对我们了解和掌

[①] 本文是"马克思恩格斯历史唯物论书信介绍"一组文章中的一篇，发表于《吉林大学社会科学学报》1981年第6期。

握马克思关于历史运动规律的理论具有重要的意义。

这封信写于马克思唯物史观学说的形成时期。马克思在1844年同恩格斯一起写出了《神圣家族》一书，1845年春草拟了批判费尔巴哈哲学的提纲，随后又和恩格斯一起完成了《德志意识形态》一书的著述。在这封信里，马克思运用初步形成的唯物史观理论分析了人类历史的实在进程及其运动规律。这里的基本思想同《德意志意识形态》一书以及后来著作中阐述的观点完全一致，应当看作属于马克思业已成熟的思想。

马克思这封信的内容，主要是批判蒲鲁东的《贫困的哲学》一书的错误观点。蒲鲁东（1809—1865）是法国小资产阶级的哲学家和经济学家。他虽然早年做过工人，曾经尖锐地抨击过资本主义的私有制度，提出了"财产就是盗窃"的著名论点，马克思还曾耐心地帮助和教育过他，他的世界观却是资产阶级的，一生充当法国资产阶级和小资产阶级的代言人，对马克思的学说始终持敌对的态度。1846年秋出版了他的第二部著作《经济矛盾体系或贫困的哲学》。这部著作明显地表现了他的资产阶级改良主义和冒牌社会主义以及资产阶级唯心论和形而上学的立场、观点。巴·瓦·安年科夫（1812—1887）是俄国自由派著作家，当时同马克思建立了密切的联系。蒲鲁东的著作出版后，他于11月1日写信给马克思要求谈谈对这本书的看法。马克思起初没有蒲鲁东的著作，在收到这本书以后仅用两天时间就读完了它，并立即写出这封长信。在这之后，马克思跟着又写了批判蒲鲁东思想的专著，这就是于次年出版的著名著作《哲学的贫困》。

这封信比起后来出版的著作，内容上当然简单得多。马克思在《哲学的贫困》中对蒲鲁东的观点进行了系统的和详尽的批判，该书的副标题就叫作"答蒲鲁东先生的贫困的哲学"。相形之下，这封信不过是一个思想提要的简略提纲。但这封信也有它的特点和优长。两者在理论观点和思想内容上虽然基本一致，论述的重点却不尽相同。后一著作侧重从经济学和哲学方法论上批判蒲鲁东，在这之前的书信则着重于揭露和批判他的唯心史观理论。而且在论述的形式上，书信的扼要简明、集中突出的特点，对于我们了解和掌握马克思的思想也有其特殊的意义，所以有了专著，并不因此否定书信的价值，两者应当配合起来学习。

蒲鲁尔在《贫困的哲学》一书中阐述的观点，就其理论基础和思想实质来说，就是传统的唯心史观的观点。他承认历史是不断进化的，却认为历史进步的基础并不是人的物质活动，而是范畴公式的演进。他把历史的发展看作普遍理性的自我表现，把人看作理性为了自身发展而使用的工具，不用说，这纯粹是黑格尔观点的翻版。他认为经济范畴是不朽的、不变的、固定的，历史的进步就在于依靠新的公式去组合范畴，消除其间的对立，达到相互的均衡。从这种观点出发，蒲鲁东坚决反对把革命的行动作为社会改革手段，主张通过综合经济范畴的办法消除社会矛盾、实现社会平等。

马克思1845年在《德意志意识形态》中已经对唯心史观作了彻底的批判。蒲鲁东的观点在基本上并未超出那本书所批判的范围。但是我们在这里也能看出某些不同的特点。马克思和恩格斯在那部书里的批判锋芒主要是针对青年黑格尔派的。青年黑格尔派的特点是竭力夸大人们意识活动的作用。在他们看来，仅仅依靠他们的批判思想的活动，就足以使一切现存的东西遭到毁灭。蒲鲁东则不同。他完全无视人的活动的意义，认为历史的发展同人们的活动无关，不是人在创造历史，而是范畴在创造历史。正如马克思在信中指出的，蒲鲁东看到了历史规律与个体活动对立的一面，但他并不理解历史的实在进程，不理解两者还有统一的另一面，因此无法解释他所看到的事实。于是，他就发明出一些神秘的原因如"人类的无人身的理性"一类空话，把历史说成是某种"普遍理性"的自我表现。马克思指出，蒲鲁东谈论的不是历史，即"不是世俗的历史——人类的历史，而是神圣的历史——观念的历史"[①]。完全排除人的活动，依照范畴公式去构造历史，这就是蒲鲁东的唯心史观具有的特点。

---

① 见《马克思恩格斯全集》第27卷，479页，北京，人民出版社，1972。本文以下凡属本信引文不再注明出处。

针对蒲鲁东的这种观点，马克思在信中着重分析了人的活动与历史规律的关系、个体发展与社会历史的关系以及物质活动与抽象范畴的关系等问题，并明确做出了"人们的社会历史始终只是他们的个体发展的历史"的结论。马克思的这些论述，从一个新的侧面阐发了唯物史观理论，对于我们全面了解马克思关于历史规律的学说、关于社会发展是一个"自然—历史的过程"的观点，具有十分重要的意义。可以说，以人的活动为基础去阐明人是如何在客观规律的支配下创造人们自己的历史的这个问题，是这封信的主要内容，也是这封信的特色。这个问题在其他许多著作和书信中也讲过，但这封信讲得最突出，也最鲜明。我们所以必须认真学习这封信的主要意义，就在于此。

关于人的活动与历史规律的关系这个问题，在历史理论中即使不算最大的难题也属于最困难的问题之一。历来的学者不是片面地强调这一个方面，就是夸大另一个方面，在马克思主义哲学产生以前两者始终统一不起来。其所以如此，除了社会现象复杂多变，人们认识起来要更加困难这个原因之外，还由于这里在自然规律固有的矛盾中又加上了主体与客体、主体与主体、主观与客观等矛盾内容，这就在方法论上形成一系列不容易处理的难点。

历史是由人们自己的活动创造的，还是由客观规律决定的？社会是由人组成的，历史是人的活动推动的。如果我们由此得出人们自己创造自己的历史的结论，由于人们的活动都是受他自己的意志、思想支配着的，这是人类活动的根本特点——那就会走向否认历史发展具有客观规律的结果。历史运动如果没有了客观规律当然也就不会有关于历史的科学理论了，这是一个方面的矛盾。在另一个方面，如果我们认为历史发展与自然过程一样，也是由不依人的意志为转移的客观规律支配的，在这种情况下人的活动失去了自主性，又会走向否定历史是由人们自己的活动创造的结论，并且从这个结论陷入历史神秘论。

看来，这似乎是一个很难统一起来的两难推论，已往的历史观就是在这种两极对立中摇摆着的。18世纪的法国唯物论者爱尔维修在贯彻洛克的感觉论中，得出了人们只是教育的产物的结论。在这一方面，他看到了人们所处的环境对人的精神、品德和才能的决定作用。他说："法律造成一切。"他还认为，就像自然是"服从运动的规律"一样，人的精神是"不折不扣地服从利益的规律"的。但是，当进一步探究造成不同的人的环境的起源时，他发现政治制度和法律原来都是人们互相协商建立的，于是又退回到历史是由偶然性支配的观点。他得出的最后结论是："高明的法律必须是经验和一种开明理性的作品"，所以历史的进步决定于"天才"人物的出现①。这就是马克思曾经指出过的旧唯物论的矛盾："有一种唯物主义学说，认为人是环境和教育的产物，因而认为改变了的人是另一种环境和改变了的教育的产物，这种学说忘记了：环境正是由人来改变的，而教育者本人一定是受教育的。因此，这种学说必然会把社会分成两部分，其中一部分高出于社会之上。"②黑格尔是认识史上最先把辩证法自觉地运用于历史观的哲学家。他明确提出，历史是一个"有必然性，有次序的"即合乎规律的发展过程，这个思想是杰出的。但是，他所说的历史的必然性，是指世界精神实现绝对观念的意向和由此所决定的历史中的这样联系，它同人及其个体活动并无本质的联系。这样理解的历史，完全是一种神秘的过程。所以他的学生和追随者"青年黑格尔派"在追求人的个性解放时，便由此一跃而跳向了完全相反的极端。例如，布鲁诺·鲍威尔把他老师的绝对精神化身为他自己的自我意识，认为只有自我即自由人的批判思想活动才是历史的真正动力。后来的施蒂纳更进一步，用至上的"我"——"唯一者"代替了鲍威尔至上的"自我意识"，认为"我"比"人"更伟大，整个世界都是我这个唯一者的自由意志创造的。按照这种观点，当然就谈不到什么历史的规律性了，蒲鲁东的思想所表现的也正是这一矛盾，不同的仅仅是他从黑格尔的学生的观点又退回到老黑格尔的观

---

① 参见《十八世纪法国哲学》，460~549页，北京，商务印书馆，1963。
② 《马克思恩格斯全集》第3卷，4页，北京，人民出版社，1960。

点上去了。

　　人们自己创造自己的历史与历史是一个有规律的过程，这两个论断决非彼此否定、互不相容的，它们可以统一而且本来就是统一着的。问题的关键在于：必须把历史规律放到人的活动中去理解，也就是说，必须去发现人的活动的规律，从人的活动自身找出决定历史过程的客观因素，而不能在人的活动之外去寻求什么决定历史的根本原因。历史的实在进程表明：历史是由人的活动构成的，历史的发展是由人的活动推动的，所谓历史规律，不过都是贯穿于人的活动之中并制约人的活动的那种客观必然性的联系。一切脱离人的活动的"历史规律"的观点都是历史神秘论的观点。然而这也正是这一问题最困难的所在。怎样去发现人的活动的客观必然联系？它要求我们必须做到辩证法思想与唯物论观点的有机统一，还要掌握运用这种方法去分析任何复杂问题的高度艺术。这一点，旧哲学是不可能做到的，只有掌握了辩证唯物论这个科学的世界观、认识论和方法论的马克思主义才能够做得到。

　　马克思在信中着重阐明的，就是这一内容。

1．人的个体活动与社会关系的变化的关系

　　马克思在信中指出："社会——不管其形式如何——究竟是什么呢？是人们交互作用的产物。"这段简短的话概括了关于个人与社会、个体活动与社会发展种种对立统一关系的复杂而丰富的内容。

　　这段话表明，马克思完全承认，人是社会的主体，历史是人的活动创造的。而且这里所说的人们，并非指抽象的人类，而是指从事个体活动的一个个具体的个人。这个意思在他和恩格斯合写的《德意志意识形态》中曾经明确地说明过。那里多次把从事一定活动的"有生命的个人的存在"看作人类历史的第一个前提。他们还明确指出，"可以根据意识、宗教或随便别的什么来区别人和动物。一旦人们自己开始生产他们所必需的生活资料的时候（这一步是由他们的肉体组织所决定的），他们就开始把自己和动物区别开来"①。这就是说，在他们看来人是由于自己的活动——创造自己物质生活资料的活动——才成为人的。人们是什么样的，也与他们的活动方式相统一。个人怎样表现自己的生活，他们自己就是怎样的；随着人们活动方式的改变，人的性质也必然跟着发生相应的变化。从这个意义完全可以说，既然人是自己活动的产物，那么人也就是它自己的"创造主"。

由人及其活动组成的历史也是同样的情形。通常所谓社会的发展，主要指生产关系以及基于此的各种社会关系的变化，这些就是构成社会形态的主要内容。而生产关系，按照马克思所说，不过是人们创造自己的物质生活的个体活动所由以实现的必然形式。人们不仅生产着呢子、麻布和丝绸，针对着自己的生产力，"还生产出他们由以生产着呢子和麻布的社会关系"，当人们改变了自己的生产力，作为它的社会形式的生产关系和以生产关系为基础的各种社会关系，都不能不随着发生变化，这就形成了人类的历史。所以，人作为人自己的创造者，同时也就是历史的创造者，所谓人类历史"不过是追求着自己目的的人的活动而已"。②

这是这段话包含的一个方面的含义。这段话还表明，虽然个人都是在他的意识的支配下从事活动的，历史却不是由人们抱定的目的任意创造出来的。在这一方面，蒲鲁东的确看到了某些真实情况。人们的社会发展跟他们的个人发展有所不同。人们不但不能自由地选择某一社会形态，甚至单独说来他们也并不知道他们做了什么事情。历史发展的进程及其达到的后果同人们最初抱定的目的往往很不相同，甚至是正相反的。但是，能否认为这种情况就说明历史不是人们自己的活动创造的，而是由人的活动以外的某种力量决定的呢？蒲鲁东在这一点上思想便陷入了混乱。他不了解社会发展的这种看来经常违背人们意志的独立性质，其根源仍然是存在于人们的活动中的，因而制造了一系列"神秘原因即空话"出来。

人们为什么不能任意选择自己活动的产物即社会形态呢？这不是因为

---

① 《马克思恩格斯全集》第3卷，23~24页，北京，人民出版社，1960。
② 《马克思恩格斯全集》第2卷，118~119页，北京，人民出版社，1957。

别的，而是由人们活动本身的性质决定的。马克思和恩格斯曾经说明过，作为人的活动，表现为双重的关系，一方面是自然关系，一方面是社会关系。这两个方面的关系处于互相制约、密切不可分的联系之中。人的个体活动只能在与他人的合作关系中进行，这是区别于动物活动的人的活动的根本特点。人们在物质活动中构成的生产关系既然是人们进行物质生产活动所必需的社会形式，那么它的性质也就必须同人们的实践能力即生产力总和的状况相适应，而不管参加活动的个人的意愿如何。只要人们具有如此的实践能力，从事如此的物质活动，就不能不采取如此的社会联系形式、结成如此的生产关系。当人们的实践能力提高了，进一步发展了生产力，生产关系也必然或迟或早地跟着发生变化。所有这一切都不以人的意志为转移，因此我们才把生产关系看作一种物质关系，即对人们的活动来说具有客观必然的性质，不论你意识也好不意识也好，都必须如此。

在此基础上，就形成了历史的合乎规律性的运动过程。马克思在信中指出："在人们的生产力发展的一定状况下，就会有一定的交换和消费形式。在生产、交换和消费发展的一定阶段上，就会有一定的社会制度、一定的家庭、等级或阶级组织，一句话，就会有一定的市民社会。有一定的市民社会，就会有不过是市民社会的正式表现的一定的政治国家。"

历史中的一切现象及其变化都根源于人们自己的物质活动，都是这种活动的产物，所以必须说历史是人们自己创造的；人们在活动中必然发生一定的客观的联系，人们也只能在这种客观的必然联系中去创造历史，所以又必须说，历史遵循着一定的客观规律，并非人们任意的创作。这些就是社会"人们交互作用的产物"的具体含义。

2．人的个体活动与制约它的活动方式的客观条件的关系

如果全部历史的基础都归结于生产力的状况，那么，现在问题的焦点就必然要集中到什么因素或力量决定着人们采取何种生产力这个问题上了。只要人们能够自由选择自己的生产力，就可以按着人们的意愿随意去确定自己的活动方式，安排各种社会关系，建立各种相应的制度，改变任何种类的社会结构。当然这样一来，历史规律性也就谈不上了。如果人们不能自由选择生产力，不能任意确定自己活动的方式，那就是说，凌驾于人的活动之上还有某种隐蔽的因素或力量，这种力量最后操纵着历史的发展，人不过是实现它的必然性的一个工具而已。而在这种情况下，历史又不属于人们自己活动的产物了。看来，解决这个矛盾就是跳出上面谈过的那个两难推论的关键所在了。不能解决这一矛盾，就不能最后摆脱陷旧哲学于困境的那个泥沼。

克服这个矛盾只有一种可能的方法，这就是必须从人们活动自身而不是从它以外，发现出决定人的活动能力、制约人的活动方式的因素力量。

人们不能自由选择自己的生产力和活动方式，这是容易被观察到的客观事实。这一事实表明，人的一切活动包括作为始源活动的物质生产活动，都是有条件而不是无条件的，都是有前提而不是无前提的。只有幻想的活动，例如，蒲鲁东所设想的综合范畴的普通理性的活动，才是"既无起源，又无发展"的。人的物质生产活动只能在一定客观条件的制约下去进行。这里既有人们活动以外的自然条件，又有人们活动的自身条件。由于自然条件只能通过人们的活动对人起作用，所以，对人的活动方式起着主要决定作用的条件，还是人们自身活动的条件。

马克思在信中指出，生产力是人们实践能力的结果，一代人具有的实践能力并不是完全由他们自己创造的，而是首先取决于在他们以前先代人所创造出来的生产力的水平。这是每个新一代人从事生产活动的前提条件，也是规定他们活动方式和进一步发展自己的实践能力的基础。马克思说："人们不能自由选择自己的生产力——这是他们的全部历史的基础，因为任何生产力都是一种既得的力量，以往的活动的产物。"

从人的物质生产活动自身发现出制约人们物质生产活动的因素，这可以说是马克思对人类认识史做出的一个不仅在历史理论方面而且在哲学上具有重大意义的贡献。把前人活动创造的结果看作后人从事活动的前提，这就从人们由其意识支配的自身活动中发现出了决定其活动方式的客观的基础。由于这一发现，才能够既承认意识对人的活动的支配作用，又把人的活动归结为客观规律决定的，从而使辩证法和唯物论内在有机地统一了起来。

第一，先代人们所创造的生产力对于后代的个体活动来说，属于一种不以他们的意志为转移的客观的因素。不论他们的意愿如何，他们都只能以此为基础去安排他们的活动。这一条件的制约，就使得他们不能任意地去选择自己的活动方式和创造历史。他们自以为是自由的那种意愿，归根结底也是由已有的基础所决定的。这就使得每个人的活动虽然都是由他的意识支配着的，而历史的运动却具有了不以任何个人的意识也不以时代的意识为转移的客观性质。第二，归根结底来说，决定着人们的活动方式的现成的生产力，仍然属于人的活动范畴，是人们活动创造的结果，这里的区别仅仅在于既往的活动与现在的活动的不同。所以在总体上或从本质上说，根本不存在人类活动之外的什么决定历史变化的隐秘的原因。历史是由人的活动创造的，历史的客观的规律性所表现的不过是受前人活动制约的贯穿在人的活动中的必然联系而已。第三，如果说前人活动的成果是后人活动的起点，那么后人在这个基础上添加进去的活动也就为更后的人们创造了更高的活动起点，而这样构成的历史基础就是一个永远处在进化中的可变基础，绝不是一个什么固定不变的永恒基础。按照这种观点，那种以永恒正义或人的不变本性以及抽象范畴解释历史的神话、空话，自然也就像肥皂泡一样地破灭了。马克思和恩格斯指出，"每一代一方面在完全改变了的条件下继续从事先辈的活动，另一方面又通过完全改变了的活动来改变旧的条件"①。这种历史观所坚持的客观决定论，不仅丝毫不会限制人的活动，相反地，正是以推动人们去更大地发挥他们的无限创造能力。从这种观点不仅可以合理地说明人的活动与历史规律的统一，也可以很好地说明社会发展与个体发展史的统一。马克思在信中说："单是由于后来的每一代人所得到的生产力都是前一代人已经取得而被他们当作原料

---

① 《马克思恩格斯全集》第3卷，51页，北京，人民出版社，1960。

来为新生产服务这一事实，就形成人们的历史中的联系，就形成人类的历史，这个历史随着人们的生产力以及人们的社会关系的愈益发展而愈益成为人类的历史。由此就必然得出一个结论：人们的社会历史始终只是他们的个体发展的历史，而不管他们是否意识到这一点。"

3. 范畴的运动与人的活动的关系

由于蒲鲁东不了解人的活动对历史发展的作用，他就不能不向人的活动以外去寻求历史的动力。但他找到的仍然是人的活动的产物，这就是抽象的范畴。只是，这里的关系已经被颠倒了。他把经济范畴看作永恒的规律，认为范畴是经济关系变化的初始原因、历史变化的动力。蒲鲁东敌视一切政治运动，他认为只要"普通理性"发明出一种使对立的范畴达到均衡的新的公式，就足以改造现实社会，完全用不着实际的斗争。

马克思在信中全面地批判了蒲鲁东的观点，并且针对这些观点深刻地揭露了抽象范畴的"世俗的起源和历史"，阐明了抽象范畴与历史运动的真实联系。这些内容涉及唯物史观的基本观点，对于我们了解和掌握马克思主义理论有着重要的意义。

范畴是内容更为抽象、概括性也更大的概念。由于范畴的这种抽象性，它同产生它的现实基础之间的真实联系，往往变得很模糊，不容易被人们看清楚。唯心论的哲学家利用了这一点，于是把范畴神秘化、神圣化，完全颠倒了范畴与历史的关系。唯心论的这套理论十分荒谬，但在人们还不完全了解历史的实在进程时，却很难驳倒它。要驳倒唯心论的这套谬论，不仅必须揭示出人的物质活动所具有的能动作用，从而指明能动的思维活动以及作为这种活动的直接产物的范畴的物质根源；还必须抓出把范畴同这个物质根源联系起来的中介环节，从而具体指明范畴的起源和历史，这只有唯物史观的理论才能够做得到。

马克思在信中提出了唯物史观的一个基本论点，即认为：经济范畴不过是现实的经济关系的"抽象的、观念的表现"。马克思说，当人们生产呢子、麻布、丝绸的时候，适应自己的生产力还生产出了能够由以生产呢子、麻布的社会关系；与此相适应的，"适应自己的物质生产水平而生产出社会关系的人，也生产出各种观念、范畴，即这些社会关系的抽象的、观念的表现"。这就是马克思主义的唯物史观关于范畴的基本观点。按照这个观点，范畴毫无神秘性质，一切都很清楚。范畴就其形式说虽很抽象，它的内容却十分现实，这就是实际存在着的社会关系。经济范畴与经济关系同出一源，都是人们现实的物质活动的产物；区别只在于，经济关系是基于物质生产水平而不以人们的意志而形成的，经济范畴作为经济关系的观念表现则是经过人们头脑的意识而后产生的。正由于有这样的区别，经济关系才被看作物质性的社会关系，经济范畴则属于人们已经意识到的社会关系。范畴经过头脑而形成的这一点，只能使问题复杂化，或者把它的真实起源掩盖起来，却绝不会改变它仍然是人们的现实的物质活动的产物这一客观事实。

依照唯物史观的这个观点，蒲鲁东的所有谬论就都不攻自破了。

如果观念、范畴是现实的社会关系的抽象表现，那它就不可能像蒲鲁东说的那样，是什么永恒的、不朽的。经济范畴只有在它所表现的社会关系存在的时候，才能够是真实的。随着社会关系适应生产力而发生的变更，反映它的范畴也不能不跟着变化，失去原来的意义。所以，一切经济范畴都只能看作历史性的规律，即"只是适用于一定的历史发展阶段、一定的生产力发展阶段的规律"。蒲鲁东认为经济范畴是永恒规律，那是由于他把范畴脱离了它的现实基础的缘故，"抽象、范畴就本身来说，即把它们同人们及其物质活动分离开来，自然是不朽的、不变的、固定的"。

如果观念、范畴是现实的社会关系的抽象表现，按照这个观点，蒲鲁东发明的那个依靠综合范畴去改造现实社会的方案，就是纯粹的幻想。范畴是意识到的社会关系，它只能作为意识去起作用。这里不去说物质的社会关系必须用物质的力量才能最后改变它，即就范畴自身来说，范畴的基础不改变，要改变范畴也是不可能的。马克思指出，能够改造现实社会的，不是范畴的公式而是历史的运动，封建等级制度"这一对抗的真正平衡是推翻一切社会关系——这些封建体制和这些封建体制的对抗的基础"。

在信中马克思还揭露了蒲鲁东的观点的资产阶级实质，这对我们了解理论思想与现实斗争的联系也很有意义。蒲鲁东虽然没有直接肯定资本主义制度是永恒的真理，马克思指出，在他关于经济范畴的理论中把资产阶级社会的产物——范畴——想象成为"具有自己的生命的永恒的东西"，这里表现的就是资产阶级的观点，因为它"并没有超出资产阶级的视野"。他极力寻找对这些观念的平衡公式，企图用自己头脑中的运动去代替由于资本主义社会冲突而产生的历史运动，这也正是一切"好心的资产者所做的事情"，就是"希望有资产阶级生活的条件而没有这些条件的必然后果"。蒲鲁东的这些观点，在理论上也丝毫没有超出剥削阶级的历史观的界限，这种历史观归根结底，不外就是宣扬"历史是由学者，即由有本事从上帝那里窃取隐秘思想的人们创造的。平凡的人只需应用他们所泄露的天机"。

马克思写给安年科夫的这封信，内容十分丰富，信中谈到的远不止上面列出的几个问题。我们在这里只是分析了其中的主要内容和观点。信中还有许多涉及而没有详细发挥的重要思想，这些对我们了解马克思主义理论也都很有意义。我觉得，这封信在今天对我们意义最大的，还是体现在各个具体观点里面的方法论的内容。马克思对每一个问题的分析，都表现了认真的、严肃的科学态度，贯注了唯物论的实事求是的精神，体现了运用辩证法的高超艺术。这是马克思留给我们的最为宝贵的思想财富。学习马克思的这封信，必须把掌握这一方面的内容放在首要地位。

（三）自学哲学方法谈[①]

方法绝不是省力的窍门，不是学习的捷径。所谓方法，就是按照学习

---

① 这篇短文系应《自学》杂志编辑部之约，为自学哲学学者谈学习哲学方法问题的。这里谈的虽是学习方法，内容则主要是论述怎样理解和对待哲学理论实质的问题。对哲学之对象、性质理解不同，学习哲学的方法也不相同。所以此文可以看作对上述对象观点的具体运用。本文载于《自学》月刊1984年第11期。

的规律、各门科学不同的特点去进行学习，即对必须遵循的学习规律的自觉运用。在这里，我想按照哲学学科的性质，从方法上提出几个应当处理好而又经常被处理得不大好的关系问题，以供自学者参考。

1．知识和方法

每一学科都有自己的专门知识，学习一门科学，就是要掌握该科学的专业知识。在知识中渗透着某种方法，学会一种知识，就是掌握了一种技能、能力。

哲学的特殊性就在于，它本身就是世界观、认识论和方法论的理论。哲学中的原理并非关于事物的结论性的知识，它只是人们在认识和改造事物中进行理论思维的观点和方法。哲学的这种性质决定了我们绝不能用通常学习其他各门具体科学的方法，即把它当作单纯知识去学习。严格地说来，哲学并非提供知识，而只是提供获得知识的方法。哲学具有的重大指导意义，就表现在它的这种性质里。

当然哲学也表现为一种知识体系。它里面包括两部分知识内容：一是从各门科学中汲取的纯粹知识（自然科学、社会科学已获得的主要成果）；一是哲学在自身发展中逐渐凝结成的概念体系（具有确定内容的范畴、规律及其历史变化）。这些知识我们也必须了解和掌握，特别是它的第二方面的知识，只有通过这些知识，我们才能掌握哲学的观点和方法。但必须明确，这些知识仅仅是用来说明、体现和论证某种哲学观点和方法的，我们绝不能把它们看作可以用来回答各种问题的现成的答案。学习这些知识的目的，只是理解和掌握马克思主义哲学，用以观察问题的观点和方法。如果我们把这些知识都背熟了，却没有掌握它所体现的观点和方法，没有提高思维的能力，不会观察和分析遇到的问题，那就不能算是学好了哲学。如果我们学习完之后只会把这些知识当作公式去套用，则更是直接违背马克思主义哲学的精神的。而这种情况不仅可能发生，还应当说是屡见不鲜的。

据此，学习哲学就必须注重理解，善于去抓问题的实质，领会它的精神，而不能死记硬背。必要的记忆是理解的前提，是不可少的。但记忆必须服从于理解，使它最后达到更好的理解。

目前自学的同志中，据我所知，把哲学理论当作单纯知识来学习的这种情况相当普遍。因为要应付考试，往往就只在点点条条上下功夫，一味按照标准答案的要点去死记硬背，不顾问题的精神实质何在，这种学习方法是很有害的，这是把本末倒置了。考试本是一种手段，通过它以促进学习、检查学习的成果，现在把它变成了唯一目的，一切服从考试、为了考试。把它只看成进身之阶，只重一个考字，不认真去学，只研究如何应考。还有的人，对读书无兴趣，径直去背诵标准答案。有些人适应这种需要，还专门搜集各省考题，编辑出版应考指南一类的书，把"社会助学"变成"社会助考"，这是一种很不好的倾向，应当加以纠正。

2. 自发观念和科学思想

学习哲学有人说难，有人说容易。说难者以为哲学距现实远，理论玄虚、概念抽象，难以掌握；说易者则认为既然人人都有世界观，哲学中的原理都是来自生活经验，那么我不用学也可以诌出几条来。这里我想着重谈谈后一种看法。这种认识反映了哲学中自发观念与科学思想的矛盾关系，值得我们去研究清楚。

哲学根源于实践。每一个有一定生活经历和实践经验的人，都会不同程度地具有素朴实在论和自发辩证法的某些观念。哲学最初就是从这些观念中繁衍生长出来的。在今天，这些自发的观念也是我们理解哲学中那些抽象的概念和规律的重要经验基础，把哲学理论引向实际生活的重要纽带，我们应当重视这些自发的唯物论和辩证法观念。事实表明，一个人的这种经验愈丰富，他对哲学理论的理解也会愈深刻。

但是，哲学，特别是作为科学理论的马克思主义哲学，乃是科学思想的产物，人类认识史的精华，绝不是从某些生活经验中自发地形成的。所以有了某些自发的观念，还必须学习理论，只有通过学习理论才能把自发观念提高为科学的思想。要防止用经验去代替理论，更要反对把哲学中的科学命题还原、归结为自发的观念，降低了马克思主义哲学的水平。

真正地说来，哲学中的那些命题主要是在人们对事物从自发的认识向科学认识的发展过程中提炼出来的，它所要解决的主要是反映在理性思维中的矛盾。哲学作为认识对自身进行反省的理论，它属于不仅比常识观念、朴素意识更高，而且比具体科学知识也更高的认识层次。像"世界统一于物质""一切事物都在运动、发展"这类命题，如果用常识的观念去了解，没有人会加以反对的。只要我们睁开眼睛，就能够看到有各种事物存在，事物都在流动不息地变化着的客观事实。否认这个事实，岂不是睁着眼睛说胡话或者神经发生错乱了吗？如果我们以为唯心论和形而上学就是对这些事实的简单否定，那就把问题了解得无甚意义了。其实，唯心论者，比如，贝克莱，他并不否认有"物"存在。他提出的问题是，这种物存在的性质是什么，我们是怎样知道从而断定有某个物存在的？这里涉及的是我们的思维（意识）对存在的关系是怎样的哲学问题。形而上学者，无论是古代的还是近代的，也都并不否认作为经验事实的运动和变化。问题在于，承认了运动变化的经验事实，跟着在思维中就会引出一系列矛盾的概念不好解决。他们的问题也是发生在这一层次上，即涉及的主要是从思维如何去理解和确证存在的运动的问题。

自发的和素朴的观念，停滞在经验范围，它可以是唯物论的、辩证法的。这样的自发观念完全回答不了理论思维中出现的矛盾问题。如果我们不把它提高到科学思想上来，恪守这些经验命题，在进一步思考中必然也会陷入矛盾而不可自拔，甚至不自觉地得出"没有我们去感觉物，物的存在对我们确是毫无意义""表面看来物在瞬息万变，万变不离其宗，物的本质并无变化"等唯心论和形而上学的观点。古代自发的唯物论和辩证法后来为唯心论和形而上学所否定、所代替，就是由于这个原因。

认清这里的联系和区别很重要。在过去一些年代里，人们强调哲学的通俗化，往往把理论简单化，科学的理论被归结为几条自发的经验命题，用自发的素朴的观念来代替马克思主义哲学的科学思想，这种影响至今仍未完全消除。搬来一块石头放到面前，让人们用眼睛看、用手摸，以此证明物质的客观实在性，反驳唯心论理论的绝顶荒谬性。这种简单化的做法应该说它并未理解哲学斗争的实质，从这里也不能解决唯物论和唯心论的矛盾，当然更不能教给我们一个认识事物的科学方法了。现在某些书里仍然充斥这类经验性的论证，所不同的只是"石头"换成了科学术语。我们在学习中应当努力去分辨这种情况。

3．逻辑和历史

马克思主义哲学作为理论形态，它表现为由一系列范畴、规律组成的逻辑体系。这些范畴和规律是各门具体科学的概括和总结，具有很抽象的性质。怎样把握这些抽象范畴和规律的实质呢？我觉得有三点很重要，或者说，它的精神实质首先表现在三种关系里，这就是：（1）它们与客观实际的内在联系；（2）贯穿于它们内容中的唯物论与唯心论、辩证法与形而上学的关系；（3）它们与认识发展历史的内在联系。在这一部分我只着重谈第三点。

逻辑从来都是历史的产物，两者紧密联系着。历史是逻辑的现实基础，也是它的实在内容；逻辑是历史内在联系的概括，它的抽象表现形式。每一种理论，都是以逻辑形态表现出来的历史，哲学理论就是哲学和科学思想发展历史的抽象，差别只在于表现的性质、情况各不相同。

马克思主义哲学是人类认识发展到现时代的必然产物。它既是对以往旧哲学的否定，又是先前一切优秀思想的继承和发挥。在马克思主义哲学的范畴和规律中就凝结着人类思想的全部精华。我们要想理解这些范畴和规律，真正说来，不懂得以往哲学和科学发展的历史以及马克思主义哲学本身发展的历史，是不可能的。

我认为，要切实地掌握马克思主义哲学这种科学的理论，仅仅限于熟读原理教科书和几本马列经典著作是远远不够的，非学习哲学发展的历史不可。这里不仅要学习关于哲学发展的通史、断代史、专题史的著作，还要学习历史上重要哲学家的原著，特别是像康德、黑格尔等那些对哲学的发展做出过巨大贡献的哲学家们的代表性著作。马克思主义哲学的每一原理、每一观点都有其理论的来源，它们都是从总结人类正反两面思维经验中得出的科学结论。我们只有把逻辑与历史结合起来进行学习，才能做到不仅懂得必须怎样去认识问题，而且懂得为什么必须这样去认识问题的道理。反过来说，学习和研究哲学史，也必须努力去寻求和把握贯穿于其中的逻辑，把史和论紧密结合起来。不这样做，历史就会失去灵魂。

读哲学原著一定会遇到不少困难，但收获也会很大。初学者可从原著选辑或选录本读起。但在条件允许时一定要去读原书。

4．正命题和反命题

哲学是有党性的。历史上的哲学从来分成不同的派别，有一种观点出来必有一种反命题滋生，与之相对立，哲学就是在这种对立观点的斗争中发展的。这两种观点的关系，是既相互否定又互相制约着的，没有反命题，不会出现正命题，不了解反命题，也不可能真正懂得正命题的意义。

我们学习的目的是掌握辩证唯物主义世界观，在读历史上的哲学著作时当然要花工夫研究唯物主义思想的发生和发展，同时也需要花一定工夫去研究唯心主义的著作。因为如不弄清唯心主义思想的内容及其演变，对唯物主义也不能有深切地了解。正如不了解什么是错误的，为什么它是错的，也不能真正懂得正确之所以正确的道理，这点对于学习哲学特别重要。哲学就是不同观点的斗争，在哲学史上，正命题往往是从反命题的内部作为它的对立物产生出来的，反过来说也同样。正命题与反命题还处于经常的转化之中，正命题的本质即存在于对反命题片面性或极端化的否定之中，正命题如被绝对化就会陷入片面性，走向反命题。

我们不要以为唯心论、形而上学离开我们很远，只有过去和外国才有。我们的头脑中也存在，而且并不少，虽然它不一定具有系统化的理论形态。过去，我们就犯过唯心论的错误和形而上学的片面性。有些人可以背诵许多马克思主义哲学的命题，却不懂得这些命题与唯心论和形而上学的真正区别，做起事情来往往用的是唯心论和形而上学的观点而不自知，这说明他们不过是口头的唯物论、辩证法者。所以我们绝不能以轻蔑的简单化的态度来对待这一问题。

5. 学习运用和发展

学习哲学,是为了改造、锻炼和提高我们的理论思维能力。哲学中的范畴、规律就是供我们观察问题,分析问题时运用的工具。学习这些范畴和规律,学了就应当会用,不会运用甚至不知如何去用,这个学习就不能说是成功的。

在处理学习与运用的关系问题上,有过两种偏向。一些人对理论毫无兴趣,尚未学进去就急于解决眼前工作中碰到的那些具体问题;另有些人只注重学习知识,对应用毫无兴趣,或者以为应用是以后的事,在学习期间可以完全不考虑应用。这两种偏向都阻碍学习,应加防止。

应当把两者统一起来。要培养理论兴趣,只有这样才能掌握马克思主义哲学的科学观点和方法。工具尚未掌握,怎么能谈到用它去解决问题呢?

光注重学理论而不讲究运用也不对。对于哲学来说,不能这样认为,等我学好理论以后再去运用。哲学的性质决定了我们在学习中完全脱离运用,理论也学不好、掌握不了。应当在学习中就注重运用,把如何运用这一理论以解决实际问题这一问题本身也作为我们学习的重要内容之一,为此,我们学习马列经典著作,就不但要了解它告诉了我们一些什么观点,还应当了解经典作家们是从什么实际中怎样得出这些观点的,又怎样运用这些观点去解答科学、历史和现实斗争中存在和提出的实际问题的。这样去学,学到的理论才不是教条而是行动的指南。

在学习理论过程中,不可能一一解决我们工作中存在的现实问题。要求哲学书籍回答当前一切现实问题,这不仅做不到,还把理论变成了万能药方。

运用不是套用。套用很简单,人人都会做。要运用就不仅要对理论有深切的理解,还要对实际进行艰苦的调查研究、分析综合的工作。还有一点,运用总要包含某种创造,它是一种创造性的科学工作。能够运用马克思主义哲学去解决某个实际问题,必然会在一定程度上发展马克思主义。我们应提倡以创造性的态度对待马克思主义,不断发展马克思主义。不要不敢讲发展。发展马克思主义绝不是几个特选人物的事业。所有认真学习、运用马克思主义的人,都有义务发展马克思主义,也一定能够在不同程度上对马克思主义有所发展。

六、哲学发展问题我见

(一)论哲学的发展问题[①]

第一,这里说的哲学的发展,当然是指马克思主义哲学的发展。推进马克思主义哲学发展,这是当前迫切的任务,是我们广大哲学工作者和实际工作者义不容辞的光荣使命。

马克思主义哲学必须发展。就道理而言,十分明显。历史变化了,认识前进了,哲学自然也应当发展。何况马克思主义哲学是科学不是教条,随着时代前进不断发展更是它的生命的基点。就这一点来说,人们是不会有异议的。

什么是发展,怎样去发展?论到问题的内容和实质,情况就复杂化,人们的认识也不会完全一致了。我们可以赋予发展以各种不同的内容。比如说,可以认为创造新的理论以否定、取代旧的理论是发展,适应时代的

---

① 此文载于《社会科学战线》1986年第4期。《新华文摘》1987年第3期转载了前四个部分,《人民日报》《理论信息报》《文摘报》等摘录或介绍了观点。这里有五个问题需要探讨,为了书的规范需要,将原来的序号修改成了第一到第五点。

变化改变或更新某些理论原理或理论形态是发展，以新的范畴、规律补充、丰富已有的理论内容是发展，用新的事实或材料进一步论证、解释固有原理是发展，运用理论解决了现实问题也曾被叫作发展。现在所讲的马克思主义哲学的发展指何而言？对这个问题没有一个明确的认识，关于如何去发展哲学的问题是谈不清楚的。

在我看来，发展概念的内容的确很广泛，我们很难抽象地去论断什么叫发展，什么不能叫发展。但讲到哲学的发展，不论就何而言，我觉得下面这两点是绝不可以忽略的。

（1）发展的概念总是同创造性分不开的。发展，意味着一种创新。而创新就必然要在某个方面有所否定、有所变革、有所前进。如果什么都没有改变，一切都照老样子存在，那是什么发展呢？对哲学的发展来说，当然主要是指理论的创新。理论是范畴、思想、原理组成的体系。理论的创新自然就要表现在作为理论的内容或形式的范畴、思想、原理等方面的变化上面。没有理论的内容或形式（这两者往往是分不开的）的创新，当然难以去谈论哲学的发展。从这个意义上去认识，上面列举的那些方面都可以称作发展，只要它们包含这里所讲的创新性的变革内容。

（2）发展从来都不是单纯为了发展而去发展的，这样的发展往往适得其反，恰好得不到发展的结果，创新也同样。我们所以必须去发展理论，主要是为了解决存在于理论中的某种问题。解决问题必须有问题存在。问题是基础，而且问题决定着发展的内容种和方式。我们只能在有问题的地方去实行变革，在不足的地方去进行补充；不能一揽子地去否定或肯定。所以，了解存在的问题，是我们发展理论的前提。

我们说马克思主义哲学必须发展，这就意味着有问题存在，而且这些问题还必须以创新的方式去解决。但是问题存在于何处，究竟有些什么问题，问题的性质如何？要发展马克思主义哲学，这是关键，必须首先搞清楚的。然而恰恰是在这个问题上，人们的看法分歧最大，所以有必要从不同方面去进行研究和探讨。

第二，有些问题是容易认识到的。这就是：从马克思主义哲学的创立到现在已经过去一百余年，一百多年来历史发生了重大变化，特别是近二三十年来的变化更大、更迅速。时代出现了许多新特点，实践提出了许多新问题，都需要从理论上做出回答。我国当前正在进行一场深刻的也是空前的社会变革，更需要从理论上予以解释和指导。20世纪以来，自然科学和社会科学飞速发展，取得了许多重大的突破性的成就，也应当进行新的理论概括和总结。这就是现实向哲学提出、应当由哲学予以解决的问题。

这些确是当前推动哲学发展首先应当加以考虑、研究和解决的问题。可以确信，这些问题从理论上得到了解释，必就会有许多新的思想、内容充实到哲学中来，从而使马克思主义哲学理论更臻完善，更能深刻地反映出现时代的精神，在推动现实的发展中发挥出更大的作用。

这些实际问题由于已经谈论得较多，这里不拟多说。我想从另一个侧面提出一个问题，这就是：理论本身的状况如何，是否也存在问题；如果有问题，是什么性质的问题，问题究竟存在于何处？这也是哲学发展中必须解决的课题，而且在一定意义上说是更加重要的课题。

因为在我看来，现实（包括实践和科学）发展中提出的问题只有反映到理论上来，才能成为理论应予解决的课题；而现实问题一旦反映到理论之中，就转化为理论自身的矛盾。从这一意义说，理论与现实的矛盾，总是通过理论自身的矛盾表现出来的；如果原有的理论已能完全解释和说明现实提出的问题，那就不存在理论与现实的矛盾，更谈不到理论自身需要创新的问题了。

历史经验表明：发展理论总是以找到理论自身的矛盾和问题为前提的。在历史上哲学的每一次变革和发展，都对理论自身进行过批判的反思，通过反思发现问题、解决矛盾，然后理论才能前进，回答现实提出的课题。马克思主义哲学能不能例外？

第三，近年来已有愈来愈多的人对马克思主义哲学理论的现状感到不满，从不同方面提出了许多改进性的意见。不满，就意味着看到了问题，但这些问题主要是针对"教科书"和论著中的理论，一旦涉及马克思主义哲学理论本身的问题，就讳莫如深、望而却步了。

毫无疑问，马克思主义哲学是从有哲学以来和当今世界唯一可以称得上科学性质的理论。马克思主义哲学把哲学理论变成了科学，也可以说，它也就是哲学的科学形态或科学形态的哲学。

但是，我们承认马克思主义哲学要发展，那就必须肯定，它也是具有自身的矛盾和问题的，具有自身的局限性的。马克思主义哲学的科学性质并不意味着它已是尽善尽美的绝对真理。

旧哲学奢望去发现可以用来解释一切问题的宇宙奥秘，并把自己的理论看作已经终极的绝对真理。恰好这一点，使旧哲学不能成为科学的理论，这是旧哲学的非科学性的局限性。马克思主义哲学克服了这种非科学性的局限性，由此才把哲学变成了科学理论。但是马克思主义哲学并不能摆脱科学所共同具有的局限性，否则，它就不具有发展的本性、不成其为科学理论了。在我看来有以下几点。

首先，马克思主义哲学也具有历史的局限性。由于马克思主义哲学是人类优秀思想全部精华的结晶，它当然包含着具有永恒性的思想内容，这就是贯穿在赫拉克利特、亚里士多德、康德、黑格尔和马克思主义哲学中的唯物辩证法的基本思想、观点和方法，即通常所说的普遍真理的内容，这些构成了马克思主义哲学的本质内容。如果从这一点出发，我们就不能笼统地说，在当今社会剧烈变革、科学迅猛发展的时代，马克思主义的理论和方法已经陈旧、过时，应当抛弃唯物辩证法，代之以反映新时代精神的新型的理论和方法，比如，科学中"三论"的方法。对于这样的普遍真理，是并不存在陈旧、过时的问题的；相反地，只有坚持和运用唯物辩证法的这一基本观点和方法才能科学地回答和解决我们今天所面临的问题。

但是，哲学总是自己时代的产物，普遍的真理总要通过特定的理论形态才能存在和表现出来。每一个哲学家，包括马克思、恩格斯和列宁在内，都只能从自己所处的历史条件，运用他的时代所达到的知识成果去理解、把握和表述永恒的和普遍的思想内容。既然从一定历史时代所把握的理论要受到历史时代的限制，普遍真理的现实形态也就不能不具有历史性，而这种历史的局限性又不能不反映到普遍真理本身的内容中去。以辩证法思想来说，不仅历史上的哲学家，比如，赫拉克利特、亚里士多德和黑格尔，他们所理解和把握的思想各不相同；在马克思主义发展史上，马克思、恩格斯和列宁所阐述的辩证法内容也不尽相同，这就可以充分说明这一点。

永恒和普遍的思想内容同它的现实理论形态总是处于矛盾的状态。这就表明所谓永恒性和普遍性只具有相对的意义，哲学的特殊形态只具有暂时性，它总是处于从一种形态向另一种形态的变化之中。随着哲学具体形态的更新和变化，哲学思想也走向日益深化和完善，这就是哲学发展的一种形式。而普遍内容与具体形态的这种矛盾也就是哲学需要在不断发展中去完善、更新自身内容的内在根据和动力。

其次，马克思主义哲学也具有认识的局限性。恩格斯曾经讲过这样的思想，说"片面性"是历史发展的必然形式。历史如此，理论的发展也是如此。任何一种哲学形态，都不能不以某种特定的理论内容为聚焦点，用它所反射的光芒去照亮整个理论体系。科学的发展同样如此，某一科学部门的划时代的发现，经常是突出认识的某一特征、环节或方面，使其他的特征、环节或方面退居次要地位。这一成就会引起其他学科也运用这一认识内容来研究自己领域的问题，以此为本学科开辟发展的道路。与此同时，哲学家也会跟着运用这种体现时代科学精神的成果，经过概括升华为普遍理论，用以重新解释世界、建立新的哲学体系。

这种片面性是哲学发展不可避免的形式。在旧哲学中，由于把这种片面性绝对化了，于是或者陷入了唯心论的泥淖，或者形成包含重大错误内容的理论体系。马克思主义哲学与旧哲学不同，它自觉地向自己提出了全面性的要求，所以它能够避免旧哲学的片面性的错误。但它并不能超越认识发展的规律。马克思主义哲学的创立和发展都是同历史发展提出的任务紧密相连的。每一阶段有每一阶段的特殊的历史任务。马克思、恩格斯或列宁为了研究并回答实践和理论在一定历史阶段所提出的主要问题，总要集中精力突出地揭示和阐发某些哲学问题或问题的某一侧面的内容。在这种情况下，其他问题或问题的其他侧面就会被掩盖起来，或以潜在的形态隐含于具体的理论形态之中。当历史进入新的阶段，另一方面的内容突出出来变为主要的问题，又会去重点发挥与之前不同的内容。

这一点表明，马克思主义哲学的全面性要求与其内容所达到的全面性程度也总是有矛盾的。无论马克思、恩格斯或列宁，他们并没有解决哲学中的一切问题，他们都有自己着重强调和发挥的问题，也都有自己尚未解决、阐明甚而尚未注意到的问题，其中也包括某些夸大过分、不正确或不完全正确的思想、观点。在新的历史条件下，进一步阐明这些问题，发挥他们未加阐明的思想，填补他们的思想空白，从而使马克思主义哲学达到更高程度的全面性，这也就是对马克思主义哲学的发展。

最后，马克思主义哲学也具有理论的局限性。哲学是世界观、认识论和方法论的理论体系。对于一种哲学来说，形成一种思想、提出一种原则，还只是一个雏形；只有建立起严密的理论体系，它才能为人们所理解、掌握并在现实中发挥作用。而从抽象的思想、原则到具体的理论体系，必须经历一个发展过程。这里不仅需要进行专门性的理论研究工作，还需要有实践和科学提供的充足材料。

马克思主义哲学是适应新时代（历史进入彻底否定剥削制度、科学走向揭示辩证联系的时代）的需要而创立的一种最富于创造性的理论，我们今天仍然处在这个时代。从本质上说，当前历史的发展和科学的发展，可以看作对马克思主义哲学的基本思想和原则的正确性的进一步的证明。但是，大家都承认，马克思和恩格斯并没有为他们所创立的哲学制订出完备的理论体系，甚至也没有把他们提出的许多重要的思想和原则变成可以为人们掌握的理论形态。他们未能做到这一点，当然主要是由于其他更重要的工作（例如，著述《资本论》）占去了他们的时间，但这并非唯一的原因，这里也有一个事实和材料的问题。在他们的时代，资本主义的矛盾还正处于发展过程之中；科学比以前虽有很大发展，从现代科学的意义上也只能看作属于初始阶段。思想和原则所需要的事实和材料不充分，所包含的内容没有充分展开，它就只能限于抽象的论断，不可能形成具体的理论。马克思和恩格斯没有把尚不具备充分条件的思想、原则勉强建构成具体的理论体系，而是把这一任务留给了后人去完成（他们明确讲过这一点），这正表现了他们的彻底唯物主义的科学精神。

所以从马克思主义哲学仍然属于我们时代的哲学形式这一点，得不出它的已有理论已经充分地反映出了我们这个历史阶段所出现的一切新的特点和问题，凭借它已有的理论就能完全解答和解决这些新出现的问题。相反地，马克思主义哲学正需要从总结当代实践和科学提供的新的事实和材料中去充实、丰富、完善它的思想、范畴和原理。这说明，马克思主义哲学就其理论内容和理论形式来说也都具有不完善性，因而才需要进一步去发展它。

马克思主义哲学的局限性属于科学理论固有的局限性，上述局限性正是表现了马克思主义哲学是不断发展具有无限生命活力的科学理论，而不是亘古不变的僵死的教条。马克思和恩格斯对于他们的理论的局限性是充分意识到了的，所以他们不仅在晚年一再反思他们先前阐明的理论，一旦发现错误和不足便立即加以纠正、补充；而且也一再教育他们的学生和后人，绝不要用旧哲学的态度和观点去对待他们的理论，把它看成已经解决了一切问题的永恒不变的真理。

第四，马克思、恩格斯和列宁没有为我们留下具有完备体系的哲学读本，于是从经典著作内容而建构成体系的《哲学原理教科书》，就成为我们学习马克思主义哲学的主要工具，了解马克思主义哲学内容的标准模式。在一定意义上可以说，教科书的理论，就代表了我们今天所了解的马克思主义哲学。

发展马克思主义哲学必须有一个理论起点，我们从教科书所了解的哲学能否等同于马克思主义哲学，成为这样的起点或基点呢？

如果说马克思主义哲学的理论本身就具有局限性，这种局限性当然也不能不反映到教科书中来。教科书也应当是具有上述局限性的。但是，问题如果仅止于此，那倒比较简单了，这里也毋庸多说。现在通行的教科书，就其体系和内容来说，是在20世纪三四十年代形成，又经过五六十年代的发展而定型的，这正是国际共产主义运动风云变化的年代，教科书就是这一段曲折复杂的历史斗争的产物，所以它又有自己的特殊性质、问题和局限，不能等同于马克思主义哲学，对于它必须单独作为一个问题来分析和研究。

影响现有教科书的内容和形式的因素很多。但我认为下面三个因素是起了直接的和主要的作用的。

（1）思潮的影响。从现象上看，哲学成为指导党和国家一切活动和工作，包括制定路线、方针和政策的理论基础和指导思想；在实质上，是把哲学变成了政治的附属品和装饰品。哲学理论必须服从政治需要，真理必须服从权力。这种结合，在一个方面使哲学的内容日益片面化。因为哲学要为现行政策辩护，跟着多变的政策旋转，就不能不在今天强调这一原理是真理，明天又要把与此相反的另一原理讲成真理。另一个方面的结果则是，哲学被神化了。马克思主义哲学变成了神圣的理论，它的原理成了可以解决一切问题的万应灵丹，它的理论也只有少数特权人物才有权去发展和解释。总之，科学的理论在神圣化的掩盖下被转化成为僵化的教条。

（2）"本体论"倾向的影响。在哲学性质、对象和功能等问题上，学术界多年以来就有争论。现有教科书正是在苏联批判德波林学派之后、"本体论"倾向占统治地位的时期形成的，所以它的内容和体系基本上是按照哲学主要是本体论的观点建构起来的。

把马克思主义哲学本体论化（这一点在我看来不仅同马克思、恩格斯、列宁的观点相背，更主要的是与哲学发展的历史和规律不符）的结果，就不仅使它的内容愈来愈走向实证化、公式化，变成正像列宁所批判的"实例总和"的理论；而且沿用了旧哲学关于哲学问题的许多提法，要马克思主义哲学也像旧哲学一样，去回答只有全部科学在其发展中才能逐渐认识的问题。这样，就把马克思主义哲学又变成了实质上是包罗万象的理论。

（3）简单化、庸俗化倾向的影响。在这种倾向的影响下，哲学的科学命题被经验命题所取代，科学概念被常识观念所取代，马克思主义哲学的科学理论被还原为自发辩证法和素朴实在论的哲学。这种倾向在我国影响尤为深远，它不仅形成了许多人的非哲学意识的马克思主义哲学观念，而且直接反映到教科书和许多哲学读物的内容之中。

在这些倾向影响下形成的教科书中的哲学原理，即现在人们所了解的马克思主义哲学理论，怎么可能完全准确地反映马克思主义哲学的内容，体现马克思主义哲学的科学精神呢？相反地，由于（在上述倾向影响下）它试图竭力消除马克思主义哲学的"局限性"，把马克思主义哲学讲成普遍适用的完备真理体系（就像《西游记》中描述的"如来佛"的手掌一样，大千世界已尽收其中，无论现实提出何种问题都能从它找到解答，科学在发展中取得的成果只能为它提供新的例证），其结果恰恰歪曲了马克思主义哲学的精神和实质，使马克思主义哲学（在很大程度上）丧失了科学性质，而且只能使那些已为马克思和恩格斯克服了的旧哲学的"非科学性"的局限性，在"马克思主义哲学"身上又重新恢复和复活起来。

教科书的内容和体系定型以后，就成为不易改变的传统观念；在人们的认识中，似乎它就是正统马克思主义哲学的标本。所以几十年以来，它的范畴、规律、原理基本上无所变化，既难以增加也不能减少。

按照上述分析，教科书的哲学不但不能完全代表马克思主义哲学，成为我们发展哲学前进的基础，如果不加改变还会成为发展马克思主义哲学的障碍。

第五，就与发展哲学有关的几个具体问题再谈点认识。

（1）改革和建设哲学科学体系是不是发展哲学？有些同志认为，发展哲学就要一个一个地研究具体的问题、具体的范畴，从理论内容上下功夫，而体系建设只属于形式的变动，无关宏旨，因而也谈不上发展。对此，我有不同的看法。

变更体系，可以有两种情况：一是离开对理论性质和内容的深刻反省，像搭积木式地进行形式上的拼凑；二是在时代的水平上重新反省理论的内容与形式之间的统一，通过体系改革来体现马克思主义哲学在研究对象、理论内容和价值功能上的革命变革。后者才是我所赞同并尝试实行的。

毫无疑问，发展哲学必须在具体内容上用气力，这在本文的第二部分已有论述。问题在于：新的思想和内容，只有通过哲学体系的改革才能纳入哲学理论中来，这是哲学的一大特点。科学形态的哲学，它必须表现为历史与逻辑相统一、由抽象到具体的范畴发展体系，用它来展现人类已经达到的关于思维自觉反映存在运动规律的认识。这样，它就为概括新的科学成果、吸收新的认识成分、形成新的哲学范畴，提炼新的认识规律，提供了一个系统的范畴之网。新的认识成分和新的哲学范畴只有在这个辩证联系和辩证发展的范畴之网上，才不会是硬贴上去的，或是以一个被片面夸大了的认识成分而存在，才能作为思维与存在相统一的一个具体环节而被吸收进去。哲学具体问题的研究与哲学体系改革的研究是相辅相成的，应当都是为发展哲学所必需的。

（2）怎样把新鲜的实践经验和科学成果升华为哲学理论？实践与理论的关系，不是一个单向的决定与被决定的关系，而是双向的相互作用的关系。理论只有积极地参与实践，才能自觉地总结实践经验，捕捉到实践经验的认识论意义，并使之作为思维与存在相统一的具体环节而纳入哲学体系中来。游离于实践之外，仅凭对现成的实践经验的"哲学思考"来发展哲学理论，其结果往往是或者用实践经验来例证原有的理论，或者用原有的理论来解释实践经验，这样理论本身并不会有很大的发展。

由于科学层次的认识需要上升为一般认识的成果才能进一步升华为哲学理论，所以，如何实现对科学成果的哲学概括，就成为发展哲学理论的关键问题。我觉得，要实现哲学概括，首先就必须重新反省哲学的理论性质以及哲学与科学的相互关系。如果按照现有教科书的观点，即认为具体科学的研究对象是世界的"各个领域"，哲学所研究的是"整个世界"，具体科学揭示世界的各种"特殊规律"，哲学提供世界的"普遍规律"，那么"概括"科学成果就只可能是如下三种方式：一是"引进"，即把某些科学概念、范畴作为具有"普遍意义"的哲学范畴直接纳入已有的哲学体系之中；二是"例证"，把某些现代科学成果作为新的实例去证明哲学的"普遍规律"；三是"深化"，运用某些现代科学成果对原有的哲学理论做出一些新的解释。这些做法在本质上只是把科学成果有选择地移入原有的哲学理论框架中，虽然对于充实哲学内容也有一定的意义，但这还并没有真正实现对科学成果的哲学概括。

哲学是以解决思维与存在的关系问题为使命的。由于思维自觉反映存在运动的规律就体现在人类思维的历史发展中，特别是集中地体现在人类认识世界所获得的科学成果以及获得这些科学成果的理论活动之中，所以，哲学对具体科学的概括和总结，必须把下面两种方式结合起来：一方面通过科学获得的成果去进一步揭示客观世界的内在联系；另一方面通过总结科学获得这些成果的认识活动，以丰富人类反映存在运动的思维活动的经验，这样才能日益深化科学的世界观认识论和方法论。这一工作实质上就是要把具体科学自身所具有的巨大的认识论意义提升到思维与存在关系问题的高度，自觉地把它转化为思维反映存在运动的规律，这是一项极其浩繁而艰巨的理论工程——铺设从具体科学到哲学科学的"逻辑鸿沟"上的桥梁。我希望哲学界和科学界能够就具体科学的哲学概括问题进行讨论，以加强哲学工作者与科学工作者的联盟，促进哲学和科学的共同发展。

（3）哲学是否仍须在批判中前进？哲学批判的锋芒应指向哪里？批判，是因为辩证法在对事物（以及关于事物的理论）的肯定理解中包含着否定的理解，因此，批判就是揭露矛盾，使发展具有明确的针对性。在这个意义上说，没有批判也就没有发展。

从辩证法的高度来理解批判，我们就不仅会承认哲学必须在批判中前进，而且会自觉地把批判的锋芒指向自身，而不是把批判的目光仅仅对准别人（古人、外国人、他人）。有句俗话，叫作从自己所犯的错误中学习是最重要的学习。我想，这不仅适用于工作和生活，也适用于发展理论。敢于批判自己，才能找出问题并进而解决问题，因此也就发展了理论。

（4）发展哲学是否有一个"开放"和"宽容"的问题？对历史的和现在的各种哲学理论，人们常常习惯性地要求一种最简单的回答：它是唯物的还是唯心的？是辩证法的还是形而上学的？似乎只要给出这个回答，就足以对该种理论做出同样简单的判决：肯定或否定，接受或排斥。毫无疑问，划清这些原则界限是极其重要的。但是，如果马克思和恩格斯对以往的哲学只是给予这种简单的回答和判决，能够创立马克思主义哲学吗？如果我们今天对包括古代的和现代西方的哲学理论只是做出这种简单的回答和判决，又将如何发展马克思主义哲学呢？同样，如果我们不从历史的必然性与历史的暂时性的对立统一中去理解各种哲学理论，也就不可能真正懂得什么是哲学唯心主义和形而上学，它们是如何失足的，我们应该怎样自觉地去克服它们。

马克思主义哲学是人类全部文化成果的结晶，是世界性的理论。我们要发展马克思主义哲学，也要"三个面向"，考虑、研究、适应当前世界的潮流，解放思想，对外开放，不能关起门来称英雄。比如，当代西方哲学的两大思潮特别是萨特的存在主义，为什么会在我们国内产生很大的影响？它总是捕捉了当代人们普遍关注的问题、以某种方式折射了时代精神。

要研究，就不可避免地出现不同的、甚至是截然相反的看法，其中当然也就会有错误的认识。我觉得，理论研究中所出现的错误，不仅是难免的，而且还有它积极的一面。这个积极的一面就在于：或者是片面地、但又是深入地探讨了某个问题，从而引起人们对这个问题的重视，在进一步的研究中克服这种片面性；或者是完全错误地论述了某个问题，从而引起人们对这个问题的警觉，探讨它的失足之处，避免今后的失误。总之，理论研究中的"宽容"是发展马克思主义哲学的必要条件之一。

（5）能否凭空发展？提出这个问题，是因为确实存在把发展马克思主义哲学看得很简单的现象，以为只要凭头脑的想象而提出一些新奇的看法就是发展哲学了。应该说，新观点总是具有一定的新奇性，但新奇的看法却不都是发展理论的新观点。经常的自觉到这个问题，才能下苦功夫钻研，切实地为发展马克思主义哲学做出我们的贡献。

（二）哲学生命的基点[①]

"生命在于运动"，这是讲人要增寿，必须经常锻炼，这句话虽是对人的生命说的，却也道出了一个普遍的真理。按照辩证法观点，世上没有不死之物，只有那些能够在死亡中不断新生的东西才是不朽的，这就是新陈代谢过程本身。由此引申，可以得出，只有那种勇于变革自身不断创新的东西，才会有长久的生命，"生命就在于创新"。

哲学也有自己的"生命"。哲学的生命不仅在于它所具有的真理性——这当然是基本前提——而且在于它由此而对实践所具有的价值。黑格尔曾经说过一句很有深度的话：哲学是"思想所集中表现的时代"。马克思进一步发挥这一思想，明确提出了"任何真正的哲学都是自己时代精神的精华"的著名命题。哲学反映时代，它是时代精神的系统化、理论化的表现形式；转过来，哲学又服务于时代，正是那些看起来十分抽象的原理和范畴，规定着一个时代人们用以观察问题和处理问题的基本思维方式，这就是哲学的价值，也就是哲学生命的基点。一种哲学的命运如何，主要就看它能够在多大的程度上表达时代的特征，满足时代的要求和回答时代所提出的课题。

马克思主义哲学是彻底的唯物论、彻底的辩证法，是已获得科学形态的哲学理论。在历史上，唯有马克思主义哲学能够自觉地以理论与实践的统一作为自己的基本原则，因而成为一切哲学中最富有生命力的理论。马

[①] 本文载《现代哲学》1985年第1期。《人民日报》1986年1月20日摘转。

克思主义哲学应当回答当今时代和我国社会主义建设事业中提出的基本理论问题，应当随着历史的前进和科学的进步不断以新的内容丰富自己、发展自己。尤其是在今天改革的时代，适应改革的形势，马克思主义哲学必须有所创新、有所发展，这是大家的愿望和要求。

但是，理论通向实践的途径却不是一条平坦、笔直的道路。倡导哲学要研究现实问题并非自今日始，马克思主义哲学要创新、要发展也已议论许多年了。回顾这些年来的状况，不能不承认，哲学与时代、哲学与实践的关系这一问题并未得到很好的解决；因而马克思主义哲学的发展也不能不受到影响。这就有必要进一步去研究造成这种状况的原因，怎样才能使哲学与实践密切地结合起来，使马克思主义哲学得到迅速发展。应该说，原因是多方面的，有客观方面的原因，也有主观方面的原因。在这篇短文里，我只想着重说明：除主客观方面的条件以外，所以造成这种状况，和哲学与实践的关系这一问题本身的复杂性也有很大关系。

理论与实践的关系是一个十分复杂的问题。它绝不是像我们在教科书中所说的那样简单和明了，即理论来源于实践，转过来又能指导实践。这是我们经过抽象以后所达到的关于它们之间本质关系的认识。在现实中，理论与实践的关系表现在无数矛盾关系之中，也只有通过不断克服各种矛盾才能使它们统一起来。在理论与实践相结合的道路上，这些矛盾犹如无数岔路，只要处理不当，稍一偏离，就有可能越出前进的轨道。所以，人们出于维护哲学生命之心的那一切观念和举动，并不一定都能起到促进马克思主义哲学发展的作用，有些甚至造成了适得其反的效果，而在我国这些往往正是影响理论与实践相结合的重要因素。这是值得我们深思和研究的。

例如，马克思主义哲学的基本原理是普遍地适用于无论什么领域的一切事物和现象的。在我看来，如果把这种普遍适用性理解为，无论实践和科学在它们的发展中提出何种问题、何种认识，都早已蕴含在这些普遍原理之中、都可以从它里面演绎出现成的答案；这种理解就不会起到推进马克思主义哲学不断发展的作用。相反地，按照这种认识，马克思主义哲学的普遍原理就像"如来佛"的手掌，大千世界已尽收其中，实践和科学的发展最多只能为它提供几个新鲜的例证，马克思主义哲学也就很难用实践和科学提供的新的原理、新的范畴、新的认识补充和丰富自己的内容了。

马克思主义哲学是由马克思和恩格斯所创立，而后又为列宁、斯大林和毛泽东等无产阶级革命领袖们所发展的科学的哲学理论，他们所写的哲学著作理所当然地成了后人学习和掌握马克思主义哲学理论的经典文献和基本依据。如果我们由此便把马克思主义哲学仅仅限于经典著作范围内，以经典著作是否谈论过某一问题作为划分马克思主义哲学和非马克思主义哲学界限的依据，认为凡属马克思和恩格斯等人"未曾涉及的"范畴、思想，就不能引进马克思主义哲学中来，这也会妨碍马克思主义哲学的发展。因为这种认识把马克思主义哲学变成了马克思、恩格斯、列宁个人的思想理论，它是早已完成了的自我封闭的体系，后人能够做的只是挖掘性的工作，当然就谈不到什么新的发展了。

再如，发展马克思主义哲学是一桩严肃的科学事业，也是一个很神圣的工作，不应当把任何与传统认识有所不同的认识，都说成是对马克思主义哲学理论的新发展。但是，如果把这种严肃性和神圣性理解为发展马克思主义哲学的事业只与少数人有关系、同广大理论工作者无关；只同根本观点的变革有关、同理论内容的变化无关，这也不利于马克思主义哲学的发展。因为发展有大发展与小发展，发展的事业既需要总结实践斗争的经验，也需要概括科学的最新成果，同时还需要进行深入的理论研究、历史研究等。没有广泛的研究工作作为基础，没有细小的量变作准备，也不会有大的飞跃式的发展。

要发展就要有所创新，有所否定，有所变革，这是不言而喻的。如果我们把创新理解为必须抛弃原有原理、原有范畴，代之以完全新的原理、新的范畴，因而可以普遍地去怀疑原有理论的真理性，随意指责某某观点为老生常谈，这种认识和态度也不会给马克思主义哲学带来真正的发展。实际上，我们今天所掌握的那些哲学真理，并不都是马克思和恩格斯首次提出和重新创造的，它是人类在数千年中历经艰辛所获得的认识成果和思想精华的结晶。没有前人的思想成果，就不可能有马克思主义哲学的创造。同样地，马克思主义哲学的基本理论也是我们创新的理论基础和思想前提。轻易地抛弃这些原理，我们失去了前进的基础，也就不可能有真正的创新。

再如，按照马克思主义哲学的观点，实践是一切认识的源泉，理论只能来源于实践。如果从"实践出真知"得出实践家就是理论家、哲学家，以无论何种形式否认或者降低理论研究工作的重要作用，也会影响马克思主义哲学的发展。理论和实践有统一的一面，又有区别的一面，它们是对立的统一关系。否认两者的统一，会影响它们的发展；否认两者差别，把它们混同起来，同样会影响它们的发展。"实践出真知"是就理论内容的来源说的，绝不是说不必经过理论思维的活动，仅靠参加实践就能形成对客观规律的理论认识。实践提供的经验还不是科学的理论，只有经过理论思维加工以后，零碎片断的经验知识才能形成系统的理论。思维的加工活动就属于理论研究工作，因此否认或贬低理论研究工作的重要意义，理论也就不可能得到发展。

马克思主义哲学对于推动实践的发展具有巨大的能动作用，正如马克思曾经说过的，唯物辩证法理论按其本质来说，是批判的和革命的。如果我们把哲学的革命作用理解为，只是为我们从事的每一个实践活动找出它合理性的根据，因而要求哲学必须提出有利于实践意志的论证，不能提出与它不同的见解，这也不利于哲学与实践的结合，更不利于发挥哲学的革命的作用。理论的基点是一般性，实践活动的基点是个别性，两者在这一点上是对立的。理论对实践的指导作用、推动作用正在于这种对立的统一关系；理论来自实践而又能超越实践活动的限制，走在实践的前面，指导实践的发展，也奠基于这种对立的统一关系。理论与实践相统一，绝不是两者的直接符合。马克思明确地说过，唯物辩证法的批判的和革命的作用，正在于它能够从对现存事物的肯定的理解中包含对现存事物的否定的理解。否认理论与实践的差别性，去掉辩证法中的否定性，哲学就不可能对现实具有指导作用，不可能推动实践活动的发展，哲学自身也丧失了生命的活力。

理论研究在于探寻真理。可是，如果我们由此便要求从事哲学理论研究只能讲真理，不能说错话，一旦发现我们认为是错误的东西就对说错话的人打棍子，这也不利于哲学理论的发展。错误在实践活动和认识活动（包括对自然的认识、对社会的认识和认识对自身的反省认识）中都是难免的。一切创新的见解都要经过从不全面到全面、不成熟到逐渐成熟的发展过程。在这一过程中错误不仅难以完全避免，而且还常常是正确认识的先导，所以如果禁止人们犯错误，许多真理认识就不可能出现了。此外，我们分辨正确和错误也要经历一个认识的过程，在这个过程中也难免犯错误。所以，如果不能正确地对待哲学理论研究中的错误，也就不能促进哲学的创新和发展。

理论与实践相结合的问题是一个常存而又常新的问题。理论与实践的矛盾在一种条件下被解决了，达到了统一，随之又会产生另一条件下的矛盾，又需要使两者重新统一。在不同的条件下，矛盾的内容和形式有所不同，矛盾则总是存在的。所以我们不能期望一劳永逸地解决这一矛盾。但是，这也不等于这一矛盾不能解决、无须去解决，或者可以不必去认真对待。理论虽然永远不能摆脱与实践的矛盾，却又必须不断地解决这一矛盾。这一矛盾的内容的不断更新——不断解决又不断产生——正是哲学生命的基础；矛盾内容更新的过程，也就是哲学不断发展的过程。

长期以来影响我国理论发展的除了理论与实践的关系问题，还有理论与政治的关系问题，在两个问题中，处理好理论与政治的关系问题更为重要。这些年来，理论与实践的关系没有解决好，在很大程度上就是由理论与政治的关系处理不当造成的；理论与实践关系问题的内容，也在很大程度上表现着理论与政治的不正常的关系。在理论界存在着的重史轻论、惧怕实际的倾向就是如此。人们所以要远离实践领域，转去搞历史、搞自然科学或者专门研究经典著作，对于大多数人来说并不是不懂得研究实践问题的重要性，也不是对实践问题不感兴趣，而主要是不愿去惹麻烦、自讨苦吃。历史的教训记忆犹新，现实的榜样摆在眼前。现实的课题不仅是一个充满艰难的课题，也是一个充满危险的课题，人们不敢去碰它，不愿去碰它，是完全可以理解的。我们可以责备他们缺乏斗争精神、缺乏牺牲勇气。但是，我们是社会主义国家，它理应是马克思主义哲学发展得最适宜的温床。在社会主义社会里，为什么我们不能创造一个有利于理论与实践相结合、理论迅速发展的优越环境，而要人们为发展马克思主义哲学付出不应有的代价呢？

党的十一届三中全会以来；党中央一再强调要划清学术思想和政治的界限，不能采取简单粗暴的方法对待学术讨论，强调在学术领域要认真贯彻"双百"方针，保证学术自由、学术民主等，这就为哲学的蓬勃发展、为理论与实践的结合提供了最根本的保证。

（三）在创新中前进[①]

《社会科学战线》创刊至今，已经五年了。五年来，杂志办得很有生气，很有成绩。能够保持住自己的特色，并不断地有所前进、有所提高，做到这一点并不是一件易事。但我还是希望，今后能够在这个基础上继续前进，有一个更大的提高。在我看来，这就需要在不断创新上下功夫。要在创新中保持特色，在创新中不断前进、不断提高。

我说的创新，不仅是指形式方面，更重要的，必须在内容上不断创新。

研究理论，归根到底来说，就是为了回答和解决现实中提出的那些新问题。理论总得解答点什么问题。我们的理论如果只在观念范围内兜圈子，不能用于解决现实问题，那就使它失去了生命力。

运用理论去解决现实问题，并不是依照演绎公式的一种简单的三段推

---

① 本文应《社会科学战线》编辑部之约，为庆祝该刊 5 周年而写。名为纪念性文章，正如题目所表明的，实则发表了我对发展理论的看法。刊于该杂志 1983 年第 1 期。

论，这是一种创造性的科学活动，不仅对复杂而且多变的现实要进行富有创造性的研究，为了从中得出科学的认识，还必须创造性地发展已有的理论。应用理论同发展理论，就是这样互为条件地统一在一起的。不发展理论而能运用理论创造性地解决现实中提出的重大课题，那是不可设想的。所以，理论如果不去不断地发展自己，它也同样是没有生命力的。

生命在于创新。这点早在古代，一些杰出的思想家就已认识到了。按照古代人的观念。太阳是具有无限创造力的神圣的东西。赫拉克利特则用"太阳每天都是新的"这句话形象地说明了太阳的无限创造力的根源，这是很新颖、很大胆也很富有辩证法思想的。

我们应当以主动的积极的态度提倡创新、扶植创新、鼓励创新。创新是为了前进，没有创新就不能前进。我认为，我们的杂志应当为创新创造条件、开辟道路、提供阵地，应当自觉地把这点作为我们办杂志的责任和义务。我们这样做了，就会推动社会科学研究不断发展，从而为繁荣我国的学术、建设两个文明的伟大事业，做出我们的贡献。

要做到这点是并不容易的，这不但要有炽烈的事业心，要有远见卓识，还要有一点理论上的勇气。

一种新的思想、新的见解，虽然也具有肯定的性质，但它总是以"否定性"为其主要特征，因此才称之为新的。创新必然包含破旧。对于旧的东西来说，创新就是一种挑战行动，就意味着一场斗争。因此，要创新，支持创新也同样要有敢冒风险的精神。一部认识史就是新旧思想和理论相互斗争的历史，没有这种斗争，人类的认识不会发展，人类社会也不会发展。今天在我国的条件下，有党的领导，有马列主义理论的指导，有社会主义制度的保证，情况大不相同了。我们为新事物的发展，为创新，创造了有利的和优越的条件。但是即使如此，也还是会有斗争的。新事物只能在斗争中开辟自己前进的道路，这是一条普遍规律。不要说别的，单单是由传统造成的习惯势力，就会对创新构成强大的威胁和阻碍。新旧的斗争是不可免的，只是斗争的形式、规模和程度会有不同而已。

新的思想和理论，在它刚刚出现的时候，往往是不合常态的，甚至属于一种"怪异"的见解。人们也就因此对它不大理解，目为异端，难以接受。其实，这正是事物发展的常态。按照辩证法的观点，发展就是"向对立面的转化"。如果新东西与旧东西在内容和形式上不是直接对立的，新东西对于旧东西来说没有某种怪异性，那么，由旧到新的变化就不会有真正的发展、真正的前进和真正地提高了。在起初阶段人们对它的不大理解、望而生畏，也属正常现象。正因为如此，才需要我们积极地去支持它，为它开辟道路，甚至为它去呐喊。

当然，对于这一类的"思想""见解"和"理论"，我们也需要进行分析，加以分辨。因为并不是任何"否定性"的东西和"怪异"的东西都是新的见解。创新与那种轻率的否定或任意的否定地观点并不是一回事，创新与猎奇也不是一回事。我们不能把这两种不同的东西混同起来，同样对待。然而在事实上，这两种东西却经常是鱼龙混杂地交织在一起的。你要提倡创新，就会有杂莠假新出来，这可以说也是一种规律性的现象。对于这种现象不必奇怪，但必须加以辨识，区别对待。

就我们前一段的学术研究来看，我认为就存在过这种情况。有些同志把创新看得十分轻易，似乎只要敢于对所谓"通行"的观点提出异议，善于"发明"一种新奇的见解，就是学术上的创见。他们为了猎奇，对问题还没有全面的了解，甚至连基本概念还没有完全弄清的情况下，就匆忙提出"创见"，轻率地去否定这个或那个所谓"流行已久"的观点。而我们的有些刊物又专门喜欢发表这样的一些"创见"。于是，在一个时期里，曾经造成"猎奇"成风，怀疑成风、模仿西方语言成风。在这种时髦的风尚中，马克思主义理论当然变成了背时的东西，以哲学来说，几乎没有哪一条基本原理未遭到怀疑和非难。类似这样的"见解"，显然不应当看作在创新。它们的许多观点其实也本无新意，那都是早经前人尝试过并且已被认识史所否定了的观点，只因不熟悉认识史，才误当作新奇的东西。

真正新的东西，只是那些从旧事物自身的内在的否定性中发展起来的，包含了旧事物所获得的全部精华，又以新的养料充实了自己的内容的东西。新东西代替旧东西是一种发展，是一种提高。就学术研究而论，创新必须奠立在广泛深入的研究基础之上。不吃透旧的理论，不吸收它的精华，不以更新的内容充实自己，就不可能否定旧的理论，不可能超过旧的理论，从而也就不可能推动理论发展，这是一种要付出艰苦劳动的工作。不肯下苦功夫、下笨功夫，靠取巧投机是得不出真正有益的成果来的。我们都知道，由马克思和恩格斯所创立的马克思主义是人类认识史上的崭新理论。马克思和恩格斯自己一再申明，他们的原则是从"概括人类一切知识领域的哲学体系中引申出来的"，而且他们以能够继承先进的思想传统"而感到骄傲"。列宁更明确地指出，马克思主义是从人类思想的总和中产生出来的。我们今天要发展马克思主义，也必须是这样，不但要掌握马克思主义的理论，还要通晓以往思想的发展。

　　创新要不要前提？在有些人看来，要讲创新，就得摆脱一切传统的观念，马克思主义也在内，所有这些都应当"推倒了重来"；谁要是坚持马克思主义的基本原理，谁就是缺乏独立思考，思想尚未彻底解放。他们把"原则""前提"一概划入绳索一类，认为尽属抛弃之列。没有前提的思考是否可能呢？这其实不过是自欺欺人的一种梦想。人的生活是有前提的。没有人能够脱离自然而"独立"生活下去。同样地，人的思维也不能没有前提。至少，没有感性的经验材料，人的思维便无法进行，这点连康德也不能否认。

　　我们所以需要创新，是为了追求真理、进一步发展真理，如果可以弃真理于不顾，那么，创新自身也就失去了存在的价值。相对的不完全的真理日益走向更完全的、绝对的真理。但人类已经获得的真理是不会被抛弃的，不但不能被抛弃，它们还是人类进一步去认识新的真理的起点和前提。马克思主义的基本原则既然是经过实践反复证明了的科学真理，我们就只能以它为前提并在它的指导下，去获得新的真理。马克思主义也要发展、也要创新，而且它的本质决定它必然处在不断地发展之中，这正是它的强大的生命力之所在，但它的发展属于真理认识的发展。我们的创新只能在坚持马克思主义的基本原则的前提下才是可能的，背弃了这些原则，那就不是什么创新，而只能是复旧和倒退。

"创新"的内容很广泛，它的表现形式也是多种多样的。依据实践和科学提供的新材料，以新的原理或体系取代已经过时的旧的原理或体系，是创新；突破旧理论的局限，开拓出新的研究领域或创建新的学科、提出新的研究课题，是创新；以新的研究方法取代旧的研究方法，或者对旧的研究方法补充新的内容，是创新；运用基本原理解释、回答现实生活和实践中提出的新的课题，以新的概念、原理、论据补充和丰富原有的理论，或依据新的材料对已有的原理、概念做出新的表述等，这些也是创新。我们不能用一个模式去理解创新，否定其他形式的创新。所有这些不同形式的创新，对于发展科学真理都是有意义的，都应当加以提倡、支持和鼓励。当然，这些不同形式的创新，其意义有大有小，并不完全相同。但是，创新的形式不仅和理论本身的性质、状况有关，还要受到实践和认识的种种条件的限制，不可能用同一个尺度去衡量。用一个模式去要求创新，其结果必然扼杀某些创新。

应该承认，在我们理论研究中真正创新的见解，实在是太少了，这同我们肩负的把我国建设成为现代化的具有高度文明、高度民主的社会主义国家的任务很不适应，应该花大力来扭转。党的十二大刚刚闭幕。这次大会提出了"全面开创社会主义现代化建设的新局面"的伟大纲领。我想，我们理论战线也必须打开一个新的局面。只有这样，才能适应国家发展的要求，实现党赋予我们的艰巨任务。

参考文献

1. 《马克思恩格斯全集》第1卷，人民出版社1956年版。
2. 《马克思恩格斯全集》第2卷，人民出版社1957年版。
3. 《马克思恩格斯全集》第3卷，人民出版社1960年版。
4. 《马克思恩格斯全集》第4卷，人民出版社1958年版。
5. 《马克思恩格斯全集》第18卷，人民出版社1964年版。
6. 《马克思恩格斯全集》第19卷，人民出版社1963年版。
7. 《马克思恩格斯全集》第20卷，人民出版社，1973年版。
8. 《马克思恩格斯全集》第21卷，人民出版社1965年版。
9. 《马克思恩格斯全集》第23卷，人民出版社1972年版。
10. 《马克思恩格斯全集》第27卷，人民出版社1972年版。
11. 《马克思恩格斯全集》第39卷，人民出版社1974年版。
12. 《马克思恩格斯全集》第42卷，人民出版社1979年版。
13. 《马克思恩格斯选集》第1卷，人民出版社1995年版。
14. 《马克思恩格斯选集》第2卷，人民出版社1995年版。
15. 《马克思恩格斯选集》第3卷，人民出版社1995年版。
16. 《马克思恩格斯选集》第4卷，人民出版社1995年版。
17. 《马克思恩格斯文选》两卷集，第2卷，苏联外国文书籍出版局1955年版。

18.《马克思主义认识论导论》，求实出版社1982年版。

19.《列宁全集》第1卷，人民出版社1995年版。

20.《列宁全集》第14卷，人民出版社1957年版。

21.《列宁全集》第19卷，人民出版社1959年版。

22.《列宁全集》第21卷，人民出版社1959年版。

23.《列宁全集》第31卷，人民出版社1958年版。

24.《列宁全集》第33卷，人民出版社1957年版。

25.《列宁全集》第38卷，人民出版社1959年版。

26.《列宁全集》第38卷，人民出版社1986年版。

27.《列宁全集》第58卷，人民出版社1990年版。

28.《列宁文选》两卷集，第1卷，苏联外国文书籍出版局1950年版。

29.《毛泽东选集》第1卷，人民出版社1991年版。

30.《毛泽东选集》第2卷，人民出版社1991年版。

31.《毛泽东选集》第3卷，人民出版社1991年版。

32. 马克思、恩格斯：《德意志意识形态》，群益出版社1950年版。

33. 马克思、恩格斯：《德意志意识形态》，群益出版社1960年版。

34. 马克思：《黑格尔辩证法和哲学一般的批判》，人民出版社1955年版。

35. 恩格斯：《路德维希·费尔巴哈和德国古典哲学的终结》，人民出版社1954年版。

36. 恩格斯：《反杜林论》，人民出版社1956年版。

37. 路德维希·费尔巴哈：《费尔巴哈哲学著作选集》下卷，生活·读书·新知三联书店1962年版。

38.《古希腊罗马哲学》，生活·读书·新知三联书店1957年版。

39.［德］黑格尔：《小逻辑》，商务印书馆，1980年版。

40.［古希腊］亚里士多德：《形而上学》，商务印书馆，1981年版。

41.［法］笛卡尔：《哲学原理》，商务印书馆，1958年版。

42. ［法］霍尔巴赫：《自然的体系》上册，商务印书馆，1977年版。

43. 《十八世纪法国哲学》，商务印书馆，1963年版。

44. 《十六—十八世纪西欧各国哲学》，生活·读书·新知三联书店1958年版。

45. 黄枬森：《〈哲学笔记〉与辩证法》，北京出版社1984年版。

46. ［英］培根：《新工具》，商务印书馆，1984年版。

47. ［俄］普列汉诺夫：《论一元论历史观之发展》，新华书店1949年版。

48. ［苏］日丹诺夫：《在关于亚历山大洛夫著〈西欧哲学史〉一书讨论会上的发言》，人民出版社1954年版。

49. ［荷］斯宾诺莎：《伦理学》，商务印书馆，1958年版。

50. ［德］黑格尔：《法哲学原理》，商务印书馆，1961年版。

51. ［古希腊］亚里士多德：《形而上学》，商务印书馆，1959年版。

52. 于光远：《学习马克思列宁主义哲学》，人民出版社1956年版。

后　记

　　《哲学与主体自我意识》作为马克思主义教科书体系改革的后继成果，是直接接着《马克思主义哲学基础》往下做的。先生在《哲学思维方式变革》的"前言"中对此有过更为详尽的解释和说明："对我来说，我必须承认，改革或改造来自苏联学者的哲学教科书的内容和体系，只是我要做的第一步工作，它仅仅是为我下一步研究奠定基础，或者说是我为自己进一步深入哲学堂奥选定的一个'突破口'……就第一步总体工程来说，《基础》一书的完稿并不意味这项工作已经完成。很多问题并没有讲清楚，促使人们重新理解哲学、特别是马克思哲学思想的目的，由于不能展开论证，也并未完全达到目的。出于这样的想法，于是我写作了这部《哲学与主体自我意识》的专著。在这部书里，不能说我把各种问题都讲清楚了，就我往年积累形成的关于哲学、哲学的历史发展和对马克思哲学思想达到的理解，自信作了比较系统、充分的总结和阐发，就这点而言，至少可以认为它使我在20世纪80年代及其以前的工作有了个结尾。"

　　这是《哲学与主体自我意识》一书为人所熟悉的一个方面，即对哲学与哲学的历史发展，对马克思哲学思想的重新理解。这是20世纪80年代马克思主义哲学界以重新理解实践为基点重新理解马克思哲学所取得的重要成果之一。对此，先生自己说道："这里提出的问题和产生的思想不但是我自己的思想历程的历史记录，也可以看作我国在20世纪80年代哲学思想所发生的那些重大变化。虽然这里仅是一个侧面，但却属于当时的主流的一个历史的记录。这里所谈的都是那时学术界热烈探讨、探索和争论的问题，而且本书提出的看法还是当时一种学术见解的主要代表观点。"

然而，在我看来，本书还有另一个人们关注不多但却更为重要的方面。那就是，本书提出的马克思实践观点的思维方式，同时也是我们在20世纪80年代以后，以及现在乃至将来，坚持和发展马克思主义哲学所不可回避的重要理论基础。

在这方面，先生自己的工作就是最好的解释和说明。在谈完本书与教科书体系改革之间的关系之后，先生又接着说道："完成了这部著作，我才得以坦然地放手进行下一步的研究工作，这就是转向集中思考人与哲学的关系，由此进一步深化对哲学和哲学各种问题的理解与认识。这部书中阐述的观点和看法，有很多在我后来的著述中发生了变化，但读者不难发现这期间所贯穿的必然逻辑联系，没有这部书为基础，我后来的思想是不可能形成的。"这一"转向"的最初成果，是1993年由吉林大学出版社出版、后来荣获第二届国家图书提名奖的《哲学的憧憬》一书。在《哲学的憧憬》被收入《高清海哲学文存》的时候，先生在第4卷《传统哲学到现代哲学》的"前言"中，对这种转变做了明确的指认，并对其间的内在逻辑联系作了如下说明："我发现，我从思维方式去理解马克思的实践观点，这点虽是对的，但理解得还不到位。'实践'观点所变化的是对人与自然关系的观点，更深层的应该是根本变化了对'人'本性的基本看法。必须把人提到哲学的中心地位，并且从人的生存活动、存在本性把人理解为活生生的、现实的、在历史中生成的人——这点只有从实践观点去理解才有可能。哲学在历史上出现的那些令人迷惑不解的性质和特点，才能获得合理的理解和解释。所以进入90年代以后，我自己觉得思想又发生了一次重要的变化，这个变化的核心就是，从重新理解哲学，到首先去重新理解人。"

其实，先生的思想一直都在变化着。"《哲学与主体自我意识》体现的是我在20世纪80年代对哲学的基本观点（那时'人'的观点对我还属某种自发的出发点）；而《哲学的憧憬》便是体现了进入20世纪90年代以来，'人'的出发点在我已成为自觉的观点之后，我对哲学的看法。在这之后，我的思想仍在变化，这就是进一步从人和哲学的未来而对类本质和类哲学的探索，不过关于这个方面的认识目前还在进行之中。"这进一步的变化，在先生写下这段话的1996年还只是"在进行之中"，到了先生出版3卷本《高清海哲学文存·续编》的2004年，类哲学已经基本完成。这里"基本完成"的意思是，先生关于类本质和类哲学的思考"尚有未尽之言，但绝无未竟之意"。先生生前发表的最后一篇文章《中华民族的未来发展需有自己的哲学理论》主要不是向别人发出的呼唤，而是对自己工作的总结。

而对于这种思想的不断变化，先生自己的解释是："生命的存在就在于它的运动和变化，如果我的思想不再变化，如果我不能再超越我自己，那就表明我已走到了我的哲学生命的终结点。"在我理解，这就是先生常说的"超越自我"——"为人治学，其道一也"的一贯之道。类哲学就是对此的哲学解释，因而也是先生的生命之作。

关于《哲学与主体自我意识》一书的主要内容、来龙去脉，先生自己的上述解释与说明已经足够，无需赘言。只是重温先生的这些解释和说明，在感到特别亲切的同时，却也生出无限感慨。感慨先生之风山高水长，先生之思壁立万仞！润物无声、潜移默化的教诲，刚毅深沉、爽朗豁达的气质，历经磨难而愈挫愈奋、追求真理而百折不挠的精神，这些在先生身上体现得淋漓尽致的精神风貌在这个时代已然是不多见的了。更何况他那作为时代之子而又超越于时代之上的思想勇气，以及精研传统而又锐意创造的"笨想"之路啊！

可是，先生离开我们竟已快到12个年头了！

我们何以不愧对先生？这也许是先生所有弟子，以及无甚学缘关系的后学们经常扪心自问的一个问题了。

后 记

  且把怀念压在心底，认认真真地读先生的书吧，追随先生的脚步，沿着先生开辟的道路，我们也许还有可能过上一点像哲学人的生活。

王福生

吉林大学哲学基础理论研究中心

2016年6月14日

后 记

  且把怀念压在心底,认认真真地读先生的书吧,追随先生的脚步,沿着先生开辟的道路,我们也许还有可能过上一点像哲学人的生活。

王福生

吉林大学哲学基础理论研究中心

2016年6月14日

读者须知

本书已接入版权链正版图书查证溯源交易平台,"一本一码、一码一证"。扫描上方二维码,您将可以:

1. 查验此书是否为正版图书,完成图书记名,领取正版图书证书。

2. 领取吉林人民出版社赠送的购书券,可用于在版权链书城购买吉林人民出版社其他书籍。

3. 领取数字会员卡,成为吉林人民出版社读者俱乐部会员。

4. 加入本书读者社群,有机会和本书作者、责任编辑进行交流。还有机会受邀参加本社举办的读书活动,以书会友。

5. 享受吉林人民出版社赠予的其他权益(通过读者俱乐部进行公示)。